Stephan L. Chorover

Die Zurichtung des Menschen

Von der Verhaltenssteuerung durch die Wissenschaften

Aus dem Amerikanischen von Hanne Herkommer

Campus Verlag
Frankfurt/New York

Die amerikanische Ausgabe erschien unter dem Titel *From Genesis to Genocide. The Meaning of Human Nature and the Power of Behavior Control* bei The MIT Press, Massachusetts Institute of Technology.

CIP-Kurztitelaufnahme der Deutschen Bibliothek

Chorover, Stephan L.:
Die Zurichtung des Menschen : von d. Verhaltens=
steuerung durch d. Wiss. / Stephan L. Chorover.
Aus d. Amerikan. von Hanne Herkommer. –
Frankfurt/M. ; New York : Campus Verlag, 1982.
Einheitssacht.: From genesis to genocide ‹dt.›
ISBN 3-593-33007-5

Umschlagbild: Collage von Karl-Heinz Schmidt, Frankfurt/Main
Umschlaggestaltung: Eckard Warminski, Frankfurt/Main
Druck und Bindung: Fuldaer Verlagsanstalt, Fulda
Printed in Germany

Meiner Mutter und meinem Vater
Sie gaben mir Leben, Liebe und Sinn

Inhalt

Vorwort

Was mir zunächst mit diesem Buch vorschwebte, war nicht viel mehr als eine kritische Übersicht über die moderne Psychotechnik. Das soll heißen, meine ursprüngliche Absicht bestand darin, einige der Instrumente und Techniken zu untersuchen, die uns neuerdings zur Verfügung stehen, um Gedanken, Empfindungen und Handlungen von Menschen zu messen, zu kontrollieren und zu steuern. Schriften zu diesem Thema legten, als ich mit meiner Arbeit begann – und daran hat sich bis heute kaum etwas geändert –, eine eher enge Fachperspektive an. So wurden zwar Bücher über die Verwendung von Medikamenten, über Methoden der Verhaltenskonditionierung und über Psychochirurgie verfaßt (um nur ein paar der einschlägigen Themenbereiche zu nennen), doch behandelten die meisten von ihnen ihren Gegenstand vornehmlich unter technischem Aspekt. Keine einzige mir bekannte Schrift ging zum Beispiel der mir sehr wichtig erscheinenden Frage nach, ob es nicht zwischen den – oberflächlich betrachtet – vielen verschiedenen Formen von Psychotechnik fundamentale Gemeinsamkeiten gebe.

Mein Interesse am Thema Verhaltenskontrolle war geweckt worden, als um das Jahr 1970 einige sehr bedenkliche Vorschläge zur Entwicklung scheinbar besonders kluger, wissenschaftlicher Lösungen für die bedrückenden sozialen Probleme auftauchten, mit denen Amerika damals konfrontiert war. Wie die meisten Leser sich erinnern werden, erlebte das Land während des Indochina-Krieges eine lange Periode der sozialen Unruhe, und in den Monaten und Jahren, die der Ermordung von Martin Luther King und Robert Kennedy folgten, kam es in vielen Staaten und Städten zu Aufruhr, Krawallen und Gefängnisrevolten. In dieser Zeit meldeten sich immer wieder Psychotechniker mit der Empfehlung zu Wort, ihre wissenschaftliche Arbeit zur Basis für die Lösung des Gewaltproblems zu machen. Staatsbeamte und Gefängnisleitungen begannen daraufhin, um nur ein Beispiel zu nennen, den Vorschlag, Psychochirurgie als Mittel zur „Behandlung" angeblich unkontrollierbarer Gettobewohner und Gefängnisinsassen zu nutzen, durchaus wohlwollend in Erwägung zu ziehen.

Und dies war beileibe kein Einzelfall. Ich war zu jener Zeit Mitglied eines wissenschaftlichen Kontrollausschusses, der von den *National Institutes of Mental Health* (ihrerseits Teil der öffentlichen Gesundheitspflege) beauftragt war, Empfehlungen für die Weiterführung der Forschung auf meinem eigenen wissenschaftlichen Spezialgebiet – der Neuropsychologie – zu erarbeiten. Mit der allgemeinen Besorgnis über das Überhandnehmen und die Schärfe von sozialer Gewalt nahmen auch die Aufforderungen an unsere Kommission zu, Vorschläge und Pläne zur Kontrolle der Gewalt mit psychotechnischen Mitteln zu begutachten. Mir schien damals (wie übrigens auch heute noch), daß solche Vorschläge, obgleich zweifellos gutgemeint, theoretisch sehr verworren und sozial äußerst irreführend waren. Ich hatte das ungute Gefühl, daß hier versucht wurde, ein offensichtlich soziales Problem auf ein medizinisches zu reduzieren; ich war aber nicht in der Lage, meine Empfindungen in klarere und präzisere Begriffe zu fassen.

In dem Versuch, meine Gedanken zu klären und zu ordnen, fing ich an, mir die Argumente, die die Vorschläge begründen und rechtfertigen sollten, genauer anzusehen. Was mir dabei immer wieder auffiel, war einerseits die scheinbar wissenschaftliche Sprache, in die sie gekleidet waren, und andererseits der völlige Mangel an entsprechenden wissenschaftlichen Grundlagen. Ein Blick in andere Bereiche der Psychotechnik zeigte mir, daß ich einem sich ständig wiederholenden Muster auf der Spur war; denn viele äußerlich verschiedenartige Vorschläge entpuppten sich bei näherem Hinsehen als gar nicht so unterschiedlich; ihr Grundtenor war vielmehr im wesentlichen immer derselbe. An diesem Punkt begriff ich, daß es einer Untersuchung bedurfte, die sich nicht mit den oberflächlichen begrifflichen und materiellen Einzelheiten der modernen Verhaltenskontrolltechnik zufrieden gab, sondern tiefer drang und jene ihr zugrundeliegenden Tatsachen und Werte ans Licht förderte, die erklären, warum die Psychotechnik nach wie vor so heftig umstritten ist. Ich machte mich also daran, die Psychotechnik in ihrer Funktion für den sozialen Gesamtzusammenhang der heutigen amerikanischen Gesellschaft zu analysieren und zu beschreiben.

Nun, nachdem das Buch vor mir liegt, muß ich feststellen, daß es sowohl der Intention wie der Thematik nach viel allgemeiner geraten ist: So versuche ich, einen theoretischen Rahmen zu skizzieren, in dem es möglich ist, einige bisher zumeist übersehene oder falsch verstandene Aspekte des Zusammenspiels von Wissenschaft, Technik und Gesellschaft richtig zu sehen und zu verstehen. Außerdem möchte ich zeigen, daß für ein Verständnis der Kontroversen um die Psychotechnik vor allem einige unklare und verwirrende Vorstellungen über den vermeintlich objektiven und wertfreien Charakter psychotechnischer Verfahrensweisen als solche erkannt und überwunden werden müssen. Das allerdings hat eine Ausweitung der Untersuchung nötig gemacht, denn es galt zunächst, die Ursachen und Folgen der strengen begrifflichen Trennung zu erforschen, die zwischen psychologischer Wissenschaft und psychologischer Technik herrscht.

Im Sinne wissenschaftlicher Forschung, zu der sie einen Beitrag leisten möchte, besteht meine Analyse der Psychotechnik vornehmlich in dem Versuch, die Existenz regelmäßiger und gesetzmäßiger Zusammenhänge zwischen Dingen und Ereignissen nachzuweisen, die auf den ersten Blick als besondere, eigenständige und voneinander unabhängige erscheinen. Was ich im Verweis auf die Geschichte klarzumachen versuche, ist, daß die Psychotechnik als das Produkt eines sich wiederholenden sozialen Prozesses zu verstehen ist, in dem ganz bestimmte Vorstellungen und Praktiken systematisch aufeinander einwirken.

Die Vorstellungen sind Vorstellungen über die sogenannte „menschliche Natur", das heißt darüber, was es *bedeutet,* ein spezifisch menschliches Wesen zu sein. Und die Praktiken sind die mannigfaltigen Verfahrensweisen (die Methoden der modernen Psychotechnik eingeschlossen), mittels deren menschliches Verhalten kontrolliert und gesteuert werden kann. Kurz, die zentrale These dieses Buches besagt, daß zwischen dem Bestreben, die *Bedeutung* der menschlichen Natur zu definieren, und dem Bestreben, die *Macht* der Verhaltenskontrolle auszuüben, ein Zusammenhang besteht und immer bestanden hat. Um jedoch den grundsätzlichen Charakter dieses Zusammenhangs verstehen zu können, gilt es zunächst, den

Charakter des allgemeineren sozialen Kontexts zu erfassen, dessen Teil diese aufeinander zu beziehenden und bezogenen Bestrebungen sind. Allgemein gesagt ging es mir darum zu zeigen, daß das Wechsel- und Zusammenspiel von Bedeutung und Macht ein konstantes Merkmal menschlicher Sozialexistenz ist und daß seine Analyse im je konkreten Fall eine Offenlegung der Zusammenhänge zwischen den begrifflichen und materiellen Faktoren erforderlich macht, die die Interessen und Ziele relativ mächtiger Individuen und Gruppen widerspiegeln und verstärken. Psychotechnik läßt sich nur als Teil eines allgemeineren sozialen Prozesses begreifen, in dem die zwischen der Bedeutung der menschlichen Natur im Sinne ihrer Definition und der Macht der Verhaltenskontrolle sich spannenden Fäden hin- und hergehen, sich überschneiden, ineinander verschränken und miteinander verbinden, um so das Gewebe des Ganzen zu bestimmen. Es ist ein Prozeß, in dem sich Kontroversen über Psychotechnik zumeist als Kontroversen über die Versuche einiger Leute erweisen, das Verhalten anderer zu reglementieren. Entsprechend hatte ich mich bei meinem Unterfangen, einen historischen Abriß der Psychotechnik zu schreiben, auf Bedeutung und Macht als zwei Aspekte eines fortwährenden sozialen Kampfes zwischen rivalisierenden gesellschaftlichen Kräften zu konzentrieren. Der Rahmen der Arbeit mußte weit gesteckt sein, weil sich nur so nachweisen ließ, daß viele scheinbar ungleichartige Fälle nichts als Variationen eines einzigen immer wiederkehrenden Grundthemas sind und daß Dinge, die heute vor sich gehen, seit der Antike geschehen.

Die Schuld, in der ich bei meinen Wissenschaftlerkollegen stehe, ist mindestens so groß wie die Zahl der von mir gelesenen Autoren und so umfangreich wie die Hilfe, die ich von vielen Freunden und Arbeitskollegen erhielt. Das Literaturverzeichnis am Ende des Buches nennt die Quellen, die ich zu Rate gezogen habe, und macht hoffentlich unmißverständlich klar, daß niemand außer mir zu tadeln ist, wenn ich fremde Gedanken gegen meinen Willen falsch aufgenommen und verwendet habe. Diese Schrift hat in ihrer langen Entstehungsgeschichte vom Rat und von der Kritik so vieler profitiert, daß ich hier nur einigen wenigen danken kann, deren Mithilfe an verschiedenen Punkten des zurückgelegten Weges von ganz besonderer Bedeutung für mich war. Joseph Hunt, Geri Atkins und Aase Huggins waren von Anfang an am Arbeitsprozeß beteiligt.

Ohne ihre Unterstützung und Ermutigung hätte ich bald aufgegeben, und ich kann ihre Gedanken über Psychotechnik kaum noch von denen trennen, die ich die meinen nennen würde. Charlie Gross, Helen Mahut, Maria-Grazia Marzot, Harold Bronk, Dan und Carol Goodenough, Al und Ele Corkland, Martin und Joan Sokoloff, John und Lori Williams, Steven J. Gould und Steven Rose lasen das Manuskript in seinen verschiedenen Stadien ganz oder teilweise. Ich kann nicht behaupten, ich hätte alle ihre Kritikpunkte aufgenommen, dennoch waren es ihre Kommentare, die an vielen Stellen für größere Klarheit sorgten. Die Endredaktion besorgte Joan Rosenstock. Dank ihres Geschicks, Worte und Gedanken zu strukturieren, wurde aus einem dickleibigen Manuskript ein handlicherer und lesbarer Text.

In den vergangenen Jahren hatte ich Gelegenheit, mit einer grossen Zahl außergewöhnlich fähiger Dozenten und Forscher zusammenzutreffen und eng mit ihnen zusammenzuarbeiten. Zwei von ihnen waren besonders wichtig für meine persönliche intellektuelle Entwicklung: die inzwischen verstorbenen Hans-Lukas Teuber und John Asinari.

Ein Buch schreiben heißt, die Bande der Intimität, der Vertrautheit, von denen so viel im Leben abhängt, zu strapazieren, es heißt aber auch, sie irgendwie noch fester zu knüpfen. Meine Kinder Nora, Jon und Katya haben mein Bedürfnis nach Zurückgezogenheit verstanden und mir mit ihrem Vertrauen, „es" würde schon irgendwann fertig werden, großen Rückhalt gegeben. Viele Gedanken in diesem Buch stammen von meiner Frau Beatrice. Vor allem die Überlegung, Verhalten sei nur im Hinblick auf seinen Kontext von Bedeutung, geht auf sie zurück. Ihre Liebe war mein Kontext. Keine Seite, auf der sie nicht präsent wäre.

1 Zum Begriff der Verhaltenskontrolle

„Was genau ist Verhaltenskontrolle?" fragen die Herausgeber einer neuen Buchreihe zu diesem Thema. Und sie antworten:

„Verhaltenskontrolle ist schlicht die Manipulation der äußeren Bedingungen, denen ein Organismus ausgesetzt ist, in der Absicht, ein bestimmtes Verhalten zu erzeugen; neues Verhalten zu produzieren, die Neigung des Organismus, sich wie alle zu verhalten, zu forcieren oder ihr entgegenzuwirken oder früheres Verhalten auszuschließen." (Ulrich u.a. 1966, 1:i)

Ich habe dieses Buch geschrieben, weil die Kontrolle menschlichen Verhaltens zu den wichtigsten Problemen in jeder Gesellschaft gehört und weil ich glaube, daß die genannte Definition in gefährlicher Weise irreführend ist. Die Feststellung, das Verhalten von Organismen könne durch die Manipulation der äußeren Bedingungen gesteuert werden, ist bestenfalls eine nichtssagende Verallgemeinerung und schlechtestenfalls ein Trick, Verhaltenskontrolle als Wissenschaft und als Wohltat erscheinen zu lassen. Was eine solche Definition gefährlich macht, ist, daß sie die Tatsache verkennt, daß nur ganz bestimmte Menschen stets und immer in der Position sind, die fraglichen Manipulationen vorzunehmen, daß die Manipulationen stets in einem sozialen Kontext erfolgen und daß das Ziel dieser Manipulationen häufig darin besteht, das Verhalten anderer Menschen zu reglementieren. Gerade weil der Versuch, menschliches Verhalten zu kontrollieren, zwangsläufig in einem sozialen Kontext stattfindet, ist es notwendig, mehr in ihm zu sehen als „nur" eine technische Frage der Manipulation bestimmter materieller Bedingungen, um „ein bestimmtes Verhalten zu erzeugen".

Nach meiner Auffassung ist Verhaltenskontrolle als Teilbereich der umfassenderen Psychotechnik zu begreifen, die zwei Dinge will: die menschliche Natur definieren (oder messen) und menschliches

Verhalten kontrollieren. Da Form und Inhalt dieses Fachgebiets sich mit den verschiedenen Gesellschaften und mit den historischen Gegebenheiten ändern, kann man es nur dann richtig beschreiben (und gar verstehen), wenn man seinen jeweiligen sozialen Kontext berücksichtigt. Ich habe deshalb in meinem Buch versucht, Psychotechnik so zu beschreiben, daß vor allem die von ihr in den verschiedenen Kontexten verfolgten sozialen und politischen Ziele und die moralischen und ethischen Werte erkennbar werden, die für ihre Entwicklung in ganz bestimmte Richtungen verantwortlich sind. Das Buch erhebt nicht den Anspruch, eine immanente Darstellung der Psychotechnik zu geben, es konzentriert sich vielmehr auf den Zusammenhang zwischen ihren inneren theoretischen und praktischen Aspekten und der äußeren Welt des sozialen Lebens, dessen Bestandteil sie notwendig ist. Mein Ansatz ist bestimmt von meinem persönlichen Wunsch zu verstehen, warum Versuche und Bemühungen, psychotechnische Lösungen für drängende soziale Probleme (wie Gewalt, Jugendkriminalität, Drogenabhängigkeit und Verbrechen) zu entwickeln, so leidenschaftliche (und zuweilen heftige) Kontroversen ausgelöst haben.

Während ich meine Gedanken immer wieder zu strukturieren versuchte, erwuchs in mir das Gefühl, nicht nur viel gelernt zu haben, sondern auch den Charakter sozialer Probleme in einer für mich ganz neuen Weise reflektieren zu können. Obgleich sicherlich nicht ohne Mängel, scheint mir die in diesem Buch angelegte Perspektive einen einfachen und dennoch intellektuell befriedigenden Weg zum Verständnis dessen zu weisen, was die moderne Psychotechnik so häufig und so tief umstritten sein läßt. Mein Ausgangspunkt ist die Überlegung, daß viele oberflächlich unterschiedliche Kontroversen über Psychotechnik nur Variationen eines einzigen Grundthemas sind. Mit anderen Worten, meine These lautet: Trotz großer formaler und inhaltlicher Unterschiede der Psychotechnik je nach Ort und Zeit und trotz vieler offensichtlicher Differenzen in den Streitpunkten, um die sich die Kontroversen drehten, haben sie einen gemeinsamen Nenner, der durch die (in vielen derzeitigen Diskussionen vorherrschende) Neigung, jede konkrete Kontroverse so zu behandeln, als sei sie eine isolierte Einzelerscheinung, verdeckt wird.

Welches sind diese Konstanten? Ich würde sagen, sie beruhen auf einem Zusammenhang (oder besser einem Netz von Zusammenhängen) zwischen zwei verschiedenen, aber eng miteinander verknüpften Sphären menschlicher Sozialexistenz.

Die erste Sphäre, die ich die Bedeutungs- oder Definitionssphäre nennen möchte, umfaßt eine fast verwirrende Vielzahl unterschiedlicher Begriffs-,,Systeme" (darunter die theologischen, ästhetischen, philosophischen und wissenschaftlichen), deren deutlich erkennbarer gemeinsamer Nenner in ihrem Bestreben besteht, die Welt auf die Existenz und den Sinn des Menschen hin zu definieren. Dies schließt natürlich ein Interesse daran ein, möglichst genau zu beschreiben, was es heißt, ein spezifisch *menschliches* Wesen zu sein. Es ist die Einigkeit (oder, wie häufig der Fall, der Gegensatz) dieser unterschiedlichen Begriffssysteme bei der Interpretation der menschlichen Natur, mit der dieses Buch sich hauptsächlich beschäftigt.

Die zweite Sphäre, nicht weniger wichtig für meine These als die erste, ist die Sphäre der Macht; die Sphäre, in der – überall und zu jeder Zeit – der gesellschaftlich organisierte Versuch unternommen wird, den Gang der Dinge zu bestimmen. Im Augenblick mag die Feststellung genügen, daß dieser Bereich das politische Verhalten der Menschen auf allen Stufen sozialer Komplexität einschließt und daß politisches Verhalten häufig ein gewisses Maß an Konflikt zwischen rivalisierenden sozialen Kräften impliziert. Solche Konflikte erweisen sich im allgemeinen als Kontroversen um die Angemessenheit oder Rechtmäßigkeit bestimmter Verhaltensweisen; und Bemühungen, sie zu lösen, sind häufig durch Kämpfe zwischen rivalisierenden Kräften gekennzeichnet, denen es darum geht, das Verhalten des Gegners zu beeinflussen, ,,neues Verhalten zu produzieren, die Neigung...., sich wie alle zu verhalten, zu forcieren oder ihr entgegenzuwirken oder früheres Verhalten auszuschließen". Mit anderen Worten, ich behaupte, daß die Ausübung von politischer Macht sich häufig als eine Übung in Verhaltenskontrolle und vice versa erklären läßt.

Ob solche Übungen von Erfolg gekrönt sind oder nicht und ob der Erfolg am gegenseitigen Kompromiß gemessen wird oder an der Fähigkeit einer Gruppe, das Verhalten einer anderen Gruppe unter ihre Kontrolle zu bringen, alle Kontroversen um die Angemessenheit oder Rechtmäßigkeit von Verhalten und alle gesellschaftlich organisierten Versuche, menschliches Verhalten zu reglementieren, finden in einem Zwischenbereich zwischen den Sphären von Bedeutung und Macht statt. Wie die ,,Bereiche", an die er angrenzt, ist dieser Zwischenbereich eine Abstraktion, die aber deshalb keineswegs weniger real ist. Ich möchte vielmehr behaupten, daß das Zusammenspiel von Bedeutung und Macht über diesen Zwischenbereich hinweg nicht nur die Art und den Inhalt dessen bestimmt, was jeweils unter Psychotechnik verstanden wird, sondern auch das allgemeine Gefüge des Gesellschaftssystems widerspiegelt (und zementiert), dessen Teil es ist. In einer Gesellschaft, in der die Politik angeblich an den herkömmlichen Prinzipien von Vernunft, Logik und Gerechtigkeit orientiert ist (soll heißen: in der die Führung behauptet, rational zu verfahren), müßte man billigerweise erwarten können, daß systematische Versuche, das Verhalten von einzelnen oder Gruppen zu reglementieren, im allgemeinen mit dem übereinstimmen, was die Führung für die wesentlichen Kennzeichen und Eigenschaften jener Individuen oder Gruppen hält. Mit anderen Worten, Vorstellungen von der menschlichen Natur beeinflussen die Urteile über die Annehmbarkeit spezieller Programme der Verhaltenskontrolle. Die Feststellung, Auffassungen über die menschliche Natur hätten ihre sozialpolitischen Konsequenzen und ihre Implikationen auch für die Praxis der Verhaltenskontrolle, spricht allerdings nur aus, was ohnehin offenkundig ist: Was die Leute als das Wesentliche der menschlichen Natur ansehen, hat großen Einfluß auf die sozialen Erwartungen. Ihre Ansichten bestimmen die Art und Weise, in der Menschen in einem gegebenen sozialen Zusammenhang behandelt werden, und umgekehrt beeinflußt diese Art und Weise wiederum entscheidend das Verhalten dieser Menschen.

Wenn aber Vorstellungen von der menschlichen Natur die soziale Realität tatsächlich prägen können, dann müssen sie auch als eigenständige, aus sich heraus wirksame Instrumente der Verhaltenskontrolle zur Kenntnis genommen werden. Und tatsächlich insistiere ich gerade wegen des nachweislichen Moments der Selbsterfüllung bei sozialen Erwartungen darauf, daß Definitionen der menschlichen Natur und Messungen der menschlichen Vielfalt (und nicht nur die materiellen Instrumente und Techniken der Verhaltenskontrolle) als Teil der Psychotechnik gesehen und behandelt werden.

Was ist es, das darüber bestimmt, ob irgendeine Vorstellung von der menschlichen Natur zur Basis für die Begründung eines speziellen sozialpolitischen Zieles wird oder nicht, und was rechtfertigt eine spezifische Form der Verhaltenskontrolle? Ich möchte in meiner Analyse diese Frage beantworten, indem ich zeige, daß zwischen den Vorstellungen von der menschlichen Natur und den Programmen der Verhaltenskontrolle in jeder Gesellschaft bestimmte Zusammenhänge bestehen. Im Beweis der These, daß psychotechnische Theorien und Verfahren die Interessen und Ziele herrschender sozialer Gruppen widerspiegeln und verstärken, versuche ich deutlich zu machen, warum es falsch und irreführend ist, die Frage, mit der ich begonnen habe, (die Definition von Verhaltenskontrolle) nur mit Blick auf die vorhandenen Instrumente und Techniken der Manipulation zu beantworten. Das Bestreben, Psychotechnik als eine „bloße" Frage von Techniken abzuhandeln, hat die Funktion, die Tatsache zu kaschieren, daß alle gesellschaftlich organisierten Versuche, menschliches Verhalten zu kontrollieren, in Wirklichkeit die Versuche einiger Leute sind, das Verhalten anderer Leute zu bestimmen. Ich behaupte, daß noch die differenziertesten der heute über Verhaltenskontrolle geführten Diskussionen auf falschen und irreführenden Vorstellungen über die menschliche Natur beruhen, deren unterschiedliche Interpretationen seit der Antike einzig und allein die Rechtfertigung der Macht einiger Menschen über das Verhalten von anderen zum Ziel haben. Mit der Beschreibung eines mehr oder weniger universellen Prozesses, in dem Vorstellungen über die menschliche Natur und Techniken der Verhaltenskontrolle miteinander und mit den Organisationsinteressen mächtiger gesellschaftlicher Gruppen verknüpft werden, ziehe ich nicht notwendig die moralische und ethische Legitimität dieses Prozesses in Zweifel. Mit anderen Worten, ich will nicht sagen, daß Verhaltenskontrolle per se etwas Negatives sei und daß in der bloßen Existenz eines Zusammenhangs zwischen Bestrebungen, menschliches Verhalten zu kontrollieren, die öffentlichen Angelegenheiten zu lenken und die menschliche Natur zu beschreiben, bereits das Unheil und die Verschwörung steckten. Im Gegenteil, ich glaube, daß ein solcher Zusammenhang ein bestimmendes politisches Merkmal *aller* sozialen Systeme ist und daß man aus der Struktur einiger seiner charakteristischen Subsysteme und ihrer wechselseitigen Beziehungen einiges über die Art erfahren kann, in der ein bestimmtes soziales System funktioniert. Soll heißen, ich möchte die das Wechselspiel zwischen

Bedeutung und Macht bestimmenden allgemeinen Prinzipien herausarbeiten, wie sie sich in unterschiedlichen sozialen Kontexten manifestieren.

Zuvor möchte ich allerdings noch einmal betonen, daß es mir hier nicht um eine rein akademische Übung geht. In Extremfällen können Fragen nach der in einer Gesellschaft praktizierten Verhaltenskontrolle buchstäblich Fragen von Leben und Tod sein (und sind es auch gewesen). Stellen Sie sich zum Beispiel vor, Sie gehören der Leitung einer großen psychiatrischen Klinik an, die am Rande einer Großstadt gelegen ist. Die Einrichtung ist ein wichtiges Lehrzentrum mit einer alten, ehrwürdigen medizinischen Tradition, an der die Studenten stets eine hervorragende klinische Ausbildung und die Patienten im allgemeinen die bestmögliche Behandlung aus der Hand von erfahrenen und humanen Spezialisten der Neurologie und Psychiatrie erhalten.

Stellen Sie sich weiter vor, daß Sie in Begleitung anderer Personen – wiederum Ärzte, Wissenschaftler und Administratoren – einen Würdenträger auf seinem Besichtigungsrundgang durch das Haus führen. Der Besucher, der aus der Hauptstadt kommt, ist ein anerkannter Spezialist auf dem Gebiet der Diagnose, Klassifizierung und Behandlung nervöser und geistiger Krankheiten und der bekannte Autor zahlreicher, wichtiger Aufsätze zu so unterschiedlichen Themen wie Alkoholismus, Stress, Epilepsie, Kopfverletzungen und Gehirnhautentzündung. Auch seine offizielle Stellung ist beeindruckend: Er ist Professor für Psychiatrie an einer der ersten medizinischen Fakultäten des Landes und leitet eine Klinik von Weltruf. Erst vor kurzem hat er ein eindrucksvolles Psychotechnik-Programm entwickelt. Eine von Experten durchgeführte Panel-Analyse aller alten und aktuellen Aufzeichnungen über jedweden Patienten in jedweder psychiatrischen Klinik des Landes hat zur Auswahl einer großen Zahl von Patienten für eine Spezialbehandlung geführt. Diesem Auswahlprozeß folgte vor einem Jahr eine Konferenz, auf der eine Gruppe von Spitzenpsychiatern und Gesundheitsbeamten beschlossen, an einigen Kliniken seien Zentren für Spezialbehandlungen einzurichten und in Betrieb zu nehmen. Da „Ihre" Klinik zu den ersten derartigen Einrichtungen gehört, ist der erwähnte Besucher in der Absicht gekommen, die im Projekt vorgesehene Behandlungsphase zu beobachten.

Der Inspektionsrundgang ist fast zu Ende. Sie und Ihre Begleiter sowie Ihr erlauchter Besucher beobachten durch ein kleines Fenster, wie mehrere Krankenwärter zwanzig Patienten in den sauberen und hell erleuchteten Behandlungsraum führen. Die Patienten stehen ruhig da, als die Pfleger hinausgehen und die Tür hinter sich schließen. Auf das Zeichen eines Ihrer Kollegen löst ein Angehöriger des Krankenhauspersonals einen Mechanismus aus. Zunächst zeigen die Patienten keine Reaktion; sie stehen weiterhin ruhig da. Dann, ganz plötzlich, beginnen sie schwer zu atmen, sie geraten in Erregung, taumeln, schreien und wanken. Schließlich stürzen sie zu Boden. Die Behandlung ist zu Ende. Die Manipulation ihrer Umgebung hat ein bestimmtes Verhaltensresultat erzeugt: alle zwanzig Patienten sind tot.

Obwohl ich ihn in die Form eines hypothetischen Beispiels gekleidet habe, hat sich dieser Vorfall im Rahmen eines Projekts, das ganz bewußt die administrative Massenvernichtung geistig Kranker plante und in Deutschland während der letzten fünfzig Jahre konzipiert, organisiert und durchgeführt wurde, tatsächlich ereignet. Der offizielle Titel des Projekts lautete *Die Vernichtung von lebensunwertem Leben,* im einzelnen geplant wurde es auf einer Konferenz führender akademisch tätiger Psychiater und hoher Beamter in Berlin im Juli 1939.

Einer der Teilnehmer war Dr. Max de Crinis, Professor für Psychiatrie an der Universität Berlin, Leiter der neuropsychiatrischen Abteilung an der Charité und anerkannter Spezialist für Nerven- und Geisteskrankheiten. Als Mitglied der Ärztekommission, die von Anfang an für dieses Projekt verantwortlich war, besuchte Dr. de Crinis im Frühjahr 1940 in offizieller Mission die staatliche Heil- und Pflegeanstalt in Sonnenstein, nahe Dresden, wo er unter den bereits geschilderten Umständen der Tötung von mindestens zwanzig männlichen Patienten durch akute Kohlenmonoxydvergiftung beiwohnte. Im Rahmen der Nürnberger Kriegsverbrecherprozesse wegen seiner Beteiligung an dem Projekt genannt und auch geladen, erschien Dr. de Crinis niemals vor Gericht. Er hatte, als die Russen 1945 Berlin einschlossen, mit einer von der Regierung ausgegebenen Zyankalikapsel Selbstmord begangen.

Läßt sich überhaupt begreifen, was an jenem Tag in Sonnenstein geschah? Zunächst ist man versucht zu sagen, der Vorfall bedürfe kaum einer Erklärung über die Feststellung der Tatsache hinaus, daß er sich in Deutschland während der Nazi-Zeit ereignete und zu den vielen bizarren und unerklärbaren Greueltaten gehört, die in Europa unter den Nazis geschahen. Aber eine solche Antwort verhindert eher das Verstehen, als daß sie es befördert, und was nach wie vor nach einer Erklärung verlangt, ist denn auch die Tatsache, daß Sonnenstein kein Einzelfall war. Bereits im Sommer 1940 gehörten Szenen wie die geschilderte zum Alltag in psychiatrischen Kliniken in ganz Deutschland; und binnen weniger Jahre kostete das Projekt, das Dr. de Crinis und seine Fachkollegen entwickelt hatten, das Leben von schätzungsweise 275.000 psychiatrischen Patienten, Häftlingen und von geistig zurückgebliebenen Personen. *Die Vernichtung von lebensunwertem Leben,* wie die offizielle Gesamtbezeichnung für das Nazi-Projekt lautete, das die Massenvernichtung von Millionen Juden, Slawen und verschiedenen anderen Gruppen zum Ziel hatte, folgte zeitlich, technisch und in ihrer Begründung jenem Präzedenzfall, den die angeblich wissenschaftlich objektive und moralisch und ethisch wertfreie Übung in Psychotechnik geliefert hatte. Ich möchte in diesem Buch nachweisen, daß es zwischen der administrativ verfügten Massentötung von Geisteskranken und dem späteren Völkermord als einem erklärten Ziel nazistischer Politik eine Verbindungslinie gibt. Letztlich soll meine Analyse nicht nur erklären, was in Sonnenstein geschah, sondern auch, in welchem Zusammenhang dieser Vorfall sowohl mit früheren Geschehnissen, die nicht unmittelbar mit der Nazibewegung zusammenhängen, als auch mit Folgeerscheinungen steht, die die spezifischen Erscheinungsformen des nazistischen Völkermordes nicht nur einschließen, sondern sogar darüber hinausgehen.

Die Barrieren, die sich vor einer solchen Analyse auftürmen, scheinen zunächst unüberwindlich. Allein schon das Wort „Holocaust" läßt einen vor einer Erklärung wie vor einer Naturkatastrophe zurückscheuen. Konfrontiert mit einem Phänomen von so ungeheuren Dimensionen, ist man versucht, sich auf die Überlegung zurückzuziehen, daß es eben bestimmte historische Ereignisse gebe, die den menschlichen Verstand überstiegen. Walter Lippmann hat dies vor vielen Jahren so ausgedrückt:

„... der menschliche Verstand muß an das Leben eine parteiliche und vereinfachende Perspektive anlegen. Das Meer der Erfahrung kann nicht auf die kleinen Flaschen unserer Intelligenz gezogen werden. Der Verstand ist ein Instrument, das im Kampf ums Überleben entwickelt wurde, und die Anspannung, sich auf einen langen Gedankengang zu konzentrieren, gleicht der Anstrengung, absolut aufrecht und gerade zu stehen, eine sehr ermüdende Haltung, die rasch der ursprünglichen Neigung, sich zusammenzukauern oder sich niederzusetzen, weichen muß." (Lippmann 1936, S. 550)

Dieses Buch, das muß ich zugeben, ist in der Kauerstellung geschrieben. Aber dort, wo ich gesessen und nachgedacht habe, bin ich zu einem Schluß gekommen, der dem von Herrn Lippmann diametral entgegengesetzt ist, zu dem Schluß nämlich, daß das größte Hindernis für ein Verstehen des nazistischen Völkermordes (und aller Formen von Verhaltenskontrolle, gleich ob es sich dabei um Fragen von Leben und Tod handelt oder nicht) nicht die primordiale Schwäche des menschlichen Verstandes ist, sondern vielmehr die überwältigende Stärke bestimmter sozialer Vorurteile. Vernunft, wie immer sie sich entwickelt haben mag, stützt sich in ihrem Bestreben zu verstehen auf die Methoden der genauen Beobachtung, der Analyse und auf andere Formen von intelligentem Verhalten; doch selbst diejenigen, die vertrauensvoll der Vernunft folgen, werden dazu getrieben oder verleitet, Schlüsse über die Welt zu akzeptieren, die sie ansonsten als irrational von sich weisen würden. Der Kampf einer langen Reihe von Theoretikern um Definitionen beweist, daß das Leben sicherer und das Berufsleben gesicherter ist, wenn man „die parteiliche und vereinfachende Perspektive" anlegt, von der das ordnungsgemäße Funktionieren gewisser mächtiger sozialer Institutionen abhängt, Institutionen, die sich zuweilen der Gewalt als Mittel zur Durchsetzung ihrer speziellen Auffassung vom Leben bedienen. In solchen Zeiten stoßen Denker, die auf der Suche nach neuen Perspektiven der Vernunft folgen, gelegentlich mit Bürokraten zusammen, die Anordnungen zur Verteidigung bestehender Institutionen folgen. Kollisionen zwischen solchen, die nach neuen Definitionen suchen, und den bürokratischen Verteidigern der Macht können absolut fatal sein; aber selbst wenn sie nicht lebensbedrohlich sind, wenn keine Gewalt im Spiel ist, kann man aufgrund ihrer indirekten Auswirkungen oftmals durchaus davon sprechen, es gehe um Leben und Tod.

Wenn es darum geht, ein Phänomen wie den von den Nazis verübten Völkermord zu erfassen, ist es besonders leichtfertig, eine

„parteiliche und vereinfachende Perspektive" anzulegen, sich damit zufrieden zu geben, „die kleinen Flaschen unserer Intelligenz" mit einer trüben Brühe unklarer Behauptungen und Erklärungen anzufüllen, die den Teil der menschlichen Existenz verdunkeln helfen, den sie erhellen sollen.

Als einem Psychologen sind mir „Erklärungen" des nazistischen Genozids, die in psychologischem Gewande auftreten, am vertrautesten. Nach ihrer Interpretation kam es zum „Holocaust", weil der Charakter des deutschen Volkes, vor allem jedoch derer, die sich an dem Völkermord der Nazis beteiligten, ihn entschuldigten oder von ihm (und vielleicht auch von seinen Opfern) wußten, mit schweren und fatalen Mängeln behaftet war. Mit anderen Worten, es wird angenommen, die erschütternde Folge von Ereignissen, in deren Verlauf Millionen von Männern, Frauen und Kindern systematisch verfolgt, verschleppt, eingesperrt, als Versuchsobjekte mißbraucht und getötet wurden, sei mit der merkwürdig „autoritären" Massenpsychologie des deutschen Volkes oder auch als Ausfluß der „sadistischen" oder „masochistischen" Charakterstruktur ihrer Führer zu erklären. Ich möchte hier zeigen, daß der Versuch, Ereignisse von einer solchen historischen Tragweite mit individuellem Irrsinn oder kollektiver Geistesgestörtheit zu begründen, bequem und gefährlich zugleich ist. Nehmen wir zum Beispiel die Interpretationen, denen zufolge die politischen Führer, die das gesamte Unternehmen organisiert und befehligt haben, angeblich verrückt oder geistesgestört waren. Trotz ihrer verführerischen Plausibilität gibt die psychologische Spekulation als Erklärung wenig her, und der Versuch, Hitlers „unbewußte Motive" („während seiner Kindheit wurde seine Mutter von einem jüdischen Arzt erfolglos gegen Brustkrebs behandelt") oder die psychische Labilität seiner Helfershelfer („Göring war medikamentensüchtig, Göbbels anstaltsreif paranoisch") als einen Schlüssel zum Verständnis von Massengewalt zu nehmen, kommt einer Übung in politischer Apologetik gleich.

Das soll nicht heißen, der Völkermord der Nazis weise keine psychologischen Dimensionen auf, wir wollen nur sagen, daß Versuche, die Gründe für den Genozid auf der psychologischen Ebene zu finden, keine wirkliche Erklärungskraft haben. Hitler und seine Helfershelfer waren keine Gruppe psychotischer Dämonen, die blinde soziale Kräfte in Bewegung setzten. Zudem ist die Psychohistorie in dem Maße, in dem sie den falschen Eindruck erzeugt, Geschehnisse im politischen und sozialen Bereich ließen sich in der eng begrenzten und privaten Sprache psychologischer Determinanten ,,erklären'', selbst eher ein Instrument der Irreführung als eines der Aufklärung.

Ein angemessenes Verständnis moderner Verhaltenskontrolle läßt sich nicht herstellen, ohne daß man den Weg nachzeichnet, den sie im Prozess ihrer Entwicklung bis heute genommen hat. Und aus eben diesem Grunde ist es erforderlich, zunächst zu einem Verständnis des nazistischen Völkermords zu kommen, um danach die modernen Praktiken von Verhaltenskontrolle richtig erfassen zu können. Wenn aber ein Verständnis des Nazi-Genozids eine Voraussetzung für das Verständnis anderer Formen von Verhaltenskontrolle ist und wenn das nötige Verständnis sich nicht durch eine Analyse der Gedanken und Handlungen einzelner Beteiligter herstellen läßt, was ist dann zu tun? Ich meine, man muß mit dem sozialen Kontext und den Umständen beginnen, aus denen sich der Genozid als extremstes Instrument der Verhaltenskontrolle entwickelte. Das heißt, man muß den Gang der Ereignisse verfolgen, der professionelle Psychotechniker dazu veranlaßte, eine entscheidende und führende Rolle bei der Planung und Ausführung eines Völkermordes als der ,,Endlösung" für viele drängende innere Probleme in Deutschland zu übernehmen.

Viele Beweisspuren weisen auf die Wichtigkeit einiger Schlüsselbegriffe hin, die im Dunstkreis der aufkommenden nationalsozialistischen Bewegung eine spezielle Bedeutung erhielten. Von besonderem Interesse ist dabei eine bestimmte Kategorie von soziobiologischen Vorstellungen über die Ungleichheit der Menschen untereinander und von politischen Schlüssen, die aus dem Darwinismus gezogen und etwa in den alten Schlagwörtern vom ,,Kampf ums Dasein" und vom ,,Überleben der Tüchtigsten" zusammengefaßt sind. Unter dem Zwang bestimmter materieller Verhältnisse – militärischer, politischer und wirtschaftlicher – wurden diese und ähnliche Phrasen auf allen sozialen Stufen der deutschen Gesellschaft sozusagen als Naturgesetze von universeller Geltung interpretiert, deren Implikationen für die Rechtsordnung logischerweise absolut klar, wissenschaftlich begründbar und moralisch zwingend waren. Ich werde zeigen, daß Interpretationen der menschlichen Natur, wie sie von englischen und amerikanischen (und auch von deutschen) Wissenschaftlern damals vorgelegt wurden, in Form und Inhalt die monströse Realität des Nazi-Genozids zugleich widerspiegelten und sie schaffen halfen. Soll heißen, der Völkermord durch die Nazis war kein außergewöhnliches Symptom einer nationalen Psychose, sondern eine kalt berechnete Form von Verhaltenskontrolle, die das Wechselspiel von Definitionsgewalt und Macht an einem bestimmten Ort zu einer bestimmten Zeit besonders deutlich widerspiegelte.

So betrachtet wird erklärlich, warum einflußreiche gesellschaftliche Kräfte die symbolische Macht einer angeblich objektiven soziobiologischen Wissenschaft dazu benutzen konnten, die radikale Ausrottung „biologisch minderwertiger" Teile der Bevölkerung anzuregen, zu propagieren, zu verteidigen und zu rechtfertigen; warum die systematische Erhaltung „biologisch wertvoller" Bevölkerungsgruppen als eine vitale Notwendigkeit angesehen wurde und warum die politischen Führer einer modernen Industriegesellschaft, die in politischen Kontroversen zutiefst zerstritten war und chronisch unter wirtschaftlichen Schwierigkeiten litt, den Mythos von der arischen Überlegenheit und der Vorsehung mit biologischen Argumenten aufrechthielten, die die Überzeugung befestigten, Deutschland sei „von Natur aus" dazu bestimmt, die politisch, militärisch und wirtschaftlich führende Macht der Welt zu sein. Der Weg führt in direkter Linie von einem scheinbar objektiven wissenschaftlichen Diskurs über die Ungleichheit der Menschen zu einer scheinbar rationalen Form der moralischen Diskussion über „lebensunwertes Leben" und weiter zur Endlösung: zur „Auslöschung und Vernichtung von lebensunwertem Leben".

Um dieses Zusammenspiel spezifischer intellektueller und materieller Kräfte verstehen zu können, muß man bestimmte Vorstellungen über die menschliche Natur und die menschliche Vielfalt analysieren und zeigen, wie sie zu wirksamen Instrumenten der Verhaltenskontrolle in der deutschen Gesellschaft wurden. Dieser Prozeß, betrachtet man ihn aus der historischen Perspektive, zerstört nicht nur den Mythos, der Nazi-Genozid sei sozusagen über Nacht über eine weitgehend unvorbereitete Gesellschaft hereingebrochen, er zeigt auch, daß ganz im Gegenteil die soziobiologische Saat des Genozids lange vor Hitler und seiner Nazibewegung tief in den fruchtbaren Boden des deutschen politischen Bewußtseins versenkt worden war.

Meine Analyse intendiert jedoch mehr als den Nachweis, daß soziobiologische Vorstellungen im Sinne von „Kampf ums Dasein" und „lebensunwertem Leben" bereits gehegt wurden, ehe die Nazis sich ihrer zu psychotechnischen Zwecken bedienten. Obwohl die Verbindungslinien zum Nazi-Völkermord besonders leicht zu ziehen sind, bestehen Zusammenhänge auch zwischen soziobiologischen Ideen und anderen (aktuelleren) Formen von politischer Parteigängerschaft und damit auch zu anderen Arten von Verhaltenskontrolle. Und genau aus diesem Grunde ist es wichtig, die Quelle der modernen Verhaltenskontrolltechnik in all ihren verschiedenen Erscheinungsformen aufzuspüren, denn sie besteht in einem speziellen Konglomerat von Vorstellungen über die menschliche Natur (im allgemeinen) und die Ungleichheit der Menschen (im besonderen).

Die Kette der Vorstellungen, die bei dieser Spurensicherung sichtbar wird, reicht sowohl tief in die Vergangenheit zurück wie auch in die Gegenwart hinein. Tatsächlich liegen die begrifflichen Wurzeln der modernen Verhaltenskontrolle (und der um sie kreisenden Kontroversen) in alten Legenden über die Erschaffung der Welt und in Mythen über die Entstehung, die Genesis, der Menschheit. Solche in ihrem wesentlichen Gehalt unveränderten Mythen werden nach wie vor zur Definition der Natur jener Menschen benutzt, deren Verhalten Gegenstand der Kontrolle und Kontroverse ist. Ich benutze die Begriffe „Genesis" und „Genozid" nicht leichtfertig um eines oberflächlichen Wortspiels willen. Im Gegenteil, sie bezeichnen die beiden Hauptpole meiner Untersuchung. Oberflächlich betrachtet ist das Auffälligste an diesen beiden Begriffen ihre Disparität, ihre Unvereinbarkeit. Wenn die Distanz, die beide voneinander trennt, durchschritten ist, wird, wie ich hoffe, sichtbar werden, daß viele äußerlich höchst unterschiedliche Kontroversen über Verhaltenskontrolle eng miteinander verknüpft sind und daß jede einzelne – zu ihrer Zeit und an ihrem Ort – eine spezielle Variante eines einzigen fundamentalen und sich wiederholenden Paradigmas darstellt; eines Paradigmas, in dem Konflikte zwischen rivalisierenden sozialen Kräften sich äußern als ein endloses und kaleidoskopartiges Wechselspiel zwischen der Bedeutung der menschlichen Natur im Sinne ihrer Definition und der Macht der Verhaltenskontrolle.

2 *Genesis: Die menschliche Natur als soziale Waffe*

In der letzten Maiwoche des Jahres 1543 lag Nikolaus Kopernikus in Frauenburg in Polen auf dem Sterbebett. Er war siebzig Jahre alt, ein berühmter Gelehrter und loyaler Kirchenmann, der als zuverlässiger Ratgeber sowohl der polnischen Regierung wie des päpstlichen Hofes Ehre und Ansehen genoß. Als er bereits im Sterben lag, eilten Freunde mit einer frischgedruckten Kopie seines letzten und größten Werkes an sein Bett, einem Buch über den Aufbau des astronomischen Universums mit dem Titel *Über die Kreisbewegungen der Weltkörper*. Wie wir bei zumindest einem Augenzeugen nachlesen können, war der erste Blick des alten Astronomen auf diesen Band zugleich der letzte, den er auf etwas Irdischem ruhen ließ.

Was das Buch enthielt, war wirklich revolutionär: eine Theorie des Universums, die, in eleganter Einfachheit, die etablierten Doktrinen der mittelalterlichen Himmelsmechanik umstürzte und das begriffliche Fundament für die moderne Astronomie legte. Fast drei Jahrzehnte lang war das Gerücht gegangen, daß Kopernikus insgeheim Zweifel an der geozentrischen – traditionell mit dem Namen des Ptolemäus verbundenen –, von den Schulen und Kirchen seiner Tage offiziell vertretenen Theorie hege. Nach dem ptolemäischen Weltbild, dem eine lange Reihe christlicher Theologen eine enorme symbolische Macht verliehen hatte, steht die Erde fest und unverrückbar wie jedes moralische Prinzip im Zentrum eines konzentrischen Universums, umgeben von immer weiter entfernten Sphären, an die die Himmelskörper geheftet sind. Was Kopernikus als Alternative anbot, war die Idee, daß die Sonne das Zentrum unseres Planetensystems bilde und daß es die tatsächliche Bewegung der Erde um ihre eigene Achse und um die Sonne sei, die die Scheinbewegungen der vergleichsweise unbeweglichen Sonne und der Sterne erzeuge.

Diese theoretische Neuordnung der „Himmelskugel" verlieh der Astronomie eine neue und aufregende Bedeutung. Indes, während Kopernikus durchaus davon überzeugt gewesen sein dürfte, daß seine Theorie richtige und nur richtige Aussagen über den Aufbau des astronomischen Universums enthielt, hatte er im Lichte der Ereignisse seiner Zeit und noch mehr angesichts dessen, was nach Erscheinen seines Buches geschah, offensichtlich gute Gründe, sich eine Veröffentlichung zu versagen. Konkreter, er muß erkannt haben, daß die Kirche als Institution in seiner Falsifizierung des geozentrischen Universums – und der darin implizierten Sicht von der Position des Menschen im Gesamtplan der Dinge – mehr sehen mußte als eine akademische Studie.

Und tatsächlich begann die christliche Kirche, die gerade erst ein tiefes Schisma erlitten hatte, kurz danach einen heftigen und zuweilen gewaltsamen Kampf gegen die Verfechter seiner Theorie. Mir geht es in diesem Kapitel darum, diese energische Opposition der Kirche zu begründen und genau zu erklären, warum das Auftauchen einer neuen Interpretation in der Astronomie von den Machthabern der Religion als Bedrohung wahrgenommen wurde. Es ist nicht meine Absicht, eine bekannte Episode aus der Geschichte des sechzehnten und siebzehnten Jahrhunderts nur einfach noch einmal zu erzählen; ich möchte an ihr vielmehr jenes Wechselspiel von Definitionsgewalt und Macht exemplifizieren, das auch heute noch das Bestreben kennzeichnet, menschliches Verhalten in der Gesellschaft zu reglementieren.

Die relativ späte Explosion von Techniken zur Steuerung und Manipulation von menschlichem Verhalten hat nichts grundlegend Neues in die psychotechnische Arena gebracht. Sicher ist die Macht, Verhalten zu kontrollieren und zu steuern, in jüngster Zeit durch technische Entwicklungen in vielen Bereichen (Verhaltenskonditionierung, Psychopharmakologie, Psychometrie, Psychochirurgie und andere eingeschlossen) gewachsen; dennoch will ich zu zeigen versuchen, daß die wirksamsten und verbreitetsten Mittel der Verhaltenskontrolle nach wie vor in dem bestehen, worin sie in der uns bekannten Geschichte schon immer bestanden haben, nämlich in der Vorstellung, die sich die Menschen über das Universum und über ihren Platz darin machen. Genauer, ich möchte zeigen, daß unter allen Vorstellungen, durch die menschliches Verhalten geprägt sein kann, die bei weitem wichtigsten und einflußreichsten (wenn auch nicht immer die glaubwürdigsten) diejenigen sind, die vorgeben zu definieren, was es bedeutet, ein menschliches Wesen zu sein.

Wenn jemals ein konkretes Beispiel den Gegensatz zwischen Astronomen und Theologen in bezug auf den Aufbau des Universums verdeutlichte, dann war es der Prozeß gegen Galileo Galilei. Jahrelang war von diesem Mann, dessen Beobachtungen mit seinem neuentwickelten Fernrohr viele Behauptungen der kopernikanischen Lehre bestätigten und der sich offen als Anhänger des heliozentristischen Weltbildes bekannte, verlangt worden, „im Namen seiner Heiligkeit des Papstes und der gesamten Kongregation des Heiligen Stuhls die Meinung zu widerrufen, die Sonne bilde das Zentrum der Welt, sie sei unbeweglich, die Erde sei es, die sich bewege"*. (White 1955, S. 137) Nach ausgedehnten Verhandlungen und vielen Aufschüben schließlich, während deren er der Mahnung, „(die Theorie) weder zu vertreten, noch zu verbreiten, noch in irgendeiner Weise, mündlich oder schriftlich, zu verteidigen", weder voll nachkam noch sich ihr voll widersetzte, wurde Galilei 1633 nach Rom gerufen, wo er unter demütigenden Umständen durch die Macht der Heiligen Inquisition gezwungen wurde, folgenden öffentlichen Widerruf zu tun: „Ich, Galileo Galilei, siebenzig Jahre alt, persönlich vor Gericht gestellt und knieend vor Euren Eminenzen... vor meinen Augen habend die hochheiligen Evangelien, die ich mit meinen Händen berühre... schwöre ich ab, verfluche und verwünsche ich mit aufrichtigem Herzen und ungeheucheltem Glauben besagte Irrtümer und Ketzereien." (Strauss 1891, S. LXXIV/V.)

Nun, wir brauchen kaum zu betonen, daß es etwas Wichtiges und aus theologischer Sicht Gefährliches war, das die Inquisition veranlaßte, die Ansicht eines alten Astronomen über die Bewegung der Erde zu verdammen. Aber was war es?

Die plausibelste Antwort ist, daß die Kirche sich gezwungen sah, die kopernikanische Konzeption zu bekämpfen, weil sie mit der Buchstabeninterpretation bestimmter Bibeltexte unvereinbar war. Vor allem protestantische Theologen neigten dieser Auffassung zu. Johannes Calvin zum Beispiel prangerte die heliozentrische Theorie pauschal an, sie stehe im Widerspruch zu den heiligen Wahrheiten

* Diese Aufforderung ließ Kardinal Bellarmin im Jahre 1616 an Galilei ergehen.

der Schrift. „Wer“, so begehrte er zu wissen, „wagt es, die Autorität des Kopernikus über die der Heiligen Schrift zu stellen?“ Und Martin Luther vertrat mit seiner ganzen theologischen Autorität die Auffassung, daß in der Astronomie wie anderswo der von Gott gewiesene Weg zur Wahrheit in der wörtlichen Interpretation der biblischen Texte bestehe. Wie Calvin betonte auch er, daß die Differenzen unaufhebbar seien, und sagte über Kopernikus:

„Es ward gedacht eines neuen Astrologi, der wollte beweisen, daß die Erde bewegt würde und umginge, nicht der Himmel oder das Firmament, Sonne und Mond... Aber es geht jetzt also: wer da klug will sein, der soll ihm nichts lassen gefallen, was Andere machen, er muß ihm etwas Eigenes machen, das muß das Allerbeste sein, wie ers machet. Der Narr will die ganze Kunst Astronomiae umkehren. Aber wie die Heilige Schrift anzeigt, so hieß Josua die Sonne still stehen, und nicht das Erdreich.“ (Luther o. J., S. 255)

Bleibt die Frage, *warum* den theologischen Autoritäten so sehr daran gelegen war, die Verbreitung gerade dieser astronomischen Theorie zu verhindern. Die Antwort liegt nicht in ihren technischen Unvereinbarkeiten mit Textstellen in der Bibel über den Aufbau des Universums und auch nicht in den Motiven einzelner Personen, sondern in dem Wechselspiel zwischen der Bedeutung spezieller Auffassungen und der Macht spezieller Organisationen. Eine viel umfassendere Ablehnung der kopernikanischen Theorie, als Luther sie formulierte, steckt in dem Urteil eines der bedeutendsten katholischen Theologen jener Zeit über die kopernikanische Theorie: „Diese angebliche Entdeckung“, so klagte er, „macht den gesamten christlichen Heilsplan hinfällig.“ (White 1955, S. 134) Der Theologe war in diesem Fall Kardinal Bellarmin, ein Inquisitor von großer Gelehrsamkeit, dessen schrecklicher Ruf sich zum Teil einer ausführlichen theologischen Argumentation verdankte, die die Verbrennung von Ketzern in jungen Jahren damit rechtfertigte, daß die Verdammung, der sie anheim fielen, umso größer werde, je länger sie lebten.

Kardinal Bellarmin war zutiefst davon überzeugt, daß die kopernikanische Astronomie eine tödliche Gefahr für die Organisationsinteressen der Kirche darstellte; und wenn ein Inquisitor das Gespenst der Ketzerei an die Wand malte, dann doch wohl, weil er eine Gefahr sah, auch wenn es nicht unbedingt diejenige war, gegen die er seinen Worten nach anging. Worin bestand nun aber diese Gefahr wirklich? Warum empfand die Christenheit der Renaissance in all ihren verschiedenen Sekten einmütig die theoretische Neuordnung des astronomischen Universums als so gefährlich und bedrohlich für ihre Lehren?

Nach einem Denkmuster, das mindestens so alt ist wie die Schöpfungsgeschichte, besteht zwischen Vorstellungen über die Struktur des astronomischen Universums und Vorstellungen über das Schicksal des Menschengeschlechts eine enge Verbindung. Lange vor Kopernikus stand für Christen als Glaubensartikel nicht nur fest, daß die Erde unbeweglich im Zentrum des Universums stand, sondern auch, daß sie diesen besonderen Platz durch Gottes Ratschluß einnahm, nach dem sie zur Bühne ausersehen war, auf der das große Drama der menschlichen Erlösung gespielt werden sollte. Wie Pater Melchior Inchofer, ein jesuitischer Gelehrter, es 1634 ausdrückte: „Die Auffassung, die Erde drehe sich, ist die abscheulichste, gefährlichste und schimpflichste aller Häresien; die Unbeweglichkeit der Erde ist dreifach geheiligt; eher sollte man Einwände gegen die Unsterblichkeit der Seele, die Existenz Gottes und die Menschwerdung zulassen als die Beweisführung, die Erde bewege sich.“ (White 1955, S. 139) Warum war die Auffassung, die Erde gehorche einer zweifachen Bewegung, mehr als „nur eine weitere Häresie“? Warum war es den Theologen zur Zeit des Kopernikus unmöglich, den klügeren (und vielbegangenen) Weg eines Versuchs zu gehen, sie mit den biblischen Wahrheiten in Einklang zu bringen? Die kopernikanische Astronomie wurde deshalb so heftig angegriffen, weil sie die Lehre von der Erbsünde unterminierte, eine Auffassung von der menschlichen Natur, die schließlich das Fundament für die Existenz der Kirche als Institution bildete. Die Vorstellung von der inhärenten menschlichen Sündhaftigkeit nämlich war es, auf der, wie Kardinal Bellarmin es ausdrückte, der „gesamte christliche Heilsplan“ basierte.

Der Gedanke der Erbsünde wird zwar in der Schöpfungsgeschichte nicht explizit gemacht, dennoch müssen wir hier anfangen, wenn wir ihren Ursprung und die Rolle verstehen wollen, die sie im Renaissance-Christentum spielt. Wie die Erschaffungsmythen vieler Gruppierungen schreibt auch die christliche Schöpfungsgeschichte die Existenz der Welt und dessen, was darinnen ist, der Kunst eines allmächtigen Schöpfers zu, als dessen unvollkommenes Ebenbild die Menschen anzusehen sind. Wie Andrew D. White (ebd., S. 14) dargelegt hat, „wurde seit Menschengedenken im Grunde genommen immer, überall und von allen die Auffassung vertreten, das Universum, wie wir es heute sehen, sei buchstäblich und unmittelbar durch die Stimme oder die Hände oder durch Stimme und Hände des Allmächtigen aus dem Nichts erschaffen worden – in einem einzigen Augenblick oder in sechs Tagen oder sowohl als auch, etwa viertausend Jahre vor der christlichen Ära und zum Nutzen der Bewohner der Erde, die die Basis und das Fundament des gesamten Aufbaus bilde". Visionen dieses altehrwürdigen Schöpfungsentwurfs gibt es aus der Zeit vor der heliozentrischen Theorie in vielerlei Formen; das krönende Beispiel dürften jedoch die gewaltigen Fresken von Michelangelo bleiben, mit denen er die Deckengewölbe der Sixtinischen Kapelle in vierjähriger Arbeit, die er 1512 abschloß, ausgemalt hat. Da schwebt, als gleite er in den unendlichen Himmelsraum hinein, Gott – in Menschengestalt – über einer unendlichen Tiefe und vollendet das Werk der Schöpfung entsprechend der Schöpfungsgeschichte, deren Höhepunkt erreicht ist, wenn Gott seinen Finger ausstreckt, um die Hand eines eher matten Adam zu berühren. Danach, als er „den Menschen nach seinem Bilde geschaffen hatte... nahm Gott der Herr den Menschen und setzte ihn in den Garten Eden". Damit sind in der jüdisch-christlichen Tradition die Struktur des Universums und die Entstehung der Menschen sowohl in der Art wie in der Form ihrer Erschaffung miteinander verknüpft. Aber das ist nicht die ganze Geschichte. An anderer Stelle stellte Michelangelo ein weiteres Ereignis dar, das angeblich die Erlösung erforderlich machte: die bekannte biblische Geschichte von Adams „Sündenfall"; wiewohl es natürlich nicht der Sündenfall selbst, sondern seine Bedeutung ist, über die sich später ganze Scharen von Gelehrten und Theologen nicht haben einigen können. Einige Interpreten sagten, Adam und Eva hätten buchstäblich „von dem Baume der Erkenntnis des Guten und des Bösen" gegessen; den vorherrschenden globaleren Interpretationen zufolge symbolisierte der Sündenfall jedoch jede mögliche Übertretung eines Gebots, jede Missetat. Wie Milton es ausgedrückt hat: „Welche Sünde ließe sich nennen, die nicht in dieser einen Tat beschlossen wäre?"

Obwohl die Heilige Schrift in der Beschreibung von Adams Sündenfall und in der Erklärung, wie ein so schwerer und in seinen Folgen so fataler Mangel in ein Wesen hineingelangen konnte, das nach dem Bilde Gottes geschaffen war, durchaus ungenau blieb, wurde die Geschichte des Sündenfalls allmählich von einer langen Reihe christlicher Theologen zu einer Lehre von der Erbsünde umgeformt, die schließlich den Status eines primären kosmischen Faktums annahm. Das puritanische Sprichwort, „mit Adam haben wir alle gesündigt", bringt die Auffassung, die allmählich zum Dreh- und Angelpunkt der Lehren eines organisierten Christentums wurde, auf den Punkt, die Auffassung nämlich, daß erstens der Fall eine Sünde bedeute – und nicht nur Leiden, wie der ursprüngliche Text impliziert – und daß zweitens Adams Sünde von allen seinen Nachkommen ererbt und damit als Wesensmerkmal aller Menschennatur reproduziert werde. Ohne diese Lehre bräuchten die Menschen keine Erlösung, sie bräuchten keiner Kirche anzugehören, die behauptet, einen Heilsplan bereitzuhalten. Kurz, die Idee der Erbsünde war unauflöslich mit dem Schicksal des organisierten Christentums verknüpft, und jeder Angriff (auch der indirekteste) auf die Bedeutung dieser Doktrin mußte von den theologischen Autoritäten als ein Versuch angesehen werden, die Macht der Kirche selbst zu untergraben.

Es ist wichtig zu sehen, daß nicht eine einzige überlieferte Äußerung von Jesus auch nur andeutet, er habe die Lehre von der Erbsünde vertreten oder er habe die von ihm begründete Bewegung auf die Aufgabe verpflichtet, sie zu überwinden. Aber wie immer das Christentum in seinen Anfängen ausgesehen haben mag, als es im Lauf der Jahrhunderte die theologische Vorherrschaft errang, wurden viele seiner Lehren durch die Kraft der sich wandelnden Umstände modifiziert, und das Verhalten seiner Führer war zunehmend von der Notwendigkeit geprägt, die politische Macht einer etablierten Organisation zu erhalten und zu stärken.

Wie die meisten hierarchisch organisierten Gemeinschaften (Völker und Parteien eingeschlossen) hingen auch die christlichen Kirchen der Vorstellung an, ihre eigene hierarchische Struktur entspreche dem, was Aristoteles einst als „Gerechtigkeit der proportionalen Gleichheit" bezeichnete. Um ihr eigenes Überleben sicherzustellen, belohnen Hierarchen die Konformität von Denken und Handeln derer, die ihnen untergeordnet sind, und bestrafen Abweichungen von zum Erhalt der Organisationen erforderlichen Überzeugungen und Verhaltensmustern. So neigen sie dazu, ihre Macht hinter Definitionen zu setzen, die in erster Linie mit den Organisationsinteressen, aber nicht notwendig mit den Tatsachen im Einklang stehen. Das Bestreben, den Unterschied zwischen Fragen von richtig und falsch und Fragen doktrinärer Konformität zu verwischen, ist also eine logische Konsequenz hierarchischer Machtsysteme. Und in dem Maße, in dem Hierarchen den Fortbestand ihrer Organisationen über alles andere stellen, werden sie paradoxerweise zu Gefangenen der parteilichen (und zuweilen falschen) Definitionen, an denen ihre Macht hängt.

Aus alledem ergibt sich, daß eine Möglichkeit, die Konflikte zu verstehen, die innerhalb des Christentums zwischen Denkern wie Galilei, also Denkern, die vornehmlich mit neuen Ideen befaßt waren, und Hierarchen wie Kardinal Bellarmin entbrannten, die ihre Hauptaufgabe in der Erhaltung der etablierten Organisationen sahen, in der sorgfältigen Unterscheidung zwischen zwei Arten von Fragen besteht; denn Fragen nach der Richtigkeit oder Falschheit von Ideen sind etwas anderes als Fragen nach den Zusammenhängen zwischen der Bedeutung bestimmter Ideen und der Macht von Organisationen. Fragen der ersten Art stellen sich zum Beispiel in der Wissenschaft und an anderen Punkten innerhalb der Bedeutungssphäre, und das Bestreben, sie zu beantworten, konzentriert sich in aller Regel auf die Suche nach verläßlichen Methoden zur Entscheidung darüber, ob eine bestimmte Behauptung mit den Tatsachen übereinstimmt oder nicht. Fragen der zweiten Art dagegen entstehen in den Zwischenbereichen zwischen den Sphären von Bedeutung und Macht. In dem Maße, in dem diese beiden Sphären nicht zusammenfallen, kann der Versuch, solche Fragen zu beantworten (und er tut dies auch), Konflikte zwischen ihnen hervorrufen. Um diesen Punkt zu verdeutlichen, kehren wir zu unserem Beispiel von der Erbsünde zurück.

Historisch war die Lehre von der Erbsünde ein Grundsatzartikel des christlichen Glaubens und gehörte als solcher „immer, überall und für alle“ zu seinen Standardinhalten. Der Glaube an diese Doktrin war die Basis des Bedürfnisses nach Erlösung, auf dem wiederum die verschiedenen Sakramente der Kirche beruhten. Die Erbsünde und das Schicksal der organisierten Christenheit waren durch einen Begründungszusammenhang fest miteinander verknüpft, in dem Existenz, Prosperität und Fortbestand der Kirche von der Vorstellung abhingen, der Mensch sei von Natur aus sündig. Wir können also billigerweise fragen, ob die Lehre von der Erbsünde hauptsächlich ihrer Bedeutung (als Impuls des Bedürfnisses eines jeden Christen nach Erlösung) oder ihrer Macht wegen (als Reflex des dringenden Bedürfnisses der Kirche nach Ergebenheit und Gehorsam ihrer Anhänger) verkündet wurde. Eine Frage bleibt nur dann innerhalb der Bedeutungssphäre, wenn sie frei von organisationellen Implikationen ist; andererseits lag es (und liegt es noch heute) in den organisatorischen Interessen von Kirchenhierarchen, darauf zu beharren, daß die menschliche Sündhaftigkeit eine natürliche, grundlegende und unausweichliche Tatsache sei.

Ich möchte diese etwas forcierte Zweiteilung durch die Betrachtung eines Vorfalls verdeutlichen, der die Kirche auf dem Höhepunkt ihrer Macht mit einer Kontroverse konfrontierte, die ihr fast ihren Existenzgrund genommen hätte. Die fragliche Episode betraf auch die Lehre von der Erbsünde, und einer ihrer Hauptprotagonisten war der heilige Augustinus. Tatsächlich war es Augustinus selbst, der der Doktrin der Erbsünde erstmals ihre volle Schärfe verlieh, indem er sagte: „Gott, der Urheber der Naturen, nicht der Gebrechen, hat den Menschen wohl gut erschaffen, doch der, durch eigene Schuld verderbt und dafür von Gott gerecht verdammt, hat verderbte und verdammte Nachkommen erzeugt.“ (Augustinus 1977, Bd. II, S. 124)

Mit der Feststellung, Adam sei „gut“ erschaffen, sei aber „durch eigene Schuld verderbt“, wollte Augustinus offensichtlich sagen, daß Adam und Eva im Garten Eden in einem Zustand vollkommener Freiheit lebten, die auch die Freiheit der Entscheidung einschloß. Weil Adam sich für den Pfad entschied, der ihn in den Zustand der Ungnade versetzte, so sagte Augustinus, seien die Menschen (und ihre Nachkommenschaft) von Natur aus, ihrem Wesen nach und für immer ihres freien Willens beraubt und hätten das Vermögen, ihr eigenes Schicksal zu bestimmen, verloren. „Das Menschengeschlecht“, schrieb er, sei an „Wurzelfäulnis erkrankt“ und habe, so meinte er weiter, nicht die geringste Aussicht auf Rettung. Das heißt, der Erbsünde wegen könne niemand fest damit rechnen, Rettung und Gnade in dieser Welt zu finden, und weil die

Menschen keinen freien Willen besäßen, könnten sie auch nicht zu Rechtschaffenheit und tugendhaftem Verhalten Zuflucht nehmen, um zu büßen und schließlich in der anderen Welt erlöst zu werden. Angesichts dieser zu einer christlichen Standarddoktrin ausgeweiteten Doppelbehauptung blieb den Gläubigen nur ein einziger Ausweg, nämlich sich der Herrschaft der Beamten Gottes zu unterwerfen, den Kirchenhierarchen zu folgen und im übrigen zu beten, daß sie letztlich zu jener ,,festgesetzten Zahl von Heiligen" gehörten, mit denen Gott (nach Augustinus) seinen Staat zu füllen gedachte. Kurzum, Augustinus sorgte für die Einführung zweier wesentlicher Glaubensartikel: angeborene Verderbtheit des Menschen und Nichtexistenz eines freien Willens. Mit seiner Verneinung eines freien Willens stieß Augustinus allerdings alsbald auf heftige Kritik, und beide Seiten beschuldigten sich gegenseitig der Häresie. Beteiligt an der Kontroverse waren viele; Augustinus' hartnäckigster und vielleicht schärfster Kritiker indes war ein Mönch namens Pelagius. Mehrere Jahre lang disputierten die beiden über die Frage des freien Willens. Sowohl Augustinus wie Pelagius hatten die Faulheit und die Zügellosigkeit, die das Römische Reich in seinem Niedergang kennzeichnete, klar im Blick. Für Augustinus war das schlimme, unmoralische und unethische Verhalten ein Beleg für das Dogma der Erbsünde, und er interpretierte es umstandslos als natürlichen und unvermeidlichen Ausfluß einer verderbten menschlichen Natur. Für Pelagius dagegen schienen die wahren Ursachen der Lasterhaftigkeit anderswo zu liegen. Er war der Meinung, daß die Verneinung des freien Willens durch Augustinus im Endeffekt das schlimme und liederliche Verhalten der Menschen eher rechtfertige und verstärke und daß sein Beharren auf dem angeborenen Unvermögen der menschlichen Natur der unbewußte Versuch sei, sich jeder sozialen Verantwortung zu entziehen.

Obwohl der zentrale Punkt der Kritik von Pelagius an der augustinischen Lehre die Frage des freien Willens war, offenbaren seine Schriften ein tieferes und durchaus psychologisches Interesse an einer grundsätzlichen Analyse des gesamten menschlichen Verhaltens, das er nach drei Elementen unterschied: *posse* (die Fähigkeit), *velle* (den Willen) und *esse* (die Existenz). *Posse,* so schrieb Pelagius, sei der einzige Verhaltensaspekt, der zu Recht der menschlichen Natur als solcher zugeschrieben werde, die beiden anderen (Wille und Existenz) seien Verhaltensaspekte, für die die Menschen sehr wohl selbst verantwortlich zu machen seien.

„Alles Gute und alles Schlechte, für das wir im einen Falle Lob und im anderen Tadel verdienen, wird *von uns getan,* ist nicht *mit uns geboren.* Wir kommen nicht im Zustand unserer vollen Entwicklung auf die Welt, sondern mit einer Fähigkeit (*posse*) zum Guten und zum Schlechten; wir werden gezeugt ohne Tugend und ohne Laster, und vor der Betätigung unseres eigenen, persönlichen Willens ist nichts im Menschen, außer was Gott in ihn hineingetan hat". (Pro Libero Arbitrio, 1949, S. 75)

Die Punkte, die Pelagius hier vorbringt, scheinen mir einleuchtend und richtig. Die Vorstellung, daß in der menschlichen Natur nichts enthalten sei außer der Fähigkeit zu einem bestimmten Verhalten, eine Fähigkeit, von der Wille und Existenz des Menschen abhängen, impliziert eine Reihe weiterer Schlüsse, deren wichtigster in der Erkenntnis besteht, daß die Menschen die Fähigkeit haben, sinnvolle Entscheidungen in Fragen des Glaubens und des Verhaltens zu treffen.

Offensichtlich bedrohte der Pelagianismus, indem er von der Möglichkeit einer individuellen Verantwortung ausging, den Fortbestand einer Kirche, deren Basis das Bedürfnis der Gläubigen nach einer institutionell zugesicherten Erlösung war. Die Bestimmungen, die zu jener Zeit im gesamten Römischen Reich galten, besagten, daß diejenigen, die der Schismenbildung angeklagt waren, mit strengen Strafen belegt wurden. Das heißt, die Macht der Kirche, Strafen zu verhängen, war ein wichtiger Faktor bei der Kontrolle des Verhaltens und der Glaubensauffassungen ihrer Mitglieder.

Augustinus selbst zweifelte niemals daran, daß Pelagius' Lehre eine Gefahr darstellte. Als Bischof war er sowohl Administrator wie Theoretiker. Man darf deshalb vermuten, daß er mehr als das Problem, divergierende Doktrinen auf einen Nenner zu bringen, im Kopf hatte, als er sagte, die Vorstellungen von Pelagius „ließen das Kreuz Christi sinnlos werden". Wie Gibbon bemerkt, bestand Augustinus' größte Tugend in einem „glühenden Eifer gegen jedweden Häretiker, gleich welcher Richtung"; und in seinen Antworten an Pelagius in Form von unzähligen Briefen, Abhandlungen und Predigten zeigte Augustinus die verhängnisvollen organisatorischen Implikationen des Pelagianismus auf. Das Ende, wenngleich nicht selbstverständlich, ließ sich zumindest vorausahnen: Pelagius wurde offiziell als Ketzer verdammt, seine Lehren wurden verboten, die Besitztümer seiner Anhänger konfisziert, und allesamt wurden sie verbannt.

Seit Augustinus und Pelagius sind mehr als 1500 Jahre vergangen. Die gesamte Zeit hindurch ist der Streit gegensätzlicher Parteien über den freien Willen hier und die Prädestination dort niemals abgerissen. In der Ebbe und Flut der aufeinanderfolgenden Kontroversen hat es durchaus terminologische und verfahrensmäßige Verfeinerungen gegeben, doch die Gedanken und Auffassungen Augustinus' leben in vielen Formen des soziobiologischen Determinismus munter fort und werden ihrerseits weiterhin mit aktualisierten Versionen pelagianischen Denkens bekämpft.

Die Heftigkeit, mit der die Kirche in Augustinus' Tagen auf die pelagianische Häresie reagierte, kündigte die Heftigkeit ihrer Reaktion auf die kopernikanische Astronomie sozusagen bereits an und läßt sie uns besser verstehen. Obwohl die Schikanierung und Verfolgung von Galilei der klassische Fall der Reaktion etablierter theologischer Macht auf das Auftreten einer häretischen astronomischen Auffassung bleibt, exemplifiziert die tragische Geschichte des Giordano Bruno, eines anderen Philosophen der Renaissance, den Kampf auf Leben und Tod, den die Kirche zur Verteidigung einer, wie sie meinte, für ihre Existenz als Institution fundamental wichtigen Doktrin zu führen entschlossen war, eher noch besser.

Obwohl Giordano Bruno kein Berufsastronom oder gar ein Wissenschaftler war, hatte er genug über die heliozentrische Theorie gelesen, um sich von ihrer Eleganz und Einfachheit überzeugen zu lassen. Zudem war er vielleicht der erste, der eine ihrer so beunruhigenden Implikationen begriff, eine Erkenntnis, die ihn das Leben kosten sollte. Bruno erkannte nämlich, daß die heliozentrische Theorie, indem sie die scheinbaren Bewegungen der Sterne als Kreisbewegungen und Rotationen der Erde erklärte, der Auffassung, die Sterne lägen auf einer einzigen, von der Erde überall gleich weit entfernten Ebene, jede logische Grundlage entzog. Wenn die Sterne sich nicht um die Erde drehten, so überlegte er, dann spreche nichts gegen die Vorstellung, sie seien über den gesamten unendlichen Raum verstreut. Und in diesem Falle, so seine Mutmaßungen, sei vielleicht jeder Stern in Wirklichkeit eine Sonne; ja, vielleicht gebe es weitere

Sonnensysteme im Universum, die möglicherweise (wie das unsrige) bewohnt seien. Tatsächlich ging er so weit zu sagen, diese Auffassung sei nicht nur logisch überzeugend, sondern auch theologisch einleuchtend, denn jede endliche Welt wäre eines unendlich mächtigen Schöpfers unwürdig.

Was Bruno getan hatte, war, daß er aus der heliozentrischen Theorie einen logischen Schluß zog und ein Universum beschrieb, das sie zu implizieren schien. Natürlich haben seine Gedanken eine auffallende Ähnlichkeit mit den Überlegungen, die heute fast alle Astronomen anstellen. Indes, indem er es wagte, an die Möglichkeit anderer bewohnter Welten zu denken, stieß Bruno die Tür zu zwei Fragen auf, die theologisch gefährlicher waren als irgendeine, die Kopernikus selbst gestellt hatte. Wenn die Erde nur eine von vielen bewohnten Welten war, was sollte dann aus der Vorstellung (auf der die gesamte christliche Theologie basiert) werden, daß der eine Gott, der das Universum und alles in diesem Universum aus dem Nichts geschaffen hatte, ein Gott sei, dessen Ebenbild ein *menschliches* Wesen ist? Dafür, daß er solche Fragen ermöglicht hatte, wurde Bruno eingesperrt und des ,,Pantheismus" beschuldigt. Unbarmherzig wurde ihm befohlen, seinen Ketzereien abzuschwören, doch er weigerte sich standhaft zu widerrufen. Nach mehreren Jahren, während deren er in den Kerkern der Inquisition schmachtete, wurde er als Ketzer auf dem Scheiterhaufen verbrannt.

Während offiziell autorisierte Praktiken von Verhaltenskontrolle in der Art der hier beschriebenen ohne Zweifel schwere Gewaltsamkeiten darstellen, gehen sie in ihrer Bedeutung – und darauf möchte ich aufmerksam machen – zugleich immer über das konkrete Geschehen hinaus. In diesem Falle wurde nicht nur Brunos häretischem Verhalten erfolgreich ein Ende gesetzt, die geübte Praxis diente zugleich als Lehrstück, das andere wirkliche oder potentielle Häretiker zur Kenntnis nehmen mußten. Das heißt, die Macht der Verhaltenskontrolle, die sich auf ein bestimmtes Individuum richtet, beeinflußt auch das Verhalten anderer Personen, vielleicht sind sie sogar die Hauptadressaten. Mit anderen Worten, die Auswirkungen jeder Art von Verhaltenskontrolle gehen vermutlich weit über diejenigen hinaus, die sich mit ihrer engen technischen Definition als einer Möglichkeit, ,,neues Verhalten zu produzieren, die Neigung..., sich wie alle zu verhalten zu forcieren oder ihr entgegenzuwirken oder früheres Verhalten auszuschließen", ins Auge fassen lassen.

Wenn ich, wie ich es bisher getan habe, den Einfluß organisierter sozialer Macht auf Form und Art der Versuche, Verhalten zu kontrollieren, und auf die Entwicklung des intellektuellen Lebens hervorhebe, will ich damit nicht andeuten, alle Organisationen seien schlimm, weil sie bestimmte Interessen verfolgten und verteidigten, oder alle Führer seien übel, weil sie an der Spitze einer Organisation stünden. Ich sage damit auch nicht, alles unabhängige Denken sei zwangsläufig gut und alle systematischen Bestrebungen, menschliches Verhalten zu reglementieren, seien böse. Im Gegenteil, da menschliches Leben nach allem, was wir darüber wissen, stets ein soziales und damit organisiertes Leben war, ist menschliches Verhalten bisher immer der sozialen Kontrolle unterworfen gewesen. Worum es hier geht, ist deshalb nicht die Frage, ob menschliches Verhalten sozial kontrolliert ist, sondern vielmehr, ob die Ziele und Methoden der Verhaltenskontrolle in jedem Falle zu rechtfertigen sind. Die gelegentliche Rivalität zwischen Definitionsgewalt und Macht ist nur der konkrete Ausdruck für jenes Wechselspiel, das immer und überall das Bestreben kennzeichnet, menschliches Verhalten in menschlichen Gesellschaften zu reglementieren.

Trotz des Widerstandes der Kirche trat mit der Entwicklung der Wissenschaft und ihrer Methoden im 16. und 17. Jahrhundert eine wichtige Veränderung in den Begründungen ein, die die Menschen als Basis ihrer Anschauungen über die Welt und ihre Inhalte zu akzeptieren bereit waren. Ein vergleichbarer geistiger Umbruch ereignete sich in der griechischen Antike; er nahm seinen Anfang ungefähr 600 Jahre vor Christus. Von besonderem Interesse in diesem Zusammenhang ist nicht die Tatsache, daß die alten Griechen etwas entdeckten, was der modernen wissenschaftlichen Methode sehr nahekommt, sondern vielmehr die Tatsache, daß sie die Fundamente zur modernen politischen Theorie legten. Sie entwickelten nämlich eine Art des politischen Diskurses, der auf einer Form von Mythologie basierte, die bei den politischen Theoretikern fast aller Richtungen noch heute erhebliches Ansehen genießt.

Nach dem von den Griechen aufgestellten Paradigma gibt eine Phantasievorstellung von einer vollkommenen menschlichen Natur den allgemeinen Bezugsrahmen für alle politische Theorie ab. So vertraten sie zum Beispiel die Auffassung, der Grad der sozialen Gerechtigkeit in einer Gesellschaft lasse sich ablesen am Grad der Übereinstimmung zwischen den tatsächlich herrschenden Verhältnissen und jenen, die im Idealfall der totalen Konformität mit den „natürlichen" Neigungen der Menschen herrschen würden. Im Laufe dieser Überlegungen kam ihnen die Idee, Mythen über die Natur des Menschen zum Maßstab dafür zu nehmen, inwieweit die Sozialstruktur und die wesentlichen menschlichen Charakteristika einander entsprachen.

Bevor ich mich jedoch mit der Mythologie der menschlichen Natur beschäftige, sollte ich deutlich machen, daß ich mit dem Begriff *Mythologie* mehr meine als eine bloße Kollektion antiker Vorstellungen und Anschauungen von zweifelhafter faktischer Authentizität. Konkreter, ich meine damit, ganz im Sinne der lexikalischen Bedeutung, „einen unerwiesenen Kollektivglauben, der unkritisch akzeptiert und dazu benutzt wird, eine soziale Institution zu rechtfertigen". Der letzte Teil dieser Definition macht einen zentralen Punkt in meiner These aus, denn es ist mein Ziel zu zeigen, daß (1) die unkritische Übernahme gewisser mythologischer Vorstellungen über die menschliche Natur notwendig ist, um bestimmte gedachte Sozialstrukturen, die auf ihnen basieren (wie zum Beispiel Utopien), als sinnvoll erscheinen zu lassen, und daß (2) dort, wo soziale Strukturen bereits existieren, die herrschenden Gruppen jeden Mythos über die menschliche Natur propagieren, der diese Strukturen als „natürlich" rechtfertigt. Beispiele aus den Schriften Platons und Aristoteles' mögen diese Behauptungen belegen. Dabei ist zu betonen, daß die politische Struktur Athens die Beteiligung von Philosophen an den öffentlichen Angelegenheiten förderte und sogar forderte.

Platon war der erste unter den Philosophen der Antike, der Mythen über die menschliche Natur zur Rechtfertigung politischer Strukturen benutzte und damit die Symbolkraft von Theorien begründete, in denen die Macht des Staates die herrschende Auffassung von der menschlichen Natur adäquat widerspiegelt. Sein *Staat* zählt zu den berühmtesten utopischen Abhandlungen und ist in der Form von Dialogen zwischen Gelehrten geschrieben, die eine lange politische Diskussion miteinander führen. Zur Debatte stehen die

Prinzipien und Ziele der idealen Gesellschaft sowie die zu ihrer Errichtung erforderlichen Mittel und Wege. Platons legendärer und geliebter Lehrer Sokrates – die zentrale Figur des Buches – scheint sein ganzes Leben hindurch in seinen Ansichten und in seinem Verhalten stets dem vornehmen Bild des Philosophen als einem „Freund der Weisheit" entsprochen zu haben, und dennoch wurde er von der Athener Obrigkeit zum Tode verurteilt, weil er angeblich die staatliche Theologie untergrub und die Jugend des Landes verdarb. Aus diesen und anderen Gründen verachtete Platon die politische Organisation des athenischen Stadtstaates und entwickelte in seinem *Staat* eine Alternative zur Oligarchie, die auf der Leibeigenschaft beruhte und von seinen Zeitgenossen den Namen Demokratie erhielt.

Sokrates ist es, dem Platon die Aufgabe zuweist, ein „ideales Gemeinwesen" zu konzipieren, das die athenische Gesellschaft ablösen soll – ein „ideales Gemeinwesen" in Form eines sozialen Schichtsystems, in dem jeder Bürger seinen rechtmäßigen Rang und Platz einnimmt. Aus heutiger Sicht läßt sich der von Platon konzipierte Staat am besten als Meritokratie bezeichnen. Es sollte drei verschiedene Stände geben, die Wächter (oder Herrscher), die Helfer (oder Krieger) und das gemeine Volk (dazu gehörten Handwerker, Schäfer u.a.). Nach Platons Entwurf hatten alle Macht und Definitionsgewalt von den Wächtern auszugehen; sie allein sollten für die Aufstellung der Regeln verantwortlich sein, die öffentliches und privates Verhalten reglementierten, und der Gesetze, die die inneren und äußeren Angelegenheiten des Staates bestimmten.

Nun war aber Platons Schöpfung einer sozial abgestuften Gesellschaft nicht nur in logische Prinzipien eingezwängt, sondern auch in das Paradigma der Übereinstimmung mit den Grundzügen der menschlichen Natur. Mit anderen Worten, sein Begriff von menschlicher Natur mußte so sein, daß er seine Behauptung, die vorgesehene soziale Hierarchie sei natürlich, unvermeidlich und gerecht, auch rechtfertigte.

Die Protagonisten der sehr lebendigen Dialoge im *Staat,* die die Art und den Inhalt des damaligen politischen Diskurses wahrscheinlich sehr präzise widerspiegeln, werden von Platon eindrucksvoll als „Freunde der Weisheit" gezeichnet, die sich voll und ganz und unerschütterlich der Wahrheit verpflichtet haben. Und doch verzichtet

Sokrates gegen Ende des Zweiten Buches plötzlich und unerklärlicherweise auf die zu erwartende Widerlegung einer Unwahrheit, um statt dessen ganz untypisch mit der Verteidigung der Lüge als einem nützlichen, ja notwendigen Instrument der Politik zu beginnen. Er erklärt ganz offen, die Herrscher des Idealstaates könnten durchaus zur Lüge Zuflucht nehmen, wenn es ihren politischen Zielen nütze. Die Lüge, so sagt er, ,,ist in gewissen Fällen nützlich", so zum Beispiel im Umgang mit Feinden oder auch in mythologischen Erzählungen, ,,wenn wir da die Wahrheit über die Ereignisse der Vorzeit nicht kennen und unsere erdichteten Schilderungen der Wahrheit möglichst annähern, dann schöpfen wir aus ihr doch Nutzen".

Wenn diese Rechtfertigung der offiziellen Lüge nicht notwendig aus der vorangehenden Argumentation folgt, warum läßt Platon Sokrates diese Worte dann sprechen? Die Antwort ist simpel, sie bereiten eine spätere Passage vor, die erstaunlichste Passage der gesamten Schrift.

Im Laufe eines Gesprächs mit einem Philosophen namens Glaukon kommt Sokrates, zunächst nur zögernd, auf das Fehlen jeder realen oder erkennbaren Grundlage für die Zuweisung von Bürgern auf bestimmte Positionen in der sozialen Hierarchie zu sprechen. Sokrates stellt mit offensichtlichem Unbehagen fest, daß es in Wahrheit keinen Weg gibt, die Einteilung der Menschen in die drei vorgesehenen Klassen zu rechtfertigen; und da er auf das meritokratische Ideal nur ungern verzichten will, kommt er zu der Überzeugung, es sei das Beste, man erfinde einen Mythos: eine politisch nützliche Unwahrheit – und nun verstehen wir auch die vorausgegangene Diskussion über ,,nützliche Lügen". Nachdem er sich für die Täuschung ausgesprochen hat, konstruiert Platon in jener Passage mit der berühmten ,,phönikischen" Geschichte eine der kühnsten Lügen in der Geschichte des politischen Denkens:

Sokrates:

,,Welchen Weg haben wir nun, um von einer einzigen edlen Täuschung, einer von jenen notwendigen, die wir oben erwähnten, wenn möglich auch die Herrscher, ansonsten zumindest den übrigen Staat zu überzeugen?"

Glaukon:

,,Welche meinst du da?"

Sokrates:

,,Nichts Neues, sondern ein phönikisches Geschichtchen, wie es früher schon oft sich zugetragen hat, wie die Dichter erzählen und dabei Glauben gefunden haben; zu unserer Zeit geschah derartiges nicht, ja ich weiß nicht, ob es überhaupt geschehen könnte; wohl aber, daß es großer Überzeugung bedarf, es glauben zu machen."

Glaukon:
„Du zauderst mit der Sprache, glaube ich!"

Sokrates:
„Mit vollem Recht, wirst du sagen, wenn ich gesprochen habe."

Glaukon:
„Nur heraus und ohne Scheu!"

Sokrates:
„Nun gut! Doch weiß ich nicht, woher ich die Kühnheit und die Worte nehmen soll, wenn ich spreche und zunächst die Herrscher selbst und die Soldaten, dann auch die übrigen Bürger von folgendem zu überzeugen versuche: unser ganzes Bildungs- und Erziehungswerk an ihnen haben sie nur wie einen Traum erlebt, in dem dies mit ihnen geschah, in Wahrheit aber waren sie damals im Innern der Erde, dort wurden sie geformt und erzogen, sie selbst und ihre Waffen und alle übrigen Werkzeuge; als sie aber ausgebildet waren, entließ sie die Erde als ihre Mutter in die Höhe, jetzt aber müssen sie sich um das Land, in dem sie wohnen, wie um eine Mutter und Ernährerin kümmern und alle abwehren, die gegen sie etwa heranziehen..."

Glaukon:
„Nicht ohne Grund scheust du dich, diese erfundene Geschichte zu erzählen!"

Sokrates:
„Vollauf mit Recht! Dennoch aber höre auch den Rest der Geschichte! Ihr alle im Staat seid Brüder, so erzählen wir ihnen im Märchen. Gott aber, der Schöpfer, hat euch, die zu Herrschern berufen sind, Gold bei eurer Erschaffung beigemischt, weshalb ihr auch die geehrtesten seid. Den Helfern gab er Silber bei. Eisen und Kupfer den Bauern und Handwerkern. Weil ihr alle verwandt seid, erzeugt ihr zumeist Kinder nach eurer Art; manchmal nur wird aus einem goldenen Vater ein silberner Sproß entstehen und aus einem silbernen ein goldener und ähnlich bei den anderen. Den Herrschern befiehlt Gott vor allem am meisten, ... nichts so scharf zu bewachen wie ihre Kinder, welcher Stoff ihren Seelen beigemischt ist. Wenn ihr Sproß Erz oder Eisen mitgemischt erhalten hat, dann dürfen sie sich in keiner Weise erbarmen, sondern müssen ihm die seiner Natur zukommende Stellung geben und ihn an Handwerker und Bauern verstoßen. Wenn aber von diesen Ständen ein Kind Gold und Silber in sich trägt, dann müssen sie es ehren und empor-

führen... da ein Wahrspruch bestehe: dann wird der Staat vergehen, wenn ihn ein eiserner oder eherner Wächter bewacht! Diesen Mythos ihnen glaubhaft zu machen, hältst du das irgendwie für möglich?"

Glaukon:

„Keineswegs, wenigstens bei den heutigen Menschen! Wohl aber bei ihren Söhnen und den nachkommenden Geschlechtern." (Platon 1958, S. 192–194)

Was genau soll Platons „notwendige Unwahrheit" oder „edle Täuschung"? In erster Linie soll damit die soziale Schichtung in einer Weise begründet werden, daß es so aussieht, als sei sie durch die menschliche Natur vorgegeben und nicht von der Willkür einer herrschenden Klasse diktiert. Die erste Hälfte der Lüge schließt mit der Implikation, der ideale Staat sei als die Verlängerung der angeborenen Merkmale seiner Bürger nach außen zu definieren. Mit anderen Worten, der ideale gesellschaftliche Organisationsmodus, die angeborenen Determinanten der menschlichen Natur und die realen Umstände der sozialen Existenz werden von Platon als drei verschiedene Aspekte ein und derselben Sache vorgestellt.

Um die soziale Hierarchie begründen und rechtfertigen zu können, muß Platon allerdings ihre Übereinstimmung mit einer angeborenen und „natürlichen" Ungleichheit der Menschen untereinander beweisen. Und um dies tun zu können, ist er buchstäblich gezwungen zu lügen. Das heißt, eine Reihe von Vorstellungen über die menschliche Natur wurde einzig und allein in dem Bestreben erfunden, soziale Umstände zu rechtfertigen, die in sich und aus sich selbst heraus offensichtlich nicht zu rechtfertigen waren. Bei den fraglichen Umständen handelte es sich in diesem Fall um eine Hierarchie der sozialen Schichtung, die bestimmte Personen in die Position versetzt, das Verhalten anderer Menschen zu bestimmen und zu kontrollieren.

Indes, das Problem, hierarchische Sozialstrukturen zu rechtfertigen, ist im Laufe der Geschichte beileibe nicht verschwunden; Unterschiede in bezug auf Macht und Sozialstatus sind geblieben, und nach wie vor gibt es Leute, die die Macht haben, andere zu kontrollieren. Auch die heutige Struktur bestehender Ungleichheiten und Unterschiede ist objektiv gesehen keineswegs ideal. Ungleichheiten zwischen Menschen im Bereich der Verhaltenskontrolle (wer kontrolliert wen) lassen sich besonders schwer aus sich heraus rechtfertigen, und ich werde zeigen, daß Lügen über eine angeborene Ungleichkeit der Menschen nach wie vor, nicht anders als bei Platon, vorgetragen werden, um das, was *ist,* als das erscheinen zu lassen, was *sein soll.* Weiter möchte ich zeigen, daß das Grundmuster der menschlichen Naturmythologie stets und überall das gleiche ist und daß Platons Mythos von den Metallen als durchaus prototypisch für die heutigen Mythen angesehen werden darf, mit der Differenz allerdings, daß die modernen Theoretiker der menschlichen Natur die Unterschiede zwischen den Menschen nicht dem Werk Gottes zuschreiben, sondern sich, um ihren Argumenten Nachdruck zu verleihen, auf etwas berufen, was nach Wissenschaft aussieht. Da die Wissenschaft heute viel mehr Respekt genießt, als ihn einst die Griechen ihren Göttern entgegenbrachten, ist ihr Mißbrauch zu politischen Zwecken noch weniger vertretbar.

Lassen wir die menschliche Naturmythologie beiseite, so weiß jeder von uns, daß keine zwei Menschen auf der Welt genau gleich sind. Die Menschen unterscheiden sich vielmehr enorm voneinander in Gestalt, Größe, Hautfarbe, Temperament, Wesen usw. Die Skala ihrer Charakterzüge, Talente, Stimmungen, Vorlieben, Überzeugungen, Sprachen, Gedanken und Handlungen ist riesig. Ob diese Unterschiede gänzlich oder teilweise auf angeborene Faktoren zurückgehen, ist in diesem Zusammenhang ohne große Bedeutung. Worum es hier geht, ist Platons Behauptung, die mit der Geburt gegebenen Unterschiede implizierten eine Hierarchie des gesellschaftlichen Werts. Mit anderen Worten, Platons große Lüge bestand nicht darin, daß er eine Verschiedenheit der Menschen konstatierte oder für natürlich erklärte, sondern daß er behauptete, diese Verschiedenheit sei das natürliche Korrelat einer Rangskala ihres gesellschaftlichen Werts. Das heißt, er stellte eine Verbindung zwischen der von ihm vorgeschlagenen sozialen Wertskala der politischen Ungleichheit und dem Faktum der menschlichen Verschiedenheit her, indem er letztere als eine gottgewollte oder „natürliche" Werthierarchie bezeichnete, die er mit Hilfe der Analogie mehr oder weniger wertvoller Metalle, aus denen die Menschen geschmiedet seien, veranschaulichte. Das heißt, die ideale Form gesellschaftlicher Organisation war für ihn Schichtung gemäß dem Wert des einzelnen.

Das Wort von der „natürlichen Rangordung" wird nicht immer, wie in Platons Utopieentwurf, präskriptiv benutzt; häufig dient es zur Beschreibung und soll bestehende soziale Ungleichheiten erklären oder rechtfertigen. Der Zweck der Argumentation ist jedoch in beiden Fällen derselbe, nämlich die Entschuldigung oder Verteidigung von Unterschieden in bezug auf Reichtum, sozialen Status und andere Annehmlichkeiten der Macht.

Platons Nachfolger haben immer wieder versucht, die biologische Tatsache der Verschiedenheit von Menschen auf die soziale Tatsache ihrer Ungleichheit zu übertragen und letztere mit der ersteren zu entschuldigen. Dazu mußten sie erstens behaupten, die biologische Verschiedenheit schließe angeborene Unterschiede im Wert (bzw. ,,Metall") ein, und zweitens, diese Unterschiede entsprächen einem natürlichen sozialen Wertgefälle. Mit anderen Worten, Disparitäten in Reichtum, Macht und Status sind hier nicht Kennzeichen einer ungerechten Gesellschaft, sondern der gerechte und natürliche Ausdruck der biologischen Ordnung. Nach natürlicher ,,Eignung" oder natürlichem Verdienst verleiht die Gesellschaft jedem ihrer Mitglieder die angemessene Stellung und Gratifikation.

Ob dieser Skala, die das Verdienst mißt, nun Metalle oder Intelligenzpunkte zugrundeliegen, sie diente die gesamte Geschichte hindurch stets dem Zweck, die Konzentration sozialer, politischer und wirtschaftlicher Macht in den Händen relativ privilegierter Minderheiten zu rechtfertigen. Und ob dabei theologisch, philosophisch oder ,,wissenschaftlich" argumentiert wurde, das Ziel blieb immer dasselbe: die Konzentration dieser sozialen, politischen und wirtschaftlichen Macht in den Händen derer, die sie angeblich von Natur aus verdienten, als unvermeidlich darzustellen und zu rechtfertigen.

Ein zweites Beispiel aus dem alten Griechenland soll eine andere Version der Argumentationsfigur von der menschlichen Natur veranschaulichen, die in diesem Fall nicht zur Verteidigung eines Utopiekonzepts, sondern zur Verteidigung bestehender gesellschaftlicher Verhältnisse bemüht wird. Aristoteles folgte in seiner *Politik* Platon, indem auch er die Bedeutung des Staats hervorhob. Sein Ziel war es, die Entwicklung der athenischen Gesellschaftsstruktur aus einfachen ,,natürlichen" Elementen herzuleiten, speziell aus der sozialen Grundeinheit der Familie und ihren noch wichtigeren Rechtsverhältnissen. Letztere wurden als drei gesonderte Machtdichotomien gesehen: Mann und Frau, Eltern und Kinder und Herren und Sklaven. Aristoteles sagte, alle Ebenen der Gesellschaft spiegelten diese grundlegenden und natürlichen Beziehungen von Macht und Unterordnung wieder.

Nun könnte man sich vorstellen, daß es ihm als Philosoph genügt hätte zu zeigen, daß Disparitäten gesellschaftlicher Macht alle Ebenen der athenischen Gesellschaft bestimmten und daß sie auch in der Struktur der athenischen Familie ihren Niederschlag fanden. Oder er hätte versuchen können, die geistigen und materiellen Grundlagen der bestehenden Beziehungen zu analysieren. Doch Aristoteles entschied sich für einen dritten Weg. Er nahm die vorhandene Situation als gegeben und machte sich daran, die bestehenden Machtverteilungen für natürlich, unausweichlich und gerecht zu „erklären". Genauer, er behauptete, die Macht der Ehemänner und Väter über ihre Frauen und Kinder spiegele die „Gerechtigkeit der proportionalen Gleichheit" wider, und die Untergeordneten müßten die Übergeordneten mehr lieben und ihnen gehorchen als umgekehrt. Eine gute und richtige Ehe, so schloß er, sei eine, in der der Mann nach seinem Wert herrsche, auch wenn er seiner Frau die Führung des Haushalts, die Aufzucht der Kinder und andere Dinge übertragen könne. Wie eine lange Reihe von Theoretikern nach ihm scheint auch Aristoteles einer kritischen Analyse der grundlegenden Machtverhältnisse und des durch sie bedingten Funktionsprinzips des Staates abgeneigt gewesen zu sein. Entsprechend behauptete er lieber, das soziale Leben bestehe auf allen Ebenen sowohl dem Recht wie der Natur nach in Machtbeziehungen. Wie schwach das Fundament seiner Argumentation war, zeigt sich in seiner Verteidigung der Leibeigenschaft.

Es sei hier betont, daß in der athenischen Demokratie bereits im 4. Jahrhundert vor Christus gewisse Zweifel an der Rechtmäßigkeit des Besitzes von Sklaven aufkamen. Das lag nicht zuletzt an der Unmöglichkeit, entscheidende Unterschiede zwischen Herren und Sklaven anhand von offensichtlich physischen Kriterien auszumachen. Da die meisten Sklaven selbst Griechen waren, die in Feldzügen gegen benachbarte Stadtstaaten in Gefangenschaft geraten waren, gab es außer dieser Tatsache einfach nichts, was sie von den freien Bürgern unterscheidbar machte. Die Folge waren Zweifel und Verwirrung, eine Verwirrung, die nach Aristoteles ihren Grund darin hatte, daß das athenische Volk nicht besser gekleidet war als Sklaven oder Fremde und daß auch im körperlichen Erscheinungsbild keinerlei Überlegenheit sichtbar wurde. Man stelle sich vor, so überlegte er, es wäre rechtens, daß ein Bürger einen Sklaven züchtigte. Wenn ja, könnte es dann nicht häufig passieren, daß ein Athener mit einem Sklaven verwechselt und geschlagen würde?

Auch wenn einige seiner Zeitgenossen gerne behaupteten, das Fehlen spezifischer Unterschiede zwischen Herren und Sklaven impliziere einen Fehler im System der Sklaverei, verfolgte Aristoteles einen anderen Weg. Er vertrat den Standpunkt, es gebe Menschen, die von Natur aus Sklaven seien, die zwar in ihrer äußeren Erscheinung gleich aussähen wie die anderen, aber nichtsdestotrotz von Geburt an so zur Unterwerfung bestimmt seien, wie ihre Herren von Geburt an dazu bestimmt seien, über sie zu herrschen. Haustiere, so sagte er, seien besser daran, wenn ihre Halter über sie bestimmten, und genauso seien bestimmte Menschen besser daran, wenn ihr Verhalten von ihren natürlichen Herren bestimmt werde. „Denn der ist von Natur ein Sklave", so schloß Aristoteles, „der eines anderen sein kann – weshalb er auch eines anderen ist."

So unglaublich es scheinen mag, aber das ist alles, was Aristoteles zur Verteidigung der Sklaverei vorbringt. Das Problem liegt nun aber nicht darin, daß er die Fakten falsch darstellt, sondern daß er überhaupt nicht argumentiert. Genauer, sein „Argument" besteht einzig in der Behauptung, daß, wer faktisch Sklave (bzw. Herr) *sei,* den habe die Natur dazu bestimmt. Was natürlich fehlt, ist die Probe auf die „Bestimmung" durch die Natur, die erforderlich wäre, um die Feststellung zur verifizierbaren Hypothese zu machen.

Indes, nur zu sagen, Aristoteles' Apologie der Sklaverei sei selbst im Kontext seiner eigenen Kultur unglaubwürdig, heißt einen wichtigen Punkt außer Acht zu lassen; den Punkt nämlich, daß diese Apologie von einem führenden Philosophen in einer Gesellschaft vorgetragen wurde, die ihm und anderen seines Ranges großen Respekt entgegenbrachte. Aristoteles nahm eine Position ein, über die man nicht hinweggehen kann, und vermutlich war es sein Philosophenstand, der es ihm erlaubte, ungestraft unsinnige Behauptungen über die biologische Basis der sozialen Organisation aufzustellen, Behauptungen, die sehr wahrscheinlich Hohn und Spott auf sich gezogen hätten, wenn sie von einem Geringeren gekommen wären. Die traditionelle Annahme, die biologischen Merkmale der menschlichen Gattung bestimmten den Charakter ihrer sozialen Institutionen, impliziert, daß diejenigen, die die Macht haben, die menschliche Natur zu definieren, ein äußerst mächtiges Instrument der sozialen Kontrolle in Händen halten. Wollte jemand den Zusammenhang zwischen Theorien über die menschliche Natur und Systemen politischer Herrschaft sichtbar machen, ließe sich kaum ein treffenderes Beispiel denken als das von Thomas Hobbes und seiner berühmten 1651 erschienenen politischen Schrift, dem *Leviathan*.

Als Student von Magdalen Hall, dem vornehmsten Ort für puritanische Theologie in Oxford, hatte Hobbes den Calvinismus und seine unbarmherzige Implikation von der Schlechtigkeit des Menschen voll in sich aufgesogen. Später, als Erwachsener, der den Aufruhr und den Bürgerkrieg um den Absolutismus der Stuarts in England sowie die Nachwirkungen der zu Beginn dieses Kapitels geschilderten Ereignisse miterlebte, war Hobbes besessen von der Idee, den – streng logischen und ausdrücklich wissenschaftlichen – Entwurf für ein politisches System zu skizzieren, das fähig war, mit der von ihm konstatierten zunehmenden Verwirrung und Zügellosigkeit der damaligen Zeit fertig zu werden.

Weil die tiefe Verderbtheit der menschlichen Natur das Kriterium für seine Vorstellung war, eine absolutistische Staatsmacht sei für die Aufrechterhaltung der Ordnung nötig, und weil er seine Argumentation auf Postulate aufbauen wollte, die unmittelbar einleuchtend waren, begann Hobbes sein Buch mit einem Abschnitt, der die Überschrift „Vom Menschen" trägt. Hier wollte Hobbes nachweisen, daß eine angeborene Verderbtheit und „ein fortwährendes und rastloses Verlangen nach immer neuer Macht" die Wurzeln des sozialen Konflikts zwischen den Menschen bildeten. Und dennoch ging er davon aus, die Menschen könnten davon überzeugt werden, es sei gut, sich der Autorität einer „allgemeinen Macht" zu unterwerfen, die in der Lage sei, „sie alle im Zaum zu halten" und so zu verhindern, was sich sonst unvermeidlich als „Krieg eines jeden gegen jeden" fortsetzen würde. (Hobbes 1966, S. 75 u. 96)

Ich möchte hier, auch im Lichte dessen, was ich über Augustinus und Calvin gesagt habe, darauf hinweisen, daß Vorstellungen von einer angeborenen Verderbtheit keineswegs immer in theologischer Sprache auftreten müssen. Sie müssen nur überzeugend genug formuliert sein, um als Entschuldigung für Mechanismen der Verhaltenskontrolle dienen zu können, die anders absolut unentschuldbar wären. So versucht zum Beispiel der zeitgenössische Behaviorist und Psychologe B.F. Skinner in seinem bekannten utopischen Roman *Walden Two* sein eigenes Rezept für eine total durchorganisierte Gesellschaft damit zu rechtfertigen, daß er sagt, „jeder von uns... befindet sich in einer offenen Schlacht mit dem Rest der Menschheit... Jeder von uns hat Interessen, die zu den Interessen aller anderen im Widerspruch stehen. Das ist unsere Erbsünde, daran ist nichts zu ändern..." (Skinner 1948, S. 85)

In dem, was ich bisher gesagt habe, ging es mir darum, die Geschichte gewisser hartnäckiger Vorstellungen über die menschliche Natur nachzuzeichnen und sichtbar zu machen, wie eng sie mit Programmen der sozialen Kontrolle verknüpft sind. Diese enge Verbindung kennzeichnet auch unser heutiges politisches Leben; genauer, Mythen über eine grundsätzliche Ungleichheit und Verderbtheit der Menschen spielen nach wie vor eine entscheidende Rolle in der sich für objektiv haltenden und auch dafür geltenden Forschung über Fragen der menschlichen Natur und der Verhaltenskontrolle.

3 Der IQ: Intelligenzmessung als soziale Kontrolle

Platon ersann seinen Mythos von den Metallen, um soziale Schichtung rechtfertigen zu können. Dieses Kapitel und das nächste befassen sich mit einem modernen Gegenstück: dem Mythos vom IQ (oder vom ,,geistigen Metall''), der den einzelnen Menschen ihren Wert angeblich nicht nur viel genauer zumißt, als Platon dies tun konnte, sondern auch auf eine absolut zuverlässige und ,,wissenschaftliche'' Weise.

Daß die heutige Gesellschaft eine Schichtungsgesellschaft ist, wird von niemand ernsthaft bestritten. Die Kontroverse beginnt erst bei der Frage, was soziale, wirtschaftliche und politische Schichtung impliziert. Für einige Beobachter bedeuten die großen Status-, Vermögens- und Machtunterschiede zwischen den verschiedenen Segmenten der heutigen amerikanischen Gesellschaft soziale Diskriminierung und die Aufrechterhaltung von Privilegien in großem Umfang. Andere sagen, die hierarchische Schichtung, die in vielen Bereichen des heutigen Lebens sichtbar werde, spiegele in erster Linie die Tatsache wider, daß recht spezielle geistige Fähigkeiten haben müsse, wer in der modernen Gesellschaft eine herausragende Stellung einnehmen wolle, und daß diese Fähigkeiten in den breiten Bevölkerungsschichten geringer seien. Mit anderen Worten, auf dieser Seite herrscht die Überzeugung, was da wie eine gesellschaftlich diskriminierende Mißverteilung von Reichtum, Macht und Status aussehe, sei in Wirklichkeit überhaupt nichts dergleichen. Es sei vielmehr nur ein Widerschein der ungleichen Verteilung der geistigen Fähigkeiten durch die Natur.

Es mag ungerecht scheinen, und manchem mag das Herz deswegen bluten, aber die (nach dieser Auffassung) harte Wahrheit ist, daß soziale Schichtung in jeder gerechten Gesellschaft eine unvermeidliche Tatsache ist, weil in einer gerechten Gesellschaft die Menschen je nach ihren Verdiensten steigen und fallen und so im allgemeinen auf der Stufe der gesellschaftlichen Hierarchie landen, die ihren natürlichen Fähigkeiten am meisten entspricht. Dies möge nicht der Idealzustand sein, so räumen die Verfechter dieser Auffassung ein, es sei aber ein Zustand, in dem die Menschen tendenziell so behandelt würden, wie sie es ihrer Natur nach verdienten; mehr noch, es sei der einzige Zustand, in dem die Annehmlichkeiten des Privilegs und die Erkenntnisse der Verhaltenswissenschaft Hand in Hand gingen.

Verhaltenswissenschaftler haben Verfahren entwickelt, um das zu messen, was sie den „Intelligenzquotienten" (oder IQ) nennen, und Messungen des IQ (oder seiner Äquivalente) haben die Tendenz, positiv mit Reichtum, Macht, Status und anderen Kriterien des sozialen Erfolgs zu korrelieren. Der Kern der Sache ist, daß die relativ armen, machtlosen und sozial niedriggestellten Bewohner städtischer und ländlicher Notstandsgebiete als Bevölkerungsgruppe tendenziell relativ niedrige IQ-Testergebnisse aufweisen, während die eher reichen, mächtigen und gesellschaftlich tonangebenden Bewohner von Städten, Vorstädten und deren Umgebung wiederum als Bevölkerungsgruppe im IQ-Test höhere Punktzahlen erreichen.

Aber was bedeuten diese Fakten? Nach der herrschenden Interpretation bedeuten sie, daß, grob gesprochen, die Mitglieder der ersten Gruppe in der sozialen Hierarchie sind, wo sie sind, weil sie relativ dumm sind, und sie sind relativ dumm, weil sie in erster Linie so geboren sind. Das Gleiche gilt für die Mitglieder der zweiten Gruppe: sie nehmen ihren Platz in der sozialen Hierarchie ein, weil sie vergleichsweise gescheit sind, und dies ebenfalls, weil sie so geboren wurden. Wenn diese Interpretation stimmt, dann handelt es sich hier um etwas, was wir alle akzeptieren müssen. Ich für meinen Teil möchte indes behaupten, daß es sich dabei um nicht mehr und nicht weniger als um Platons Mythos der Metalle handelt, der nun im Gewande der Wissenschaft und unter der Ägide der modernen psychotechnischen Forschung auftritt.

Wir leben heute in einer sozial geschichteten Gesellschaft, die eine außerordentlich vielfältige Technik zur Messung von Intelligenz entwickelt hat. Millionen von Intelligenz-, Begabungs- und Leistungstests werden jedes Jahr allein in den Vereinigten Staaten gemacht. Die meisten Getesteten sind Kinder zwischen fünf und fünfzehn

Jahren. Entwurf, Entwicklung, Druck, Verteilung, Anwendung, Auswertung und Interpretation der Ergebnisse, all dies ist Teil einer riesigen, viele Millionen Dollar umsetzenden Intelligenzmessungsindustrie, deren Hauptprodukt einen großen Einfluß auf den Lebenslauf vieler Millionen Menschen hat.* Charakter und Umfang dieses Einflusses lassen sich aus dem Tenor einer Kontroverse schließen, die in den letzten Jahren um die (selbst gar nicht in Zweifel gezogene) Tatsache entbrannt ist, daß schwarze Kinder bei Standardtests insgesamt schlechter abschneiden als weiße Kinder.

Der Streit brach los, genauer, wurde wieder aufgenommen im Jahr 1969 im Rahmen einer allgemeinen nationalen Kontroverse über die Zukunft von *Head Start* und anderen sogenannten kompensatorischen Erziehungsprogrammen. Den ersten Schuß gab der Erziehungspsychologe Arthur Jensen ab. Der Titel seines langen und ins einzelne gehenden Aufsatzes in der angesehenen *Harvard Educational Review* stellte die Frage, „Um wieviel können wir IQ und schulische Leistung anheben?" Jensens eigene Antwort lautete, „um nicht viel". Sein Aufsatz beginnt mit der Feststellung, „Man hat es mit der kompensatorischen Erziehung versucht und ist offensichtlich damit gescheitert..." Warum? Der Rest des Aufsatzes erhebt den Anspruch, eine Antwort auf diese Frage zu wissen; sie lautet im Kern wie folgt:

1. Schulische Leistung (Erfolg in der Schule) hängt von der geistigen Fähigkeit (gemeinhin „Intelligenz" genannt) ab.
2. Intelligenz ist ein komplexes Charaktermerkmal und schwer zu definieren, sie kann jedoch durch die in Intelligenztests erbrachte Leistung objektiv gemessen werden.
3. Testergebnisse korrelieren hoch mit schulischem Erfolg, Familieneinkommen, Berufsstatus der Eltern und anderen soziokulturellen Indizes.
4. Unterschiede in den Intelligenzquotienten (ob zwischen Einzelpersonen oder Gruppen) sind in erster Linie auf genetische Faktoren zurückzuführen.
5. Weil die Unterschiede in der geistigen Fähigkeit, die für die Un-

* Der *Educational Testing Service* beispielsweise ist ein 25-Millionen-Dollar-Unternehmen mit fast 3000 Beschäftigten und drei Morgen betriebseigenem Gelände in Princeton, New Yersey.

terschiede in den Testleistungen und in der schulischen Leistung ausschlaggebend sind, auf genetische Faktoren zurückgehen, sind Versuche, diese Leistungen „anzuheben", weitgehend erfolglos geblieben (und müssen auch erfolglos bleiben).

Wie wir bereits gesehen haben, ist die Rede von den angeborenen Determinanten menschlicher Verschiedenheit sehr alt, und das Bemühen, soziale Unterschiede durch den Verweis auf die Existenz einer natürlichen menschlichen Hierarchie zu rechtfertigen, hat eine alte, wenn auch nicht gerade ehrwürdige Geschichte. Was indes hier zur Debatte steht, ist die Behauptung von Jensen und anderen, den Behavioristen sei es endlich gelungen, die Diskussion über das „geistige Metall" aus dem Bereich der philosophischen Spekulation herauszuführen und vielleicht zum ersten Mal in der menschlichen Geschichte auf eine streng wissenschaftliche Grundlage zu heben.

Diese Grundlage besteht aus zahlreichen Studien, die in den vergangenen Jahrzehnten in den Vereinigten Staaten und anderenorts unternommen wurden und nun von Jensen noch einmal interpretiert werden. Im Hinblick auf seine These sind die wichtigsten Untersuchungen dabei diejenigen, die nachweisen wollen, daß die Fähigkeit, in IQ-Tests (und natürlich auch in der Schule) gut abzuschneiden, genetisch bedingt sei. Das heißt, der Kern der Jensenschen These –und ihrer populäreren Kopien – ist die Behauptung, die Ergebnisse von Intelligenztests seien Meßwerte einer angeborenen Intelligenz (anders ausgedrückt, einer „natürlichen Schärfe des Geistes").

Zumindest zwei Fragen sind in diesem Zusammenhang von Bedeutung. Zum einen die Frage, ob das, was IQ-Tests messen, wirklich angeboren ist – im Sinne von genetisch bedingt – oder nicht, und zum anderen, ob IQ-Tests das messen, was üblicherweise unter Intelligenz verstanden wird.

Eine adäquate Antwort auf diese Fragen muß die Tests in den Kontext ihrer Vorläufer rücken, die ihrerseits dazu beitragen werden, daß die (von vielen Testern beförderte) Vorstellung, die wissenschaftlichen Details und technischen Kniffligkeiten von Intelligenzmessungen seien für den Laien nur sehr schwer, wenn überhaupt, zu verstehen, abgebaut wird. Sicherlich, Intelligenztester (Psychometriker wie sie lieber heißen) sind großzügig im Umgang mit Spezialbegriffen und dadurch nicht immer verständlich, aber das ist im wesentlichen ihr Problem und nicht das anderer Leute.

Die Ursprünge der gegenwärtigen Kontroverse lassen sich zurückverfolgen auf einen viktorianischen Gentleman, Sir Francis Galton, der einst ein Buch über die Vererbung geistiger Fähigkeiten veröffentlichte, und zwar just 100 Jahre ehe Arthur Jensens Aufsatz erschien. Galton hatte nachzuweisen versucht, daß Intelligenz als biologische Eigenschaft von den Eltern auf ihre Kinder übergehe. Sein Buch *Hereditary Genius* wollte wissenschaftlich beweisen, was im viktorianischen England bereits jedermann wußte, daß nämlich bedeutende Viktorianer die Nachkommen bedeutender Eltern waren. Galtons genauen biographischen und genealogischen Aufzeichnungen über die Familienstammbäume herausragender Persönlichkeiten, zeitgemäß in statistischer Form tabelliert und analysiert, zeigten, daß berühmte englische Richter, Staats- und Kirchenmänner, Politiker, Essayisten und Wissenschaftler im allgemeinen die Abkömmlinge von ebenfalls renommierten Richtern, Staats- und Kirchenmännern waren. Hier, so Galton, liege der unwiderlegliche Beweis dafür, daß geistige Begabung zum größten Teil ererbt sei.

Genetik als moderne Wissenschaft befaßt sich in erster Linie mit Vererbung, damit, wie Gleiches zu Gleichem kommt. Das Spezialgebiet der *menschlichen* Genetik, zu Galtons Zeit noch nicht etabliert, beschäftigt sich vornehmlich mit dem Problem der Verschiedenheit der Menschen; soll heißen, mit den „individuellen Differenzen" in der Biologie. Viele Jahre nach Erscheinen des Buches von Galton wurde Mendels Schrift über genetische Vererbung wiederentdeckt; sie leitete eine biologische Revolution ein, die in der Entdeckung der DNS (Desoxyribonukleinsäure) als Grundlage genetischer Substanz gipfelte. Wenn wir uns allerdings fragen, was an Galtons „Beweis" nicht stimmt, so stellt sich heraus, daß die Tatsache, daß man zu seiner Zeit noch nichts von genetischen Gesetzen verstand, ohne große Bedeutung ist.

Der Hauptfehler an Galtons These war das Vorurteil, soziales Ansehen sei prima facie ein Beweis für hohe geistige Fähigkeit. Die Annahme, Reputation, Erfolg und sozialer Status korrelierten positiv mit Intelligenz, führt nicht nur zu einer absurden Zirkeldefinition von geistiger Fähigkeit, bei der Intelligenz gleichbedeutend ist mit hoher Stellung und hohe Stellung mit Intelligenz, sie enthält auch eine Verzerrung zugunsten der bestehenden Gesellschaftsordnung. Mit anderen Worten, sie sorgt im voraus dafür, daß Menschen mit niedrigem Sozialstatus per definitionem auch die geringere Intelligenz haben.

Es gab einen zweiten, kleineren Fehler in Galtons These. Galton ging davon aus, daß ein Charakterzug, der ,,durch ganze Familien läuft", genetisch vererbt sein müsse. Mit seiner Definition von Intelligenz war es für Galton jedoch unmöglich zu bestimmen, ob Unterschiede im Ansehen (oder in der Intelligenz) auf genetischem oder sozialem Wege übertragen wurden. Es liegt auf der Hand, daß die Kinder angesehener Eltern in der viktorianischen Gesellschaft tendenziell deren Reichtum und Sozialstatus erbten, und daß sich dies auf eine Weise vollzog, die eine Trennung der sozialen von der genetischen Übertragung nicht ermöglichte.

Galton ging es jedoch nicht nur um den Beweis der offensichtlichen Tatsache, daß Ansehen und Rang in der viktorianischen Gesellschaft sich mit der Familie fortpflanzten. Er wollte vor allem zeigen, daß angesehene Persönlichkeiten ihren Rang in der Gesellschaft geistigen Merkmalen verdankten, die sie genetisch von ihren angesehenen Eltern ererbt hatten. Er richtete zu diesem Zweck ein psychologisches Laboratorium ein, um hier die geistigen Unterschiede zwischen Menschen messen zu können. (Galton 1907)

Da die Frage ,,Was bedeutet Messung?" sich in den folgenden Darlegungen immer wieder stellen wird, halten wir einen Augenblick inne, um sie versuchsweise zu beantworten.

In der Wissenschaft, wie anderswo im Leben, impliziert der Ausdruck *Messung* eine Zuordnung von Zahlen zu Gegenständen oder Geschehnissen nach bestimmten formalen Regeln. Prinzip und Praxis – ja schon die Möglichkeit – einer Messung hängen von der Vorstellung ab, daß zwischen den Eigenschaften von Zahlen und den Eigenschaften von Gegenständen oder Geschehnissen, denen sie zugeordnet werden können, irgendein Grad der Entsprechung besteht. Die Messung und Zuordnung von Phänomenen ist ihrem Wesen nach ein Vergleichsvorgang, der seinen Sinn nur daraus erhält, daß zwei Dinge aufeinander bezogen werden. Und wo moralische und ethische Werte die Beschreibung und Definition der zu messenden Phänomene, wie etwa im Falle menschlicher Eigenschaften, beeinflussen, werden Messung oder Skalierung dieser Eigenschaften, und seien sie noch so genau, ebenfalls beeinflußt. Letztlich ist die Macht, etwas messen zu können, nur eine Erweiterung der Macht, etwas zu definieren. Diesen Punkt zu beachten, lohnt sich, denn wo immer Unterschiede zwischen Menschen gemessen wurden, waren diese Messungen mit Behauptungen von einer Überlegenheit oder Unterlegenheit dieser Menschen verbunden, d.h. sie dienten dazu, die herrschenden Muster der Verhaltenskontrolle zu rechtfertigen.

Wenn ich recht sehe, war das erste Kriterium menschlicher Diversität, das Messungen zugrundegelegt wurde, deren ausdrückliches Ziel es war, die geistige und verhaltensmäßige Überlegenheit einiger Personengruppen über andere zu beweisen, der Gesichtswinkel, ein Meßwert, der von der Form des Kopfes abhängt und ungefähr der Schräge der Stirn im Profil entspricht (vgl. die Abbildung S. 59). Der Gedanke, auf den diese Messung des Gesichtswinkels sich stützt, stammt von einem niederländischen Anatomen und Kunsthistoriker des 18. Jahrhunderts mit Namen Peter Camper. In einer Abhandlung über *Beauty as Exhibited in Ancient Paintings and Engravings* schrieb Camper, die Bildhauer der griechischen Antike hätten in ihren Statuen der Auffassung Ausdruck verliehen, daß Unterschiede in der Form der Hirnschale darunterliegende Intelligenzunterschiede anzeigten. Camper sagte, Aristoteles sei es gewesen, der als erster einen Zusammenhang zwischen der Form der Stirn und der geistigen Fähigkeit eines Menschen erkannt habe, und verwies auf Gesichtswinkel von über 100 Grad als durchaus üblich bei künstlerischen Darstellungen von Göttern der griechischen Mythologie. Im Gegensatz dazu, so Camper, seien Statuen von gewöhnlichen Menschen und von Sklaven mit viel engeren Gesichtswinkeln geformt worden. ,,Die Vorstellung von Dummheit", schrieb er, ,,wird selbst vom Volk mit der Verlängerung der Nase assoziiert...", und er drängte die Künstler seiner eigenen Zeit, den Realismus ihrer Porträts dadurch zu erhöhen, daß sie den Gesichtswinkel zum Anhaltspunkt nähmen. Er glaubte, er habe damit einen universellen Maßstab körperlicher Schönheit und geistiger Vollkommenheit geschaffen und wandte in seinen späteren Schriften seine Aufmerksamkeit Vergleichen zwischen den Gesichtswinkeln verschiedener Rassengruppen zu. Er berichtete von seinen Ergebnissen in einem *Treatise on the Natural Differences of Features in Persons of Various Countries and Ages:*

„In ihren Extremen umfassen die menschlichen Gesichtswinkel zwischen 70 und 100 Grad, von den Negern bis zu den alten Griechen; sind es weniger als 70, dann handelt es sich um einen Orang oder Menschenaffen, noch weniger, dann ist es der Kopf eines Hundes.“ (Alle Camper-Zitate in Slotkin 1944, S. 465)

Ob Gesichtswinkelmessungen beim realistischen Porträtieren eine Hilfe sind oder nicht, Campers Thesen über die Korrelation von Schönheit und Intelligenz zeigen den Einfluß sozialer Vorurteile auf die ästhetischen Ideale und die Wirkung beider auf die Einstellung zur Verschiedenheit der Menschen. Wo es ihm schon gelungen war, einen Aspekt menschlicher Verschiedenheit in einem Zahlenverhältnis mit Hilfe einer Meßskala auszudrücken, konnte man die Tatsache, daß seine Meßskala an den herrschenden ästhetischen und sozialen Standards orientiert war, leicht vergessen. Und sie wurde auch von vielen Wissenschaftlern, die ganz begierig waren auf eine „genuine Wissenschaft“ des Intelligenzvergleichs, ganz schnell vergessen. Das 19. Jahrhundert brütete mehrere solche „Wissenschaften“ aus, die sich meist entweder auf den Kopf und seinen Inhalt (das Gehirn) als Indikatoren für Geist und Verhalten oder auf verschiedene geistige und verhaltensmäßige Merkmale unmittelbar konzentrierten.

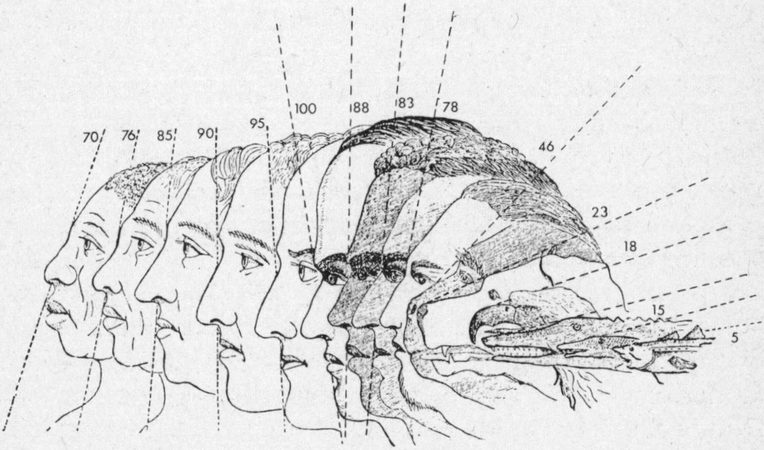

Gesichtswinkel, wie sie dargestellt sind in Texten des 19. Jahrhunderts. Hier nach John J. Jeffries (1869) und Ransom Dexter (1874).

Galtons Interessen waren von der zweiten Art. Er war ein renommierter Statistiker, der glaubte, die Messung sei das Gütesiegel einer reifen Wissenschaft. Seine Vorliebe für die Intelligenzmessung (später ,,Psychometrie" genannt) veranlaßte ihn, ein Meßsystem zu entwickeln, dessen Einheiten Grade waren, die er mit Buchstaben bezeichnete – de facto handelte es sich um die erste ,,Intelligenzskala". Er ersann auch den ersten ,,Intelligenztest", bestehend aus Items, die das Gedächtnis, die Schärfe der Sinne, die Motorik und andere Verhaltensaspekte messen sollten. Galtons erklärtes Ziel war es, große Zahlen von Menschen aus allen sozialen Schichten zu messen und zu beweisen, daß ihre Testleistung mit ihrer Position auf seiner gesellschaftlichen Rangskala korrelierte. Zu seinem Leidwesen entsprachen seine Ergebnisse nicht seinen Hoffnungen. Nach langjähriger Arbeit kam er widerstrebend zu dem Schluß, daß es keine positive Korrelation zwischen Testleistung und sozialer Stellung gebe. Mit anderen Worten, die viktorianische Elite schnitt in seinen Tests im Durchschnitt nicht besser ab als die Angehörigen der unteren Schichten.

Unter solchen Umständen, so möchte man eigentlich annehmen, müßte Galton seine Hypothesen in Zweifel gezogen haben; aber wie viele seiner viktorianischen Zeitgenossen war auch er seiner eigenen Schicht und ihren sozialen Auffassungen so stark verhaftet, daß er dazu nicht in der Lage war. Vielmehr weitete er in seinem Buch *Hereditary Genius* seine Schlußfolgerungen weit über die Grenzen der sozialen Schichten hinaus aus, indem er die angebliche Äquivalenz von Intelligenz und sozialem Rang dazu benutzte, boshafte Vergleiche zwischen den geistigen Fähigkeiten verschiedener Rassen, historischer Epochen, Geschlechter und Kulturen zu ziehen. ,,Der durchschnittliche Intelligenzgrad der schwarzen Rasse", sagte er, ,,liegt etwa 2 Grad unter unserem eigenen", und die athenische Gesellschaft, hieß es, stehe um soviel über der viktorianischen wie letztere über den Schwarzen. Selbst wenn er über den Kanal blickte, konnte Galton erkennen, daß das Intelligenzniveau nirgendwo in Europa so hoch war wie in England. Außerdem war er davon überzeugt, daß Frauen den Männern intellektuell unterlegen seien; seine Schlüsse beruhten in diesem wie in vielen anderen Fällen auf Vorurteilen, die er sich durch seine Erfahrungen im Alltag bestätigen ließ.

„Wenn die Vernunft von Frauen der von Männern überlegen wäre, dann würde der Eigennutz der Kaufleute schon dafür sorgen, daß sie unentwegt Arbeit hätten; da aber das Gegenteil der Fall ist, dürfte auch die gegenteilige Annahme gerechtfertigt sein.“ (Galton 1907, S. 20f.)

Haben die Theoretiker, die den Intelligenztest entwickelten, wie wir ihn heute kennen, ebenfalls den Fehler gemacht, soziale Vorurteile über den Charakter der Intelligenz in ihre angeblich wissenschaftlichen Messungen geistiger Fähigkeiten einfließen zu lassen? Wenn ja, dann ist es ihnen besser gelungen als Galton, denn die Resultate der modernen IQ-Tests reflektieren und verstärken tendenziell die sozialen Spaltungen, die unsere Gesellschaft kennzeichnen. Trotzdem haben viele der modernen Intelligenztester versucht, sich gegen den Vorwurf der sozialen Befangenheit mit dem Hinweis auf die absolute Objektivität ihrer Arbeit zu verteidigen. Stärker bedrängt, sprechen sie gerne von der „akademischen Freiheit“ und davon, daß es das Recht und die Pflicht des Wissenschaftlers sei, der Wahrheit nachzugehen und sie unparteiisch publik zu machen, und daß es weder sinnvoll noch moralisch zu rechtfertigen sei, gegen Fakten zu protestieren, nur weil sie einem nicht gefielen, oder aus Angst vor unangenehmen Konsequenzen die Augen vor der Wahrheit zu verschließen. Solche Argumente sind offensichtlich ansprechend, und ich habe gehört, wie sie in der ansprechendsten Weise vorgebracht wurden. Aus diesem Grunde möchte ich ihnen auf ihrem eigenen Boden entgegentreten, d.h., ich untersuche – die Frage der „Objektivität“ im Hinterkopf – die Grundlagen, auf denen die widerwärtigen Wahrheiten der Intelligenztestbewegung beruhen.

In der zweiten Hälfte des 19. Jahrhunderts erzeugte die Industrialisierung in Amerika und in Westeuropa einen wachsenden Bedarf an allgemeiner Schulbildung, sie sollte den Kindern jene Kenntnisse und Werte vermitteln, die für den nationalen Fortschritt erforderlich waren. Horace Mann setzte sich für die öffentliche Volksschule als dem „Schwungrad der sozialen Maschinerie“ ein. Als sich allerdings das Tempo der Industrialisierung erhöhte, wurde von den Schulen immer häufiger ein besseres und moderneres „Produkt“ verlangt. Es war die Aufgabe der Erziehungs- und Bildungsinstitutionen, die erforderlichen Kenntnisse inhaltlich zu bestimmen und zu vermitteln und die soziale Einstellung von Kindern so vorzuformen, daß sie später im Beruf auch tatsächlich auf den für sie vorgesehenen Platz in dem sich entwickelnden Industriestaat paßten.

In diesem von der Industrialisierung bestimmten Erziehungsklima beauftragte der französische Bildungsminister den Leiter des psychologischen Laboratoriums an der Sorbonne, Alfred Binet, ein Testverfahren zu entwickeln, mit dem sich die Schüler herausfinden ließen, die Sonderunterricht brauchten. Die so definierte Aufgabe war im wesentlichen eine technische, und Binet ging sie auch ganz direkt und pragmatisch an. Er stellte Hunderte von Test-Items (Fragen) zusammen, die sich hauptsächlich an den Lehrplänen der Schulen orientierten und eine breite Skala von Schwierigkeitsgraden umfaßten. Seiner Grundkonzeption nach wollte er auf einen Test hinaus, der Kindern verschiedener Altersstufen vorgelegt werden konnte und bei dem Kinder einer bestimmten Alters- oder Klassenstufe entweder gut oder schlecht abschnitten, je nach ihren guten oder schlechten Leistungen in der Schule. Probefassungen des Tests wurden kleinen Gruppen von Kindern vorgelegt und die von ihnen erzielten Ergebnisse mit den Einstufungen ihrer Unterrichtsleistungen durch ihre Lehrer verglichen. Dabei wurden Items gestrichen oder neue hinzugefügt, um eine möglichst enge Entsprechung zwischen Testleistung und den je nach Altersstufe geltenden Leistungsnormen in der Schule herzustellen. In seiner endgültigen Form lieferte Binets Test einen Indikator für die schulische Leistung auf der Grundlage des geltenden Maßstabs für schulischen Erfolg. Mit anderen Worten, die in seinem Test erzielten Wertungen korrelierten im allgemeinen mit den von den Lehrern im Klassenzimmer vorgenommenen Einstufungen des Schülers.

Indem er die Beurteilungen der Lehrer zum Kriterium für die Validierung seines Tests machte, schuf Binet die Grundlage für dessen Verwendung zur Vorhersage des späteren Erfolgs eines Kindes im Schulsystem. Da sein erstes Ziel darin bestand, Kinder herauszufinden, die Sonderunterricht nötig hatten, brauchte er keine Theorie oder Definition von Intelligenz. Mehr noch, er machte weder einen Unterschied zwischen erworbener und angeborener Schwachsinnigkeit, noch behauptete er, schlechtes Abschneiden in seinem Test sei ein Zeichen angeborener geistiger Minderwertigkeit. Im Gegenteil, er kritisierte diejenigen unter seinen Zeitgenossen heftig, die behaupteten, Intelligenz sei eine unveränderliche Menge, die sich nicht erhöhen lasse:

„Das bekannte Sprichwort ‚dumm bleibt dumm' scheint von manchen Schulmeistern völlig unkritisch für bare Münze genommen zu werden... von Schulmeistern, die sich für Schüler, denen es an Intelligenz fehlt, einfach nicht interessieren; sie mögen sie nicht, ja sie nehmen noch nicht einmal Rücksicht auf sie, sondern äußern – unbeherrscht auch in ihrer Sprache – vor solchen Kindern Sätze wie: ‚Dieses Kind wird es niemals zu etwas bringen... es ist unbegabt...' Niemals! Was für ein großes Wort!" (Binet 1913, S. 140 f.)

Binets Reaktion auf solch „brutalen Pessimismus" findet ihren Ausdruck in einem Kapitel mit der Überschrift „Intelligenztraining". Es beginnt mit den Worten, „Nach der Krankheit die Medizin...", und verschreibt für Kinder mit niedrigen Testergebnissen therapeutische Kurse in „geistiger Orthopädie". Und dennoch, Tatsache ist, daß Binet (1) einen Test konstruiert hat, der auf schulischem Erfolg basiert, und (2) ihm den Namen „Intelligenztest" gegeben hat, obwohl er wußte, daß das Unvermögen eines Kindes, die Fähigkeit zu denken und zu verstehen, durch die Intelligenz üblicherweise definiert ist, im Unterricht sichtbar zu dokumentieren, keineswegs impliziert, daß das Kind diese Fähigkeit nicht besäße.

Binets Entscheidung, die Einstufungen durch die Lehrer zur Vergleichsgrundlage seines Tests zu machen, bedeutete einen gewissen Fortschritt gegenüber Galton, der die soziale Stellung als Indikator für angeborene Intelligenz nahm. Indes, falls der schulische Erfolg von anderen Faktoren als den angeborenen geistigen Anlagen abhängt, dann kann die angeborene geistige Fähigkeit eines Kindes auch nicht an den in einem IQ-Test errungenen Punkten abgelesen werden. Dies ist insofern eine Grundsatzfrage, als moderne Tester wie Jensen – im Unterschied zu Binet – immer wieder behaupten, die IQ-Werte spiegelten wirklich die angeborene geistige Fähigkeit wider, auch wenn alle verbreiteteren IQ-Tests seit Binet – in der einen oder anderen Weise – auf Kriterien von sozialem, schulischem, beruflichem oder wirtschaftlichem Erfolg basieren. Das heißt, Schlüsse über Intelligenz, die aus Testergebnissen gezogen werden, zwingen uns, eine Äquivalenz zwischen Erfolg und geistiger Fähigkeit anzunehmen.

Wie ernsthaft hat die amerikanische Testbewegung die Möglichkeit in Betracht gezogen, daß diese Annahme ein Irrtum sein könnte? Die Antwort auf diese Frage erhält man, wenn man betrachtet, was tatsächlich geschah, als Binets Test in die Vereinigten Staaten gelangte. Die Importeure des IQ-Tests folgten (1) umstandslos und unkritisch Binets Verwendung des Erfolgs als dem Standard, auf den IQ-Testergebnisse bezogen wurden, und rückten (2) eilig und unmißverständlich von seiner Auffassung über die flexible Natur der Intelligenz zugunsten jener Vorstellung ab, nach der der IQ das Maß der angeborenen geistigen Fähigkeit unmittelbar und direkt wiedergibt.

Das Resultat dieser Doppelaktion war eher noch bestürzender als die Eile, mit der es herbeigeführt wurde, denn es bedeutete, daß die Pioniere der amerikanischen Intelligenztestbewegung plötzlich behaupten konnten, sie verfügten über einen Test, mit dem sie die geistige Fähigkeit eines Menschen direkt messen könnten. Obwohl die Grundlagen für diese Behauptung im Dunkeln blieben, sollte sie zum zentralen Dogma der Intelligenztestbewegung werden. Es lautete und lautet immer noch: ,,Wir müssen davon ausgehen'', so ein führendes Mitglied der Bewegung, ,,daß wir die natürliche oder angeborene Intelligenz messen.'' (Brigham 1923, S. 100) Diese Behauptung hatte soziale Folgen, die viel gravierender waren als alles, woran Binet jemals hatte denken können, als er von ,,brutalem Pessimismus'' sprach.

Die erste umfassende Adaption des IQ-Tests (der Stanford-Binet-Test) wurde in Amerika im Jahre 1916 von Lewis M. Terman, Professor für Psychologie an der Stanford-University, vorgenommen. Ihre Veröffentlichung fiel mit einer Beschleunigung der Modernisierung des Bildungssystems im Sinne der wirtschaftlichen Erfordernisse der Industrie zusammen.

Was heute nur selten offen ausgesprochen wird, nämlich die Vorstellung, Schulen seien in erster Linie dazu da, den herrschenden wirtschaftlichen Interessen der Gesellschaft zu dienen, wurde von vielen Berufspädagogen während der sogenannten Fortschrittsperiode unerschrocken vorgebracht. Führende Kultusbeamte und Bildungstheoretiker sprachen einmütig von Schulen als von Fabriken, die mit der Massenproduktion von Schülern beschäftigt seien. Ellwood P. Cubberly, Professor Termans Kollege in Stanford und 16 Jahre lang Dekan des dortigen Fachbereichs für Pädagogik, sprach für viele Berufspädagogen als er schrieb:

„Unsere Schulen sind... Fabriken, in denen aus Rohprodukten Produkte geformt und hergestellt werden... Die Spezifikationen bei der Herstellung ergeben sich aus den Erfordernissen der Zivilisation des 20. Jahrhunderts, und es ist die Aufgabe der Schule, ihre Schüler den vorgegebenen Spezifikationen entsprechend herzustellen. Dazu bedarf es eines guten Handwerkszeugs, bestimmter Spezialmaschinen und einer ständigen Qualitätskontrolle der Produktion..." (Cubberly 1916, S. 338)

Es wäre falsch, hierin nicht mehr als eine Analogie sehen zu wollen. Das Zentralproblem, vor dem die industriellen und politischen Führer der Vereinigten Staaten in dem Jahrzehnt vor dem Ersten Weltkrieg standen, war eine systematische und wirksame Steuerung des Wachstums rapide expandierender Massenproduktionsindustrien. Diese Aufgabe erforderte jene Art von Kontrolle menschlicher Qualität, wie Cubberly sie implizierte, und es überrascht nicht, daß diejenigen, die das öffentliche Bildungswesen bestimmten, eng mit den etablierten wirtschaftlichen und politischen Institutionen im Sinne eines optimalen Interessenausgleichs zusammenarbeiteten.

Zu diesem Zweck wandten die Intelligenztester ihre Tests der „natürlichen und angeborenen Intelligenz" auf riesige Zahlen von Kindern sozusagen als ein Mittel an, das dem Schulsystem half, „seine Schüler den geforderten Spezifikationen entsprechend zu formen". Robert M. Yerkes, unter den Intelligenztestern führend, hob hervor, daß „... der Psychologe erheblich mithelfen kann, den für den einzelnen Menschen passendsten Platz in der Gesellschaft zu finden" (Yerkes/Foster 1923, S. 25).

Indes, Männer wie Cubberly und Yerkes verstanden sich nicht als Agenten des industriellen Establishments, sondern als Wohltäter der Gesellschaft als Ganzer. Das Bild, das sie von sich hatten, war das von pflichtbewußten Wissenschaftlern, die dabei waren, einen neuen pädagogischen Beruf und eine neue Wissenschaft der Intelligenztests zu entwickeln, während sie zugleich das nationale Gesamtinteresse im Auge hatten. Sie sahen sich als Experten der Entdeckung und Entwicklung von natürlicher Begabung, und sie sahen in der herrschenden Gesellschaftsordnung eine Meritokratie, in der jeder den ihm zukommenden Rang und Platz einnimmt. Sie sahen weiter, daß in den Naturwissenschaften die Verfahren von Klassifizierung, Einordnung und Messung von Phänomenen die Möglichkeit und die Macht, Naturereignisse vorauszusagen und unter Kontrolle zu bringen, hatten wachsen lassen. Und sie waren sich sicher, daß die gleichen Methoden auch für die Voraussage und Kontrolle des Verhaltens von Menschen einen entsprechenden Zuwachs an Möglichkeiten bringen würden.

Also übernahmen viele Pädagogen und Psychologen voller Vertrauen in die Kraft der Wissenschaft und mit großem Engagement für eine soziale Sache bereitwillig die ihnen für die beginnende Fortschrittsperiode zugedachten Rollen – mit dem Resultat, daß sie sich im Laufe der Zeit tief in die Gesamtprobleme des Landes verstrickten, die da hießen: Industrialisierung, Einwanderung, Verstädterung und Mobilmachung zum Krieg. Gleichzeitig waren auch diverse bürokratische Organisationen mit diesen Problemen befaßt, Organisationen, die die Arbeiterschaft, aber auch unternehmerische und politische Interessen vertraten und bereit waren, zugunsten von industrieller Effizienz und sozialer Stabilität eine Allianz einzugehen. Diese Allianz förderte und finanzierte die Erforschung wissenschaftlicher Managementtechniken – Techniken zur Beurteilung und Kontrolle der Beschaffenheit von Menschen.

Private Stiftungen und Bürgerorganisationen drängten auf eine Reorganisation staatlicher Institutionen und auf eine größere administrative Effektivität auf allen Ebenen. Im Bereich von Erziehung und Intelligenzmessung waren viele der Organisationen, von denen moralische und finanzielle Unterstützung kam, Unternehmensstiftungen, deren Einfluß so groß war, daß sie zu Beginn des 20. Jahrhunderts einen entscheidenden Faktor im politischen Geschehen darstellten. Im Jahre 1913 veranlaßte jedoch eine zunehmende allgemeine Abneigung gegen das keineswegs selbstlose Eindringen hoher Beträge privatwirtschaftlicher Gelder in staatliche Bereiche den besorgten amerikanischen Kongreß, seinen Ausschuß für industrielle Beziehungen damit zu beauftragen, eine Untersuchung über den Einfluß von Stiftungen auf die staatliche Politik anzustellen. Die Ergebnisse, die der Ausschuß ein Jahr später vorlegen konnte, waren wenig dazu angetan, die Kontroverse zu beenden. Die Mehrheit kam zu dem Schluß, daß „die Herrschaft von Personen, die einen großen Teil der amerikanischen Industrie kontrollieren, sich keineswegs auf die unmittelbar in ihren Diensten Stehenden beschränkt, sondern sich rasch auf die Bereiche von staatlicher Erziehung und Bildung und Wohlfahrt ausweitet." (Zit. in Lankford 1964, S. 31)

Der Ausschuß sagte nicht, eine solche Herrschaft und Kontrolle stelle notwendig eine Bedrohung für die Öffentlichkeit dar. Er wies jedoch darauf hin, daß die politischen Ziele von Unternehmensstiftungen, ganz gleich, ob sie dem Allgemeininteresse dienten oder nicht, sicherlich nicht gegen die Interessen der sie finanzierenden Gesellschaften gerichtet waren. Nun waren aber Aktienvermögen und die Unterstützung einflußreicher Stiftungen nicht allein für den Aufschwung der amerikanischen Intelligenztestbewegung verantwortlich. Im Gegenteil, auch die Zustimmung und Billigung der Öffentlichkeit waren erforderlich. Und hier ist zu betonen, daß die amerikanische Testbewegung sich in einem Lande entwickelte, das, trotz aller bekannten Schlagwörter von der Gleichheit der Menschen, ein tiefempfundenes Interesse an Abstammung und Rasse hatte. Dieses Interesse trug zu einem Klima bei, das Diskussionen über angeborene Intelligenzunterschiede stark begünstigte.

Das Gespenst der ,,erblichen Degeneration" (,,schlechtes Blut" und ,,schlechte Erbmasse") lauerte im Hintergrund, lange bevor Binet seinen Test entwickelte und bevor IQ-Werte eine genetische Interpretation erfuhren. Obwohl es bis dahin keine genetische Wissenschaft und keine haltbare Theorie darüber gab, wie menschliches Verhalten erworben und von Generation zu Generation weitergegeben werde, herrschte doch weithin die Vorstellung, daß soziale Unselbständigkeit, Schwachsinnigkeit, Kriminalität und soziale Abweichung ganz allgemein auf angeborene und ererbte ,,dysgenische", d.h. die Rasse gefährdende Anlagen zurückgingen.

Galtons Untersuchung über ,,Vererbung und Begabung" ließ ihn in den ,,Untüchtigen, Kränklichen und Verzagten" eine Gefahr für das Wohl der Gesellschaft insofern erblicken, als sie große Zahlen von schwachen, kranken und elenden Kindern hervorbrächten. Die oberen Schichten, so argumentierte er, sollten dazu ermuntert werden, mehr Kinder zu haben, während die unteren Schichten – falls möglich – dazu gebracht oder – falls nötig – dazu gezwungen werden sollten, weniger Kinder zu haben. Um diese zentrale Idee der rassischen Veredelung – einer Erhöhung der relativen Anzahl von ,,gesünderen, reicheren und intelligenteren" Nachkommen – suchte Galton Leute seiner Gesinnung zu scharen. Dieser Idee und diesem Bestreben gab er im Jahre 1883 den Namen *Eugenik;* sie sollte zu einem Kristallisationspunkt vieler Formen von Verhaltenskontrolle im 20. Jahrhundert werden. Unter dem Banner der Eugenik traten viele Wissenschaftler und Sozialreformer für Gesetze ein, die ,,Degenerierte" daran hindern sollten, Nachkommen zu haben. So sorgte ein bereits im Jahre 1898 in Michigan eingebrachtes Sterilisationsgesetz für die Kastration aller Insassen der *Staatlichen Anstalt für Schwachsinnige und Epileptiker* im Staate Michigan sowie aller Personen, die zum dritten Mal wegen eines schweren Verbrechens verurteilt waren. (Flood 1898, S. 299)

,,Abweichung", das heißt Verhalten, das als sozial auffällig, störend oder gefährlich gilt, und ,,Arbeitsunfähigkeit", ein Umstand, der als Behinderung angesehen wird, werden in Projekten zur Erforschung von Erbschädigungen fast durchweg assoziiert. Das bedeutet, Vorschläge zur Kontrolle eines Verhaltens, das die Interessen mächtiger Gruppen zu bedrohen scheint, können sich hinter einer Sprache der Menschenfreundlichkeit verstecken und von Besserung sprechen. Im gleichen Jahr, als das Gesetz in Michigan verabschiedet wurde, erschien ein Bericht über einen Versuch, dessen eindeutige Intention es war, abweichendes Verhalten dadurch zu kontrollieren, daß man es als Krankheit behandelte. Der Bericht beschrieb die ,,therapeutische Kastration" von 26 Jungen in Massachusetts. 24 von ihnen wurden wegen ,,persistenter Epilepsie und Masturbation", einer wegen ,,Epilepsie in Verbindung mit Imbezillität" und einer wegen ,,Masturbation in Verbindung mit Schwachsinn" operiert.

Wie die Intelligenztestbewegung wurde auch die eugenische Bewegung weitgehend mit Geldmitteln gefördert, die aus Unternehmensstiftungen stammten. So finanzierte im Jahre 1904 die *Carnegie Institution of Washington* – gestiftet von Andrew Carnegie, dem Stahlfabrikanten – die Einrichtung einer biologischen Versuchsanstalt in Cold Spring Harbor, New York. Ihr Leiter war Charles Benedict Davenport, ein Zoologe, dessen bisheriges wissenschaftliches Interesse an der Züchtung von Tieren zu schwinden begonnen hatte und dessen Interesse nun, nachdem er Galton gelesen hatte, der Eugenik galt. Er ermunterte andere Wissenschaftler, Methoden zur Feststellung von Personen zu entwickeln, die ,,schadhaftes Erbplasma" in sich trugen, und versuchte, weitere Stiftungen zur Finanzierung solcher Art Forschung zu bewegen. Davenport war besonders daran interessiert, Gesetze zur eugenischen Kontrolle durchzubringen, und verwandte viel Mühe auf die Verbreitung von Informationen zu diesem Thema.

Ein Jahr später, das heißt 1905, verabschiedete die Legislative von Pennsylvania ein *Gesetz zur Verhütung von Schwachsinnigkeit*, das eine Sterilisationsklausel enthielt. Gouverneur Pennypacker verweigerte seine Zustimmung mit der Begründung:

„Diese schwachsinnigen und zurückgebliebenen Kinder sind den Heimen von ihren Eltern oder Vormündern zum Zwecke ihrer Schulung und Unterweisung anvertraut worden. Dieses Gesetz will mit ihnen experimentieren; aber nicht zugunsten ihrer Unterweisung, sondern um etwas für die Zukunft der Gesellschaft zu tun... ohne ihre Zustimmung, die sie nicht geben können... Dieses Gesetz geht davon aus, daß sie nicht unterwiesen, nicht geschult werden können... (indes, ihr) Geisteszustand geht auf Ursachen zurück..., über die wir absolut nichts wissen." (Laughlin 1922, S. 35 f.)

Aber die Barrieren gegen Gesetze zugunsten einer eugenischen Kontrolle fielen bald in sich zusammen. Zwei Jahre später wurde in Indiana ein Sterilisationsgesetz verabschiedet und in Kraft gesetzt. In seiner Präambel heißt es lapidar, „Vererbung spielt eine außerordentlich wichtige Rolle bei der Übertragung von Kriminalität, Schwachsinn und Imbezillität..." Diese Sprache wiederholt sich mit geringen Variationen in ähnlichen Gesetzen, die in rascher Folge in fünfzehn Staaten verabschiedet wurden. Auf Drängen der Eugeniker wurden weitere Negativpunkte aufgelistet, bei denen Vererbung angeblich „eine außergewöhnlich wichtige Rolle" spielte. Ein Gesetz, das 1911 in New Jersey durchkam, fügte hinzu: „Epilepsie, kriminelle Neigungen und andere Gebrechen". Das Gesetz von Iowa aus demselben Jahr sorgte für die „Kastration von Kriminellen, Schwachsinnigen etc.". Der Passus über Kastration wurde zwei Jahre später modifiziert und sprach nun von „Zeugungsverhütung", und das et cetera wurde ausgeführt und nannte „Kriminelle, Frauenschänder, Schwachsinnige, Zurückgebliebene, Verrückte, Trinker, Drogensüchtige, Epileptiker, Syphilitiker, moralisch und sexuell Perverse sowie kranke und degenerierte Personen". Kurz, zwischen 1907 und 1928 erließen einundzwanzig Staaten Sterilisationsgesetze, die das Zeugungsverhalten von sozial abweichenden Personen kontrollieren sollten. Einige dieser Gesetze wurden niemals angewandt, viele aber standen und die meisten von ihnen stehen immer noch in der einen oder anderen Form in den Gesetzbüchern. Es wird geschätzt, daß bis 1929 ungefähr 8.500 Sterilisationen im Rahmen dieser gesetzlichen Bestimmungen vorgenommen worden sind. (Karier 1972, S. 154 ff.)

Ab 1910 begann die eugenische Bewegung, die von ihr mitinitiierte Politik in systematischer Form zu begründen und zu dokumentieren. So richtete zum Beispiel Davenport mit Mitteln, die Mrs. E.H. Harriman (die Witwe des Eisenbahnmagnaten) zur Verfügung stellte, das *Eugenics Record Office* ein und brachte hier Wissenschaftler aus verschiedenen Fachgebieten zusammen, damit sie im Sinne ihres gemeinsamen Ziels forschen, publizieren und Empfehlungen für die staatliche Politik erarbeiten konnten. Dem Institut standen ,,Fachberaterkommissionen'' zu Themen wie ,,die Vererbung geistiger Merkmale'', ,,die Erblichkeit von Schwachsinn'' und ,,Sterilisation'' zur Seite.

Unter der Schirmherrschaft einer solchen Expertenkommission wurde eine Unterkommission gebildet, die beauftragt wurde, ,,herauszufinden und darüber zu berichten, wie das schadhafte Erbplasma in der amerikanischen Bevölkerung am besten zu vernichten sei''. Ihr Leiter, Harry H. Laughlin, und andere Kommissionsmitglieder ,,forschten und fanden heraus'', daß annähernd 10 % der Bevölkerung ,,schlechten Samen'' in sich trugen. Genauer, sie behaupteten, zwischen niedriger Intelligenz und moralischer Verderbtheit bestehe eine natürliche, das heißt angeborene Verbindung. Und diese Verbindung, so hieß es, kennzeichne ,,den Schwachsinnigen, den Verrückten, den Kriminellen (den Pflichtvergessenen und den Widerspenstigen eingeschlossen), den Epileptiker, den Alkoholiker, den Kranken, den Blinden, den Tauben, den Krüppel und den sozial Abhängigen, darunter Waisen, Taugenichtse, Heimatlose, Landstreicher und Unterstützungsempfänger''. Mit der Behauptung (in den Präambeln zu den Gesetzen vieler Staaten offiziell festgeschrieben), die Wurzeln sozialer Abweichung lägen in einer schlechten Erbmasse und die ,,Gesellschaft muß das Erbplasma als den Besitz aller und nicht nur desjenigen ansehen, der es in sich trägt'', kam Laughlins Kommission zu dem Schluß, die eugenische Sterilisation sei ,,der beste Weg zur Vernichtung von schadhaftem Erbplasma in der amerikanischen Bevölkerung''. (Zit. in Haller 1963, S. 133) Es gab damals keine Wissenschaft der quantitativen Humangenetik, keine haltbare Theorie darüber, wie Verhaltensmerkmale möglicherweise vererbt werden, und keine Daten über die IQ-Testleistungen der breiten Bevölkerung des Landes. Aber die Vorstellung, soziale Unselbständigkeit, Krankheit, Armut, Degeneration, Deformation, Abweichung und andere soziale Probleme seien biologisch – durch schlechtes Blut und schlechte Erbmasse – determiniert, war eine Idee, deren Zeit gekommen war.

Damit wurde Amerika zur ersten Nation der Moderne, die Gesetze aufstellte, die eine eugenische Sterilisation im Namen der „Rassenpflege" erlaubten, ja vorsahen.

Die Auffassung, die Armen, die Nichtweißen und andere benachteiligte Gruppen seien genetisch minderwertig, hatte enorme soziale Konsequenzen. Ein bezeichnendes Beispiel dafür ist „der Pellagra-Skandal", den Allan Chase aufdeckte. (Chase 1977; Psychology Today, Feb. 1973, S. 83 ff.) Die Pellagra- oder Maisesserkrankheit – ist eine Erkrankung infolge schlechter Ernährung, die einen unangenehmen roten Hautausschlag hervorruft und bisweilen den körperlichen und geistigen Verfall des Erkrankten zur Folge hat. Sie trat im 19. Jahrhundert in vielen ländlichen Gebieten des Südens endemisch auf, und zwar vor allem unter den Armen. 1912 wurde eine staatliche Pellagra-Kommission zur Erforschung von Ursache und Therapie der Krankheit eingesetzt; ein prominentes Mitglied der Kommission war C.B. Davenport, Direktor des *Eugenics Record Office.* Davenport war fest davon überzeugt, daß die Pellagra zu den Erbkrankheiten gehöre, und begründete diese Ansicht mit der Feststellung, es sei klar erwiesen, daß die Pellagra ausschließlich bei Armen auftrete und besonders verbreitet sei in Institutionen, die von Abweichenden oder sozial abhängigen Armen bevölkert würden, wie Irrenanstalten, Gefängnisse und Waisenhäuser. (Die Tatsache, daß das Personal in diesen Einrichtungen niemals daran erkrankte, zeigte an, daß sie nicht ansteckend war.) Außerdem trat die Krankheit bei Weißen vornehmlich innerhalb jener Gruppe auf, die abschätzig als „armes weißes Gesindel" bezeichnet wurde, eine Gruppe, die als besonders faul, labil und dumm galt und die eine Zeit lang das Interesse von Davenport und anderen Eugenikern auf sich gezogen hatte, weil sie in ihr eine Unterrasse von „chronisch armer Herkunft" sahen, die infolge ihrer fehlerhaften genetischen Ausstattung und ihres „schlechten Blutes" zu ewiger Armut, Degeneration und Krankheit verurteilt sei. Davenport, der außerdem davon überzeugt war, daß die meisten Formen von Irrsinn und Schwachsinn, Abweichung und niedrigem Sozialstatus auf schadhaftes Erbplasma zurückgingen, glaubte nicht, daß die Pellagra so vererbt würde, wie die Augenfarbe genetisch übertragen wird, vielmehr vertrat er die Auffassung, ihr Ausbruch hänge von „bestimmten konstitutionellen, erblichen Merkmalen des betroffenen Menschen“ ab. Trotz der Tatsache, daß bereits 1914 ein Epidemologe des öffentlichen Gesundheitsdienstes, nämlich Joseph Goldberger, die wahre Ursache der Pellagra entdeckt und seine Befunde unter dem Beifall der medizinischen Fachwelt veröffentlicht hatte, beschrieb der Abschlußbericht der Pellagra-Kommission 1917 die Pellagra als eine Erbkrankheit, die Menschen mit minderwertiger Erbmasse befalle. Zwanzig Jahre lang wurde der Kommissionsbericht allgemein als der Weisheit letzter Schluß angesehen, während Wissenschaftler und Politiker gleichermaßen an den Heilungsaussichten verzweifelten. Bis 1929 war die Pellagra für mindestens sechstausend Tote im Jahr verantwortlich; sie wurde erst besiegt, als während der Wirtschaftskrise die Verarmung vieler bisher für sich selbst sorgender Menschen die Regierung veranlaßte, Hilfsprogramme zu entwickeln und schließlich 1943 die Anreicherung von Weißbrot mit Vitaminen und Mineralien zu verfügen. Einmal mit der Behauptung konfrontiert, die Pellagra werde hauptsächlich durch Armut verursacht, und zum anderen mit der These, sie sei eine genetisch bedingte Krankheit, die durch soziale und wirtschaftliche Reformen nicht auszurotten sei, schenkten diejenigen, die die Macht hatten, in politischen Fragen zu entscheiden, lieber einer Theorie Glauben, die weder höhere Löhne noch bessere Existenzbedingungen für die Armen forderte.

Man kann es kaum als Zufall bezeichnen, daß die Pioniere der Intelligenzmessung ihren Einfluß und ihre Macht just in dem Moment erstmals spürbar werden ließen, als das Gespenst der „erblichen Schwachsinnigkeit“, die angeblich als auslösendes Moment an Kriminalität, Armut, moralischer Verderbtheit und mangelnder Leistungsfähigkeit im Beruf, d.h. bei der Arbeit beteiligt war, an die Wand gemalt wurde. Dieses Gespenst hat die eugenische Bewegung sowohl für sich ausgebeutet als auch selber schaffen helfen. Als Beispiel sei hier die Auffassung von Henry Goddard zitiert; er gehörte zu den ersten, die Binets Test anwandten, und zwar an der Schule für zurückgebliebene Kinder von Vineland, New Jersey, und ist ein erklärter Verfechter der Eugenik: „... wir haben festgestellt, daß Armut und Verbrechen enorm zunehmen, wir müssen uns dringend fragen, warum? Selbst eine oberflächliche Untersuchung zeigt, daß diese Probleme zu einem hohen Prozentsatz von den Geistesschwachen verursacht werden.“ (Goddard 1912, S. 43)

Das Bild von einer ewigen Unterschicht – geistig zurückgeblieben, verarmt und zur Kriminalität neigend –, die aufgrund ihrer angeborenen Schäden dazu verurteilt ist, Schwierigkeiten zu produzieren, ist ein Bild, das in einer Gesellschaft wie der unsrigen nur sehr schwer verschwindet. 1971, fast sechzig Jahre später, nahm Professor Richard Herrnstein von der Harvard University Goddards Thema in der *Atlantic Monthly* erneut auf:

„... Der Hang zur Arbeitslosigkeit kann in den Genen einer Familie fast ebenso fest drinsitzen wie die Anlage zu schlechten Zähnen... Mit wachsendem Wohlstand und zunehmender Komplexität der menschlichen Gesellschaft wird aus der Masse der Menschheit ein Rückstand mit (geistig oder anderweitig) geringem Vermögen ausgesondert, der möglicherweise nicht fähig ist, die üblichen Berufe auszufüllen, der nicht um Erfolg und Leistung mitkonkurrieren kann und der höchstwahrscheinlich von Eltern stammt, die in ähnlicher Weise versagt haben... Die Schwierigkeiten... haben bereits die Aufmerksamkeit wacher Sozialwissenschaftler auf sich gezogen..., die die zunehmend chronische Unterschicht in den großen Städten Amerikas beschreiben.“ (Herrnstein 1971, S. 63)

Nach Goddard und anderen frühen Intelligenztestern könnte und sollte der Intelligenztest dazu verwendet werden, die Schwachsinnigen bereits in jungen Jahren zu erkennen, so daß man durch rechtzeitiges Eingreifen ihre sozial devianten Neigungen unter Kontrolle bringen könne. Das heißt, die Arbeit der psychometrischen Pioniere muß als Teil einer größeren Bewegung verstanden werden, die glaubte, die Gesellschaft könne ihre Probleme nur lösen, wenn ein wirksames Mittel zur Eliminierung bestimmter Gruppen von geistig schwachsinnigen und sozial unliebsamen Personen gefunden werde. Was die Intelligenztester zu dieser Art von Problemlösung beitrugen, war der „wissenschaftliche Beweis“, daß es sich bei den beiden Gruppen in Wirklichkeit um ein und dieselbe Gruppe handelte.

Als Terman 1916 die erste amerikanisierte Version des IQ-Tests vorlegte, sagte er ausdrücklich, was der Test sein wolle – ein Instrument der Verhaltenskontrolle:

„... alle Schwachsinnigen sind zumindest potentielle Kriminelle. Daß jede schwachsinnige Frau eine potentielle Prostituierte ist, dürfte kaum jemand bestreiten. Moralisches Urteilsvermögen ist, genau wie geschäftliches oder soziales Urteilsvermögen auch und wie jeder kompliziertere Denkprozeß, eine Funktion der Intelligenz.

... In naher Zukunft werden Intelligenztests Zehntausende dieser hochgradig Gestörten der Überwachung und dem Schutz der Gesellschaft unterstellen. Damit wird endlich die Fortzeugung von Schwachsinnigkeit eingeschränkt, und Verbrechen, Armut und Arbeitsuntauglickeit werden zu einem großen Teil entfallen. Wir brauchen kaum zu betonen, daß die hochgradigen Fälle des heute so oft übersehenen Typs genau diejenigen sind, deren Vormundschaft der Staat dringend übernehmen muß." (Terman 1916, S. 11, 6–7)

In seiner Schrift über „Die Gefahr der Schwachsinnigkeit" kritisierte Terman ein Jahr später sozial motivierte Versuche, den Schwachsinnigen zu helfen. Solche Bemühungen, sagte er, seien zweifellos gut gemeint, dienten aber nur dazu, die Dinge schlimmer zu machen, indem sie „das Überleben von Menschen (begünstigten), die anders nicht fähig wären, zu leben und sich zu reproduzieren". Die Schwachsinnigen vermehrten sich weiterhin, so stellte er fest, aber „wenn wir unseren Staat für eine Klasse von Menschen bewahren wollen, die es wert sind, ihn zu besitzen, dann müssen wir die Fortpflanzung und Vermehrung von geistig Degenerierten so weit wie möglich verhindern..., indem wir die wachsende Brut der Degeneration beschneiden." (Terman 1917, S. 165)

Termans Staat (Kalifornien) führt die Liste der eugenischen Sterilisationen an. Annähernd 6.200 Sterilisationen wurden im Namen eines Gesetzes vorgenommen, das mit der energischen Unterstützung der *Human Betterment Foundation,* deren führendes Mitglied Terman war, eingebracht und verabschiedet worden war. Terman war auch derjenige, der das Wort Rasse in die IQ-Debatte warf. Er behauptete, Schwachsinnigkeit sei in den spanisch-indianischen und mexikanischen Familien des Südwestens sowie bei Negern stark verbreitet. Ihr Stumpfsinn scheine rassisch bedingt oder doch zumindest in den Familien zu stecken, aus denen sie kämen... Die ganze Frage rassischer Unterschiede in den geistigen Merkmalen müsse neu aufgenommen werden, und zwar auf experimenteller Basis. Der Verfasser prognostiziert, daß, wenn dies geschehen sei, äußerst bedeutsame Rassenunterschiede in bezug auf die allgemeine Intelligenz zutage treten würden, Unterschiede, die sich durch kein Kulturprogramm wegwischen ließen.

Und er empfahl, Kinder aus dieser Gruppe sollten gesondert in Spezialklassen unterrichtet werden... Sie könnten nicht abstrahieren, aber sie könnten oft durchaus gute Arbeiter werden... Es gebe derzeit keine Möglichkeit, die Gesellschaft davon zu überzeugen, daß es ihnen verwehrt sein sollte, sich zu reproduzieren, obwohl sie vom eugenischen Standpunkt aus wegen ihrer ungewöhnlich großen Fruchtbarkeit ein ernstes Problem darstellen. (Terman 1916, S. 91 f.)

Der Aufschwung der Eugenik und der Intelligenztestbewegung fiel mit einem raschen Anstieg der Zahl europäischer Einwanderer in die Vereinigten Staaten zusammen und war von einem zunehmenden, recht weitverbreiteten Interesse an sozialer Konformität begleitet. Das heißt, auch wenn der häufige Hinweis auf die ,,Degenerierten" nicht immer etwas mit Rassismus zu tun hatte, so implizierte er doch durchweg das Bestreben, bestimmte Normen zu definieren und durchzusetzen, deren Verletzung als Indiz dafür genommen wurde, daß die abweichenden Individuen einer Spezialbehandlung bedurften.

Die eugenische Sterilisation der als degeneriert Definierten steht in den Vereinigten Staaten nach wie vor zur Debatte. (S. Steinfels 1978, S. 124) Die Machtbefugnis des Staates, Sterilisation aus eugenischen Gründen anzuordnen, hat in einem berühmten Fall (Buck v. Bell) vor dem obersten Bundesgericht eine Bestätigung erfahren, als Richter Holmes erklärte, ,,das Gesetz, das die Zwangsimpfung ermöglicht, hat genug Spielraum, um auch die Durchtrennung der Eileiter einzuschließen... drei Generationen von Schwachsinnigen sind genug". Es wäre indes übertrieben, würde man sagen, die Sterilisationsgesetze, die im ersten Viertel unseres Jahrhunderts in den USA in Kraft traten, hätten sich auf die Zielgruppen nachhaltig ausgewirkt. Im Unterschied zu den einige Jahrzehnte später in Deutschland verfügten Gesetzen wurden die amerikanischen nur sporadisch angewandt. Indes, eine Ahnung von dem, was hätte geschehen können, vermittelt ein projektiertes ,,Segregations- und Sterilisationsprogramm", das 1914 auf der ersten nationalen Konferenz zur Veredelung der Rasse skizziert wurde. Ausgehend von der Annahme, 10 Prozent der Gesamtbevölkerung bestünden aus ,,krankhaften und asozialen Elementen“, die man besser aussondere, wurden Berechnungen angestellt, die zeigen sollten, daß sich ihr Anteil bis zum Jahr 1955 auf 5,77 Prozent zurückdrängen lasse, wenn man in den dazwischen liegenden vierzig Jahren insgesamt etwa 5.76 Millionen Sterilisationen vornehme. (Race Betterment Foundation, 1914, S. 479)

Es wäre auch übertrieben zu behaupten, die Ansichten von Psychologen zu Fragen von Intelligenz und Moral hätten eine tiefgreifende Veränderung in der amerikanischen Politik bewirkt. Im Gegenteil, die Intelligenztester standen mit ihren Feststellungen voll und ganz im Einklang mit dem vorherrschenden Interesse an wirtschaftlicher Leistungsfähigkeit und einer gut funktionierenden öffentlichen Verwaltung. Was nichts anderes heißt, als daß der Großteil der psychologischen Forschung aus dieser Zeit die soziale und wirtschaftliche Eliteposition derer widerspiegelte und verstärkte, die sie vertraten und zugleich von ihr profitierten. Wie Edward Thorndike, Direktor der psychologischen Abteilung an der Universität Columbia, es ausdrückte:

„Es ist ein großes Glück für die Menschheit, daß zwischen Intelligenz und Moral – das Wohlwollen den Mitmenschen gegenüber eingeschlossen – eine starke positive Korrelation besteht. Deshalb sind die uns an Fähigkeit Überlegenen im Normalfall unsere Wohltäter, und es ist oftmals besser, ihnen unsere Interessen anzuvertrauen als uns selbst. Von keiner Gruppe kann man erwarten, daß sie hundertprozentig im Interesse der Menschheit handelt, aber diese Gruppe der fähigsten Menschen wird dem Ideal am nächsten kommen.“ (Thorndike 1939, S. 32)

Eine kleine Drehung der Logik könnte die demokratische und die elitäre Position in einer Allianz der Besorgten miteinander verbinden:

„Die Beunruhigung besteht in der Furcht, die Massen – jene siebzig oder gar sechsundachtzig Millionen – könnten die Sache einfach in die Hand nehmen. Nun ist es aber so, sie haben sie bereits in der Hand, und zwar seit die Verfassung angenommen wurde. Andererseits ist es aber ebenso eine Tatsache, daß die (Massen) sich in den Händen der... vier Millionen befinden. Immer vorausgesetzt, die vier Millionen verwenden ihre höhere Intelligenz auf das praktische Problem, eine Lösung für das Dilemma von Wohlfahrtspolitik und wirtschaftlicher Leistung zu finden.“ (Goddard 1920, S. 97)

Die Versuche, Intelligenz und Moral miteinander zu verbinden, führten Henry Goddard von seiner Arbeit an der Binet-Skala zu einer Untersuchung über die sogenannte Vererbung von Unmoral. In einem Buch mit dem Titel *The Kallikak Family* nahm er die Nachkommen eines gewissen Martin Kallikak unter die Lupe, von dem es hieß, er habe seinem Familienstammbaum sowohl einen guten als auch einen schlechten Zweig hinzugefügt. Der gute Zweig stammte aus seiner Ehe mit einer ehrbaren und würdigen Quäkerin, während der schlechte aus einer Liebelei mit einem angeblich schwachsinnigen Barmädchen hervorging, die einen Bastard zur Welt brachte, der unter dem Namen „Old Horror" bekannt war und dessen Nachkommenschaft aus Hunderten von „sozial lästigen Menschen... Unterstützungsempfängern, Kriminellen, Prostituierten und Trinkern" bestand. Obwohl die Genealogie selbst zweifelhaft ist, brachte noch im Jahr 1955 ein vielgelesenes allgemeines psychologisches Lehrbuch die Kallikak-Geschichte als Beweis für den Zusammenhang zwischen geistiger Minderwertigkeit und genetisch bedingter moralischer Entartung. Der Autor des fraglichen Buches war Henry E. Garrett, Thorndikes Nachfolger in Columbia und früherer Präsident der Amerikanischen Psychologischen Gesellschaft. Damit die Studenten auch wirklich kapierten, worum es ging, fügte Garrett eine sehr lebensnahe Zeichnung bei, auf der Old Horror und seine Nachkommen mit Hörnern zu sehen waren, während die guten Glieder des anderen Familienzweigs in puritanischen Gewändern präsentiert wurden. (Garrett 1955, S. 65)

Zehn Jahre später, mitten in der Bürgerrechtsbewegung in den Vereinigten Staaten, verfaßte Professor Garrett eine Reihe von Pamphleten, die beschrieben, was er als die unausweichlichen Konsequenzen einer Rassenintegration in den Vereinigten Staaten ansah. In einem dieser Pamphlete – es trug die Überschrift *Herunterzüchten* – versuchte er, die Rassentrennung mit der geistigen Unterlegenheit der Schwarzen zu rechtfertigen:

„Man kann die beiden Rassen ebensowenig vermischen und das Niveau der weißen Kultur erhalten, wie man 80 (den Durchschnittsintelligenzquotienten von Negern) und 100 (den Durchschnittsintelligenzquotienten von Weißen) addieren, durch zwei dividieren und dann 100 herausbekommen kann. Was wir bekämen, wäre eine Rasse mit einem IQ von 90, und genau diese 10 Prozent sind es, die den Unterschied zwischen einem Kirchturm und einer Lehmhütte ausmachen; 10 Prozent – oder weniger – machen die Gewinnspanne der Zivilisation aus, sie sind die Differenz zwischen einer kultivierten Gesellschaft und der Unzivilisiertheit. Deshalb gilt: wenn Rassenvermischung für die Weißen schlecht ist, ist sie es auch für die Schwarzen; denn ohne Führung geht gar nichts." (Garrett o.J., S. 10)

Garrett behauptete – wie bereits Galton rund hundert Jahre vor ihm –, die Schwarzen seien an die 200.000 Jahre in der kulturellen Entwicklung hinter den Weißen zurück und könnten die herrschenden amerikanischen Anforderungen intellektueller Leistung gar nicht „ermessen". Einer Aufhebung der Rassentrennung müsse man entgegentreten, weil sie zu ehelichen Verbindungen zwischen den verschiedenen Rassen führen könne und weil diese Verbindungen zwangsläufig die weiße „genetische Führung" aufheben würden. „Herunterzüchten" sei schlechte Biologie, sagte er, der Staat müsse sie verhindern. Obwohl die Kategorie der „Reinheit" in der menschlichen Genetik wissenschaftlich bedeutungslos ist, ist sie nicht ohne soziale Bedeutung für diejenigen, die den Mythos aufrechterhalten, die Verschiedenheit der Menschen lasse sich auf Unterschiede in ihrem Wert reduzieren, der an einer willkürlichen Skala des intellektuellen Vermögens abzulesen sei.

„Erziehung ist für den Menschen, was der Dünger für die Kartoffel ist", schrieb ein junger englischer Genetiker im Jahre 1907, und die Vorstellung, die genetische Ausstattung schließe soziale Möglichkeiten im voraus aus, spielt auch in der heutigen Diskussion über Rassenvermischung in staatlichen amerikanischen Schulen weiterhin eine erhebliche Rolle. In den sechziger Jahren wurden 500.000 Kopien von Henry Garretts Pamphleten über die schweren Nachteile der Rassenvermischung von Gegnern der integrierten Erziehung kostenlos an amerikanische Lehrer verteilt. 1975, mitten im Schulbusstreit, erschien eine Anzeige im *Boston Globe* mit der Ankündigung eines Buches von Dr. Garrett mit dem Titel *IQ and Racial Differences,* in dem er seine alten Vorstellungen von der angeborenen schwarzen Unterlegenheit wieder aufwärmte. Die Anzeige ermunterte den Leser, das Buch zu kaufen, um „genügend Munition zur Hand zu haben, um auf Argumente für die Integration an Schulen adäquat reagieren und sie Punkt für Punkt zerfetzen zu können".

Behauptungen über die angebliche angeborene geistige Inferiorität bestimmter menschlicher Gruppen zielen heute in erster Linie auf die Schwarzen, und von Intelligenzquotienten wird mit Vorliebe in öffentlichen Diskussionen über Rassenintegration an staatlichen Schulen gesprochen. Auch im Zusammenhang mit anderen Sozialproblemen wird auf sie verwiesen, so zum Beispiel wenn von dem sogenannten „Wohlfahrtsschlamassel" die Rede ist. Und es ist eine Tatsache, daß Arme (die in den USA zu einem großen Teil Nichtweiße sind) in IQ-Tests tendenziell schlechter abschneiden. Nach Auffassung so mancher Psychometriker ist dies als ein Zeichen der geistigen Inferiorität zu interpretieren, die den Grund ihrer Armut bildet. Umgekehrt kann dieser Schluß zu Überlegungen führen, wie Menschen mit niedrigen Testwerten mit eugenischen Mitteln „auszusondern" seien. So hat vor einigen Jahren Professor William Shockley ein Projekt vorgelegt, das auf der Idee basierte, Menschen am unteren Ende der sozioökonomischen Leiter seien von Geburt an aufgrund ihrer Biologie dazu bestimmt, arm zu sein.

Shockleys Lösung des Problems der Dysgenik war von den Programmen früherer Eugeniker gar nicht so weit entfernt. In einem Vortrag vor der Amerikanischen Psychologischen Gesellschaft schlug er vor, ein Programm zur freiwilligen Sterilisation von Wohlfahrtsempfängern zu entwickeln. Seinem Plan zufolge sollte der Staat jedem, der bereit war, sich sterilisieren zu lassen, eine Prämie von 1000 Dollar pro IQ-Punkt unter 100 ausbezahlen. Auf diese Weise, so seine Argumentation, sei der Anreiz für diejenigen mit den niedrigsten Punktwerten am größten, so daß das dysgenische Problem des niedrigen Intelligenzquotienten und das soziale Problem hoher Unterstützungszahlungen innerhalb einer Generation gelöst sein werde. (Shockley 1972, S. 291 ff.)

Gibt es irgendwelche Gründe, davon auszugehen, daß IQ-Tests so etwas wie angeborene Intelligenz messen? Bisher habe ich versucht, deutlich zu machen, daß IQ-Testergebnisse, falls sie überhaupt mit irgendetwas korrelieren, mit Meßwerten des schulischen, sozialen und wirtschaftlichen Erfolgs korrelieren, wobei „Erfolg" für die Beurteilung von Intelligenz gewiß kein besserer Maßstab ist als Galtons Kriterium des „Ansehens". Seit den fünfziger Jahren und bis vor kurzem schienen Untersuchungen über die Verteilung von IQ-Punkten innerhalb von Familien, wie ein britischer Psychometriker, der verstorbene Sir Cyril Burt, sie betrieb, das bessere Belegmaterial für die genetische Basis des Intelligenzquotienten zu liefern. Burt war (wie einst Galton) fest davon überzeugt, daß hohe Intelligenz ein genetisch übertragenes Charaktermerkmal sei und daß die häufigste Ursache für geringe schulische Leistung auf eine „angeborene mindere Intelligenz" zurückgehe. Burts Ansichten in diesen Fragen bestimmten die britischen Erziehungs- und Bildungspraktiken von den zwanziger Jahren an bis zu seinem Tode im Jahre 1971 maßgeblich mit, sowohl durch seine Unterstützung einer Politik – sie ist bereits wirksam – der sexuellen Isolierung geistig unternormaler Personen, auf daß sie sich nicht fortpflanzen können, als auch durch seine Einflußnahme auf die Verabschiedung der *General Education Act* (1944), die ein „dreispuriges" Schulsystem etablierte, in das Kinder je nach ihren Testleistungen eingewiesen wurden. Da nur eine Spur (die Grammar School) den Zugang zu höherer Bildung eröffnete, diente Burts Theorie, die Intelligenz sei mit der Geburt ein für allemal festgelegt, im Endeffekt dem Ausschluß großer Zahlen englischer Schulkinder aus mittelständischen Berufen.

Zwischen 1955 und 1966 veröffentlichte Burt drei Aufsätze, die von einer engen Übereinstimmung der IQ-Testergebnisse von Zwillingen berichteten. Diese Aufsätze hatten einen enormen Einfluß auf die Arbeit von Professor Jensen in den Vereinigten Staaten und werden immer wieder als Beleg dafür zitiert, daß Intelligenzunterschiede weitgehend ererbt seien. Burt präsentierte ein statistisches Meßergebnis (den Korrelationskoeffizienten), das den Grad anzeigen sollte, in dem die Testergebnisse von eineiigen Zwillingen einander ähnelten. Diese spezielle Statistik ist dadurch gekennzeichnet, daß sie variiert, und zwar von minus eins (einer total negativen Korrelation, die anzeigt, daß innerhalb eines Punktepaares die beiden Intelligenzquotienten durchweg sehr stark voneinander abweichen) über Null (*kein* systematischer Zusammenhang) bis plus eins (einer total positiven Korrelation, die anzeigt, daß die Testergebnisse stets identisch sind). Die nachstehende Tabelle veranschaulicht Burts Befunde.

Tabelle 1:
Professor Burts Korrelationskoeffizienten als Indikatoren für den angeblichen Entsprechungsgrad der Leistung eineiiger („identischer"), entweder gemeinsam oder getrennt aufgewachsener Zwillinge in seinen Intelligenz-„Gruppentests".

Daten eineiiger Zwillinge:

	getrennt aufgewachsen		*gemeinsam aufgewachsen*	
Untersuchungsjahr	Anzahl der Paare	Korrel.	Anzahl der Paare	Korrel.
1955	21	.771	83	.944
1958	42	.771	NA	.944
1966	53	.771	95	.944

Quelle: Kamin (1976, S. 246)

Professor Kamin von der Universität Princeton war der erste, der die Daten dieser Tabelle genauer unter die Lupe nahm, und zwar als er ein Buch über *The Science and Politics of IQ* schrieb. Neben einer Reihe verwirrender Inkonsistenzen in Burts Datenmaterial fiel Kamin nämlich die erstaunliche Konsistenz der hier tabellierten Befunde auf, die darin besteht, daß bis in die dritte Dezimalstelle hinein identische Korrelationskoeffizientenpaare aus sechs verschiedenen Analysen verwendet werden, denen jedesmal eine völlig andere Zahl von Versuchspersonen zugrundeliegt. Dies ist eine statistische Unmöglichkeit; und Professor Kamin hat nicht weniger als zwanzig weitere Fälle in Burts Arbeit über Korrelationen gefunden, welche wie durch ein Wunder konstant blieben, obwohl die Anzahl der Versuchspersonen im Sample sich änderte. Wie Kamin sagt, „die Zahlen, die Professor Burt zum besten gibt, sind der ernsthaften wissenschaftlichen Beachtung einfach nicht wert" (Kamin 1976, S. 250).

Als Professor Jensen von Kamins Neuanalyse just der Daten erfuhr, auf die sich seine eigenen Schlüsse über die Vererbung von Intelligenz stützten, räumte er bereitwillig ein: „Aus diesem Morast führt kein anderer Weg heraus als eine Überprüfung von Burts Rohdatenmaterial." Jensen ging diesen Weg und mußte feststellen, „Burts Besitztümer existieren nicht mehr... das Originalmaterial ist leider unauffindbar; alles, was wir haben, sind die Ergebnisse der statistischen Analysen..." (ebd., S. 249).

Bis vor kurzem sah es so aus, als sei es unmöglich, jemals eine Erklärung für Burts bemerkenswert konsistenten und zugleich folgenschweren Befunde zu finden. Inzwischen haben wir guten Grund zu der Annahme, daß sie erdichtet sind, daß Burt sie erfunden hat in dem Bestreben, andere, und sei es durch bewußte Irreführung, dazu zu bringen, seine Lehre von der Vererbung des IQ zu übernehmen. Die unkritische Übernahme der von ihm vorgelegten Ergebnisse durch seine Kollegen dürfte mit Burts hohem Ansehen als Psychologe und Psychometriker zu erklären sein. Dieser höchst überraschende Schluß ergibt sich aus der beachtlichen Detektivarbeit von Dr. Oliver Gillie, dem medizinischen Korrespondenten der Londoner *Sunday Times,* dessen Entdeckung, daß zwei von Burts Mitarbeitern aller Wahrscheinlichkeit nach gar nicht wirklich existierten, bereits vorhandene Zweifel an der Validität seiner Forschung zu bestätigen schien. (S. *Sunday Times* vom 24.10.1976, S. 1-2)

Binet, so erinnern wir uns, entwickelte seinen Intelligenztest, ohne sich um eine Definition von Intelligenz zu kümmern; die Beurteilungen der geistigen Fähigkeiten von Schülern durch Lehrer dienten ihm als Kriterium für die Validierung seines Tests. Solche Beurteilungen sind aber bekanntermaßen unzuverlässig und unter Psychometrikern eigentlich auch längst in Verruf. Und dennoch fahren die Psychometriker fort, ihre Tests an Ergebnissen zu ,,validieren", die in anderen, früheren IQ-Tests gewonnen wurden. In diesem Sinne ist Termans Standfort-Binet-Test der derzeit einflußreichste Intelligenztest überhaupt. Wie ich aber bereits festgestellt habe, ist er im Grunde nichts anderes als eine Übersetzung und Adaption des Binet-Tests, und insofern besteht auch *sein* ursprüngliches Validierungskriterium aus den Lehrerurteilen samt deren Mängeln. Die gegenwärtig gebräuchlichen IQ-Tests sind damit Teil eines circulus vitiosus, denn sie wurden entwickelt, ohne daß eine unabhängige Definition von Intelligenz vorlag. Wie ein Psychometriker (ein früherer Lehrer von Professor Jensen) freimütig bemerkt,

,,Viele glauben, Intelligenztests seien nach einem Grundprinzip entwickelt und konstruiert, das sich aus einer wissenschaftlichen Theorie herleite... In Wirklichkeit... basieren Intelligenztests keineswegs auf irgendwelchen wissenschaftlich begründeten Prinzipien, und es herrscht keine große Einhelligkeit unter den Experten darüber, was Intelligenz sei... Da die erstmals zu Beginn dieses Jahrhunderts konzipierten Intelligenztests sich bei ihrer Anwendung auf verschiedene praktische Probleme als wahrer Segen erwiesen. wurden aus den an diesem Thema interessierten Psychologen eher Technologen, die bestrebt waren, diese Instrumente zu nutzen und zu verbessern, als Wissenschaftler, die die erforderliche und heute größtenteils immer noch ausstehende Grundlagenforschung hätten betreiben wollen. Die Gesellschaft, stets daran interessiert, technische Errungenschaften sofort praktisch zu nutzen, und ohne Interesse (sic) an der reinen Forschung, hat natürlich ihren Teil an Verantwortung für diese unselige Situation zu übernehmen.“ (Eysenck 1962, S. 8)

In den zwanziger Jahren kam es zu einer ausführlichen Diskussion über die Bedeutung des Intelligenzquotienten. Edwin G. Boring von der Harvard University versuchte, dem Problem einer Definition von Intelligenz mit einer Stipulation beizukommen, die etwas von dem Hunde hat, der sich in den Schwanz beißt, und die als das „Boringsche Diktum“ berühmt wurde: „Intelligenz als meßbare Fähigkeit muß *vorab* als die Fähigkeit definiert werden, in einem Intelligenztest gut abzuschneiden. *Intelligenz ist, was der Test testet.*“ (Zit. in Herrnstein 1973, S. 107; Hervorhebungen St.L.Ch.) Tatsächlich wurde diese abstruse Feststellung von Arthur Jensen zur Verteidigung der Psychometrie gegen den Vorwurf ins Feld geführt, sie erhebe den Anspruch und maße sich an, die Bedeutung von Intelligenz zu bestimmen. Leute, die so dächten, sagte Professor Jensen, verwendeten den Begriff der Intelligenz nicht richtig.

„Bisweilen wird die Auffassung laut, Psychologen hätten mit ihren Intelligenztests gar nicht ins Ziel getroffen. Zwar könnten die Tests die schulische Leistung voraussagen, so heißt es, sie mäßen jedoch nicht *wirklich* die Intelligenz – als ob die wirkliche Sache sich der Messung irgendwie entziehe und vielleicht immer entziehen werde. Aber das ist ein Irrtum. Wir *können* die Intelligenz messen. Wie der verstorbene Professor Edwin G. Boring ausgeführt hat, ist Intelligenz per definitionem das, was Intelligenztests messen. Schwierigkeiten ergeben sich erst, wenn wir in die Intelligenz und unsere Intelligenzmessungen mehr hineinlegen als die Psychologen, die den Begriff in seinem richtigen Sinne verwenden.“ (Jensen 1972, S. 75 f.)

Was Boring und Jensen meinen, wenn sie sagen, „Intelligenz ist, was IQ-Tests messen“, mag das folgende Beispiel verdeutlichen: In jedem Auto gibt es ein Instrument, das als Benzinuhr bekannt ist; sein Zweck ist es, die Menge des Benzins zu messen und anzuzeigen, die sich im Tank befindet. Würde man nun Borings Diktum folgen, so könnte man sagen: „Benzin als meßbare Substanz muß *vorab* als eine Substanz definiert werden, die fähig ist, die Benzinuhr zum Messen und Ausschlagen zu veranlassen." Wenn diese Feststellung Sie zufriedenstellt und wenn Sie nach keiner weiteren Definition verlangen, die sagt, was Benzin wirklich ist, dann möchte ich vorschlagen, daß Sie, wenn Ihre Benzinuhr das nächste Mal auf „leer" steht, einen Wasserschlauch nehmen und Ihren Tank mit Wasser füllen. Ihr Auto wird Sie danach so weit bringen wie Borings Spruch, und zwar mit Hilfe dessen, was er als einen vollen Benzintank bezeichnen müßte.

Es ist durchaus nicht selten, daß Psychometriker falsche Vorstellungen davon, was Intelligenztests tatsächlich testen, einerseits selbst erzeugen und andererseits zugleich beklagen. Wenn aber Intelligenz überhaupt irgendeine reale Bedeutung hat, dann ist die Frage, ob der Test auch mißt, was er messen soll oder will, nicht nur von beiläufigem Interesse. Zwar mögen Psychometriker darauf insistieren, es gebe eine spezielle, sozusagen richtige Weise, ihre Definitionen zu verstehen, in Wirklichkeit jedoch definieren sie Intelligenz nicht anders als jeder andere Mensch auch. Sie benutzen die Begriffe *Intelligenz* und *IQ* als Synonyme für *Verstandesschärfe, Gescheitheit, Klugheit, geistige Fähigkeit* usw. Und sie tun dies mit der deutlichen Intention, die abstrakten, wertenden, emotionellen und subjektiven Bedeutungen, die normalerweise evoziert werden, wenn jemand als „klug" oder „dumm" bezeichnet wird, auf IQ-Testwerte zu übertragen.

Die Psychometriker können sich nicht entscheiden, sie wollen das eine und lassen das andere nicht fahren. Sie klagen darüber, daß weithin falsche Vorstellungen herrschten, begünstigen aber gleichzeitig ihrerseits die Vorstellung, der IQ eines Menschen sei ein Maßstab dafür, wie gescheit dieser Mensch dem Allgemeinverständnis nach ist, ja sie machen sich diese Vorstellung voll zunutze. Woher diese Zwiespältigkeit auch immer kommen mag, sie ist der Grund dafür, daß viele Psychometriker wissenschaftliche Täuschungsmanöver vollführen. Arthur Jensen zum Beispiel teilt seinen Lesern mit, daß „der Begriff ‚Intelligenz', wie ihn die Psychologen verwenden, selbst recht jungen Ursprungs ist. Als terminus technicus um die Jahrhundertwende in die Psychologie eingeführt, *ist er inzwi-*

schen in die Umgangssprache eingesickert..." (Jensen 1972, S. 72; Hervorhebung St.L.Ch.). An diesem Punkt (aber nicht nur an ihm) äußert sich psychometrische Sachkenntnis darin, daß der Wagen vor das Pferd gespannt wird. Das Wort *Intelligenz* hatte eine Geschichte in der „Umgangssprache", lange bevor Psychologen und Psychometriker kamen und sich seiner Definition bemächtigten. Das *Oxford English Dictionary* verwendet fast eine volle Seite auf den Nachweis, daß *intelligent* und *Intelligenz* seit dem ausgehenden 14. Jahrhundert in der exakt gleichen Bedeutung benutzt werden, die ihnen auch heute gemeinhin beigelegt wird. Auseinandersetzungen über die Bedeutung eines Wortes, darüber, wer den Begriff richtig verwende, gleichen Haarspaltereien, die häufig die wirkliche Streitfrage – die der Macht – verdecken. Just aus diesem Grunde ist es notwendig, genau zu untersuchen, in welcher Weise zeitgenössische Psychometriker Definitionen von Intelligenz formulieren und durchsetzen.

Ob die Definition von Intelligenz und ihre Messung eine Frage wissenschaftlicher Übereinkunft ist oder nicht, die tiefste Rechtfertigung, Intelligenztests zu entwickeln, zu diskutieren und zu benutzen, steckt in der Behauptung, ein IQ-Wert sei mit Intelligenz im gebräuchlichen Sinne synonym. In Ermangelung einer unparteiischen Theorie und Definition von Intelligenz gibt es nur zwei Möglichkeiten, den wahren Charakter von IQ-Tests zu erkennen und zu beurteilen.

Die erste der beiden Möglichkeiten besteht zweifellos darin, die Methode der Testkonstruktion selbst zu untersuchen. Terman und seine Kollegen behaupteten von Anfang an, der Intelligenzquotient sei ein Maßstab für die natürliche, das heißt angeborene Intelligenz. Die von Terman im Jahre 1916 veröffentlichten Ergebnisse, die mit der ersten Version des Stanford-Binet-Intelligenztests gewonnen wurden, überraschten allerdings durch einen auffälligen Unterschied zwischen den Geschlechtern: Frauen aller Altersstufen übertrafen gleichaltrige Männer um durchschnittlich 2 bis 4 Prozent. Wenn man nun aber die These akzeptiert, daß IQ-Werte die angeborene Intelligenz widerspiegeln, dann läßt sich (so möchte man meinen) auch der zwingende Schluß nicht umgehen, daß Mädchen, wie geringfügig auch immer, im Durchschnitt intelligenter sind als Jungen gleichen Alters. Und man möchte denken, daß Terman und seine Kollegen sich genötigt sahen, es bei ihrer Entdeckung, daß Frauen ein wenig intelligenter sind als Männer, bewenden zu lassen.

Falsch gedacht! Immerhin war man nicht davon ausgegangen, daß Frauen intelligenter seien als Männer. Schließlich hatten sie damals noch nicht einmal das Wahlrecht.

Terman und seine Kollegen beschlossen deshalb, der Gesellschaft eine so peinliche Erkenntnis zu ersparen. Bei einer erneuten Durchsicht des Tests stellten sie fest, daß er gewisse Items enthielt, bei denen die Frauen durchweg tendenziell besser abschnitten; also „revidierten" sie eben den Test, indem sie (1) eine Reihe dieser Items strichen und (2) eine Reihe von Items, die eher Männern entgegenkamen, neu hinzufügten. Mit anderen Worten, der Test wurde „frisiert", damit er Ergebnisse brachte, die mit den Vorurteilen der Tester im Einklang standen. So wurde zur Tatsache erhoben, daß Männer und Frauen gleichen Alters im Durchschnitt den *gleichen* IQ haben. Dies war – und ist – ein wahrhaft *manipuliertes* Ergebnis.

Der Punkt, daß unterschiedliche Personengruppen (Schwarze im Unterschied zu Weißen, Einheimische zu anderwärts geborenen, Städter zu Landbewohnern sowie Männer zu Frauen) tatsächlich dazu neigen, bei verschiedenen Arten von Testfragen unterschiedlich abzuschneiden, verdient Beachtung. Wie das zitierte Beispiel zeigt, ist es sehr einfach, einen Test so zu manipulieren, daß er nahezu jedes gewünschte Resultat liefert. Da diejenigen, die einen Test konzipieren, ihr Instrument so manipulieren können und tatsächlich auch manipulieren, daß die Resultate den herrschenden sozialen und wissenschaftlichen Normen entsprechen, darf man sich fragen, ob Terman seinen Test auch revidiert hätte, wenn – durch eine „glücklichere" Auswahl der ursprünglichen Testfragen – die Männer besser abgeschnitten hätten als die Frauen.

Die zweite Möglichkeit, den wahren Charakter dessen zu bestimmen, was IQ-Tests messen, besteht darin, die Art der Items im Test genauer anzusehen. Falls jemand noch Zweifel daran hat, daß der Stanford-Binet-Test auf Items basiert, die zugunsten von Werten, Attituden und Wissen diskriminieren, über die die weiße Mittel- und Oberschicht verfügen, dem sei hier zur Anschauung eins der Items, die der Test beinhaltet, vorgestellt. In der Überarbeitung von 1960 (der letzten Version des Tests) werden einem sechsjährigen Kind die folgenden Bilder vorgelegt, verbunden mit der Frage, wer hübscher sei:

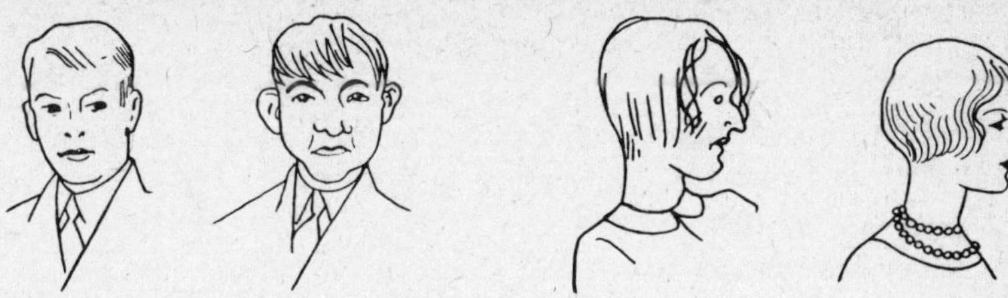

Aus L.M. Terman, Merrill (1960)

Es liegt auf der Hand, daß bestimmte Kinder oder Kinder aus bestimmten ethnischen und rassischen Gruppen sich für die falsche Antwort entscheiden. Gravierender ist der Fall, in dem ein Kind erkennt, welche Antwort von ihm erwartet wird, sie gibt und sich damit dem beugt, was ein ihm möglicherweise fremder Begriff von „hübsch" ist. Dies sind jedoch nicht die einzigen Spielarten von Items, die Minderheiten benachteiligen und auf die politische Strategien wie zum Beispiel Einwanderungsbeschränkung oder Zulassungsbeschränkungen im Bereich von Erziehung und Bildung sich stützen.

Es ist nicht schwer, einen Test zu entwickeln und zu konstruieren, der Kenntnisse, Denkweisen, Wissen und kognitive Fähigkeiten aufspürt und abruft, die Menschen mit unterschiedlichem soziokulturellem Hintergrund in unterschiedlicher Weise zur Verfügung stehen, und dabei so zu verfahren, daß die Angehörigen einer bestimmten Rasse, ethnischen Gruppe oder sozialen Klasse eindeutig begünstigt werden. Um ein Beispiel zu geben: Robert L. Williams, Professor für Psychologie an der Washington University in St. Louis, entwickelte einen Test, der schwarze Amerikaner begünstigt und dem er den Namen Black Intelligence Test of Cultural Homogeneity (BITCH) gab. Da er nach einer Art von Wissen fragt, das zwar innerhalb der schwarzen Gemeinde weit verbreitet ist, anderswo jedoch nicht, benachteiligt der Test nichtschwarze Personen stark. Items aus einer neuen Version des Tests (dem S.O.B. Test, wie Williams ihn nennt) schließen Aufgaben ein, wie:

eine Beule (ist):
a) ein Zustand, verursacht durch einen schweren Schlag
b) ein Anzug
c) ein Auto
d) ein Tanz

ein Spiel machen (heißt):
a) einen miesen Scheck ausstellen
b) etwas anstarren
c) einen Wettkampf leiten
d) das bekommen, was man haben möchte

Im Wunderland der Psychometrie sind unmittelbar einleuchtende und allgemeinverständliche Auffassungen von Intelligenz systematisch zugunsten von Definitionen verworfen worden, die die herrschenden Muster des sozialen Erfolgs widerspiegeln. Dies wiederum hat das Bestreben hervorgerufen, sogenannte „kulturunabhängige" oder „kulturfreie" IQ-Tests zu entwickeln. Worauf dies im Endeffekt hinausläuft, ist der Versuch, Tests zu konstruieren, die aus Items bestehen, die keine nachweisbare Verzerrung zugunsten eines identifizierbaren Personenkreises aufweisen. Das heißt, wenn man einen solchen Test analysieren müßte, würde man nicht ein einziges explizit „anstößiges" oder „gezinktes" Item von der Art finden können, wie ich sie vorhin beschrieben habe. Aber was bedeutet das? Solange die grundlegende und unabdingbare Anforderung an einen IQ-Test darin besteht, daß er schulischen und sozialen Erfolg voraussagen können muß, wird die Entwicklung aller „neuer" Tests (gleich welcher Art) darunter leiden, daß sie Resultate erbringen müssen, die mit den herrschenden Erfolgsmustern übereinstimmen und damit durchaus jenen entsprechen, die auch mit den älteren standardisierten IQ-Tests gewonnen wurden. Die *Resultate* von IQ-Tests werden also auch fürderhin die Determinanten akademischen Erfolgs und Mißerfolgs widerspiegeln, die immer schon die Kriterien waren, an denen die „Validität" von IQ-Tests sich erwies.

Ich behaupte nicht zu wissen, was Intelligenz ist. Müßte ich aber eine Arbeitsdefinition geben, würde ich sagen, daß es sich ganz bestimmt nicht um eine einheitliche Sache handelt, die sich auf eine einzelne Ziffer reduzieren oder als relative Position auf einer eindimensionalen Skala angemessen ausdrücken läßt. Die wichtigste Eigenschaft von Intelligenz – und von menschlichem Verhalten überhaupt – ist ihre Diversität. Wenn mit Intelligenz jener Zusammenhang von Fähigkeiten gemeint ist, der es dem Menschen ermöglicht, etwas wahrzunehmen, zu erkennen, zu lernen, sich zu erinnern, zu denken und Probleme zu lösen – kurz, seine Lebenserfahrungen zu einem kohärenten und integrierten Ganzen zu organisieren –, dann folgt daraus zweifellos, daß Menschen mit unterschiedlichem kulturellem Hintergrund (und verschiedene Menschen mit gleichem Hintergrund) ihre Intelligenz in unterschiedlicher Weise offenbaren. Dieser Schluß macht zugleich aber auch deutlich, daß bei dem Versuch, geistige Fähigkeiten mit einem an einer eindimensionalen „Intelligenzskala" abgelesenen numerischen Wert zu bezeichnen, noch etwas anderes im Spiele ist als nur wissenschaftliche Objektivität.

Intellektuelle Verschiedenheit ist ein unbestreitbares Faktum menschlichen Lebens. Seine Interpretation ist allerdings in den seltensten Fällen aufrichtig. Die Testbewegung hat bislang für die Klärung der wichtigen psychologischen Fragen, wie Menschen denken und was Intelligenz mit diesem Denken zu tun hat, wenig getan. Da Begriffe wie *Verstand, Mentalität und Intelligenz* komplexe Begriffe sind, über deren Inhalt man noch nicht allzu viel weiß, ist es mehr als nur eine Frage des wissenschaftlichen Interesses, wenn Intelligenztester Individuen oder Gruppen je nach Abschneiden in ihren IQ-Tests Über- oder Unterlegenheit bescheinigen.

Ich habe versucht, deutlich zu machen, daß die Überlegung, ob der IQ eines Kindes durch genetische Faktoren bestimmt ist oder nicht, wirklich nicht den entscheidenden Punkt trifft, und daß es viel wichtiger ist, nach der herrschenden Einstellung zur Tatsache der menschlichen Vielfalt zu fragen. Wenn mächtige Teile einer Gesellschaft die gegebene Diversität mit Argwohn betrachten, sie gar fürchten, dann erhält die Verhaltenskontrolltechnik die Funktion, die verschiedenen Menschen auf „ihren richtigen" Platz zu fixieren. Im nächsten Kapitel will ich das Zusammenspiel zweier Bereiche der Psychotechnik, der Psychometrie und der Eugenik, in seiner Auswirkung auf die Einwanderungsbestimmungen untersuchen, die im Hinblick auf die Zuwanderung vieler Europäer auf den amerikanischen Kontinent, insbesondere zu Beginn des zwanzigsten Jahrhunderts, erlassen wurden.

4 *Hinter dem goldenen Tor: Kontrolle und restriktive Definition des amerikanischen Schmelztiegels*

Zwischen 1830 und 1930 machten sich Millionen von Europäern auf die lange und äußerst beschwerliche Reise nach Amerika, vor allem in die Vereinigten Staaten. Die Historiker unterteilen diese sehr lange Epoche in zwei Abschnitte: in die „alte“ (1830–1882) und die „neue“ Zeit (1882–1930). Die Geschichte beider Zeitabschnitte ist angefüllt mit Berichten über unerträgliche Not und Armut, über Betrug und Irreführung durch skrupellose Schiffseigner, Handelsherren und Zimmervermittler, über seelische Qualen und schwerste nervliche Belastungen während der Überquerung des Ozeans in überfüllten und von Ungeziefer verseuchten Schiffen und über den Raubbau an Menschen in städtischen Elendsvierteln und Ausbeutungsbetrieben. Sie ist ebenso voll von Geschichten, die von Heroismus und Begeisterung, von Erfolg und Reichtum und von Bemühungen erzählen, die traditionellen Kulturwerte und -güter im Angesicht von Not und Entbehrung zu bewahren. Weit weniger häufig ist dagegen die Rede von der Rolle soziobiologischer Theorien bei der Rechtfertigung von diskriminierenden Vorurteilen jenen gegenüber, die die Mehrheit der Einwanderer in der zweiten Hälfte der großen Einwanderungsperiode ausmachten.

In der „alten“ Zeit erfolgte die Einwanderung von Fremden in die Vereinigten Staaten im wesentlichen unkontrolliert. Bis zum Jahre 1880 waren es etwa zehn Millionen Europäer, die – vornehmlich aus Nord- und aus Westeuropa – so ins Land gekommen waren. Die Vereinigten Staaten waren in jener Zeit vorwiegend ein Agrarstaat. Der Rückgang der Einwandererzahlen aus Irland, Deutschland und Skandinavien und ihr Anstieg aus Ost- und Südeuropa fielen mit der Transformation der USA in eine Industrie- und Handelsmacht zusammen. Konkreter, eine große Zahl von Slawen, Juden, Italienern, Polen, Russen und anderen Osteuropäern kamen genau zu dem Zeitpunkt in die Vereinigten Staaten, da eine organisierte Arbeiterschaft, Unternehmervereinigungen, Unternehmensstiftungen und Bürgerorganisationen einstimmig nach mehr Einheitlichkeit, Fortschritt und Effizienz auf sozialem, kulturellem und wirtschaftlichem Gebiet zu rufen begannen. Das heißt, just in dem Moment, da gesellschaftlich begründete und an der Entwicklung einer Massenindustrie orientierte Interessen ein Reservoir von relativ standardisierten Arbeitskräften (und Verbrauchern) erforderlich machten, kamen die neuen Einwanderer aus den weniger industrialisierten Regionen Europas an. Zwar verfügten einige von ihnen über industrielle Fähigkeiten, doch für die große Mehrheit galt dies nicht. Bedenken gegen die erbärmlichen Verhältnisse auf den Zwischendecks der Transatlantikschiffe hatten bis zum Jahr 1882 etliche Erlasse einzelner Staaten oder auch des Bundes gebracht, die die Gesundheit und das Wohlergehen der fremden Ankömmlinge schützen und sichern sollten. Als jedoch der wirtschaftliche Charakter des Landes und die ethnische Zusammensetzung der Einwanderer sich zu wandeln begannen, veränderte sich auch der Tenor der Gesetzgebung – das Bestreben, den Schiffseignern Auflagen zu machen, nahm ab, während die Versuche, den Charakter ihrer menschlichen Fracht zu bestimmen, zunahmen.

Das Bestreben, der sogenannten ,,Einwandererflut" mit Restriktionen zu begegnen, war erstmals im Jahr 1875 Gegenstand der Bundesgesetzgebung. Das im selben Jahr verabschiedete Gesetz legte zwar keine numerischen Quoten für ethnische oder nationale Gruppen fest, aber es schuf das Präjudiz des Ausschlusses bestimmter Personengruppen von der Einwanderung als sogenannte ,,unerwünschte Fremde". In diese Kategorie fielen nach dem Gesetz von 1875 ,,Tagelöhner, Sträflinge und Prostituierte". Weitere Gruppen kamen im Laufe der Jahre hinzu: ,,Irre und Schwachsinnige" im Jahr 1882, ,,Epileptiker und Geisteskranke" im Jahre 1903 sowie ,,Geistesschwache und Zurückgebliebene" im Jahre 1907.

Als die restriktive Tendenz der Einwanderungsgesetze sich in entsprechenden Amtshandlungen niederzuschlagen begann, wurden Verfahren entwickelt, die die Überprüfung neuangekommener Einwanderer daraufhin ermöglichten, ob sie die gesetzlich vorgeschriebenen Kriterien erfüllten oder nicht. Aber kaum hatte die neue Einwanderungsperiode begonnen, da erkannten diejenigen, die bereits in einer Position waren, ihren Auffassungen Geltung zu verschaffen, daß die traditionelle Politik der „offenen Tür" (selbst unter Hinzufügung einiger Restriktionen) ihren Interessen nicht länger dienlich war.

Nach den (vor dem Ersten Weltkrieg) geltenden Bundesstatuten waren keine anderen als die von uns genannten Kriterien für ein Einwanderungsverbot gesetzlich zulässig. Und dennoch waren die US-Einwanderungs- und die Gesundheitsbehörde bereits im Jahre 1892 gemeinsam am Hauptankunftshafen in New York um eine Handhabe bemüht, die es ihnen gestattete, eine große Zahl von angeblich unerwünschten Personen abzuweisen und zurückzuschicken. Charakter und Intention dieses Aussiebungsprozesses oder der „Reihenuntersuchung", wie man damals sagte, gehen aus der folgenden, einem offiziellen Bericht der amerikanischen Gesundheitsbehörde aus dem Jahre 1917 entnommenen Passage nur allzu deutlich hervor:

„Ist der Fremde am ersten Medizinalbeamten vorbei, der einen prüfenden Blick auf ihn wirft, tritt er ans Ende der Warteschlange, um von einem zweiten Beamten erneut kurz inspiziert zu werden. Dieser zweite Prüfer, der in der Amtssprache „das Prüfauge" (engl. „eye man") heißt, steht am Ende der Schlange mit dem Rücken zum Fenster und fixiert den herantretenden Fremdling. Indem er diese Position wählt, sorgt der Beamte für gute Lichtverhältnisse, was für eine Prüfung mittels Augenschein besonders wichtig ist. Der sich nähernde Fremde wird vom „Prüfauge" solange genau beobachtet, bis er unmittelbar vor ihm steht. Nun stellt ihm der Beamte eine oder zwei Fragen, um sich über den Geisteszustand des Einwanderers zu vergewissern. Vielleicht erkennt er ein geistiges oder ein körperliches Symptom, das dem ersten Prüfer entgangen ist." (Mullen 1974, S. 51 f.)

Einwanderer, die sich für die Überfahrt über den Atlantik eine Kabine leisten konnten, waren dieser Prozedur nicht unterworfen; da aber die große Mehrzahl aller Einwanderer durch ihre finanziellen Verhältnisse dazu gezwungen war, im Zwischendeck zu reisen, kam die Reihenuntersuchung einem sozialen Diskriminierungsverfahren großen Stils gleich.

Der prospektive Einwanderer wurde von den Inspektoren unmittelbar nach Verlassen des Schiffs unter die Lupe genommen, und wenn es auch von 1911 an, mit dem Aufkommen des Dampfschiffes, möglich wurde, den Atlantik in knapp zwei Wochen zu überqueren, so bedeutete dies dennoch nicht, daß die Zustände im Zwischendeck sich im Vergleich zu denen auf den alten Segelschiffen entscheidend gebessert hätten. Es bedeutete nur, daß die im Zwischendeck zusammengepferchten Einwanderer die nahezu unerträglichen Umstände für eine nun erheblich kürzere Zeit auszuhalten hatten. 1910 entsandte eine von der Einwanderungsbehörde eingesetzte Kommission einen Inspekteur mit dem Auftrag nach Europa, als Einwanderer verkleidet im Zwischendeck zurückzukehren.

„Während jener zwölf Tage im Zwischendeck lebte ich in einer Unordnung und in einer Umgebung, die sämtliche Sinne und jedes Gefühl beleidigten. Nur die frische Brise des Meeres vermochte zuweilen, die üblen, ekelhaften Gerüche zu vertreiben. Die ordinäre Sprache der Schiffsmannschaft, die spitzen Schreie bedrohter Frauen, die sich zur Wehr setzten, das Weinen der Kinder, die die Umgebung unglücklich und quengelig werden ließ, praktisch jeder Laut, der ans Ohr drang, zerrte über jedes erträgliche Maß hinaus an den Nerven. Es gab nichts, vor dessen Anblick sich das Auge nicht lieber geschlossen hätte. Alles war dreckig, klebrig und eklig; nichts mochte man anfassen. Jeder Eindruck war widerwärtig. Aber noch schlimmer als das war die allgemeine Atmosphäre der Unmoral, der Unsittlichkeit. Fünfzehn Stunden am Tag war ich Zeuge dieses unschicklichen, unanständigen und erzwungenen Zusammenseins von Männern und Frauen, die einander absolut fremd waren und häufig nicht ein einziges Wort derselben Sprache verstanden. Menschen können in einer solchen Umgebung nicht leben, ohne davon beeinflußt zu werden." (Reports of United States Immigration Service Commission 1911, S. 33)

Das waren die Menschen, in deren Aussehen und Verhalten die Aufsichtsbeamten, die die Reihenuntersuchungen vornahmen, nach Zeichen von Anomalien suchten.

„Die Art des Fremden, sich aufzustellen, seine Sprache, seine Kleidung, alles, was irgendwie an ihm besonders ist oder auffällt, wird genauestens registriert. Die Kenntnis rassischer Besonderheiten von Körper, Kleidung und Verhalten spielt in diesem ersten Aussiebungsprozeß eine große Rolle.

Es wird alles getan, um eventuelle Anzeichen und Symptome einer geistigen Erkrankung oder Störung zu entdecken. Jede noch so leise Vermutung eines anomalen Geisteszustandes reicht aus, um den Einwanderer einer zweiten und eingehenden Untersuchung zuzuführen.

Folgende Anzeichen und Symptome können eine aktive oder manische Psychose anzeigen: auffällige Kleidung, Redseligkeit, Witzelei, Schalkhaftigkeit, Neigung zur Ausführlichkeit, besonderer Scharfsinn, Eifer, Aufgeregtheit, Ungeduld in Wort oder Verhalten, Frechheit, Widerspenstigkeit,

Flatterhaftigkeit, Nervosität, Unruhe, Egoismus, Lächeln, fröhlicher Gesichtsausdruck, Lachen, erotisches Verhalten, Ungestüm, Einmischen in die Angelegenheiten anderer und ungewöhnliche Aktivität.

Psychosen depressiver Natur können angezeigt werden durch: langsames Sprechen, leise Stimme, zittrige Stimme, traurigen Gesichtsausdruck, Tränen in den Augen, Verlegenheit, Schwierigkeiten beim Denken, zögerndes Antworten, psychomotorische Retardation.

Alkoholismus (Syphilis) und organische Dementia lassen sich erkennen an: Verdrießlichkeit, Ängstlichkeit, Unordentlichkeit, Rauschzustand, offener Trunkenheit, Verwirrung, Ziellosigkeit, Stumpfheit, Sturheit, Ausdruckslosigkeit, Zittern, Zuckungen im Gesicht, Grimassen (unsicherem Gang), Stottern, Zittern in der Stimme, übergroßer Ruhe, jovialem Gehabe, selbstzufriedenem Lächeln, Redseligkeit, Lügen, Großspurigkeit, Widerspenstigkeit, Betriebigkeit, übertriebener Freundlichkeit, schlechtem Gedächtnis, falscher Altersangabe, Verlust der Orientierungsfähigkeit, Schwierigkeiten beim Rechnen, Pupillensymptomen und anderen körperlichen Anzeichen.

Verschiedene Formen von Dementia, geistigen Mängeln oder Epilepsie können angezeigt werden durch: Degenerationserscheinungen, Gesichtsnarben, akneartigen Hautausschlag, Stumpfheit, Verwirrung, Unaufmerksamkeit, Verständnisschwierigkeiten, eifrigen oder abwesenden Gesichtsausdruck, Unfähigkeit, einstellige Zahlen zu addieren, allgemeine Unordentlichkeit, Vergeßlichkeit, Verbigeration (Wortschwall, sinnloses Geschwätz), Neologismen, Selbstgespräche, zusammenhangloses Gerede, impulsive oder stereotype Handlungen, Gehemmtheit, argwöhnische Haltung, Weigerung, sich untersuchen zu lassen, Widerstand gegen das Anheben der Augenlider, Nichtbeantworten von Fragen, Anzeichen von Negativismus, dummes Lachen, Halluzinieren, Unbeholfenheit, Nägelkauen, unnatürliche Handlungen, Maniriertheit und andere Absonderlichkeiten." (Mullen 1974, S. 52 f.)

Zweifelten die Aufsichtsbeamten überhaupt jemals an ihrem Vermögen, geistige Anomalien und abweichendes Verhalten bei Menschen zu erkennen, die von ihnen selbst so verschieden waren und deren Sprache sie nicht verstanden? Offensichtlich nicht, denn in dem Bericht heißt es: „Erfahrung ermöglicht es dem Aufsichtsbeamten, die Rasse eines Fremden auf Anhieb zu benennen", obwohl doch andererseits ein Fremder, dessen Rasse falsch bestimmt worden war, angehalten und über die Gründe seines abweichenden Verhaltens befragt werden sollte. Indes, ist der Irrtum erst aufgeklärt, „ist die absonderliche Verhaltensweise des Fremden nicht länger absonderlich; läßt sie sich doch leicht als rassisch bedingt erklären."

Das heißt, wenn Aussehen und Verhalten eines Ankömmlings mit der Klischeevorstellung des Beamten von seiner Rasse übereinstimmten, ,,dann läßt der Inspektor ihn als geistig normal passieren". Von hier war es nur ein kleiner Schritt zu der (im Bericht aufgestellten) Behauptung, ,,fast jede Rasse hat ihre eigene und typische Art der Reaktion auf die Reihenuntersuchung"; eine Feststellung, die das Kriterium für eine Zulassung oder Zurückweisung von Fremden allein in ihrer Entsprechung oder Nichtentsprechung mit den herrschenden rassischen Klischees sah. Soll heißen, ,,wenn ein Engländer auf Fragen in der Art eines Iren reagiert, kann man bei ihm einen Mangel an geistiger Ausgeglichenheit vermuten... Und wenn ein Italiener Fragen in der Manier eines russischen Finnen beantwortet, dann dürfte er aller Wahrscheinlichkeit nach an einer depressiven Psychose leiden".

Wenn einem Beamten während einer Reihenuntersuchung der Verdacht kam, ein Fremder weise ,,Schrullen" oder irgendwelche anstoßerregenden Störungen auf, dann machte er mit Kreide ein Zeichen auf seine Kleidung, und der Ankömmling wurde bis zu seiner weiteren Untersuchung zwecks möglicher Deportation festgehalten. Aber selbst für den vom Glück begünstigten Einwanderer, dem es gelang, am ersten Inspektor und am ,,Prüfauge" ohne Kreidezeichen vorbeizukommen, war die Überprüfungsprozedur noch nicht zu Ende. Er hatte zwar den medizinischen Teil des Aussiebungsverfahrens erfolgreich überstanden, mußte nun aber in einer weiteren Prüfung, die ein Beamter der Einwanderungsbehörde vornahm, um festzustellen, ob er ,,ein Anarchist, Bigamist, Wohlfahrtsempfänger, Krimineller oder sonstwie untauglicher Mensch" war, zeigen, daß er ohne jeden sozialen Makel war.

Die Reihenuntersuchung auf Ellis Island zeigte im kleinen einen Prozeß, der in den Vereinigten Staaten in der restriktiven Einwanderungspolitik der zwanziger Jahre gipfelte. Um verstehen zu können, was da geschah, muß man zeigen, daß und wie die Auffassung von der Natur und der Verschiedenheit der Menschen sich wandelte, daß seit dem 18. Jahrhundert ,,wissenschaftliche Belege" vorgewiesen werden, die die angeborene, intellektuelle, moralische und biologische Minderwertigkeit bestimmter Menschengruppen beweisen und zugleich ihre soziale Unterjochung erklären, entschuldigen und rechtfertigen sollen. Zwar implizierte das neue Ansehen der Wissenschaft den Anspruch, daß Behauptungen und Schlüssen sorgfältig verifizierte Tatsachen zugrundelagen, doch blieb die Macht, Dinge zu benennen und zu definieren, die Macht einer Minderheit und war als solche weiterhin ein nützliches Instrument der Verhaltenskontrolle. Mit den Unterschieden des Gesichtswinkels, der dem niederländischen Anatomen Peter Camper als wichtiger Anhaltspunkt bei der Porträtmalerei und als Index für die geistige Fähigkeit eines Menschen gedient hatte, befaßte sich im Namen der Rassenwissenschaft gegen Ende des 18. Jahrhunderts der bekannte Arzt und Chirurg Charles White. White war Mitglied der hochangesehenen Royal Society of England und hatte seinen wissenschaftlichen Ruf mit einem Buch über Entbindung und Geburtshilfe begründet. Seinen eigenen Worten zufolge hatte der Wunsch, „die Wahrheit zu ergründen", ihn zu einer wissenschaftlichen Untersuchung dessen inspiriert, was die Theologen traditionell als „die große Kette des Seins" bezeichneten. (White 1799, S. iii)

„Die große Kette des Seins" war die biologische Komponente der hierarchischen Weltsicht der mittelalterlichen Christenheit. Und im 18. Jahrhundert lautete ein allgemeiner Lehrsatz, Gott habe alle Lebewesen auf einen Schlag geschaffen, sie unwandelbar, „ein jegliches nach seiner Art", geformt und mit genau dem Maß an „Intelligenz und Geisteskräften" ausgestattet, das ihrem Rang im Gesamtplan der Dinge angemessen sei. White wollte auf wissenschaftlicher Basis, ohne Zuhilfenahme der Theologie nachweisen, daß die Welt der lebendigen Dinge in genau dieser Weise hierarchisch organisiert sei. Wenn auch das „Buch der Offenbarung" nicht als Handbuch der Naturgeschichte gelesen werden könne, so mache es die vergleichende Anatomie doch möglich, die Heilige Schrift mit den Naturtatsachen in Übereinstimmung zu bringen.

Solange die Bibel und die griechische Philosophie das Denken der Menschen und ihre Vorstellungen von der menschlichen Natur bestimmten, war die Frage der Übereinstimmung von Glauben und Natur im wesentlichen eine theoretische Frage. Als jedoch die Naturwissenschaften sich entwickelten und der Platz der Menschen in der Hierarchie der Lebewesen klar erkennbar wurde, mußte diese Übereinstimmung, sofern sie konstatiert wurde, neu interpretiert werden. Ein Zweifel daran, daß die Menschen sich voneinander unterschieden, war einfach nicht möglich. Das heißt, wenn die gesamte

Schöpfung eine einzige riesige Hierarchie war, die Menschen und Tiere miteinander verband, und wenn die Menschen sich untereinander unterschieden, folgte dann nicht daraus, daß verschiedene Individuen oder Klassen von Individuen von Natur aus dazu bestimmt waren, unterschiedliche Ränge oder Positionen in dieser Hierarchie einzunehmen? Für White gab es nur eine Antwort auf diese Frage. Und, so überlegte er weiter, wenn die Menschen Naturwesen waren, dann mußte eine Analyse ihrer physiognomischen und anatomischen Besonderheiten sowie ihrer Verhaltensmerkmale den zur Bestimmung ihres jeweiligen Ranges erforderlichen Beweis liefern.

Entsprechend sagte White in seiner Schrift zur Frage der Verschiedenheit der Menschen voneinander, daß er seine Aufmerksamkeit „hauptsächlich auf die Extreme (konzentriert habe): ... auf den Europäer und auf den Afrikaner, der dem animalischen Teil der Schöpfung näher zu sein scheint als jede andere menschliche Art". „Wenn es mir gelänge", so fuhr er fort, „einen spezifischen Unterschied zwischen diesen beiden nachzuweisen, dann wären die Zwischenstufen viel leichter zu erklären." Damit machte White – ähnlich wie Aristoteles in seiner Verteidigung der Sklaverei – das zur Grundlage und zum Ausgangspunkt seiner Beweisführung, was diese erst beweisen sollte.

Whites Stufensystem stützte sich auf die Ästhetik und auf den Gesichtswinkel, der ihm als direkter Index für geistige Fähigkeit galt. White übernahm die Verwendung dieses Maßes von Dr. John Hunter, einem prominenten englischen Chirurgen, der seinerseits von Camper beeinflußt war und eine Sammlung von menschlichen und tierischen Schädeln besaß, die er rund um einen Teich in seinem Privatmuseum aufgestellt hatte. Bei einem Besuch in Hunters Museum hatte White festgestellt, daß die Gesichtswinkel der Schädel eines Afrikaners, eines amerikanischen Indianers, eines Asiaten und eines Europäers in eben dieser Reihenfolge eine immer größere Weite aufwiesen. Und so machte er sich daran, offensichtlich ohne Kenntnis der ästhetischen Kriterien, aufgrund deren Camper seine Schlüsse gezogen hatte, und ohne Berufung auf alte Quellen oder auf die „Volks"-Meinung, Meßdaten von Gesichtswinkeln mit Aussagen über das Verhalten und die geistige Kapazität verschiedener Gruppen von Menschen zu vergleichen. Eine seiner Quellen für diese Vergleiche war Thomas Jefferson, dessen Ansichten über die angeborene Minderwertigkeit der Afrikaner damals wohlbekannt waren.

Messungen von Gesichtswinkeln waren aber nicht Whites einziges Interesse. Er berichtete, und spätere Messungen haben es bestätigt, daß Afrikaner gröberes und dickeres Haar hätten als Europäer. Die Tatsache, daß die Stärke der Fellhaare von afrikanischen Affen der Haarstärke von Schwarzen näher kam als der von Weißen, veranlaßte White zu dem bekannten Schluß, daß die Schwarzen „den Affen näher stehen". Gemeint war damit natürlich, daß die Schwarzen in ihrer biologischen, intellektuellen und moralischen Entwicklung im Durchschnitt „hinter" oder „unter" den Weißen rangierten.

Interessant an dieser Beweisführung ist, daß es gar keiner explizit abschätzigen Klischees zur Formulierung von Fragen nach der Über- und Unterlegenheit bestimmter Klassen von Menschen bedarf. Alles was man braucht, ist ein Meßverfahren und eine unkritische Einstellung zum Begriff der biologischen Hierarchie. Die Entscheidung, was gemessen wird, kann wichtiger sein als die Meßergebnisse selbst, ein Faktor, der bei der Bewertung der Bedeutung von Messungen oft vernachlässigt wird. Obwohl der Gedanke von der „Nähe zu den Affen" wissenschaftlich unhaltbar ist, wollen wir zum Zwecke der Illustration einmal annehmen, ein Wissenschaftler wolle Messungen an Europäern, Afrikanern und verschiedenen Affen vornehmen und das Haar sei ein Faktor (oder eine Variable), den es dabei zu vergleichen gelte. Nehmen wir weiter an, Schimpansen und Gorillas seien die Affen, die für den Vergleich mit Menschen herangezogen würden. Wenn man nun an dem Kriterium der Haarstärke die Nähe oder Ähnlichkeit zwischen Menschen und Affen abliest, dann ist die Aussage, „Schwarze sind den Affen näher", nicht mehr und nicht weniger als eine Tatsachenfeststellung. Angenommen jedoch, der Wissenschaftler habe sich für den Ort oder die Menge der Körperhaare als Vergleichsdimension entschieden, so stellt sich heraus, daß die Afrikaner in der Regel nur sehr wenig Körperhaare aufweisen, während viele Europäer extrem behaarte Körper haben. Nach dieser Messung und durchaus aufgrund der gleichen Kriterien stehen die Europäer zweifellos „den Affen näher".

Dies ist beileibe nicht das einzige Beispiel für die Art von Voreingenommenheit, wie sie typischerweise in die Entscheidung, was überhaupt gemessen wird, einfließt. Die Messungen selbst können so „objektiv" sein, wie man nur will, sie können auch mehr oder weniger genau sein, trotzdem sagen sie oft weniger aus über die gestellte Frage als über die Vorurteile des sie stellenden Forschers. So sagt das Klischee von dem „affenähnlichen Afrikaner" mehr über den psychologischen Effekt von Vorurteilen auf die Wahrnehmung als über die biologischen Grundlagen menschlicher Diversität.

White selbst hat jede Animosität Schwarzen gegenüber kategorisch bestritten und explizit die Verwendung seiner Befunde zur Verteidigung des Sklavenhandels kritisiert. Seiner Meinung nach stand absolut nichts in seinem Buch, was „sich auch nur im entferntesten als Ermunterung zu jener verderblichen Praxis der Versklavung von Menschen interpretieren ließe". Und dennoch muß man sehen, daß Ärzte wie White stets eine führende Rolle spielten, wenn es darum ging, das Thema von der angeborenen schwarzen Unterlegenheit auf den Tisch zu bringen. Im Unterschied zu White machten viele amerikanische Ärzte sogar uneingeschränkten Gebrauch davon, um die Sklaverei zu rechtfertigen; zudem waren sie sehr geschickt darin, Verhaltensmerkmale und biologische Kennzeichen mit Symptomen von Störung, Verwirrung und Krankheit gleichzusetzen.

So wurde zum Beispiel im Jahre 1850 Dr. Samuel A. Cartwright, ein angesehener Arzt, der viele Jahre in New Orleans und Umgebung praktiziert hatte, von der Louisiana Medical Association zum Vorsitzenden eines Ausschusses ernannt, der „die Krankheiten und physischen Besonderheiten der Negerrasse" erforschen sollte. Auf dem Kongreß der Vereinigung im März des folgenden Jahres lieferte Cartwright seinen Bericht ab, der später als Leitartikel im *New Orleans Medical and Surgical Journal* erschien (Cartwright 1851, S. 691 ff.). Der Bericht beginnt mit der Behauptung, der biologische und medizinische Zustand der Schwarzen „ist bisher nicht allzu häufig Gegenstand wissenschaftlicher Forschung gewesen und findet in medizinischen Büchern und Schulen fast überhaupt keine Beachtung". Cartwright schlug vor, diesen Mangel mit einer ingeniösen psychobiologischen Theorie zu beheben, in der die „mangelhafte... Belüftung des Blutes in Verbindung mit einem Mangel an Hirnsubstanz im Cranium" als „die wahre Ursache jenes minderen Geisteszustandes, der die Afrikaner daran hindert, für sich selber zu sorgen", vorgestellt wurde.

In der ersten Hälfte des 19. Jahrhunderts war in der Medizin sehr viel von ,,gutem Blut" und ,,schlechtem Blut" die Rede; und einer weitverbreiteten Theorie der Krankheit zufolge waren viele pathologische Zustände auf mangelhafte Blutreinigung zurückzuführen, verursacht dadurch, daß die Lunge nicht richtig arbeitete. Man ging davon aus, daß sowohl Körper- wie Geisteskraft von einer ausreichenden ,,Vitalisierung" des Blutes abhingen, eine Voraussetzung, die die Schwarzen – nach Cartwright – nur unter körperlicher Zwangsarbeit erfüllen konnten, da sie sonst ihrer natürlichen Neigung zum Müßiggang nachgeben würden: ,,Es ist das rote, lebenswichtige Blut, das, ins Gehirn geschickt, ihren Geist befreit, solange sie der Herrschaft des weißen Mannes unterstehen; und es ist der Mangel an... jenem roten, lebenswichtigen Blut, der ihren Geist an Ignoranz und Barbarei fesselt, wenn sie in Freiheit leben." So wurde in einer bemerkenswerten Verkehrung der Dinge erklärt, Freiheit und menschliche Würde für Schwarze ließen sich nicht mit den Gesetzen der Gehirnphysiologie vereinbaren, Sklaverei dagegen sei ein Mittel zur Befreiung ihres Geistes aus Unwissenheit, Aberglauben und Barbarei. Seine scharfe Kritik an den Abolitionisten und ihrer ,,falschen Lehre", die da sage, alle Menschen besäßen den gleichen geistigen, physiologischen und anatomischen Organismus, schloß Cartwright mit der Behauptung, er habe gezeigt, ,,daß zwischen den beiden Rassen ein fundamentaler geistiger und körperlicher Unterschied besteht, der so groß ist, daß das, was dem weißen Manne guttut und nützt..., der Negerrasse nicht nur unzuträglich, sondern für ihr Glück geradezu Gift ist".

Da er die Sklaverei nicht beschönigte, sondern sie positiv interpretierte, hinderte Cartwright nichts daran, ihre ökonomischen Vorteile hervorzuheben, schließlich ,,bedeuten die drei Millionen Ballen Baumwolle aus den Händen schwarzer Arbeiter billige Kleidung für die zivilisierte Welt. Die Arbeiterklassen in aller Welt müssen weniger für Kleidung ausgeben und haben dafür mehr Geld zur Verfügung für die Erziehung und Ausbildung ihrer Kinder und für den geistigen, moralischen und religiösen Fortschritt".

Cartwrights Theorien über die physiologischen Ursachen schwarzer Unterlegenheit fanden zwar keine unmittelbare Anwendung, als aber ein paar Jahrzehnte später ,,die Arbeiterklassen aus aller Welt" in die Vereinigten Staaten hineinzuströmen begannen, wurden Theorien dieser Art zur Grundlage von Verfahrensbestimmungen, mit deren Hilfe „Unerwünschte“ zurückgewiesen wurden. Das 19. Jahrhundert endete in einem Meinungsklima, dem die Vorstellung zugrundelag, das über die biologische Verschiedenheit der Menschen gewonnene Wissen initiiere rationale Bemühungen um eine Lösung sozialer Probleme, und in dem sozial untergeordnete Gruppen zunehmend Messungen und Untersuchungen unterworfen wurden, deren Befunde sie leichter manipulierbar und beherrschbar machten. Gleichzeitig löste die zunehmende Inhomogenität der neuankommenden Einwanderer den immer lauteren Ruf nach irgendeiner Form von „Qualitätskontrolle“ auf seiten derer aus, die ein wirtschaftliches Interesse an einer solchen Kontrolle hatten.

Obwohl viele der an die Gesundheits- und Einwanderungsbehörden gerichteten Forderungen nach „Qualitätskontrolle“ schärfere Verfahren zur Feststellung von Geistesgestörten unter den Ankömmlingen im Auge hatten, erzeugte das starke Interesse an wirtschaftlicher Expansion das Bestreben, in erster Linie sicherzustellen, daß die neuen Einwanderer intelligent genug waren, um schriftlichen und mündlichen Anweisungen Folge leisten zu können.

Zu diesem Zeitpunkt gab es in den Vereinigten Staaten bereits den Intelligenztest, von dem es hieß, er könne Auskunft über das jeweilige Maß an angeborener Intelligenz geben. Die staatliche Gesundheitsbehörde stand unter wachsendem Druck, ihre Verfahren zur Aussonderung „unerwünschter“ Fremder zu verschärfen, und so lud sie im Jahre 1912 Henry Goddard nach Ellis Island ein, damit er den Binet-Test und auch andere Intelligenztests den Neuankömmlingen vorlege. Goddard war glücklich, sein Fachwissen in den Dienst der Nation stellen zu können, und nachdem er seine Tests auf die „große Masse der Durchschnittseinwanderer“ angewendet hatte, stellte er fest, daß 83 % der Juden, 80 % der Ungarn, 79 % der Italiener und 87 % der Russen, die in die Vereinigten Staaten einwandern wollten, „schwachsinnig“ seien. (Goddard 1913, S. 105 ff.)

Diese Befunde im Gewand „wissenschaftlicher Tatsachen“ mußten nachdenkliche Bürger zwangsläufig in schwere Sorgen stürzen, insbesondere in einer Zeit, da Schwachsinnigkeit sowieso schon als eine drohende Gefahr angesehen und entsprechend gefürchtet wurde. Inmitten der wachsenden Antipathie gegen „die neuen und exotischen ethnischen Gruppen“ konnte Goddard stolz verkünden,

„die Zahl der Fremden, die wegen Schwachsinnigkeit des Landes verwiesen wurden... stieg im Jahre 1913 um fast 350 % und im Jahre 1914 um 570 %". Dieser Anstieg verdankte sich, wie er sagte, „den niemals erlahmenden Bemühungen (der Gesundheitsbehörde und ihrer Aufsichtsbeamten), die auf die Überzeugung zurückgehen, daß man schwachsinnige Fremde mit Hilfe von Intelligenztests herausfinden kann" (Goddard 1917, S. 271).

Diese Neuerung wurde, wie vorauszusehen war, von Eugenik-Gesellschaften wie der Eugenics Research Association begeistert aufgenommen und finanziell unterstützt; doch man schrieb das Jahr 1917, und da waren andere, bedeutsamere historische Kräfte am Werk. Im Februar brachen die Vereinigten Staaten die diplomatischen Beziehungen zu Deutschland ab, und am 6. April traten sie in den Ersten Weltkrieg ein. Die Einwanderungsfrage geriet in den Hintergrund, die Intelligenztester wandten ihre Aufmerksamkeit dem Problem der Mobilmachung für den Krieg und den Massentests für die Einberufenen zu. Ihre Bemühungen, Rekruten in Intelligenztests zu prüfen, hatten keinen großen Einfluß darauf, an welchen Platz die Männer gestellt wurden, das Resultat des Krieges beeinflußten sie mit Sicherheit nicht signifikant. Immerhin wurden über 1,7 Millionen Männer getestet und klassifiziert; die Testergebnisse wurden nach dem Krieg der Allgemeinheit zugänglich gemacht. Als das in diesem Klassifikationsprozeß erhobene enorme Datenmaterial schließlich mit Blick auf den rassischen, ethnischen und nationalen Hintergrund der Getesteten statistisch analysiert war, wurden inhaltsschwere politische Schlüsse für die Bereiche von Assimilation und Immigration daraus gezogen.

Der Präsident der Amerikanischen Psychologischen Gesellschaft hieß zum Zeitpunkt des Eintritts der Vereinigten Staaten in den Krieg Robert M. Yerkes und war Professor für Psychologie an der Harvard University. Als früher Befürworter des Intelligenztests als einem Mittel, den Menschen „ihren richtigen Platz" in der Gesellschaft zuzuweisen, hatte Professor Yerkes seine eigene Version des Binet-Tests entwickelt. Seine Ansichten über die Erblichkeit des Intelligenzquotienten ähnelten denen von Terman und Goddard, und seine Überzeugung von der biologischen Determiniertheit geistiger Anlagen ließ ihn im Dienste der Eugenik freiwillig in die Armee eintreten. Yerkes war bereits Mitglied des von der *National Commis-*

sion on Prisons beauftragten Ausschusses für Fragen der Eugenik gewesen, als er im Jahr seiner Amtszeit als Präsident der Amerikanischen Psychologischen Gesellschaft auch den Vorsitz des Ausschusses für Fragen der Vererbung von geistigen Anlagen bei der *Eugenics Research Association* übernahm.

Die Konzeption für eine Beurteilung der jeweiligen Intelligenz des Einberufenen, die es erleichtern sollte, den einzelnen Soldaten an den richtigen Platz innerhalb der Armee zu stellen, wurde von einer Kommission erarbeitet, die aus Psychologen bestand und der Terman, Goddard und Yerkes angehörten. Unter ihrer Führung wurden in aller Eile zwei Gruppenintelligenztests entwickelt, mit denen ohne allzuviel Aufwand große Zahlen von Menschen in einer einzigen Sitzung getestet werden konnten. Der eine, der sogenannte Alpha-Test, enthielt schriftliche Aufträge, während der andere, der sogenannte Beta-Test, der für Analphabeten und des Englischen nicht mächtige Einberufene gedacht war, sich in seinen Anweisungen auf die Pantomime stützte. Indes, sowohl Alpha- wie Beta-Test setzten sich aus Items zusammen, denen der Unterrichtsstoff des amerikanischen Schulsystems zu Beginn des 20. Jahrhunderts zugrundelag: die Euphemismen, Moralpredigten und die Sittenlehre des *Poor Richard's Almanac,* Noah Webster's *Speller* und *McGuffey's Readers.* (Karier 1972, S. 164) Zu einer Zeit, da ein großer Teil der Einberufenen entweder ungebildet oder in einem anderen Land geboren war, bedeuteten solche Test-Items eine soziale Diskriminierung massiven Ausmaßes. Kein Wunder also, daß die Ergebnisse, als sie nach dem Krieg im einzelnen analysiert wurden, eine klare Verzerrung zugunsten der im Lande geborenen englischsprachigen weißen Amerikaner aufwiesen.

Die Ergebnisse der Armeetests wurden 1921 von der Nationalen Akademie der Wissenschaften mit Colonel Yerkes als Herausgeber veröffentlicht. In einem Kapitel, das die Überschrift trägt „Der Zusammenhang zwischen Intelligenzleistung und nationaler Herkunft", ist eine Rangfolge der in fünf Leistungskategorien (A–E) untergebrachten „Intelligenzleistungen" der Einberufenen aufgezeichnet, deren Ordnungskriterium das Herkunftsland der Getesteten ist. Dabei ergibt sich, daß etwa die Leistungskategorie D den niedrigsten Prozentsatz an gebürtigen Amerikanern und den höchsten Prozentsatz an Polen aufweist. Die Ergebnisse schienen ein durch die nationale Herkunft bedingtes Intelligenzgefälle unter den Einwanderern zu implizieren, und entsprechend wurden sie interpretiert. Tabelle 2 gibt die Daten wieder, wie sie in einem 1941 erschienenen Lehrbuch dargestellt sind.

Tabelle 2:
Rassisch-nationale Intelligenzunterschiede

Geburtsland	Anzahl der Menschen	mittlerer Intelligenzwert*
England	411	14.87
Schottland	146	14.34
Holland	140	14.32
Deutschland	308	13.88
Dänemark	325	13.69
Kanada	972	13.66
Schweden	691	13.30
Norwegen	611	12.98
Belgien	129	12.79
Irland	658	12.32
Österreich	301	12.27
Türkei	423	12.02
Griechenland	572	11.90
Rußland	2340	11.34
Italien	4009	11.01
Polen	382	10.74

* Die Zahlen stellen kombinierte Werte aus verschiedenen Messungen dar. Der mögliche Maximalwert war 25.
Quelle: H.E. Garrett (1941, S. 50)

Oberst Yerkes zögerte nicht, den naheliegenden Schluß zu ziehen, daß ,,generell die skandinavischen und englischsprachigen Länder ganz oben in der Liste rangieren, während die slawischen und lateinischen sich am unteren Ende befinden..." (Yerkes 1921, S. 699), und die Veröffentlichung der Testergebnisse verstärkte den Ruf der Nachkriegszeit nach einer restriktiveren Einwanderungspolitik. 1917 tat der Kongreß den ersten Schritt, um die Einwanderungspolitik mit der modernen Intelligenzforschung in Einklang zu bringen, indem er ,,Personen mit konstitutioneller psychopathischer Unterlegenheit" auf die Liste derjenigen setzte, die abzuweisen waren.

1921, als der Yerkes-Report erschien, wurde eine numerische Einwanderungsbeschränkung gesetzlich verankert. Es war die erste derartige Einflußnahme der amerikanischen Regierung, und es sollte weder die letzte noch die nachhaltigste sein.

Gewisse Teile der Wirtschaft favorisierten in der Nachkriegsperiode eine Einwanderungspolitik der „halboffenen Tür", die die Verfügbarkeit fremder Arbeitskräfte je nach den Erfordernissen des Marktes regulieren sollte. Diese Position wurde vom Nationalen Industrieverband und von verschiedenen Handelskammern vertreten, die damals in erster Linie die Interessen kleiner Fabrikbetriebe und Handelsunternehmen vertraten. Größere Unternehmen und Arbeiterorganisationen traten für eine restriktivere Politik ein. Die Nationale Bürgervereinigung zum Beispiel, die sowohl Andrew Carnegie, den Stahlproduzenten, als auch Samuel Gompers, den Arbeiterführer, zu ihren Mitgliedern zählte, wollte die bestehende Besitz- und Machtstruktur unbedingt geschützt wissen. Die führenden Vertreter großer Aktiengesellschaften und Gewerkschaften sahen ihre jeweiligen Interessen am besten in einer Sozialpolitik aufgehoben, die Konkurrenz ausschloß und zugleich „ein Gegengewicht gegen die Gefahr einer Revolution durch die Arbeiterklasse" bildete. (Herbert Croly zit. in Weinstein 1968, S. XI) Es überrascht nicht, daß auch Unternehmensstiftungen in der Frage ausländischer Arbeitskräfte zu dieser Auffassung neigten. Wie Edward A. Filene, Großkaufmann aus Boston, Pionier der modernen Wirtschaftsführung und Begründer der *Cooperative League,* Vorläuferin des *Twentieth Century Fund,* es ausgedrückt hat:

> „Die Unternehmer brauchen kein größeres Arbeitskräfteangebot, da der zunehmende Einsatz arbeitssparender Maschinen und die Beseitigung der Verschwendung in Produktion und Distribution die Kosten auf Jahre hinaus schneller sinken lassen als die Lohnkosten steigen, ein Umstand, der zugleich eine unangemessene Machtstellung der Arbeiterschaft ausschließt." (Zit. in Ward 1924, S. 104)

Der Einfluß der Stiftungen, gespeist aus Aktienvermögen, war nur ein Teil der Macht, die der Einwandererflut entgegengesetzt wurde. Man kann zwar nicht von einer Verschwörung sprechen, doch herrschte in weiten Teilen des Landes zumindest ein breiter Konsens, dem Präsident Coolidge Ausdruck verlieh, als er sagte:

„Amerika muß amerikanisch bleiben.“ In den zwanziger Jahren war Amerika das Land des „roten Schreckgespensts“, des Ku Klux Klan, des Sacco und Vanzetti-Falles, der Palmer-Raubzüge und des Scopes-Verfahrens. Die offene Tür, die Millionen von Einwanderern die Chance auf ein neues Leben geboten hatte, schloß sich, als der Kongreß ein neues Einwanderungsgesetz formulierte und die Intelligenztester sich auf der ganzen Linie durchsetzen konnten.

In den frühen zwanziger Jahren wurde die Einwandererfrage zu einem Kristallisationspunkt, der diejenigen zusammenführte, die die Geschichte mit Hilfe von Verschwörungstheorien zu erklären versuchen; in diesem Falle versammelten sich Wissenschaftler und Politiker, die ein gemeinsames Ziel vor Augen hatten: Verringerung der sozialen Probleme und positive Beeinflussung des nationalen Geschicks mit Hilfe von wissenschaftlicher Analyse und aufgeklärter Gesetzgebung. Der Charakter der neuen Allianz wird deutlich an der Berufung des langjährigen Sekretärs der *Eugenics Research Association* und Herausgebers der *Eugenical News,* des Biologen Harry Laughlin, zum „Eugenikbevollmächtigten“ des Kongreßausschusses für Einwanderungs- und Einbürgerungsbelange im Jahre 1920, welcher im Jahre 1923 die Wahl Albert Johnsons, Vorsitzender eben dieses Einwanderungsausschusses, zum Vorsitzenden der *Eugenics Research Association* folgte. In diesem kongenialen Austausch äußerte sich der Wunsch (den viele führende Wissenschaftler und Politiker teilten), zu einer wirksamen und praktikablen Lösung der Einwanderungsprobleme zu kommen, einer Lösung, die ohne Rücksicht auf parteipolitische Erwägungen in Übereinstimmung mit den besten verfügbaren wissenschaftlichen Erkenntnissen und Befunden erzielt werden sollte (oder die zumindest so aussehen mußte, als sei sie auf diese Weise erzielt worden).

Die Wissenschaftler und Politiker wurden scheinbar durch ihren gemeinsamen Glauben an den wissenschaftlichen und sozialen Fortschritt sowie durch ihren gemeinsamen Wunsch zusammengeführt, wissenschaftliche Sachkenntnis zur Grundlage gesetzgeberischer Entscheidungen in Fragen von großer Tragweite für die Zukunft der Nation zu machen. Unter dieser Oberfläche verbarg sich jedoch – in einem unausgesprochenen Einvernehmen, das niemals Gegenstand der offiziellen Diskussion war – eine gemeinsame Vorstellung von einer Einwanderungspolitik, die ihnen für die Zukunft des Staates als besonders wünschenswert erschien.

Den Kern dieser Vorstellung bildete ein selektiver Ausschluß von Einwandereraspiranten auf der Basis des eugenischen Ideals der „rassischen Reinheit". Hatten die Ergebnisse des Armeeintelligenztests nicht gezeigt, daß die Einwanderer aus Nord- und Westeuropa denen aus den Süd- und Ostregionen geistig überlegen waren? Und war es nicht eine Tatsache, daß fast 70 Prozent aller nach dem Kriege Eingewanderten aus Ländern kamen, deren Einwohner mit schlechterem Genplasma behaftet waren?

Nach Ansicht der Befürworter einer rassischen Reinigung stellte vor allem der politisch heikle Charakter des Themas ein Hindernis für eine nachdrückliche Gesetzesinitiative dar. Weder die Populisten noch die verschiedenen städtischen ethnischen Bevölkerungsgruppen waren leicht dafür zu gewinnen, und die Gefahr schwerer innerer Zerwürfnisse zeichnete sich ab. Es bedurfte deshalb eines Mittels, das das Problem entschärfte und die schwierige Diskussion der Einwanderungsfrage aus der belasteten Atmosphäre der politischen Arena herausnahm und sie auf das feste Fundament angeblich objektiver wissenschaftlicher Untersuchung hob. (S. Pollack 1962 und Williams 1969) Wenn ein Wissenschaftler als Fachberater dem Kongreß zur Verfügung stand, während ein Kongreßabgeordneter den Vorsitz in der Eugenischen Gesellschaft führte, war der Boden für eine der Lösungen geschaffen, zu denen man schließlich gelangte: die Initiierung einer Unterstützung der einschlägigen wissenschaftlichen Forschung durch den Bund.

Der *National Research Council* setzte innerhalb des Forschungsbereichs Anthropologie und Psychologie einen neuen Ausschuß für wissenschaftliche Probleme menschlicher Migration ein. Zum Vorsitzenden des Ausschusses wurde Robert Yerkes bestimmt. Der Empfänger des ersten Forschungsstipendiums, das der Ausschuß vergab, war Carl Brigham, damals Assistenzprofessor für Psychologie an der Universität Princeton. Brigham hatte 1923 ein Buch mit dem Titel *A Study of American Intelligence* veröffentlicht, in dem er die Befunde der Armeetests über die Intelligenz von Einwanderern neu analysierte. Das Buch enthielt ein Vorwort von Yerkes, in dem Brigham dafür gelobt wird, daß er dem moralischen und wirtschaftlichen Wohl der Nation „einen großen Dienst" erwiesen habe, indem er „keine Theorien oder Meinungen" vortrage, „sondern Fakten" präsentiere. Wie Leon Kamin in seiner scharfen Kritik an der frühen Intelligenztestbewegung ausführt, stellte Brighams Buch eine Art Markstein dar, „und wiewohl es aus den neueren Bibliographien verschwunden ist, kann man sagen, daß wenige Bücher in der Geschichte der Psychologie eine so nachhaltige Wirkung ausgeübt haben" (Kamin 1974, S. 408 f.).

Brighams Analyse der mit Hilfe des Armeetests gewonnenen Daten begann mit der Feststellung der Tatsache, daß die Testleistung schwarzer Einberufener erheblich geringer war als die weißer. Sie zeigte weiter, daß 46 Prozent der polnischen, 42 Prozent der italienischen und 39 Prozent der russischen einberufenen Einwanderer mit ihren Punktzahlen auf oder unter dem Durchschnitt der Neger lagen. Wie Goddard vor ihm zog auch Brigham schlimme Schlüsse aus diesen Daten in bezug auf die Einwanderungspolitik. Indes, zunächst mußte er eine, wie er sich ausdrückte, „sehr bemerkenswerte Tatsache" interpretieren, die Tatsache nämlich, daß eine Kategorisierung der von allen Einwanderern (gleich aus welchem Land) erreichten Punktwerte nach der Anzahl der von ihnen vor dem Test in Amerika verbrachten Jahre ergab, daß der durchschnittliche Intelligenzquotient proportional zur Dauer des Aufenthalts zunahm. Tatsächlich wiesen Einwanderer, die vor ihrer Einberufung bereits zwanzig oder mehr Jahre in den Vereinigten Staaten gelebt hatten, Punktwerte auf, die im Durchschnitt denen von gebürtigen Amerikanern entsprachen, während diejenigen, die weniger als fünf Jahre im Lande waren, nur sehr niedrige Werte erreichten oder als schwachsinnig eingestuft waren. Man möchte meinen, die Korrelation zwischen Aufenthaltsdauer und IQ habe sichtbar werden lassen, daß in den Tests ein systematischer Fehler in Form einer kulturellen Verzerrung steckte, die sich zugunsten von Personen auswirkte, die nach den amerikanischen Bräuchen und mit der amerikanischen Sprache aufgewachsen waren. Zu diesem Schluß gelangte Brigham jedoch nicht.

Wenn, so Brighams Interpretation, höhere IQ-Werte tatsächlich aus einer längeren Aufenthaltsdauer in den Vereinigten Staaten resultierten, dann müßten die Tester ihre Hauptthese, der IQ sei ein Index für Intelligenz, fallen lassen. Brigham ging das Dilemma in besonders ingeniöser Weise an, er „erklärte" den Effekt des Aufenthalts und hielt zugleich an dem zentralen Lehrsatz fest, der IQ sei ein Index für die angeborene Intelligenz. ,,Wir sind gezwungen... die Hypothese zu akzeptieren", schrieb er, daß ,,sich die Qualität der Einwanderer... die in dieses Land kamen, seit 1902 alle fünf Jahre allgemein verschlechtert hat". Hier haben wir Brighams Erklärung – es ist ,,die Rassenhypothese". Kamin bemerkt dazu: Brigham brachte ,,den Anteil von nordischem, alpinem und mediterranem Blut in jedem europäischen Land" in Anschlag und rechnete aus, wie viele Einwanderer in den einzelnen Zeitabschnitten jeweils aus diesen Ländern kamen. Diese kombinierten Rechenoperationen verhalfen ihm zu einem Serienbild von der Blutzusammensetzung des Einwandererstromes über den gesamten Zeitraum. Ein bemerkenswerter Parallelismus wurde damit zutage gefördert: bei sinkendem Anteil von nordischem und steigendem Anteil von alpinem und mediterranem Blut – so wurde gefolgert – nahm die Intelligenz der Einwanderer ab. (Kamin 1974, S. 410)

Auf diesem Wege konnte Brigham zu dem Schluß gelangen, ,,unsere Testergebnisse zeigen eine genuine intellektuelle Überlegenheit der nordischen Gruppe an". Auf der Grundlage dieser Konklusion erteilte er einige eugenische Ermahnungen und Warnungen, wie, ,,wir müssen hier eine mögliche Rassenvermischung ins Auge fassen, die entschieden schlimmer ist als in jedem europäischen Land heute; denn wir sind dabei, das schwarze Element in unseren rassischen Grundstock mitaufzunehmen, während Europa vergleichsweise frei von diesem Makel ist...". Dennoch:

,,Die Schritte, die zur Erhaltung oder Steigerung unserer derzeitigen intellektuellen Kapazität unternommen werden sollten, müssen natürlich von der Wissenschaft und nicht von der politischen Nützlichkeit bestimmt sein. Die Einwanderung sollte nicht nur restringiert werden, sondern in höchstem Maße selektiv erfolgen. Auch die Revision der Einwanderungs- und Einbürgerungsgesetze wird uns nur eine kleine Entlastung von unseren derzeitigen Schwierigkeiten bringen. Die wirklich wichtigen Schritte müssen auf die Verhinderung der fortgesetzten Reproduktion und Ausbreitung schlechter Erbanlagen in der gegenwärtigen Bevölkerung abzielen. Selbst wenn die gesamte Einwanderung heute gestoppt würde, wäre der Niedergang der amerikanischen Intelligenz unvermeidlich. Das ist das Problem, dem wir entgegentreten müssen, und die Art, wie wir es tun, wird bestimmen, welchen Weg das Leben unserer Nation in Zukunft nimmt." (Brigham 1923, S. 210)

Brighams Warnungen über „den Niedergang der amerikanischen Intelligenz", die dem allgemeinen Widerwillen gegen den „rassischen Makel" eine scheinbar objektive wissenschaftliche Basis gaben, trugen ihm nicht nur ein hohes Ansehen in der Öffentlichkeit als Verfechter restriktiver Einwanderungsgesetze, sondern auch den Beifall seiner Berufskollegen ein. Einen besonders fruchtbaren Boden für seine soziobiologischen Ideen fand er im Bereich der höheren Bildung. Als Sekretär der Kommission für die College-Eingangsprüfung entwickelte er den akademischen Eignungstest, der heute noch für die Zulassung von Studenten zum College verwendet wird. In den späten zwanziger Jahren wurde Brigham zum Sekretär der Amerikanischen Psychologischen Gesellschaft gewählt. (Kamin 1974, S. 412)

Zu dem Zeitpunkt, da Brighams Buch erschien, kamen annähernd 70 Prozent aller in die Vereinigten Staaten Einwandernden aus dem Alpen- und Mittelmeerraum. Als der Kongreß im Jahr 1923 mit der Arbeit an einem neuen Einwanderungsgesetz begann, das das Johnson-Lodge-Gesetz von 1924 werden sollte, entwickelten sich die Befunde der IQ-Tester zu einer entscheidenden Quelle, auf die man sich beim selektiven Ausschluß von Fremden aus gewissen Ländern verließ.

Der Kongreßausschuß für Einwanderungsfragen unter Vorsitz des Kongreßabgeordneten Johnson begann seine Beratungen in einer Atmosphäre der Dringlichkeit. Am 24. Januar 1923 sagte ein als Zeuge Geladener: „Wir sind von einer Horde Untauglicher überrannt worden." Der Zeuge war Arthur Sweeney, der in seinem vorbereiteten Text über „Intelligenztests für Einwanderer" folgendermaßen fortfuhr:

„Die Tatsache, daß die Einwanderer Analphabeten oder der englischen Sprache nicht mächtig sind, stellt kein Hindernis dar... ‚Beta' ist absolut objektiv... Wir wenden uns nachdrücklich gegen eine Immigration aus Italien... Rußland... Polen... Griechenland... der Türkei. Die slawischen und romanischen Länder weisen einen enormen Intelligenzunterschied zur Gruppe der West- oder Nordeuropäer auf... wir werden auf die Stufe der slawischen und romanischen Rasse absinken..." (Kamin 1974, S. 414).

Francis Kinnicutt, der für die Liga für Einwanderungsbeschränkung vor dem Senatsausschuß für Einwanderungsfragen am 20. Februar 1923 aussagte, brachte eine antisemitische Note in das Geschehen. Er behauptete nicht nur, daß die Einwanderer aus Süd-und Osteuropa „von besonders niedriger Intelligenz" seien, sondern auch, daß „ein großer Teil dieser Einwanderer aus jenen hebräischen Elementen... besteht... die in der Textilindustrie arbeiten". Die niedrige Intelligenz dieser Menschen machte nach Kinnicutt aber nur einen Teil des Problems aus; stellte er doch fest, daß sie in einem viel allgemeineren Sinne eine Gefahr für die Gesellschaft waren, weil „einige ihrer Gewerkschaften zu den radikalsten im ganzen Lande gehören" (US-Kongreß 1923, S. 80).

Über eine angebliche intellektuelle Unterlegenheit von Juden bestanden Meinungsverschiedenheiten zwischen den Intelligenztestern. Lewis Terman nahm sie offenbar von der Klasse der „degenerierten" Einwanderer aus. In einer Rede vor der *National Education Association* in Oakland, Kalifornien, im Juli 1923 sagte Terman als Präsident der Amerikanischen Psychologischen Gesellschaft, seine vom Commonwealth Fond finanzierten Untersuchungen hätten ergeben, daß „die an begabten Kindern reichsten rassischen Gruppen die Nord- und Westeuropäer und die Juden sind; die weniger begünstigten sind die mediterranen Rassen, die Mexikaner und die Neger" (Terman 1924, S. 363). Professor Brigham hingegen war sich nicht so ganz sicher, ob die Juden zu Recht zu den Begabten gezählt wurden:

„Wir haben keine spezifischen Intelligenzverteilungen für die Juden... Unser Armee-Sample russischer Einwanderer besteht mindestens zur Hälfte aus Juden... Unsere Zahlen widersprechen demnach eher der landläufigen Auffassung, der Jude sei intelligent... Er hat Kopf, Gestalt, Größe und Hautfarbe seiner slawischen Nachbarn. Er ist ein alpiner Slawe." (Brigham 1923, S. 189 f.)

Die wissenschaftliche Unterteilung und Unterscheidung von Einwanderern war von Anfang an ein Nebelvorhang, hinter dem sich soziale Voreingenommenheit verbarg. Die Aussage des Vorsitzenden der Vereinigten Patriotischen Gesellschaften von New York vor dem vom Kongreßabgeordneten Johnson geleiteten Ausschuß für Einwanderungs- und Einbürgerungsfragen im Januar 1924 zeigt, wie außerordentlich dienlich die Befunde der Intelligenztester denen waren, die forderten, Amerika müsse amerikanisch bleiben:

„... die ‚neuere' Immigrationswelle besteht zum größten Teil aus Italienern, Juden und Slawen. Die während des Krieges in unserer Armee gemachten Intelligenztests... werfen durchaus ein gewisses Licht auf die geistigen Qualitäten der ‚neueren' (Einwanderer)... Die Testergebnisse... sind insbesondere in der Schrift von Professor Carl Brigham von der Universität Princeton analysiert... Professor Brigham hat außerdem errechnet, daß 200.000 Menschen hereingelassen wurden, deren Intelligenz der des Durchschnittsnegers näher war... als der durchschnittlichen Intelligenz des weißen Amerikaners." (US-Kongreß 1924, S. 580)

Einige Tage danach erhielt der Kongreßabgeordnete Johnson einen Bericht, den er in die Sitzungsprotokolle seines Ausschusses aufnahm und der von einem Spezialausschuß für selektive Immigration im Auftrag der Amerikanischen Kommission für Fragen der Eugenik angefertigt worden war. Der Hauptunterzeichner dieses Berichts war Madison Grant, von dem 1916 *The Passing of the Great Race,* eine Abhandlung über die nordische Überlegenheit, erschienen war. Er war zugleich Mitbegründer der Galton-Gesellschaft, einer Vereinigung, die, wie die *Eugenical News* feststellten, von einigen selbsternannten ,,Menschenforschern" im Jahre 1918 gegründet wurde und deren Statut die Aufnahme von bis zu fünfundzwanzig ,,gebürtigen Amerikanern (vorsah), die anthropologisch, sozial und politisch gesund" waren, wie Grant selbst an Henry F. Osborn am 9. März 1918 schrieb. Es überrascht also nicht sehr, daß der von Grants ,,Ausschuß für selektive Immigration" verfertigte Bericht die eugenische Perspektive der Galton-Gesellschaft widerspiegelte und die Bedeutung der in Intelligenztests ermittelten Befunde mit dem Hinweis unterstrich, ,,die Fragen... wurden im Hinblick auf eine Messung der angeborenen geistigen Anlagen ausgewählt... Hätte man (bereits früher) mit Intelligenztests gearbeitet... über 6.000.000 Fremde, die heute in diesem Lande leben, wären niemals hereingelassen worden..." (US-Kongreß 1924, S. 387)

Zu denen, die in Grants Ausschuß arbeiteten, gehörten neben anderen Edward L. Thorndike, Professor für Psychologie an der Columbia-Universität und einflußreichster Planer und Gestalter der amerikanischen Grundschulerziehung in der ersten Hälfte dieses Jahrhunderts, sowie Harry Laughlin, jener aristotelische ,,Eugenik-Experte". Am 8. März 1924, als der Ausschuß des Abgeordneten Johnson mit seiner langen Serie von Anhörungen allmählich zum Ende kam, wurde Dr. Laughlin eingeladen, einen Vortrag zu halten, in dem er seine Untersuchungsergebnisse über die ,,natürlichen Fähigkeiten von Einwanderern" zusammenfaßte. Es gebe, stellte er fest, einige angeborene Fähigkeiten, die ohne Zweifel wünschenswert seien und die von Menschen ,,amerikanischen Ursprungs besonders hoch geschätzt werden". Dazu gehörten Wahrheitsliebe, Erfindergeist, Fleiß, gesunder Menschenverstand, Sinn für Kunst, Schönheitsliebe, Verantwortung, soziales Gespür und ein natürliches Gefühl für ein faires Geschäft. ,,Natürlich", so fügte er hinzu, ,,sind alle diese Elemente von biologischem Rang."

Obwohl Laughlin nicht in der Lage war, wissenschaftliche Meßergebnisse dieser Fähigkeiten vorzulegen, freute er sich, dem Ausschuß mitteilen zu können, Messungen der ,,nackten, natürlichen Intelligenz" seien mit großer Genauigkeit dokumentiert worden. In diesem Zusammenhang wurden Professor Brighams Tabellen über Einwandererintelligenz sowie die Statistiken, die die Nationale Akademie der Wissenschaften zur Verfügung stellte, als Belege dafür angeführt, daß unter der fremdländischen weißen Bevölkerung im Lande mehr als sechs Millionen Menschen mit einem geistigen Alter von weniger als 9,5 Jahren (d.h. einem IQ von unter 70) seien. Diese angeblich sowohl geistig und moralisch wie auch ökonomisch unterlegenen Fremden seien ,,sozial oder ökonomisch nicht erziehbar". ,,Anleitungs- und Beaufsichtigungskosten", sagte Laughlin, seien ,,höher als der Wert ihrer Arbeit." Sie ,,passen sich nur langsam an und müssen ständig überwacht werden, das Land wäre ohne Zweifel besser daran, wenn es weitere Personen dieser Art nicht aufnähme". (US-Kongreß 1924a, S. 1311)

Das Johnson-Lodge-Einwanderungsgesetz von 1924, das aus Anhörungen vor dem Kongreß resultierte, spiegelte den Einfluß der Intelligenztest- und Eugenikbewegungen deutlich wider und entsprach durchaus dem allgemeineren Geist des ,,Amerikanismus", der zu jener Zeit im Volk bestimmend war. Bereits zuvor, nämlich 1921, war ein vorläufiges Gesetz verabschiedet worden, das dem Prinzip der ,,nationalen Quoten" Geltung verschaffte, dem zufolge die Zahl derjenigen, die jährlich aus einem bestimmten Land hereingelassen wurden, auf 3 Prozent der (aus der Volkszählung von 1910 errechneten) Gesamtzahl derer zu begrenzen war, die bereits aus diesem Land in die Vereinigten Staaten eingewandert waren. Das Johnson-Lodge-Gesetz machte die nationalen Quoten zu einem Daueraspekt der Einwanderungspolitik und setzte sie auf 2 Prozent herab. Noch wichtiger war allerdings, daß die Quoten nun nach Zensusdaten von 1890 errechnet wurden. Die Zugrundelegung der Zahlen von 1890 (statt von 1920) hatte nur einen einzigen Zweck, den die Verfechter dieser Rechnung auch eingestanden: die „neue Immigrationswelle" hatte nach 1890 eingesetzt, und das Gesetz sollte die „biologisch minderwertigen" Menschen aus Südosteuropa fernhalten.

Das Johnson-Lodge-Einwanderungsgesetz hatte die Intention, den Prozeß der rassischen Reinigung zu befördern und das Land vor dem zu bewahren, was Yerkes „die Gefahr einer rassischen Entartung" genannt hatte. Keine zehn Jahre später, als diese slawischen, alpinen, mediterranen und semitischen „Unerwünschten" zur Hauptzielscheibe der eugenischen Rechtserlasse des Dritten Reiches wurden, suchten viele von ihnen dem Konzentrationslager und der Vernichtung durch Flucht in die Vereinigten Staaten zu entkommen. Der Zutritt zu diesem Lande wurde ihnen mit der Begründung verweigert, ihre nationale Quote sei erschöpft. Die Intelligenztester halfen so indirekt mit, das Schicksal von Millionen Menschen zu besiegeln, die dem Völkermord durch die Nazis zum Opfer fielen.

Welche Lehre können wir aus dieser düsteren Geschichte ziehen? Die große Einwanderungsdebatte ist abgeschlossen, und die Opfer des von den Nazis verübten Völkermordes sind tot. Heute gibt es nur noch wenige Intelligenztester, die von einer angeborenen geistigen Unterlegenheit von Russen, Polen, Juden, Italienern und anderen ethnischen Gruppen europäischen Ursprungs ausgehen; aber es gibt immer noch viele, die dem Mythos von den natürlichen geistigen Anlagen anhängen, und zumindest einige denken immer noch, die systematische Vernichtung bestimmter Gruppen von Menschen stelle eine akzeptable Lösung des „Problems der Dysgenik" dar. Mit anderen Worten, es gibt immer noch innenpolitische Probleme, die dem Einwanderungsproblem vergleichbar sind. Und es gibt immer noch Theoretiker (Intelligenztester und Eugeniker eingeschlossen), die behaupten, die gegenwärtigen sozialen Probleme hätten ihren biologischen Ursprung in der angeborenen geistigen Unterlegenheit der unteren Schichten unserer Gesellschaft.

Viele scheinbar wissenschaftliche Versionen des biologischen Determinismus sind inzwischen ihres Scheins gänzlich beraubt. Im Falle des IQ ist das Belegmaterial für hohe genetische Erblichkeit und für Unterschiede zwischen verschiedenen menschlichen Gruppen sogar nachweislich „frisiert", gefälscht oder in anderer Weise grob verzerrt worden. Dennoch findet die Behauptung, menschliches Verhalten sei biologisch bestimmt, weiterhin starke Verbreitung und beachtliches Gehör. Liegt das an der primordialen Schwäche des menschlichen Geistes oder an der wohletablierten Macht gesellschaftlicher Systeme?

5 Genozid: Die Apotheose der Verhaltenskontrolle

Rudolph Virchow (1821–1902) gehörte zu jener Art von Ärzten, die die deutsche Medizin in der zweiten Hälfte des 19. Jahrhunderts in der ganzen Welt zu Ansehen und Ruhm führten. Wiewohl vor allem als Begründer der Zellularpathologie bekannt, leistete er wichtige Beiträge auch auf anderen Gebieten und half mit, die moderne medizinische Praxis auf eine solide wissenschaftliche Basis zu stellen. Auch politisch war er aktiv, als Führer der Liberalen Fortschrittspartei gehörte er zunächst dem preußischen Abgeordnetenhaus und später dem Reichstag an.

Für Virchow bestand die Aufgabe der Medizin darin, die Hindernisse zu erkennen und zu benennen, die dem normalen Fortgang der Lebensprozesse im Wege stehen, und sie zu beseitigen. Er setzte großes Vertrauen in die Kraft und Macht der medizinischen Wissenschaft, von der er sich auch einen Beitrag zur Lösung sozialer Probleme versprach. Wie viele seines Berufsstandes war er der Auffassung, daß Ärzte, die über wissenschaftliche Methoden und Techniken verfügten, mit denen man die Leiden einzelner behandeln konnte, verpflichtet seien, ihr Wissen und ihre Fähigkeiten auch dem Leben der Gemeinschaft als Ganzer zur Verfügung zu stellen. Die von Virchow und anderen gleichgesinnten Reformern geprägte deutsche Medizin des ausgehenden 19. und des beginnenden 20. Jahrhunderts verfolgte das Ideal einer sozial verantwortlichen Gesundheitspflege und die Umsetzung dieses Ideals in staatliche Wirklichkeit. Zu diesem Zweck wurden mehrere Reformen in der medizinischen Ausbildung und in der Krankenversorgung sowie die Anwendung medizinischer Konzepte und Methoden auf allgemeine soziale Problembereiche in Gang gesetzt. Es ist der letzte der genannten Punkte, der mich hier besonders interessiert; dennoch möchte ich auch zu den beiden anderen ein paar Worte sagen.

In der Zeit zwischen 1870 und dem Ausbruch des Ersten Weltkrieges wurde das deutsche System der medizinischen Ausbildung in der ganzen Welt bewundert. Seine Überlegenheit wurde zum Beispiel in den Vereinigten Staaten freimütig zugegeben, und viele ehrgeizige Ärzte reisten von Amerika nach Deutschland, um dort zu studieren. Sie kehrten mit begeisterten Berichten über pflichtbewußte, hingebungsvolle Lehrer, anregende Vorlesungen und Kurse und einen innovativen Geist des wissenschaftlichen Fortschritts nach Hause zurück. Die generell hohe Qualität der deutschen medizinischen Ausbildung verdankte sich zum Teil einem System einheitlicher Maßstäbe und Anforderungen, die der Staat aufstellte und überwachte. Das Reichsministerium des Innern zum Beispiel bestimmte in verschiedenen Punkten den Lehrplan, dem alle 24 medizinischen Fakultäten des Landes folgten.

Indes, die Festsetzung hoher Ausbildungsanforderungen war nur ein Aspekt des staatlichen Eingriffs in die deutsche medizinische Lehre. Der Staat hatte das letzte Wort auch bei der Ernennung der Fakultätsmitglieder und war so in der Lage, die Zahl von Sozialisten, Juden und anderen politisch oder ethnisch ,,unliebsamen Elementen'', die als Ärzte und medizinische Lehrer zugelassen wurden, zu begrenzen. Staatliche Kontrolle der Grundschulausbildung sowie Universitätseingangsprüfungen stellten einen weiteren Mechanismus dar, die Zulassung von Studenten zu den medizinischen Fakultäten zu beschränken. Die tatsächlich dabei verwendeten Kriterien schlossen tendenziell alle Medizinbewerber aus, die nicht aus den eher wohlhabenden und ,,vertrauenswürdigen'' Bevölkerungsschichten stammten. (Lilge 1948, S. 146)

Die rasche Verwandlung Deutschlands von einer Agrargesellschaft in einen modernen Industriestaat nach der politischen Einigung im Jahre 1870 brachte in den achtziger Jahren die gleichen sozialen Probleme, vor denen auch andere wirtschaftlich entwickelte Länder standen: Deutschlands politischer Führer Bismarck ging neue Wege, indem er eine Sozialgesetzgebung initiierte. Er tat dies nicht aus Mitgefühl für das Elend der deutschen Massen, vielmehr hielt er ein paternalistisches System sozialer Kontrollen für das wirksamste Mittel, soziale Unruhe in der Arbeiterklasse zu verhindern. Ein Stück dieser Gesetzgebung, die 1883 im Reichstag verabschiedet wurde, bestand in einem Krankenversicherungsgesetz, das mehr Menschen zu einer medizinischen Versorgung verhelfen und die praktische Gesundheitspflege effektiver machen sollte. Während liberale Reformer wie Virchow diese Sozialisierung der Medizin in dem Wunsch anstrebten, die Lebensqualität in der deutschen Gesellschaft zu verbessern, lehnten die mehr reaktionären Elemente unter den herrschenden Schichten in Deutschland Reformen in aller Regel zugunsten einer Politik der brutalen Unterdrückung ab. Bismarcks Lösung sollte den Anschein der Reform erzeugen und zugleich sicherstellen, daß die sozialen Machthebel in den Händen der Elite verblieben. Oder, wie ein Historiker es ausgedrückt hat, ,,er versuchte, der sozialistischen Propaganda den Wind aus den Segeln zu nehmen und die Massen von ihren rebellischen Führern zu trennen, um sie ihrem väterlichen Herrscher und Beschützer zuzuführen" (Koppel 1966, S. 245).

Die Idee, es könne für die deutschen Unternehmer von Nutzen sein, die Gesundheit der von ihnen Beschäftigten zu schützen, war nicht neu. Bereits 1813 hatte das Rüstungsunternehmen Alfred Krupps ein Krankenversicherungssystem entwickelt. Das Gesetz von 1883 machte, anstatt die Krankenversicherung der direkten staatlichen Kontrolle zu unterstellen, die bereits etablierten Versicherungsgesellschaften zu den alleinigen Bevollmächtigten für die Ausführung des Gesundheitspflegeentwurfs. Als das Tempo der Industrialisierung zunahm und die Versicherungskarteien anschwollen, sank die Qualität der Gesundheitsversorgung, und viele Ärzte stellten besorgt fest, daß Ansehen und Einfluß ihres Berufsstandes gleichfalls abnahmen. Bismarcks ursprünglicher Plan, das Proletariat zu beschwichtigen, hatte das Volk in seiner großen Masse dazu genötigt, sich von privaten Versicherungsgesellschaften abhängig zu machen. Und die Ärzte, auf bloße Angestellte dieser Gesellschaften reduziert, wurden in zunehmendem Maße ,,proletarisiert". Bereits vor dem Ersten Weltkrieg herrschte in der Ärzteschaft eine allgemeine Unzufriedenheit mit dem medizinischen Versicherungskonzept, und als 1922 eine schwere Wirtschaftskrise heraufzog, stellten viele Ärzte, von ihrer sozialen Rolle längst enttäuscht, mit Bestürzung fest, daß sie sich in einer finanziell äußerst mißlichen Lage befanden.

Das heißt, die deutsche Ärzteschaft war am Ende der Weimarer Zeit dem sozialdemokratischen Regime und seiner Politik zutiefst entfremdet. Ungehalten über die bürokratische Ineffizienz der Versicherungsgesellschaften und ärgerlich über die Ohnmacht und Schwäche der Regierung, fanden sich die Ärzte in wachsender Zahl unter jenen Deutschen, die ihre politische Gefolgschaft auf die Sache des Nationalsozialismus übertrugen. 1933, als die Nazis an die Macht kamen, herrschte große Arbeitslosigkeit unter den Ärzten, deren Ansehen keineswegs mehr dem strahlenden Bild vom Arzt als dem „Hohepriester der Natur in der menschlichen Gesellschaft" entsprach, sondern stark gesunken war.

Doch dabei sollte es nicht bleiben. Eine in höchstem Maße gesunde und kräftige „Herrenrasse" war der ideologische Markstein des nationalsozialistischen Parteiprogramms, und als Hitler an die Macht kam, gab seine Partei dem deutschen Arzt eine neue Identität. Es war kein Zufall, daß der erste Grundsatz, der in die Reichsärzteverordnung von 1935 aufgenommen wurde, lautete, „der ärztliche Beruf ist kein Gewerbe". Der Arzt der Nazis sollte aus der Rolle des Arbeitnehmers wieder heraus und zurück in die des geheiligten Heilers – des Beschützers und Hüters der rassischen Reinheit der Nation.

Das Versprechen einer Revolutionierung von Status und Macht des Ärztestandes stellte einen großen Anreiz dar, sich der nationalsozialistischen Sache zu verschreiben. Dennoch, die Leichtigkeit, mit der das nazistische Eugenikprogramm die Unterstützung der Ärzteschaft errang, läßt sich nicht allein von daher begreifen. Die Vision eines gesunden deutschen Volkes, das durch medizinisches Wissen und Geschick erhalten und weiter gestärkt wurde, war keine Nazierfindung. Rassenhygiene war in Deutschland ein bereits wohletabliertes Fachgebiet und der Begriff der Rassenpflege besaß eine hohe Symbolkraft in den Augen der geachtetsten und einflußreichsten sozialen Schichten der Weimarer Republik. Vorschläge für eine umfassende Kontrolle der deutschen Bevölkerung in Form einer Reglementierung ihrer Zeugungsaktivitäten wurden öffentlich diskutiert und waren sowohl in der Ärzteschaft wie in Kreisen der Regierung mindestens fünfundzwanzig Jahre vor dem Machtantritt der Nazis ernsthaft in Erwägung gezogen worden.

Das Dritte Reich war eine Zeit, in der organisierte Massengewalt, wie die Geschichte sie bislang nicht gekannt hatte, sich gegen Millionen von Menschen richtete, die im Lichte der Nazi-Soziobiologie als politisch, rassisch, ethnisch und ökonomisch minderwertig galten.

Die am meisten und am schonungslosesten verfolgten Opfer der Nazigewalt waren die europäischen Juden, und in einem sich über mehrere Jahre hinziehenden Prozeß wurden sie systematisch verfolgt, isoliert, eingesperrt und getötet. Vernichtungs- und Arbeitslager forderten das Leben von fast sechs Millionen Juden – darunter eine und eine halbe Million Kinder. In Osteuropa, wo die große Masse des europäischen Judentums konzentriert war, fanden sie gemeinsam mit ungezählten Millionen anderer Menschen den Tod. Als Jude, der viele seiner Verwandten zwischen 1933 und 1945 an die Nazis verloren hat, war es für mich nicht leicht, die Realität zu begreifen und zu erkennen, daß die „Endlösung der Judenfrage" Teil eines viel allgemeineren rassischen Reinigungsprozesses war, in dem Menschen vernichtet werden sollten, die für deviant, degeneriert, krank, gestört und aus anderen Gründen „lebensunwert" erachtet wurden. Und dennoch ist es Realität, monströse Realität, daß das Vernichtungsprogramm der Nazis eine logische Fortführung soziobiologischer Ideen und eugenischer Lehren war, die nicht speziell mit den Juden zu tun hatten und in Deutschland bereits lange vor dem Dritten Reich in Blüte standen.

Diese Ideen entwickelten sich keineswegs im luftleeren Raum. Sie wurzelten in den von uns bereits erörterten Vorstellungen eines biologischen Determinismus und einer biologischen Hierarchie. Zudem war das in der Einleitung geschilderte Geschehnis – die administrative Massentötung geisteskranker Patienten – eine praktische Übung in Rassenpflege, der soziobiologische Termini jene scheinbar wissenschaftliche Rechtfertigung und Formulierung verliehen, wie sie für eine breite Indoktrination unabdingbar waren. Ich möchte in diesem Kapitel zeigen, daß soziobiologische Ideen einer ganz besonderen Art eine in doppelter Weise einflußreiche Rolle in diesem Prozeß spielten. Erstens lieferten sie die logische Grundlage, von der aus Ärzte und Wissenschaftler „die Vernichtung von lebensunwertem Leben" ersinnen, planen und durchführen konnten, und zweitens trugen sie maßgeblich dazu bei, daß die Nazi-Behauptung, „rassische Qualität" sei das Kriterium für die Beurteilung des Wertes von Individuen und Nationen, aufgestellt und gutgeheißen wurde.

Eugenik war das ideale politische Mittel für eine Verwirklichung der Ziele des Nationalsozialismus in Deutschland. Ich habe bereits davon gesprochen, daß eugenische Konzepte, denen der Völkermord nicht völlig fremd war, in den Vereinigten Staaten und anderswo als intellektuell und politisch achtbar angesehen wurden, lange bevor Hitler an die Macht kam und versprach, sein vom Untergang bedrohtes Volk durch eine radikale biologische Veränderung von seinen schlechten Elementen zu befreien und es damit zu erretten. Wenn wir begreifen wollen, wie der Völkermord zu der zugkräftigen und tödlichen Waffe werden konnte, die er im Dienste der Nazifizierung war, dann müssen wir das Gespinst der Zusammenhänge zwischen der Krise der deutschen Medizin, der Popularität soziobiologischer Ideen und dem damals herrschenden Klima politischer Hoffnungslosigkeit untersuchen.

Die Umstände waren beileibe nicht die von Virchow prognostizierten; aber mit dem Aufkommen des Nationalsozialismus wurden die Ärzte tatsächlich die „Hohepriester der Natur" in der deutschen Gesellschaft. Im Juli 1933, bereits vier Monate nach Hitlers Machtantritt, trat ein Gesetz zur Verhütung erbkranken Nachwuchses in Kraft. Unmittelbar danach wurde die medizinische Wissenschaft zur Hauptwaffe der biologischen Kriegführung im Innern, und die Ärzte, denen die höchste Macht der Verhaltenskontrolle zufiel, wurden zu mächtigen und willigen Partnern bei der Bestimmung und Vernichtung von „lebensunwertem" Leben.

Die theoretischen Grundlagen, auf denen die praktischen Pläne der deutschen Eugeniker basierten, lassen sich bis 1859 zurückverfolgen, dem Jahr, da Charles Darwins Werk *Die Entstehung der Arten* erschien. Wie Kopernikus' Schrift *Von den Umdrehungen des Himmels* mehr als 300 Jahre früher, führte Darwins Buch, das sofort zur Sensation und zum „Bestseller" wurde, eine völlig neue Perspektive der Weltbetrachtung ein, die einen enormen Einfluß auf gesellschaftlich akzeptierte Vorstellungen ausübte. Und wie Kopernikus' Astronomie enthielt auch die Darwinsche Biologie Implikationen, die direkt und unmittelbar als Bedrohung der bestehenden Gesellschaftsordnung aufgefaßt wurden. Dennoch produzierte sie erstaunlich schnell ideologische Ableger, die den herrschenden Mustern der Verhaltenskontrolle ein neues Fundament gaben. Um zu verstehen, warum die Darwinsche Biologie zwei anscheinend gegensätzliche Reaktionen hervorrief, muß man jede einzeln betrachten.

Was den Darwinismus als so bedrohlich erscheinen ließ, läßt sich in einem Satz sagen: Er lieferte eine Beschreibung von der Erschaffung der Welt, ohne vom Schöpfer zu sprechen. Daß er den Schöpfer wegließ, veranlaßte den viktorianischen Politiker William Gladstone zu der Klage, Darwin habe ,,Gott die Mühen der Schöpfung abgenommen", und ließ einen anderen, nämlich Benjamin Disraeli, sagen: ,,Wie lautet die Frage, die der Gesellschaft hier mit einer erstaunlich kecken Selbstsicherheit präsentiert wird? Die Frage lautet: Ist der Mensch ein Affe oder ein Engel? Mein Gott, ich bin auf der Seite der Engel." Darwin selbst bestritt, theologische Schlüsse aus seiner Theorie ziehen zu wollen. ,,Ich sehe keinen Grund", schrieb er in seinem Schlußkapitel, ,,warum die in diesem Buch dargelegten Auffassungen die religiösen Gefühle irgendeines Menschen verletzen sollten."

Dennoch verletzte die Entwicklungslehre die Gefühle vieler Menschen, und dies nicht ohne Grund. Im viktorianischen England bestand der Kern weltlichen Wissens immer noch in der Überzeugung, daß die Stämme, Gattungen und Arten, die ,,die große Kette des Seins" bildeten, ihrem Wesen nach verschieden waren und daß, auch wenn sie sich zum Zwecke der taxonomischen Klassifikation in verschiedener Weise zu Gruppen zusammenfassen ließen, die Unterschiede zwischen ihnen unwandelbar für immer feststanden. Das heißt, das einzige, was sie miteinander gemein hatten, bestand darin, daß Gott sie alle auf einen Schlag geschaffen hatte. Dies zu glauben, verlangte die wortgetreue Interpretation der Heiligen Schrift, und genau diese Auffassung von der natürlichen Ordnung wurde von Darwin in so überzeugender Manier bestritten:

> ,,Mag aber auch vieles dunkel sein und noch lange unaufgeklärt bleiben: auf Grund meiner sorgsamen Studien und des unbefangensten Urteils, dessen ich fähig bin, halte ich trotzdem die Meinung für irrig..., daß nämlich jede Art selbständig erschaffen sein soll. Ich bin fest überzeugt, daß die Arten nicht unveränderlich, sondern daß die zu einer Gattung gehörenden die Nachkommen anderer, meist schon erloschener Arten... sind. Und ebenso fest bin ich überzeugt, daß die natürliche Zuchtwahl das wichtigste, wenn auch nicht einzige Mittel der Abänderung war." (Darwin 1963, S. 29)

Mit anderen Worten, Darwins Theorie verneinte die Existenz invarianter Kategorien oder Klassen zugunsten der Vorstellung eines ständigen Wandels. Der Schlüssel zum Verständnis des Darwinismus liegt also in der Idee der natürlichen Zuchtwahl: jenem Prozeß, in dem Arten und Varietäten von Arten entstehen und unter dem Einfluß sich ändernder materieller Bedingungen vergehen. Und der Schlüssel zum Verständnis des Prozesses der natürlichen Zuchtwahl ist der Gedanke, auf den Darwin im Untertitel* zur *Entstehung der Arten* hinweist, wenn er vom „Kampf ums Dasein" spricht. „Es sei vorausgeschickt", so schrieb er über diesen Begriff, „daß ich die Bezeichnung ‚Kampf ums Dasein' in einem weiten metaphorischen Sinne gebrauche, die die Abhängigkeit der Wesen voneinander, und was noch wichtiger ist: nicht nur das Leben des Individuums, sondern auch seine Fähigkeit, Nachkommen zu hinterlassen, mit einschließt." Was Darwin *nicht* implizieren wollte, war, daß der Kampf ums Dasein allein oder auch nur hauptsächlich aus einer Konkurrenz *innerhalb* der Arten um knappe Mittel bestehe. Er insistierte darauf, die Metapher viel allgemeiner zu gebrauchen, das heißt unter Einschluß des Kampfes, den alle Arten und alle Angehörigen von Arten führen müssen, um angesichts widriger natürlicher Umstände bestehen zu können. So muß eine Pflanze „am Rande der Wüste mit der Dürre ums Dasein kämpfen, obwohl man das ebensogut so ausdrücken könnten: sie hängt von der Feuchtigkeit ab." (Darwin 1963, S. 101) Insgesamt jedoch lautete die Antwort auf die Hauptfrage, weshalb manche Arten und Varietäten von Arten überlebten, während andere verschwänden: „Es überleben die Tüchtigsten." Ein anderer Naturforscher, Alfred Russel Wallace, dessen Ansichten in dieser Frage wir noch genauer betrachten wollen, beschrieb den Prozeß der natürlichen Auslese in eben dieser Weise, als er sagte, „durch die bloße Ausmerzung derer, die an die jeweiligen Gegebenheiten schlechter angepaßt sind, würden nur die Tauglichsten überleben..." Mit anderen Worten, sie überleben, weil „der Krankheit nur die Gesündesten, den Feinden nur die Stärksten, Schnellsten oder Schlauesten, dem Hunger nur die besten Jäger oder diejenigen mit der besten Verdauung entkommen und so fort" (zit. in Bronowski 1973, S. 308).

In dieser Sichtweise lag, wie Darwin selbst schloß, „etwas Erhabenes". Wenn es die sorgfältige und ausführliche Argumentation

* Der engl. Originaluntertitel lautet: „The Preservation of Favored Races in the *Struggle for Life*" (Anm. d. Übers.)

war, die der *Entstehung der Arten* ihre Überzeugungskraft verlieh, so war es der Schluß, der dem Buch die Macht gab zu schockieren. Anstelle der traditionellen Auffassung von der ,,großen Kette des Seins" bot Darwin eine neue Sichtweise der Natur als die richtige an:

,,Aus dem Kampf der Natur, aus Hunger und Tod geht also unmittelbar das Höchste hervor, das wir uns vorstellen können: die Erzeugung immer höherer und vollkommenerer Wesen. Es ist wahrlich etwas Erhabenes um die Auffassung, daß der Schöpfer den Keim alles Lebens, das uns umgibt, nur wenigen oder gar nur einer einzigen Form eingehaucht hat und daß, während sich unsere Erde nach den Gesetzen der Schwerkraft im Kreise bewegt, aus einem so schlichten Anfang eine unendliche Zahl der schönsten und wunderbarsten Formen entstand und noch weiter entsteht." (Darwin 1963, S. 678)

Mit diesen Worten schloß Darwin sein Buch. Auf die darin enthaltene Herausforderung der biblischen Autorität glaubten die gesellschaftlichen Autoritäten unbedingt reagieren zu müssen.

Vielleicht ist es übertrieben zu sagen, daß Politiker wie Gladstone und Disraeli eine nationale Gefahr darin erblickten, daß die ,,Darwinisten" auf dem theologischen Fundament der viktorianischen Gesellschaft herumhackten, es kann jedoch kein Zweifel bestehen, daß die Theologen im Darwinismus eine äußerst gefährliche Bedrohung sahen. Ein paar hundert Jahre früher hatte die Katholische Kirche angesichts neuer Entdeckungen versucht, ihre Sicht des Kosmos den Menschen aufzuzwingen. Der Angriff auf Galilei war, kurzfristig gesehen, erfolgreich gewesen; die moderne Wissenschaft steckte damals noch in den Kinderschuhen. Nun sah es plötzlich so aus, als dringe die Wissenschaft erneut in den zentralen Bereich der Theologie ein und drohe die Definitionsgewalt in der Frage der menschlichen Natur an sich zu reißen. Die Bekämpfung der Darwinschen Irrlehre schien absolut notwendig, und die Bischöfe übernahmen es, die Interessen der Kirche als Institution zu verteidigen.

Die Aufgabe, die Anglikanische Kirche gegen die ketzerische Lehre des Darwinismus auf einem wichtigen Kongreß der Britischen Vereinigung zur Förderung der Wissenschaft, der im Juni 1860 in Oxford stattfand, offiziell zu verteidigen, wurde Samuel Wilberforce, Bischof dieser Stadt, übertragen. Wiewohl Bischof Wilberforce eigens dazu ausersehen war, vor dem Kongreß über die Mängel und Fehler des Darwinismus zu sprechen, ist es durchaus zweifelhaft, ob er *Die Entstehung der Arten* überhaupt gelesen oder bis zu diesem Zeitpunkt jemals wesentliche Gedanken auf den Inhalt der Darwinschen Theorie verwendet hatte. Wahrscheinlicher ist, daß die Wahl hauptsächlich deshalb auf ihn fiel, weil er ein anerkannt guter Redner war. Wie auch immer, am Tag vor seinem Vortrag ließ er sich von einem berühmten Anatomen und Antidarwinisten mit Namen Sir Richard Owen über die Mängel des Darwinismus aufklären.

Charles Darwin war auf dem Kongreß nicht zugegen. Seit der Veröffentlichung seines Buches kränkelte er und lebte sehr zurückgezogen. Mitten in der hitzigen Debatte, die um seine Theorie entbrannt war, erklärte er, er fühle sich nicht wohl; er legte sich in seinem Landhaus zu Bett und überließ es einem jungen Professor für Paläontologie aus London, mit den Anmerkungen des Bischofs fertig zu werden. Sein junger Vertreter hieß Thomas Henry Huxley.

Huxley stellte mit Freuden fest, daß Bischof Wilberforce trotz Owens Nachhilfe von dem wirklichen Inhalt der Darwinschen Theorie absolut nichts wußte. Er sah aber auch, daß Wilberforce ein fähiger Polemiker war und daß er die Abneigung der Zuhörerschaft gegen das, was der Bischof „die Affentheorie" nannte, geschickt ausnutzte. Zuletzt, in einem Gefühl des Triumphes, hielt Wilberforce in seiner Rede inne und stellte, sich an Huxley wendend, in scheinbarer Höflichkeit die berühmte Frage, ob Huxley „großväterlicher- oder großmütterlicherseits vom Affen abzustammen behaupte?" Huxleys Anwort

„war so ruhig und ernsthaft, wie die Frage des Bischofs laut und jovial gewesen war. Er sagte, er sei einzig im Interesse der Wissenschaft hergekommen, und er habe nichts gehört, was der Sache seines Klienten Abbruch tue. Mr. Darwins Theorie sei weit mehr als eine Hypothese. Sie sei die beste Erklärung der Arten, die bislang vorgetragen worden sei. Er spielte auf die offensichtliche Unkenntnis des Bischofs in den Wissenschaften an, um die es hier ging, erklärte kurz und knapp Darwins Hauptgedanken, um dann in noch leiseren und ernsteren Tönen zu sagen, daß er sich nicht schämen würde, einen Affen zum Vorfahren zu haben, wohl aber ‚mit einem Manne verwandt zu sein, der seine großen Gaben dazu benutzt, die Wahrheit zu verdunkeln...' Huxley hatte einen forensischen Mord in wunderbar kunstvoller Einfachheit begangen, indem er zwischen die Fakten und den höchsten viktorianischen Wert, die Wahrheit zu sagen, den Keil der Orthodoxie trieb." (Irvine 1963, S. 5 f.)

Es wird erzählt, der Bischof von Worcester habe, aus Oxford nach Hause zurückgekehrt und bekümmert über das Geschick, das dem armen Wilberforce widerfahren war, beim Tee zu seiner Frau gesagt, dieser schreckliche Professor Huxley habe erklärt, die Menschen stammten von den Affen ab, worauf sie geantwortet haben soll: „Von den Affen! Wie entsetzlich! Wollen wir hoffen, daß das nicht stimmt; wenn es aber so ist, dann wollen wir beten, daß es nicht allgemein bekannt wird." Fragen nach der Richtigkeit oder Unrichtigkeit von Lehrsätzen sind nicht das gleiche wie Fragen nach dem allgemeinen Wissen oder Verständnis. Erstere sind immer Sinnfragen und können von einzelnen mit rationalen Mitteln mehr oder weniger gut beantwortet werden; letztere sind häufig Machtfragen und werden bisweilen von Organisationen geregelt, die sich jeder Waffe bedienen, die ihnen zur Verfügung steht. Die Frau des Bischofs hatte wohl erkannt, daß es bestimmte Ideen gibt, die, wenn „allgemein bekannt", die Sicherheit bestehender Hierarchien aufs äußerste gefährden können. Daß die Lehre von der Entwicklung durch natürliche Zuchtwahl längst nicht so revolutionär war, läßt sich an mindestens zwei Tatsachen ablesen, einer unwichtigen und einer wichtigen. Die unwichtige Tatsache besteht darin, daß Darwin trotz des theologischen Aufruhrs, den das Erscheinen seines Buches entfachte, alsbald eine Art englischer Nationalheld wurde. Als er zwanzig Jahre später starb, wurde er in der Westminster Abbey beigesetzt. Die theologische Debatte war inzwischen auf eine Ebene herabgesunken, auf der noch die heftigste Opposition gegen Darwin einen Kirchenmann zu der Klage veranlaßte, die Ehre, die dem Biologen auf diese Weise zuteil werde, sei der „Beweis dafür, daß England kein christliches Land mehr ist" (White 1955, S. 83).

Die wichtigere Tatsache besteht darin, daß die Entwicklungslehre rasch zur Basis eines Sozialdarwinismus wurde, das heißt einer Sozialphilosophie, die, weit davon entfernt, das Fundament der viktorianischen Gesellschaft zu untergraben, es im Gegenteil weiter befestigte. Mit anderen Worten, Darwins Theorie war nur insoweit revolutionär, als sie eine frühere Hypothese über die Entstehung von Lebewesen entkräftete; ihre soziale Wirkung, sofern es eine solche gab, war von äußerst konservativer Natur. Ein Grund, weshalb die

Darwinsche Theorie sich so leicht in eine elitäre Sozialphilosophie übersetzen ließ, lag darin, daß Darwin selbst die traditionelle theologische Vorstellung von den Arten als einer „großen Kette des Seins" niemals in Zweifel zog (sie vielmehr voll für sich übernahm). In Darwins Terminologie hieß sie „die taxonomische Leiter", aber ganz wie bei ihren Vorläufern lag auch ihre wirkliche Bedeutung darin, daß sie die Existenz einer biologischen Hierarchie implizierte, in der die höheren Organismen an der Spitze und die anderen weiter unten standen.

Darwin selbst scheint dieser Vorstellung stark verhaftet gewesen zu sein, jedenfalls findet sie in der *Entstehung der Arten* immer wieder ihren expliziten Ausdruck. Ihre große Bedeutung für die Sozialphilosophie besteht natürlich darin, daß der Begriff der taxonomischen Hierarchie sich für abschätzige Vergleiche emotionaler, intellektueller, moralischer und anderer Merkmale des Verhaltens zwischen verschiedenen menschlichen Gruppen geradezu anbietet. Wenn auch *Die Entstehung der Arten* Fragen der menschlichen Entwicklung kaum berührt, so tauchten Vorstellungen von einer vermeintlichen Minderwertigkeit verschiedener Gruppen von Menschen in Darwins Schriften sehr wohl auf, und zwar lange bevor das Buch und seine Fortsetzung, *Die Abstammung des Menschen,* erschienen.

Darwins eigener Darstellung zufolge war das wichtigste Ereignis in seinem Leben als Naturforscher die Reise, die er zwischen 1831 und 1836 an Bord der *H.M.S. Beagle* unternahm. Bei seinem Aufbruch war er zweiundzwanzig Jahre alt; und wie er später selbst sagte, verdankte er dieser Reise „die erste wirkliche Ausbildung oder Erziehung" seines Geistes. Erst viel später, in seiner Schrift über *Die Abstammung des Menschen,* beschrieb er den Eindruck, den seine erste Begegnung mit den Eingeborenen auf ihn gemacht hatte:

„Das Erstaunen, welches ich empfand, als ich zuerst eine Truppe Feuerländer an einer wilden, zerklüfteten Küste sah, werde ich niemals vergessen; denn der Gedanke schoß mir sofort durch den Sinn: so waren unsere Vorfahren. Diese Menschen waren absolut nackt und mit Farbe bedeckt, ihr langes Haar war verfilzt, ihr Mund vor Aufregung begeifert und ihr Ausdruck wild, verwundert und mißtrauisch... was mich betrifft, so möchte ich ebenso gern von... Affen abstammen... als von einem Wilden, welcher ein Entzücken an den Martern seiner Feinde fühlt, blutige Opfer darbringt,

Kindesmord ohne Gewissensbisse begeht, seine Frauen wie Sklaven behandelt, keine Züchtigkeit kennt und von dem größten Aberglauben beherrscht wird.“ (Darwin 1875, Bd. II,S. 380)

Zweifellos beurteilte Darwin damit die Feuerländer nach einer Moral, die seinem eigenen sozialen Hintergrund entstammte, und als er Feuerland drei Jahre später wieder verließ, war er davon überzeugt, daß die Feuerländer durch den zivilisierenden Einfluß der ihnen überlegenen Weißen durchaus in vollkommene Europäer verwandelt werden könnten. Das heißt, er war etwas abgekommen von der Ansicht, die Eingeborenen seien von Natur aus unterlegen, und neigte ein wenig der Auffassung zu, ihre Unterlegenheit sei umweltbedingt und eine Zivilisierung möglich. Keine dieser Auffassungen war neu; auch Darwins Meinung (der er in einem auf der Rückreise verfaßten Pamphlet Ausdruck gab), Missionare könnten und sollten hervorragende Arbeit leisten, indem sie Leben und Gewohnheiten der „Wilden“ verändern halfen, war nicht neu.

Darwins Ansichten zur Frage der Hierarchie in der Natur sowie zu einer Reihe weiterer Punkte standen in deutlichem Gegensatz zu den Vorstellungen eines anderen Naturforschers, der praktisch Mitbegründer des Darwinismus war. Wir sprechen von Alfred Russel Wallace. Im Unterschied zu Darwin, der in einer gutsituierten Akademikerfamilie aufwuchs und eine erstklassige Universität besuchen konnte, war Wallace in armen Verhältnissen geboren und aufgewachsen und hatte niemals eine schulmäßige wissenschaftliche Ausbildung erhalten. Er war jedoch von der Welt der Flora und Fauna fasziniert und hatte eine Möglichkeit gefunden, seine praktischen Studien dadurch zu finanzieren, daß er in allen Regionen der Welt Spezimina sammelte und sie an Museen und Sammler in England verkaufte. 1848, also lange nachdem Darwin seine Reise auf der *Beagle* beendet hatte, aber mehr als zehn Jahre vor Erscheinen der *Entstehung der Arten* begab sich Wallace auf eine Reise um den Erdball, um exotische und bis dahin unbekannte Lebensformen zu beobachten. Es war ihm unvorstellbar, daß diese nahezu unendliche Vielfalt an Lebendigem, der er begegnete, auf einen einzigen Schlag erschaffen worden sein sollte, und die Implikationen dessen, was er da sah, führten Wallaces Denken auf einen ähnlichen Weg wie Darwin.

Wallace war bereits zu dem Schluß gelangt, daß Verschiedenheit und Verbreitung der Arten das Resultat irgendeines Entwicklungsprozesses seien, als er im Februar 1858 auf einer kleinen Insel zwischen Neuguinea und Borneo an einem Fieber erkrankte. Im Laufe dieser Krankheit entstand in Wallace der Gedanke vom Überleben der Tüchtigsten; er kam ihm, als er sich mit Malthus' Theorie über die Faktoren beschäftigte, die das Wachstum der menschlichen Bevölkerung begrenzen. Sobald er gesundheitlich einigermaßen wiederhergestellt war, skizzierte er seine Gedanken und sandte eine kurze Darlegung an Darwin, von dem er wußte, daß er sich für Evolution interessierte. Darwin war von der Übereinstimmung ihrer Gedanken verblüfft. Er hatte mehr als zwanzig Jahre an der Theorie gearbeitet und stand kurz vor dem Abschluß seines Buches über *Die Entstehung der Arten*. Um diese Übereinstimmung zu dokumentieren und zu feiern, wurde vereinbart, daß auf einer Tagung der Londoner Linné-Gesellschaft zwei von Darwin und Wallace verfaßte Kurzreferate in beider Abwesenheit vorgetragen werden sollten. Als allerdings ein Jahr später *Die Entstehung der Arten* erschien, geriet Wallaces Namen zunehmend in Vergessenheit.

Während ihre Evolutionstheorien sich parallel entwickelten, befanden sie sich in ihrer persönlichen Einstellung zu primitiven Völkern in einem diametralen Gegensatz. Darwin neigte dazu, die Eingeborenen auf Distanz zu halten und pflegte nur wenig Kontakt mit ihnen. Wallace dagegen lebte acht Jahre lang unter den Einwohnern von Südamerika, und sein bleibender Eindruck war der von Staunen, Freude und Respekt. Loren Eiseley zufolge ,,hat Wallace nichts von dieser rassischen Überheblichkeit, die in wissenschaftlichen Kreisen des 19. Jahrhunderts so oft sichtbar wird".

,,Je mehr ich von unzivilisierten Menschen sehe und erfahre, um so besser denke ich über die menschliche Natur", schrieb er einem Freund im Jahre 1855, ,,und die wesentlichen Unterschiede zwischen zivilisierten und wilden Menschen scheinen zu verschwinden." (Eiseley 1961, S. 303)

Es ist anzunehmen, daß Darwin die Vorstellung, sein Leben, das Leben eines kultivierten Engländers, gegen das eines südamerikanischen indianischen Dorfbewohners einzutauschen, mit Entsetzen erfüllt hätte, und es schien ihm sowohl sinnvoll wie auch wünschenswert, die Eingeborenen auf den ,,zivilisierteren" Weg zu führen. Wallace, vielleicht weil er sich biologisch weniger überlegen fühlte, war sich der Überlegenheit seiner gewohnten Lebensweise weit weniger sicher. Jedenfalls ist offensichtlich, daß Wallace die Auffassung, Wilde seien körperlich und geistig minderwertig, ablehnte. In einem im Jahre 1869 veröffentlichten Artikel wandte er sich nachdrücklich gegen das herrschende Vorurteil, der Stand der moralischen und intellektuellen Entwicklung bei sogenannten primitiven Völkern sei niedrig, und wies speziell die Vorstellung zurück, mit Daten über die jeweilige Größe unterschiedlicher Gehirne lasse sich der europäische Ethnozentrismus rechtfertigen, denn ,,die natürliche Zuchtwahl hätte den Wilden mit einem Gehirn ausgestattet, das dem des Affen nur geringfügig überlegen wäre, während er in Wirklichkeit eines besitzt, das dem des Durchschnittsmitgliedes unserer gebildeten Gesellschaften kaum unterlegen ist (Wallace 1869, S. 359 ff.). Irgendwie schaffte es Wallace, an der Vorstellung der Entwicklung durch natürliche Auslese festzuhalten, ohne dem dogmatischen Extremismus einer Hierarchietheorie zum Opfer zu fallen.

Wallace und Darwin hatten trotz ihrer divergierenden Beurteilung primitiver Völker eine weitere Gemeinsamkeit. Aus Darwins *Autobiographie* geht hervor, daß er irgendwann 1838 zufällig und ,,zum Vergnügen" Malthus' Abhandlung *Über das Bevölkerungsgesetz* las und von dem Gedanken beeindruckt war, der Kampf ums Dasein führe, indem er einige Varietäten zu Lasten anderer begünstige, zur Bildung neuer Arten. Diese bemerkenswerte Koinzidenz sollte indes nicht über den wichtigen Punkt hinwegtäuschen, daß sowohl Wallace wie Darwin das Kernelement für die Theorie der natürlichen Zuchtwahl nicht aus praktischen Studien, sondern aus der Reflexion über die Implikationen ihrer Arbeit auf dem Gebiet der Sozialphilosophie gewonnen hatten.

Wie ich bereits gesagt habe, waren die Wellen der Aufregung und Empörung, die der Darwinismus spontan auslöste, relativ kurzlebig im Vergleich zu dem viel länger anhaltenden Versuch, die Theorie der Entwicklung durch natürliche Zuchtwahl auf die menschliche Gesellschaft anzuwenden. In der *Entstehung der Arten* ist von menschlicher Höherentwicklung höchstens in zarten Andeutungen die Rede; dennoch ließ die Botschaft des Buches keinen Zweifel daran, daß Darwin nicht nur den biblischen Schöpfungsbericht widerlegen, sondern auch den Kampf ums Dasein und den Begriff der biologischen Hierarchie auf den Bereich der menschlichen Existenz ausdehnen wollte. Im viktorianischen England bot sich eine solche

Ausweitung des Darwinismus auf menschliche Angelegenheiten ganz unmittelbar zur Erklärung dessen an, was in Industrie und Wirtschaft, international und zuhause, bereits im Gange und Praxis war, nämlich die Ausweitung des Industriesystems, die Entstehung eines Laissez-faire-Kapitalismus, die Expansion des Britischen Imperiums und die Aufrechterhaltung einer hierarchisch gegliederten Gesellschaftsordnung. Die führenden Biologen und Sozialtheoretiker jener Tage sahen in der Vervollkommnung der Menschen in einem Prozeß der Evolution durch natürliche Zuchtwahl eine natürliche Voraussetzung für die Vervollkommnung der menschlichen Gesellschaft durch industriellen, wirtschaftlichen und sozialen *Fortschritt*. Hier ist der Anfang der modernen Verschmelzung von sozialer und biologischer Theorie, der Punkt, an dem die Themen des biologischen Determinismus und der biologischen Hierarchie beginnen, ihre heutige Form anzunehmen, zunächst als Sozialdarwinismus und neuerdings als Soziobiologie.

Nachdem das Prinzip der natürlichen Zuchtwahl weithin als *die* Erklärung für die Entstehung der Arten akzeptiert ist, kann Kritik an den Darwinschen Vorstellungen von der menschlichen Natur und der menschlichen Gesellschaft heute leicht als Ablehnung von Darwins Hauptthese, die Menschen stammten von einer frühen Gruppe prähominider Primaten ab, mißverstanden werden. Meine Absicht ist es, die aus der Evolutionstheorie abgeleiteten Vorstellungen eines biologischen Determinismus und einer biologischen Hierarchie zu untersuchen und zu zeigen, daß sie ideologisch verzerrt sind und für die Erklärung der Umstände der sozialen Existenz des Menschen in der modernen Gesellschaft nichts leisten. Zunächst möchte ich betonen, daß es mir nicht darum geht, die Evolutionstheorie als solche zurückzuweisen, sondern nur darum, gewisse Fehler und Konsequenzen aufzuzeigen, die in sozialdarwinistischen und soziobiologischen Versuchen stecken, die Analyse der menschlichen Gesellschaft auf den Status eines biologischen Problems zu reduzieren. Die menschliche Existenz ist eine biologische Tatsache, dennoch kann der Charakter menschlichen Verhaltens in der menschlichen Gesellschaft nicht im Sinne einer eindimensionalen soziobiologischen Analyse erklärt werden. Dies ist jedenfalls meine Überzeugung, und ich werde sie in der folgenden Diskussion zu verteidigen suchen.

Die Vorstellung von einem Kampf zwischen einzelnen Menschen inmitten von Mangel war eine bekannte Gesellschaftsdoktrin, lange bevor Darwin und Wallace sie zur Grundlage der Theorie der natürlichen Zuchtwahl machten. Tatsächlich war ,,der Kampf ums Dasein" ein in der viktorianischen Gesellschaft gern benutztes Schlagwort, das bereits mehr als zehn Jahre vor Erscheinen der *Entstehung der Arten* in jenem Diskurs Verwendung fand, den wir heute als den sozialdarwinistischen bezeichnen. Die Argumente zugunsten dieser Sichtweise wurden am umfassendsten oder doch zumindest mit der größten Konsequenz von Herbert Spencer entwickelt. Spencer verdanken wir die gräßliche Vorstellung, die Natur als Ganze sei ,,an Zähnen und Klauen rot von Blut". In seinem Buch *Social Statics* versuchte er den Beweis zu führen, daß das räuberische Verhalten der viktorianischen Gesellschaft nur der natürliche und unvermeidliche soziale Ausdruck des riesigen und unaufhörlichen Kampfes ums Dasein sei, den alle lebenden Arten um ihr Überleben führten.

Typisch für Spencers soziobiologische Vorstellungen ist seine Argumentation gegen die Sozialgesetzgebung, die in einigen Teilen des Landes zur Linderung des Elends der Armen vorgeschlagen wurde:

> ,,Die Armut der Unfähigen, das Elend, das über die geistig Armen kommt, der Hungertod der Untätigen und das Niederdrücken der Schwachen durch die Starken, dies alles folgt dem Ratschluß einer großen weitsichtigen Güte. Wir müssen in jenen falsche Menschenfreunde sehen, die, um das gegenwärtige Elend zu verhüten, weit größeres Elend über zukünftige Generationen bringen. Alle Verfechter der Armengesetzgebung gehören in diese Kategorie. Die harte Notwendigkeit, die, läßt man sie wirken, den Faulen die Sporen gibt und dem Zufall die Zügel anlegt, möchten diese Freunde der Unterstützungsempfänger außer Kraft setzen. Blind für die Tatsache, daß unter der natürlichen Ordnung der Dinge die Gesellschaft ihre kränklichen, schwachsinnigen, schwerfälligen, schwankenden, unzuverlässigen Mitglieder beständig aussondert, befürworten diese gedankenlosen Menschen ein Eingreifen, das nicht nur den Reinigungsprozeß unterbindet, sondern die Verunreinigung steigert." (Spencer 1888, S. 353)

Den Kern der Spencerschen Argumentation bildete die Behauptung, das Elend der unteren Schichten hänge mit gewissen Mängeln ihres moralischen Charakters zusammen und diese Mängel seien letztlich in ihrer angeborenen biologischen Minderwertigkeit begründet. Mit anderen Worten, Spencer meinte, in dem in der menschlichen Gesellschaft groß geschriebenen ,,Überleben der Tüchtigsten" eine Entscheidung der Natur, ein Naturgesetz erkennen zu können.

Diese Analyse dürfte sich kaum im Widerspruch zu der Auffassung von Männern wie Mr. G.A. Lee befunden haben, Besitzer einer großen Baumwollmühle, in der viele Kinder täglich von sechs Uhr morgens bis acht Uhr abends arbeiteten. Obwohl er wenig Ambitionen als Soziobiologe besaß, teilte Mr. Lee Spencers moralische Vorurteile und vor allem seine Überzeugung von der günstigen Wirkung von Not und Elend auf die Produktivität sowie seinen Wunsch, die Tugend der Sorgfalt und der Leistungsfähigkeit auf seiten der arbeitenden Armen zu fördern. ,,Nichts ist besser für die Moral", räsonierte Mr. Lee, ,,als an Unterordnung, Fleiß und Regelmäßigkeit gewöhnt zu sein." (Hammond, Hammond 1932, S. 65)

Zu diesem Zweck wandten Mr. Lee und andere Unternehmer Methoden der Verhaltenskontrolle an, die sich unmittelbar anboten. Sie bestanden hauptsächlich im Zahlen niedriger Löhne (positive Verstärkung), in gelegentlichen Prügeln (Strafe) und in der Festsetzung von Geldbußen für Regelverletzungen verschiedener Art (negative Verstärkung). Die ersten beiden Methoden bedürfen kaum eines weiteren Kommentars, letztere sei durch ein Beispiel illustriert: In einer Spinnerei in der Nähe von Manchester mußten Kinder und Erwachsene vierzehn Stunden pro Tag bei Temperaturen von über 80° Fahrenheit arbeiten, ohne daß sie nach Trinkwasser schicken durften, und wenn sie ein Fenster öffneten, schmutzige Hände hatten, ihre Hände wuschen oder vor sich hin pfiffen, wurden sie mit Strafen von einem Schilling und mehr belegt. Das schärfste Mittel der Verhaltenskontrolle war natürlich die ständige Drohung, entlassen zu werden; anders ausgedrückt, Nichtbeschäftigung war eine schwere Form von negativer Verstärkung, und Bestrafung bedeutete bisweilen Hunger oder Hungertod.

Wenn sich diese und andere Methoden der Verhaltenskontrolle auch (wie von mir selbst praktiziert) in der Sprache der modernen Psychologie beschreiben lassen, so waren sie dennoch keineswegs sehr subtil. Zweifellos könnte ein Verhaltenspsychologe sich Möglichkeiten ausdenken, wie Arbeiter in Spinnereien und anderswo ihre Arbeitsprogramme effizienter erfüllen, und sich dabei auf weniger grausame und punitive Methoden stützen. Dennoch, das Beispiel macht explizit, was in allen Diskussionen (ob alte oder neue) über Verhaltenskontrolle in hierarchisch organisierten gesellschaftlichen Institutionen stets verdeckt bleibt, daß nämlich im Kontext einer hierarchischen Gesellschaftsordnung die Verhaltenskontrolle von oben nach unten und die Konformität von unten nach oben erfolgt. Das heißt, alle diese Diskussionen sind in Wirklichkeit Diskussionen über die Macht einiger Leute (derer an der Spitze) über andere Leute (die am unteren Ende der Skala). Dies ist ein Aspekt des Problems, der im Eifer des speziellen Plädoyers für eine moralisch und ethisch neutrale Wissenschaft der Verhaltenskontrolle häufig übersehen wird.

Doch die Kontrolle des Verhaltens von Industriearbeitern mittels harter Beschäftigungspraktiken war nicht die einzige Maßnahme im Sinne einer Verhaltenskontrolle, die aus angeblicher Sorge um das moralische Wohlergehen der Armen ergriffen wurde. Spencers Behauptung, der ,,Reinigungsprozeß" der Natur dürfe nicht durch irregeleitete Bemühungen um eine Sozialgesetzgebung gestört werden, gab denen, die Dinge wie ein allgemeines öffentliches Schulwesen ablehnten, soziobiologische Rückendeckung, wie zum Beispiel aus der vom Präsidenten der angesehensten wissenschaftlichen Organisation Englands, der Royal Society, vorgetragenen Argumentation zu ersehen ist:

> ,,Den arbeitenden Massen der Armen eine Ausbildung zu geben... würde sich in Wirklichkeit nachteilig auf ihre Moral und ihr Glück auswirken; sie würde sie lehren, ihr Schicksal zu beklagen, statt sie zu guten Bediensteten in der Landwirtschaft und in anderen anstrengenden Arbeitsbereichen zu machen, für die ihr Rang in der Gesellschaft sie bestimmt hat... sie würde sie in die Lage versetzen, aufrührerische Pamphlete zu lesen... sie würden ihren Herren gegenüber aufsässig werden." (Hammond, Hammond 1932, S. 57)

Spencers soziobiologische Theorie erschien zu einem Zeitpunkt, da die schablonenhaften Regeln einer hierarchischen sozialen und ökonomischen Organisation allgemein bestimmend waren. De facto lieferte sie den Stempel der Billigung von seiten der Biologie für die herrschende politische und wirtschaftliche Struktur der viktorianischen Gesellschaft. Obwohl er die Tatsache, daß Theorien der politischen Ökonomie durchweg auf Theorien von der menschlichen Natur basieren und daß Vorstellungen von einer biologischen Rangordnung ein wesentlicher Bestandteil der klassischen ökonomischen Theorie sind, nicht zu sehen schien, charakterisierte einer der führenden Politökonomen des 19. Jahrhunderts, John Cairnes, diesen Zusammenhang einer zirkulären Rückkopplung und seine Implikationen für Fragen der Verhaltenskontrolle sehr treffend mit Begriffen aus seinem eigenen Spezialgebiet:

„Die politische Ökonomie tritt sehr häufig und vor allem, wenn es um die Arbeiterklassen geht, im Gewand eines dogmatischen Kodexes auf... eines Systems, das Vorschriften verkündet, einen bestimmten gesellschaftlichen Zustand ‚billigt' und einen anderen ‚verurteilt' und *von den Menschen kein Nachdenken, sondern Gehorsam verlangt.* Wenn wir uns einmal die Art der Vorschriften ansehen, die in der Regel ergehen... – Vorschriften, die größtenteils auf eine volle Bestätigung der bestehenden Gesellschaftsform als der nahezu perfekten hinauslaufen – dann werden wir, wie ich meine, auch in der Lage sein, die Abneigung und sogar den heftigen Widerstand zu verstehen, die Menschen ihnen entgegenbringen, die durchaus ihre Gründe haben, für unser heutiges Industriesystem nicht jene hemmungslose Bewunderung zu empfinden, die einige Interpreten sogenannter ökonomischer Gesetze verspüren." (Cairnes 1873, S. 260 f.)

Cairnes erschien es „nicht unnatürlich, daß (die politische Ökonomie) als ein System beargwöhnt wird, das möglicherweise im Interesse der Unternehmer erdacht ist und das denkende Arbeiter nur ablehnen, das anzuerkennen sie sich nur weigern können". Mir scheint, die Lehrmeinungen der Soziobiologie verdienen es, mit ähnlichem Argwohn betrachtet zu werden, und sofern sie sich als ähnlich voreingenommen erweisen, sind auch sie abzulehnen, ist auch ihnen die Anerkennung zu versagen.

Die konkrete Form der soziobiologischen Argumentation variiert je nach Stand der aktuellen biologischen Theorie und Charakter der sozialen (realen oder theoretisch konzipierten) Umstände, die sie gutheißen soll. In Spencers Fall gab es zwar die moderne Evolutionstheorie noch nicht, doch war der Begriff vom „Überleben der Tüchtigsten" durchaus gebräuchlich. Er war für Spencer der Schlüssel zur Erklärung der essentiellen biologischen Unvermeidlichkeit politischer und ökonomischer Strukturen im Sinne eines Laissez-faire. Ziel seiner Argumentation im engeren Sinne war es zu beweisen, daß die räuberischen Wesenszüge, die sich allseits in der viktorianischen Gesellschaft zeigten, biologisch determiniert seien, in der Natur der menschlichen Art lägen, und daß deshalb die Räubereien „ertragen werden *müssen* und die Leiden erduldet werden *müssen*... keinerlei Reformen, die die Menschen jemals in Gang setzten oder jemals in Gang setzen werden, können sie auch nur um ein Jota verringern" (Spencer 1888, S. 355 f.).

Um seine Behauptungen zu belegen, begann Spencer – genau wie viele andere Soziobiologen auch – damit, daß er just jene Aspekte von Gesellschaft, die er zu erklären beabsichtigte, als jedem vernünftigen Beobachter sowieso plausibel, das heißt als Selbstverständlichkeiten darstellte. Jedermann, der um 1850 in England lebte, mußte einfach sehen, daß die gesellschaftliche Wirklichkeit von einem riesigen Kampf ums Dasein geprägt war, der zu großen Unterschieden zwischen den oberen und den unteren Schichten in bezug auf Vermögen, Macht und Lebensbedingungen führte. Spencer schmuggelte jedoch eine Reihe von Behauptungen in seine Darstellung hinein, die die ansonsten naheliegende Überlegung verhindern sollten, daß einige Formen sozialer Ungleichheit auf Faktoren zurückgingen, die der speziellen und obwaltenden gesellschaftlichen Organisation immanent waren und mit sozialen Mitteln durchaus verändert werden konnten. In bezug auf Armut zum Beispiel wurde biologischer Determinismus in Verbindung mit einer Beschreibung behauptet, in der zur Charakterisierung der Armen nicht weniger als acht stark wertende Adjektive benutzt wurden. Das Resultat war ein Bild, das die Armen als Menschen zeigte, denen es an jeder moralischen Tugend fehlte und die deshalb für ihr eigenes Elend selber verantwortlich waren. Ich möchte zeigen, daß das Paradigma einer soziobiologischen Argumentation, deren Ziel die Rechtfertigung der bestehenden sozioökonomischen Rangordnung ist, häufig in dem besteht, was William Ryan (1971) so treffend mit „Beschuldigung des Opfers" bezeichnet hat. Die von Spencer in diesem Zusammenhang verwandten Worte – faul, schwach, lahm, ziellos, kränklich, geistesschwach, schwerfällig und unzuverlässig – sollten offenkundig angeborene Eigenschaften der Angehörigen der unteren Schichten bezeichnen, die die Natur (die sich gegen menschliches „Eingreifen" sperrt) zuverlässig und gütig aus der menschlichen Gesellschaft „aussondern" wolle. Dem Leser der Spencerschen Argumentation wurde so anheimgestellt, den unvermeidlichen Schluß zu ziehen, daß Menschen mit den entgegengesetzten Eigenschaften, nämlich Fleiß, Stärke, Energie, Zielstrebigkeit, Gesundheit, Intelligenz, Beweglichkeit und Zuverlässigkeit natürlich in den oberen Klassen zu finden waren.

Nachdem er so das Problem der Armut in voller Übereinstimmung mit seinen eigenen sozialen Vorurteilen definiert hatte, wartete Spencer mit einem Kunstgriff auf, den die Logiker Irreführung durch Äquivokation nennen. Die Irreführung durch Doppeldeutigkeit impliziert die bewußte Verwendung eines Begriffs oder einer Redewendung in mehr als einem Sinne innerhalb derselben Argumentation. Spencer ist zweideutig in seinem Gebrauch des Begriffs ,,Vorschrift" oder ,,Gesetz", wenn er damit einerseits ein Naturgesetz (zum Beispiel ,,die Gesetze einer großen weitsichtigen Güte") und andererseits ein juridisches oder von Menschen gemachtes Gesetz (wie das ,,Armengesetz") meint. Da ein Naturgesetz seiner Definition nach nicht verletzt werden kann, hat der Gebrauch des Begriffs ,,Gesetz" in diesem Sinne den Effekt, die Erörterung sozialer Fragen aus dem Bereich menschlicher Intention heraus in den Bereich des biologischen Determinismus zu verlagern.

Eine weitere und interessantere Doppeldeutigkeit in Spencers Argumentation ergibt sich im Zusammenhang mit der Vorstellung vom ,,Überleben der Tüchtigsten", die, wenngleich in den von mir zitierten Passagen längst nicht so wortreich dargelegt, offensichtlich das Naturgesetz ist, an das Spencer dachte, als er auf das Gesetz verwies, nach dem die natürliche Ordnung die wertlosen Mitglieder der Gesellschaft ,,aussondert". Der Leser soll also Spencer zufolge begreifen, daß die fraglichen Personen nicht nur moralisch, sondern auch biologisch nicht zum Überleben tauglich sind. Heute haben wir eine recht genaue Vorstellung davon, was Spencer mit der ersten Doppeldeutigkeit wollte. Was aber bezweckte er mit der zweiten? Um diese Frage beantworten und um zeigen zu können, wo die Doppeldeutigkeit ins Spiel kommt, müssen wir uns ins Gedächtnis rufen, in welcher Weise Wallace und Darwin das Wort vom ,,Überleben der Tüchtigsten" gebrauchten.

Im Sinne der Entstehung der Arten durch natürliche Zuchtwahl hat ,,Tüchtigkeit" eine sehr spezielle technische Bedeutung. Der beste Weg, zwischen Spencers Art, diesen Begriff zu verwenden, und der Art, in der er in einem biologischen Sinne richtig benutzt wird, zu unterscheiden, besteht vielleicht darin zu zeigen, daß er in der zweiten Bedeutung auf Menschen und auf Pflanzen gleichermaßen angewandt werden kann. Das bedeutet nicht, daß es ,,gute“ und ,,schlechte“ Pflanzen gibt, sondern nur, daß manche Pflanzen unter bestimmten Bedingungen überleben können und andere nicht. Soll heißen, die einzige Bedeutung von Tüchtigkeit – im Sinne der Evolutionsbiologie – ist die Fähigkeit zum Überleben und zur Reproduktion.

Diese Definition birgt kein Geheimnis; und wiewohl Darwins Theorie zu dem Zeitpunkt, da Spencer seine Abhandlung schrieb, noch nicht veröffentlicht war, war doch der Begriff vom ,,Überleben der Tüchtigsten“ längst im Gebrauch und diente, auch als die biologische Definition auf dem Tisch lag, weiterhin als Schlagwort. Wenn ein Organismus lebt und sich reproduziert, ist er biologisch nicht untüchtig, was immer er sonst sein mag. Wir erinnern uns in diesem Zusammenhang, daß eins von Darwins Kriterien für Überlebenstüchtigkeit in einer ,,erfolgreichen Hinterlassenschaft von Nachkommen“ bestand. Wenn man dieses Kriterium auf Menschen verschiedener sozialer Klassen anwenden wollte (wie viele von Spencers soziobiologischen Nachfolgern es getan haben), dann würde sichtbar werden, daß die verelendeten Massen, deren ,,zügellose Zeugungsgewohnheiten“ den Pastor Malthus so entsetzt haben, biologisch tüchtiger sind als irgend jemand sonst.

Ehe wir dazu übergehen, neuere Beispiele soziobiologischen Denkens zu untersuchen, wollen wir noch einen weiteren aufschlußreichen Fehler in Spencers These aufzeigen. Spencer hielt sich selbst für einen großen Optimisten. Sein ,,Progressivismus“ (der seinen Ausdruck in seinem Eintreten für eine politische Ökonomie des Laissez-faire fand) beruhte auf der Vorstellung, daß durch das unbarmherzige Gesetz des Kampfes, das die ganze Welt bestimme, die Menschheit sich zu ,,höchster Vollkommenheit und zu größtem Glück“ (Spencer 1862) entwickle. Die Natur, sich selbst überlassen und frei von menschlichen Eingriffen in Form von ,,Weltverbesserungsprogrammen“, vermöge unablässigen und unvermeidlichen Fortschritt zu gewährleisten, indem sie gütig die Untüchtigen aussondere, analog der Räuber-Beute-Beziehung in der Tierwelt, in der die Aufgabe des Räubers darin bestehe,

„die Kränklichen, Mißgebildeten und die am wenigsten Flinken oder Kräftigen auszumerzen... (Das heißt) jede Verunreinigung der Rasse durch Vermehrung ihrer minderwertigen Exemplare wird vermieden; und die Erhaltung einer an die Umwelt voll angepaßten und deshalb zu höchsten Glücksempfindungen fähigen Körperkonstitution ist gewährleistet." (Spencer 1888, S. 353)

Was kann „Glück" in diesem Zusammenhang heißen? Ich kann nicht auf die Erfahrung von einzelnen Mitgliedern einer Art verweisen, weil der Prozeß der Darwinschen natürlichen Zuchtwahl, indem er die Beute, die weniger gewandt flieht, aussondert, zugleich eine Rasse von geschickteren Jägern hervorbringt. Der Begriff der Vervollkommnung ist verfehlt, weil das räuberische Leben eine Situation impliziert, in der das *relative* Maß der Unsicherheit unverändert dasselbe bleibt. Wie die meisten Formen soziobiologischen Denkens basiert auch Spencers Argumentation auf einer Analogie zwischen Tierwelt und menschlicher Gesellschaft, deren Prämissen ihre Schlüsse nicht rechtfertigen. Doch für die Apostel des ökonomischen Wettkampfes im Stile des Laissez-faire ließ die Anziehungskraft des Sozialdarwinismus Fragen der Logik weit hinter sich zurück. Für Männer wie Andrew Carnegie und John D. Rockefeller war Evolution entweder ein Ersatz für Theologie (Carnegie) oder die direkte Verwirklichung der Gesetze Gottes in den Geschäften der Menschen. So fielen für Rockefeller die kleinen Unternehmen, die er bei seinem Aufstieg zur Macht niedertrat, nicht der menschlichen Gier und Finanzkraft zum Opfer, sie erlagen vielmehr einem Naturgesetz und einer sozialen Unausweichlichkeit. (S. Hofstadter 1955, S. 45)

In den fünfzig Jahren nach Erscheinen von Spencers *Social Statics,* vor allem aber nach Bekanntwerden der Entwicklungslehre und der Etablierung der modernen Genetik tauchten Theorien des biologischen Determinismus in immer neuen Versionen auf, obwohl das Grundthema im wesentlichen unverändert blieb und Soziobiologen weiterhin Schlüsse auf der Basis von Prämissen zogen, aus denen sie nicht folgten, und zur Erklärung von fatalen Widersprüchen in ihrer Argumentation immer wieder neue Konzepte und Begriffe erfanden. Zu ihnen gehörte neben anderen Sir Charles Galton, dessen Eugenik-Konzept in England und Amerika wirkte, ehe es im Dritten Reich in Deutschland seine extremste Ausprägung fand.

In Deutschland – wie in England und in den Vereinigten Staaten – bestand ein erhebliches Interesse an Eugenik bereits vor der Jahrhundertwende. Erinnern wir uns, daß deutsche Ärzte und Medizinwissenschaftler, die ihre bürokratische Bevormundung durch die großen Versicherungsgesellschaften satt hatten, nostalgisch in eine ruhmreiche Vergangenheit zurückblickten, in der die Praxis der Medizin noch nicht spezialisiert und vielfach unterteilt war. Genauer, sie wünschten sich die ,,Ganzheitsbetrachtung" – die Behandlung und Versorgung der ,,gesamten Person" zurück. Für die Vertreter der Ganzheitsbetrachtung innerhalb des Ärztestandes war es nur ein kleiner und einfacher Schritt zu der Überlegung, daß Ärzte nachhaltig an der Bewahrung der Gesundheit des Volkes als Ganzem beteiligt sein müßten. Die Eugenik, mit ihrem Versprechen von Fortschritt durch bessere Züchtung, schien der Ärzteschaft einen Rahmen zu bieten, in dem sie ihre innere Aufspaltung aufheben und gleichzeitig das Ideal einer universellen menschlichen Gesundheit verfolgen konnte. (S. Bumke 1929, S. 19)

Ein früher deutscher Exponent der Eugenik war der praktizierende Arzt Dr. Alfred Ploetz, der 1895 ein Buch mit dem Titel *Grundlinien der Rassenhygiene. Die Tüchtigkeit unserer Rasse und der Schutz der Schwachen. Ein Versuch über Rassenhygiene und ihr Verhältnis zu den humanen Idealen, besonders zum Sozialismus* veröffentlichte. Es versuchte auf eine Weise, die an Spencer und Galton denken läßt, zu zeigen, daß falschverstandene Menschenfreundlichkeit die Qualität der Rasse dadurch bedrohe, daß sie dem Schutz ihrer schwachen Mitglieder den Vorrang gebe. Genau wie in den Vereinigten Staaten wurde auch in Deutschland die Möglichkeit, Probleme der industriellen Effizienz und des nationalen Schicksals mit Hilfe der Eugenik anzugehen, schnell erkannt, und im Jahre 1900 verkündete der Chef der größten deutschen Waffenfabrik, Alfred Krupp, das Unternehmen veranstalte und finanziere einen Aufsatzwettbewerb: Der Sohn und Erbe des Firmengründers, Friedrich Alfred Krupp, hatte eine Geldsumme bereitgestellt, die der erhalten sollte, der die Aufsatzfrage ,,Was lehrt uns die Evolutionstheorie im Hinblick auf die innere politische Entwicklung und die Gesetzgebung von Staaten?" am besten beantwortete.

Während der leitende Gedanke hinter dem gesamten Sozialdarwinismus ohne Zweifel darin bestand, daß die Lehre von der Entwicklung durch natürliche Zuchtwahl wichtige Implikationen für die Organisation der menschlichen Gesellschaft enthalte, geht aus den späteren Ereignissen klar hervor, daß vom Gewinner des Preises erheblich mehr erwartet wurde als die Allgemeinheiten, die frühere Theoretiker wie Herbert Spencer zum Thema „Überleben der Tüchtigsten" geäußert hatten. Mit anderen Worten, verlangt war ein soziales Konzept, das mit den Lehren der Evolutionstheorie im Einklang stand und auf die Probleme von Gesetz und Ordnung sowie im Umgang mit bürgerlichen, wirtschaftlichen und politischen Belangen allgemein angewendet werden konnte.

Der Wettbewerb fand ein großes Echo, dennoch wurde drei Jahre lang kein Preis vergeben. Erst im Jahre 1903 war zu hören, Wilhelm Schallmayer, ein bayrischer Wissenschaftler, der seit 1891 vor „der physischen Degeneration, die den zivilisierten Menschen bedroht" warnte, habe den Preis gewonnen, und zwar für ein Buch mit dem Titel *Vererbung und Auslese im Lebenslauf der Völker: Eine staatswissenschaftliche Studie aufgrund der Neueren Biologie.* Erscheinen und Rezeption der Schrift signalisierten und beförderten eine Abkehr von der biologischen Soziologie im Sinne des Laissez-faire und die Hinwendung zu einer neuen Variante sozialdarwinistischen Denkens. Ein wichtiger Punkt der neuen Sozialbiologie (oder Soziobiologie) war die Überlegung, die natürliche Zuchtwahl könne nicht allein die Basis für gesellschaftlichen Fortschritt und gesellschaftliche „Vervollkommnung" sein. Die Natur mußte nach dieser Auffassung durch irgendeine Form der *sozialen* Selektion gesteuert und unterstützt werden, und Schallmayers zentraler Punkt war, daß eine soziale Selektion, allerdings in der falschen Richtung, bereits stattfinde, begünstigt durch Programme einer Sozialreform, die einzelnen das Überleben ermögliche, die anders nicht überleben würden. Entsprechend sah Schallmayers Sozialkonzept ein explizites Eugenik-Programm zur Kontrolle von Aspekten des menschlichen Verhaltens vor, die traditionell aus der öffentlichen Rechtsprechung ausgespart geblieben waren. Sein Hauptvorschlag galt der Einführung einer systematischen vorehelichen ärztlichen Untersuchung und Eheberatung. Die Erlaubnis zur Heirat sollte nach seinen Vorschlägen in den Fällen verweigert werden, in denen ein Arzt bei einem der beiden Partner „unerwünschte" Erbanlagen oder -krankheiten feststellte.

Das intellektuelle und politische Klima war reif für solche Vorschläge und Programme. 1902 war eine neue Zeitschrift gegründet worden, die politische Fragen als biologische formulieren sollte, sie trug den Namen *Politisch-Anthropologische Revue.* Ehe sie 1922 ihr Erscheinen einstellte, war sie eine wichtige Plattform für soziobiologische Darlegungen, die ein nationales Bewußtsein in der Frage der Rassenpflege herstellen und erweitern sollten. 1904 gründete Alfred Ploetz das *Archiv für Rassen- und Gesellschaftsbiologie,* eine Zeitschrift, die er bis 1937 herausgab und die zum Sprachrohr der Rassenhygiene-Bewegung in Deutschland wurde. 1905 hatten die Rassenhygieniker und andere Soziobiologen eine Eugenik-Gesellschaft gegründet, die für ihre Ideen warb, und 1914 gelang es ihnen, den Reichstag zu einer Diskussion über ein eugenisches Sterilisationsgesetz zu veranlassen. Die spezielle Initiative, der Eugenik Rechtsgültigkeit zu verschaffen, wurde allerdings durch den Ausbruch des Ersten Weltkrieges blockiert.

Interessant ist, daß die Soziobiologie und die Eugenikbewegung vor dem Ersten Weltkrieg in Deutschland keine große Gefolgschaft besaßen und daß ihre Verfechter bis dahin offensichtlich noch keine Gesetzesinitiativen mit dem Ziel der rechtsgültigen eugenischen Kontrolle gestartet hatten. In beiden Punkten besteht ein auffallender Unterschied zu den Vereinigten Staaten. Im Jahre 1914 hatten nicht nur viele Staaten (Indiana als erster bereits seit 1907) ihre Gesetze für eugenische Sterilisation, die amerikanischen Eugeniker hatten sich auch in angesehenen akademischen Kreisen genügend Anerkennung zu verschaffen gewußt, um ihre „Wissenschaft" zum Gegenstand von Lehrveranstaltungen in Harvard, Columbia, Cornell, Brown, Wisconsin, Northwestern, Clark und anderen Universitäten machen zu können.

Diese Entwicklung blieb der deutschen Ärzteschaft nicht verborgen. Die amerikanische Medizin hatte es seit 1870 zu beträchtlichem Ansehen gebracht, und die amerikanischen Ärzte hatten sich Achtung erworben, weil sie mit ihren medizinischen Fähigkeiten und Kenntnissen auch zur Lösung sozialer Probleme beizutragen versuchten.

Nach Auffassung von Soziobiologen, aber auch von so manchem Staatsvertreter machte die Niederlage Deutschlands im Ersten Weltkrieg deutlich, daß erst eine biologische Erneuerung der Bevölkerung stattfinden müsse, ehe Deutschland seine alte Größe und Bedeutung in inneren und äußeren Angelegenheiten zurückgewinnen könne. Statistische Untersuchungen nach dem Kriege zeichneten ein klägliches Bild des medizinischen und biologischen Zustandes des deutschen Volkes. Krankheiten, Kindersterblichkeit und Verkrüppelung durch den Krieg in Verbindung mit schlimmen wirtschaftlichen Verhältnissen schufen ein Klima, das die Idee einer moralischen, sozialen und biologischen Erneuerung stark begünstigte. Aus den zwischen den oberen und den unteren Bevölkerungsschichten stark differierenden Geburtsziffern begannen die Verfechter von Soziobiologie und Eugenik den bekannten Schluß zu ziehen: das deutsche Volk erlebe eine biologische Degeneration.

Wie ihre Kollegen in England und Amerika zeigten auch die deutschen Eugeniker Besorgnis darüber, daß die Reichen weniger Kinder zeugten als die Armen, und was sie dazu zu sagen hatten, glich der Argumentation eines Malthus, Spencer, Galton, Terman, Goddard und Davenport aufs Haar:

„... die sozial bessergestellten Eltern mit höherem Lebensstandard und höheren kulturellen Ansprüchen haben durchweg weniger Kinder, während die sozial niedrigen Schichten sich ungehemmt reproduzieren... Die Mehrzahl der staatlich unterstützten Familien haben sechs und mehr Kinder. Es liegt auf der Hand, daß kranke Gene auf diese Weise weiter zunehmen können. Mit anderen Worten, die soziale Minderwertigkeit nimmt zu, weil die sozial Abhängigen die Lasten der Wohlfahrt, die der jetzt noch gesunden Minderheit aufgebürdet sind, erhöhen." (Thiele 1931, S. 14 f.; Rückùb. a.d.Am.)

Nach dieser Auffassung lag der Schlüssel zur Wiederherstellung der Gesundheit des deutschen Volkes in der Verhinderung der Weitergabe und Vermehrung von gesellschaftlich unerwünschtem, genetisch minderwertigem „Menschenmaterial". Die Mehrzahl der Deutschen war zwar noch nicht darauf vorbereitet, einem Programm der Sterilisation aus eugenischen Gründen zuzustimmen, doch die Gesetzgeber Weimars, zum einen von den Argumenten der Erbhygieniker beeindruckt und zum andern besorgt über das Problem der Rassendegeneration, reagierten im Jahre 1920 mit der Verabschiedung eines „Eheberatungsgesetzes", nach dem die Standesämter gehalten waren, an alle heiratswilligen Personen eine Broschüre zu verteilen, die die Gefahren der Vererbung von Leiden wie

Tuberkulose, venerischen Krankheiten, Schwachsinnigkeit und geistigen Erkrankungen möglichst deutlich vor Augen führen sollte. Obwohl das Gesetz hinter Schallmayers früher entwickeltem Konzept einer obligatorischen vorehelichen Untersuchung zurückblieb und obwohl es scheinbar unstrittige Fragen der öffentlichen Gesundheit betraf, schuf es doch bedeutsame Präzedenzfälle. Es erhob die „Volksgesundheit", die von der Gesundheit des einzelnen unterschieden und über sie gestellt wurde, zu einem Ideal und definierte die Funktion des praktizierenden Arztes so, daß sie über die traditionelle Fürsorge für den einzelnen Patienten, wie Virchow sie vertreten hatte, weit hinausging. Auf der mehr praktischen Ebene machte das Gesetz die medizinische Wissenschaft zu einem offiziellen Instrument der sozialen Kontrolle, indem es feststellte, daß „*allein ein Arzt sagen kann,* ob eine Krankheit vorliegt, die eine Heirat zu diesem Zeitpunkt nicht ratsam erscheinen läßt" (zit. in Thiele 1931, S. 16, Hervorhebung St.L.Ch.).

1920 beginnt zudem eine völlig ungeschminkte Diskussion in Deutschland über die vorsätzliche Tötung von Patienten, die nicht für wert erachtet werden zu leben. Es erscheint das Buch, mit dem Titel *Die Freigabe der Vernichtung lebensunwerten Lebens.* Seine Autoren Karl Binding und Alfred Hoche waren renommierte Wissenschaftler, der eine Jurist, der andere Psychiater. Fast vier Jahre bevor Hitler *Mein Kampf* schrieb, traten Binding und Hoche für die Tötung „wertloser" Menschen unter Aufsicht des Staates ein. Wer „geistig völlig tot" sei oder „einen Fremdkörper in der menschlichen Gesellschaft" darstelle, zähle zu denjenigen Personen, „die nicht gerettet werden können und deren Tod dringend erforderlich ist". Hoche, Professor für Psychiatrie und Leiter der Psychiatrischen Klinik in Freiburg von 1902 bis 1934, tat den Gedanken an Mitgefühl für „lebensunwertes Leben" als „irregeleitetes Denken" ab. Und Binding, Professor der Jurisprudenz an der Universität Leipzig, ging davon aus, daß Fehleinschätzungen, falsche Diagnosen und Irrtümer, zu denen es schon einmal kommen könne, in ihren Folgen irrelevant blieben, verglichen mit dem sozialen Gewinn, der letztlich aus dem Ganzen erwachse: „Die Menschheit verliert so viele Mitglieder durch Irrtum, daß einer mehr oder weniger kaum ins Gewicht fällt." (S. Wertham 1969, S.157 f.)

In den frühen zwanziger Jahren, als die Finanzmisere in Deutschland zunahm und die Inflation persönliche Ersparnisse zu nichts zerrinnen ließ und als soziale Fürsorge und organisierte Unterstützung für Arme und Kranke sich immer schwieriger gestalteten, wurden die ökonomischen Argumente der Eugeniker immer eindringlicher und zugleich attraktiver. Der ranghöchste Arzt des Bezirks Zwickau in Sachsen war es, der 1923 als einer der führenden Verfechter der eugenischen Sterilisation alle Personen als ,,zur Fortpflanzung untauglich" bezeichnete, die taubstumm, blind, geisteskrank, schwachsinnig und epileptisch waren, sowie alle ledigen Mütter und Kriminellen mit Aussicht auf bedingte Entlassung. (Vgl. Waldinger 1973, S. 69) Wie Binding und Hoche vor ihm und andere Erbhygieniker nach ihm hielt er ein verführerisches wirtschaftliches Argument des Inhalts bereit, Deutschland könne sich den ,,humanitären Luxus", ,,Degenerierte" zu unterstützen, nicht länger leisten. Trotz einiger empörter Gegenstimmen leuchtete die wirtschaftliche Begründung vielen achtbaren Deutschen immer mehr ein. Und obwohl einige Kritiker darauf insistierten, daß den vorgebrachten Argumenten das wissenschaftliche Fundament fehle, und obwohl andere dagegen protestierten, daß ,,die gottgegebene Integrität des Menschen" verletzt werde, begannen die Verfechter der eugenischen Sterilisation sich durchzusetzen. In der öffentlichen Meinung fand ein merklicher Umschwung statt.

Als im August 1923 der Leiter der Krankenanstalten in Zwickau an den Minister des Innern schrieb, um auf die Verabschiedung eines Gesetzes zur eugenischen Sterilisation zu dringen, versuchte er die Bedenken des Ministers hinsichtlich einer möglichen negativen Reaktion der Öffentlichkeit mit der Feststellung zu ersticken:

> ,,Was wir Rassenhygieniker wollen, ist keineswegs neu oder ohne Beispiel. In einer Kulturnation ersten Ranges, nämlich in den Vereinigten Staaten von Amerika, ist das, was wir anstreben, seit langem eingeführt und erprobt. Es ist alles so klar und einfach." (Ebd., S. 75)

Einige Monate danach wandte sich der Minister des Innern ans deutsche Außenministerium* mit der Bitte um Informationsmate-

* *Dieser Brief – und was in Reaktion auf ihn geschrieben und getan wurde – ist nachzulesen bei Waldinger (1973). Hier finden sich auch bibliographische Hinweise zu den Dokumenten, die Waldinger 1972 im Bundesarchiv in Koblenz durchforstete.*

rial für sein Haus bezüglich der eugenischen Gesetzeskontrolle in den Vereinigten Staaten. Das Außenamt setzte sich sofort mit seiner Botschaft in Washington in Verbindung, und von dort wurde das Ersuchen an alle deutschen Konsulate in den Vereinigten Staaten weitergeleitet. Es folgten offizielle Anfragen bei amerikanischen Irrenanstalten und Gefängnissen sowie bei einzelnen Staatsregierungen. Die Antworten, die eilends nach Washington und von dort ans Innenministerium in Berlin weitergegeben wurden, sollten weitreichende Implikationen haben für die Entwicklung einer deutschen Eugenik-Politik zu einem Zeitpunkt, da es in vierundzwanzig amerikanischen Staaten längst eine Eugenik-Gesetzgebung gab.

„Amerikas Beispiel einer gesetzlich geregelten eugenischen Kontrolle machte auf die deutschen Politiker einen großen Eindruck. Entwürfe zu Sterilisationsgesetzen stützten sich in ihren Begründungen zunehmend stärker auf amerikanisches Datenmaterial. Einer dieser Entwürfe verwandte sechs volle Textseiten darauf, ein Loblied auf den amerikanischen Beitrag zur biologischen Reform zu singen, und ein anderer zitierte direkt aus den Schriften verschiedener prominenter amerikanischer Eugeniker... Die Frage einer eugenischen Kontrolle durch den Staat wurde nun von Leuten aus den oberen Rängen von Staat und Medizin ernsthaft erwogen." (Waldinger 1973, S. 75)

Aus dem bisher Gesagten wird deutlich, daß ein Großteil des ideologischen Fundaments für den Völkermord in Deutschland lange vor dem Machtantritt der Nazis gelegt war und daß die Nazi-Soziobiologie keineswegs aus dem Nichts kam. Hinter den im Nazi-Reich entwickelten Programmen der Zwangssterilisation und der massiven Vernichtung gesellschaftlich unerwünschter Menschen stand eine etablierte und scheinbar wissenschaftliche soziobiologische Tradition, in der Wissenschaftler eiskalt von der erblichen Übertragung der Charakteranlagen sprachen und leidenschaftslos die Vernichtung von „lebensunwertem Leben" diskutierten. Wichtiger noch, die deutsche Soziobiologie im allgemeinen und die Eugenik im besonderen zogen die einzelnen Bevölkerungsgruppen gleich aus mehreren Gründen an. Den Liberalen erschien die Praxis der Eugenik eine glückliche Synthese zwischen einer aufgeklärten Sozialpolitik in bezug auf die schwächsten Bürger und einer Strategie im Umgang mit dem viel ernsteren Problem der Volksgesundheit zu versprechen. Mit anderen Worten, diejenigen, die die Möglichkeit einer Verbesserung der menschlichen Gesellschaft optimistisch sahen, gelangten zu der Überzeugung, daß Soziobiologie und Eugenik dazu beitragen konnten, das Problem des sozialen Fortschritts rational und effektiv zu lösen.

Auf die Konservativen übten Soziobiologie und Eugenik eine ähnliche Faszination aus. Wer der Meinung ist, menschliches Verhalten sei weitgehend vererbtes Verhalten und fundamentale gesellschaftliche Veränderungen seien weder wünschenswert noch sinnvoll, dem erscheint die selektive soziale Kontrolle des menschlichen Reproduktionsverhaltens verständlicherweise als verlockendes Mittel zur Bewältigung sozialer Probleme. Es ist vermutlich nicht richtig zu sagen, die deutschen Bewegungen zugunsten von Soziobiologie und Rassenhygiene seien hauptsächlich von Personen getragen gewesen, die so dachten. Der Ärger darüber, daß die Sozialpolitik der Weimarer Periode so elend fehlgeschlagen war, ging quer durch das gesamte politische Spektrum, und viele der aus durchaus unterschiedlichen Gründen Unzufriedenen sahen in der eugenischen Kontrolle ein Mittel, einem Staat, der ihrer Meinung nach durch soziale Wohlfahrtsprogramme fast ruiniert war, Recht und Ordnung wiederzugeben.

Die Unterstützung oder zumindest Billigung soziobiologischer Ideen durch die Bevölkerung darf als ein wesentlicher Faktor bei der Aufstellung des deutschen Erbhygieneprogramms im Jahre 1933 nicht außer Acht gelassen werden. Ein zweiter wichtiger Faktor war die Unterstützung der Ärzteschaft, die dabei war, eine Neudefinition ihrer Rolle zu akzeptieren, die die Gesundheit des Volkes über das Wohlergehen des einzelnen Patienten stellte und damit den Dienst am Staate höher bewertete als persönliche Loyalität und Berufsverantwortung. Das heißt, in einer Gesellschaft, die auf Gewalt basierte und in der soziales Wohlergehen als die Vernichtung von Menschen definiert war, die abwichen, krank waren und Sozialhilfe empfingen, waren die Ärzte aufgefordert, dem Staat auch dadurch zu dienen, daß sie ihre Patienten töteten und dabei von „Heilung" sprachen.

An dieser Stelle sollten wir uns kurz mit dem Begriff der Euthanasie beschäftigen. Das Wort stammt aus dem Griechischen und leitet sich von eu und thanatos her, der „gute Tod"; generell ist damit der

„Gnadentod" oder der Akt der schmerzlosen Erlösung von unheilbaren oder unerträglichen Leiden gemeint. Traditionelle Überlegungen hinsichtlich des Rechts eines Menschen, in Frieden zu sterben, und der Macht und Verantwortung von Ärzten, dies zuzulassen oder zu begünstigen, sind so alt wie die Medizin selbst und haben stets ernste Kontroversen hervorgerufen. Diese traditionellen Überlegungen haben jedoch nichts mit dem Punkt zu tun, um den es hier geht, denn deutsche Eugeniker benutzten den Euthanasiebegriff als Euphemismus: im Namen der Rassenveredelung wurden Menschen getötet, ermordet. In diesem Zusammenhang ist es wichtig zu sehen, daß die ersten Befürworter der Euthanasie in Deutschland (u.a. Hoche und Binding) den „Gnadentod" auf drei Klassen von Personen angewendet wissen wollten. Erstens in Fällen, in denen der Patient darum bat, zweitens in Fällen, in denen eine Zustimmung nicht eingeholt werden konnte (bei Psychosen, geistiger Unternormalität und im Koma), und drittens in Fällen, in denen die fraglichen Personen als Gefahr oder Last für die Gesellschaft angesehen wurden. So kam es zu der Idee, Tötungen im Interesse des Staates als „Euthanasie" zu bezeichnen.

Inmitten der Wirren, die die letzten Jahre der Weimarer Republik beherrschten, schien es, als könne eine Gesellschaft, wie sie die Verfechter der „Rassenwissenschaft" anstrebten, nur durch einen entschlossenen und willensstarken Führer hervorgebracht werden, der über eine enorme Macht verfügte. Tatsächlich brachte das *Archiv für Rassen- und Gesellschaftsbiologie* bereits 1931 – also zwei Jahre, ehe die Nazis an die Macht kamen – den Artikel eines führenden Soziobiologen, der ein Loblied auf Hitler als der einzigen politisch einflußreichen Figur in Deutschland sang, die der Rassenwissenschaft gebührende Aufmerksamkeit schenke. Besonders löblich in den Augen des Schreibers war das Versprechen der Nationalsozialistischen Partei, soziobiologische Theorien der Rassenhygiene rigoros und in dem Umfang anzuwenden, den die nationale Notwendigkeit erfordere. Hitlers Erklärung, er werde sich durch traditionelle bürgerliche Skrupel nicht davon abhalten lassen, in wichtigen Fragen der Zukunft des deutschen Volkes Entscheidungen zu treffen – zum Beispiel werde er die Sterilisation minderwertiger Personen nicht auf Extremfälle beschränken –, wurde eher als Versprechen, denn als Warnung aufgenommen. (Lenz 1931, S. 330 ff.) Als die

Nazis 1933 schließlich an die Macht kamen und ein Gesetz zur Zwangssterilisation verabschiedet wurde, stimmte einer der Hauptarchitekten dieses Gesetzes – Ernst Rüdin, Professor für Psychiatrie an den Universitäten Basel und München – einen Lobgesang an, in dem er Hitler dafür dankte, daß sein über mehr als dreißig Jahre gehegter Traum einer praktischen Verwirklichung der Rassenhygiene nun doch in Erfüllung gehe. (Vgl. Rüdin 1934, S. 228)

Die deutschen Ärzte waren schnell mit der neuen nationalsozialistischen Wirklichkeit vertraut. 1935 veröffentlichte der Leiter der Universitätsklinik in Kiel, Dr. Hanns Löhr, ein dickleibiges Werk über die neue Rolle der Medizin und der Medizinwissenschaftler im Dritten Reich. (Vgl. Löhr 1935) Zentrales Thema war die politische Loyalität. Der neue deutsche Arzt, so schrieb Löhr, müsse sich von dem Prinzip leiten lassen, ,,die Gesundheit des Volkes steht über der Gesundheit des einzelnen". Einmal an der Macht, wurde der Nazismus unmißverständlich deutlich: Der nationalsozialistische Arzt, so erklärte Löhr, habe eine ,,heilige Pflicht dem Staat gegenüber". Und damit es keinen Zweifel gab, was mit dieser Pflicht gemeint war, beschrieb er den Naziarzt als ,,biologischen Soldaten", dessen Befehl ihm gebot, Personen mit genetischen Mängeln zu sterilisieren und sämtliche entsprechenden Fälle an die Nazi-Gesundheitsbehörden zu melden. Zwangssterilisation war die erste, aber nicht die blutigste Schlacht, die diese biologischen Soldaten im Namen des rassischen Heils schlugen.

Im Juli 1939 fand jene in unserer Einleitung beschriebene verhängnisvolle Konferenz in Berlin statt. Eine Reihe der bekanntesten und renommiertesten Angehörigen des Psychiaterstandes in Deutschland, die führenden Professoren und Chefärzte der Universitäten Berlin, Heidelberg, Bonn und Würzburg eingeschlossen, trafen sich, um ein Projekt von großer Tragweite zu diskutieren: die Massenvernichtung deutscher Geisteskranker. Man hat zwar bisher keine offizielle Anordnung und kein Gesetz gefunden, das die Vernichtung von Geisteskranken vorschrieb, doch gibt es genug Belege, die zeigen, daß das Projekt von Anfang an in allen wichtigen Punkten von Ärzten geleitet wurde. Es lief unter vielerlei Namen: Gnadentod und Euthanasie waren die am häufigsten benutzten Euphemismen; es existieren aber auch sowohl offizielle wie inoffizielle Dokumente, in denen diese Begriffe im Austausch mit Wendungen wie

,,Sterbehilfe", ,,Vernichtung von lebensunwertem Leben", ,,Tötung unheilbar Kranker" und – quasi volkstümlich – ,,Vernichtung nutzloser Esser" verwendet werden. 1939 gab es in deutschen psychiatrischen Anstalten und Kliniken geschätzte 300.000 ,,nutzlose Esser"; im Jahr 1946 war diese Zahl auf 40.000 zurückgegangen, und wie bei Frederic Wertham (1969, S. 155) nachzulesen ist, ,,kommen die zuverlässigsten Schätzungen auf eine Zahl von mindestens 275.000 getöteten Psychiatriepatienten".

Zu Zwecken der Vernichtung wurde die Klassifizierung von Patienten auf eine einfache Alternativformel reduziert: ,,Patienten, bei denen sich Hilfe lohnt" und ,,Patienten, die es nicht wert sind, zu leben". Im Oktober 1939 wurden genormte Berichtsformulare an psychiatrische Kliniken in ganz Deutschland verteilt, in die das Krankenhauspersonal Angaben über Diagnose, Zustand und Genesungsaussichten (sowie Geschlecht, Rasse, Religion etc.) eines jeden Patienten eintragen sollte. Die Kopien der ausgefüllten Fragebögen gingen an einen von mehreren jeweils aus vier Psychiatern bestehenden Ausschüssen. Diese Ausschüsse bildeten gemeinsam die sogenannte Expertenkommission und waren das Rückgrat des gesamten Projekts. Der Kommission gehörten auch die Psychiater an, die das Programm entworfen hatten und für seine Ausführung maßgeblich verantwortlich waren. Sie trafen ihre Entscheidungen über Leben und Tod ausschließlich anhand der Angaben in den Krankenblättern, indem sie die einzelnen Fragebogen mit einem Plus oder Minus versahen. Der gesamte Entscheidungsvorgang sollte schnell gehen, und er ging schnell. Die Korrespondenz zwischen der Zentralstelle für Euthanasie in Berlin und einem Kommissionsmitglied zeigt, daß das Schicksal von 258 Patienten in zwei Tagen entschieden werden konnte.

Die Ausschußmitglieder waren mehr als bloße Nazi-Marionetten. Die meisten hatten es lange vor Hitlers Machtantritt als Ärzte und Psychiater zu internationalem Ansehen gebracht; zwölf hatten ein Ordinariat an führenden deutschen Universitäten inne. Auch Verwaltungsorgane waren an dem Projekt beteiligt, darunter die Reichsvereinigung psychiatrischer Anstalten, an deren Spitze Dr. Werner Heyde, Professor für Psychiatrie an der Universität Würzburg und Leiter der dortigen Klinik, stand. Wenn alle vier Ausschußmitglieder ihre Meinung abgegeben hatten, lag die letzte Entscheidung über die Patienten aus den staatlichen psychiatrischen Kliniken bei ihm. Heyde war von Anfang an eine Schlüsselfigur in dem Programm. Er spielte auf den Vorbereitungskonferenzen eine führende Rolle und war sowohl an der Entwicklung der Fragebögen als auch an der Auswahl und Ausbildung neuer Experten beteiligt. Als zunächst Vergiftung durch Kohlenmonoxyd als beste Tötungsmethode vorgeschlagen wurde, war er derjenige, der die Methode prüfte und billigte, und als in einer Reihe von psychiatrischen Anstalten Gaskammern installiert wurden, war er es, der sie inspizierte um sicherzustellen, daß sie auch funktionierten. Von Anfang an von dem Programm begeistert, explizierte er dessen Vorzüge von Zeit zu Zeit vor hohen Nazi-Funktionären.

Die Tötung von Kindern wurde von einer Reichssonderkommission überwacht, die für die wissenschaftliche Erfassung schwerer erblich und konstitutionell bedingter Störungen zuständig war. Diese Sonderkommission war damit befaßt, über Säuglinge und Kinder zu entscheiden, die als geistig nicht normal, körperlich behindert oder mißgebildet galten. Kinder, deren Tötung die pädiatrischen und psychiatrischen Experten der Kommission vorsahen, wurden im allgemeinen nicht vergast. Sie wurden in spezielle ,,Kinderabteilungen" (Hospitäler) verlegt, wo sie entweder durch Vergiftung mit Barbituraten – ihrer Nahrung wurde Luminal oder Phenobarbital beigemischt – oder durch Aushungern getötet wurden. Das Aushungern von Kindern durch allmählichen Nahrungsentzug ist von Ludwig Lehner, einem damals jungen Psychologiestudenten bezeugt worden, der im Rahmen seines Studiums im Jahre 1939 die staatliche Klinik Eglfing-Haar besichtigte und dabei vom Leiter der Anstalt durch eine Station geführt wurde, in der ungefähr fünfundzwanzig ausgemergelte Kinder lagen. (Wertham 1969, S. 176)

Niemand weiß oder wird jemals wissen, wie viele Kinder von den biologischen Soldaten des Nazi-Reiches umgebracht worden sind. Bekannt ist jedoch, daß die Organisation der Tötung von Kindern in den Händen von Ärzten lag, daß es Ärzte waren, die entschieden, welche Kinder leben und welche sterben sollten, und daß die Kriterien für eine Tötung letztlich auch Kinder einschlossen mit mißgebildeten Ohren, Kinder, die Bettnässer waren, und solche, deren einziger Fehler darin bestand, daß sie schwer erziehbar waren. Wenige Ärzte wurden speziell wegen der Ermordung von Kindern vor Gericht gestellt; eine Ausnahme bildete der Leiter von Eglfing-Haar, der Lehner das Verfahren des Nahrungsentzugs erklärt hatte. 1948 wurde er in einem Kriegsverbrecherprozeß angeklagt, die Tötung von mindestens 120 Kindern angeordnet und in einigen Fällen die Kinder selbst getötet zu haben. Er wurde zu sechs Jahren Gefängnis verurteilt, von denen er zwei verbüßte.

Bis Mitte 1941 waren mindestens vier psychiatrische Kliniken zu regelrechten Mörderschulen geworden, in denen die ,,Grundausbildung im Fach Gnadentod" einen umfassenden Lehrgang in Massenvernichtung darstellte. Ende 1941 war eine große Zahl der Geisteskranken in Deutschland bereits umgebracht. Die Absolventen dieser Ausbildungsstätten hatten die Fähigkeit zum Töten erworben; nun sollten die Methoden, die sich bei der Ausrottung von Geisteskranken als so effizient erwiesen hatten, weiterentwickelt werden, um in größerem Maßstab auch weiteres ,,nutzloses Leben" zu vernichten.

Die Tötung von Geisteskranken hatte einen Präzedenzfall geschaffen: ,,lebensunwertes Leben" war in großem Maßstab im Namen der öffentlichen Ordnung und der öffentlichen Gesundheit vernichtet worden. Nun wurden die Gaskammern demontiert und an Orte gebracht, an denen der Prozeß fortgesetzt werden sollte: in den Konzentrationslagern im Osten. Hier wurde nach der gleichen Logik und mit exakt denselben Methoden ,,die Aktion" wiederholt. Der Unterschied bestand darin, daß das ,,minderwertige Menschenmaterial" nun nicht mehr die deutschen Geisteskranken waren, sondern Millionen von Juden, Polen, Zigeunern und anderen ethnischen, religiösen oder politischen Gruppen, die von den Nazis umgebracht wurden, weil sie als Gefahr für das Überleben der Herrenrasse angesehen wurden.

Der Weg vom Aufsatzwettbewerb der Firma Krupp im Jahre 1900 bis zu den Vernichtungslagern von 1940 war kurz. Zwar erlebte Friedrich Alfred Krupp weder die Preisverleihung noch die volle Blüte der Eugenikbewegung, die seine Finanzierung des Wettbewerbs hatte fördern helfen. Er starb 1902. Dafür war aber der Krupp-Konzern in der Nazizeit umso lebendiger.

Der Massenmord war das schrecklichste, aber nicht das einzige Mittel, mit dem das Regime seine soziobiologische Doktrin von der rassischen Überlegenheit Wirklichkeit werden ließ. Die deutsche Kriegsanstrengung wurde von einer riesigen Zahl von Sklavenarbeitern getragen, die aus ganz Europa herbeigeschafft und zwangsverpflichtet wurden, die schwere und schmutzige Arbeit zu verrichten, die die Kriegs- und Rüstungsproduktion erforderte. Sklaverei, das zeigt die amerikanische Geschichte, ist eine Form der Verhaltenskontrolle, der soziobiologische Theorien immer wieder als Rechtfertigung dienen. Der Krupp-Konzern wurde zu einem der wesentlichen industriellen Beteiligten und Nutznießer dieses Programms der Sklavenarbeit, indem er Zehntausende ohne Lohn zur Arbeit in seinen großen Fabriken und Bergwerken zwang. Als wichtigster Waffenlieferant der Nazis konnte das Unternehmen zudem eigene Zulieferbetriebe innerhalb von verschiedenen Konzentrationslagern einrichten. In einer dieser Produktionsstätten, im Todeslager Auschwitz, wurden Tausende von Polen, Tschechen, Juden, Italienern und anderen Menschen, die aus besetzten Gebieten verschleppt worden waren, zur Herstellung von Bombenzündern gezwungen. Zur Sklavenarbeit für den Krupp-Konzern verdammt, wurde ihnen systematisch Nahrung vorenthalten, wurden sie für Verrat aneinander belohnt, wurden sie geschlagen und bis zur Erschöpfung ausgebeutet. Wer unter diesem barbarischen Regime zusammenbrach, wurde einfach in einen nahegelegenen Vernichtungsblock geschafft. Alles in allem produzierte das Konzentrationslager Auschwitz mit seinen Industrieanhängseln in den fünf Jahren seines Bestehens Tonnen von Waffen und forderte das Leben von mehr als vier Millionen Menschen.

Während der Nazi-Zeit wurden unablässig neue Ideen zum Thema biologischer Determinismus und biologische Hierarchie geäussert, nicht zuletzt von angesehenen Theoretikern, denen es in erster Linie darum ging, den politischen Interessen des Regimes zu dienen. Einer dieser Theoretiker war Konrad Lorenz. Vielleicht werden diejenigen, die von seinen Büchern über das Verhalten von Tieren angetan sind und sich ihn als eine etwas versonnene und freundliche deutsche Muttergans mit Bart vorstellen, die einen Schwarm junger Graugänse über den Hof führt, über die von mir im folgenden gezogene und unbestreitbar vorhandene Verbindungslinie zwischen dem, was er in der Nazi-Zeit über das Verhalten von Tieren schrieb, und dem, was die Nazis zur gleichen Zeit mit Menschen machten, schockiert sein. Aber was ich hier berichte, soll die wichtige politische Dimension sichtbar machen, die der Soziobiologie anhaftet, und die Fragen von Leben und Tod aufdecken, die sich häufig hinter ihren wissenschaftlichen Ansprüchen verbergen.

Im Jahre 1940 (dem Jahr, da das Konzentrationslager Auschwitz eröffnet wurde) war Lorenz Dozent für allgemeine Psychologie an der Universität Königsberg. Wie Wilhelm Schallmayer, der 1903 den Krupp-Preis gewonnen hatte, hatte Lorenz viele Gedanken auf die soziopolitischen Aspekte der Evolutionstheorie verwendet, und zwar unter besonderer Berücksichtigung dessen, was (nach und mit Schallmayer) als „die körperliche Degeneration, die den zivilisierten Menschen bedroht", bezeichnet wurde. Ein Resultat der Lorenzschen Beschäftigung mit diesem Thema war ein langer Artikel über „Durch Domestikation verursachte Störungen arteigenen Verhaltens", der als Leitartikel in einer angesehenen deutschen wissenschaftlichen Zeitschrift erschien, die sich mit Humanpsychologie und „Charakterforschung" befaßte.

Lorenz' Aufsatz beschäftigte sich mit angeborenen (oder genetisch bedingten) Verhaltensaspekten bei verschiedenen wilden und domestizierten Tierarten. Seine Hauptintention bestand jedoch darin, aus der Beobachtung und Interpretation des Verhaltens von Tieren unter verschiedenen Domestikationsbedingungen Analogieschlüsse über das Verhalten von Menschen in „zivilisierten Gesellschaften" zu ziehen. Abgesehen davon, daß dies genau die Art des „Folgerns" ist, die Spencer praktizierte, eine Art, die notwendig dazu neigt, krasse Irrtümer zu produzieren, und die zu Recht von den meisten ernsthaften Tierforschern als absolut unzuverlässig abgelehnt und belächelt wird, ist zu beachten, daß Lorenz seine Parallelen zwischen Zivilisation und Domestikation aus einem ganz speziellen Grund zog, nämlich um behaupten zu können, daß die Erhaltung und Verbreitung „degenerativer Mutationen" das häufige und gefährliche Resultat „ungesunder" ethischer Praktiken seien, die (nach Lorenz' Auffassung) bereits viel zu lange in den meisten menschlichen Gesellschaften bestimmend seien und die, falls man sie nicht einschränke, ganz ohne Zweifel die Erbgüter und den genetischen „Wert" menschlicher Artbestände zu verderben drohten. Kurz, was Lorenz mit seinem Artikel bezweckte, war eine Aktualisierung der Schallmayerschen Degenerationsthese, erweitert um die biologischen Erkenntnisse der dazwischenliegenden vierzig Jahre. Die folgenden Zitate aus seinem Artikel lassen den Kern der Lorenzschen eugenischen Botschaft ans deutsche Volk durchaus deutlich werden:

,,Unser arteigenes Empfinden für Schönheit und Häßlichkeit unserer Artgenossen hängt aufs Engste mit den unsere Rasse bedrohenden domestikationsbedingten Verfallserscheinungen zusammen."

,,Selektion auf Härte, Heldenhaftigkeit, soziale Einsatzbereitschaft... muß... von irgendeiner menschlichen Körperschaft übernommen werden, wenn die Menschheit nicht mangels auslesender Faktoren an ihren domestikationsbedingten Verfallserscheinungen zugrunde gehen soll. Der rassische Gedanke als Grundlage unserer Staatsform hat schon unendlich viel in dieser Richtung geleistet."

,,Die wirksamste rassenpflegerische Maßnahme ist daher wenigstens vorläuig sicher die möglichste Unterstützung der natürlichen Abwehrkräfte, wir müssen – und dürfen – uns hier auf die gesunden Gefühle unserer Besten verlassen und ihnen die Gedeihen oder Verderben unseres Volkes bestimmende Auslese anvertrauen. Versagt diese Auslese, mißlingt die Ausmerzung der mit Ausfällen behafteten Elemente, so durchdringen diese den Volkskörper in biologisch ganz analoger Weise... wie die Zellen einer bösartigen Geschwulst den gesunden Körper durchdringen und mit ihm schließlich auch sich selbst zugrunde richten." (Lorenz 1940, S. 56 f., 71, 75)

Wenige Soziobiologen teilen heute Lorenz' Auffassung, Lebensformen, denen aufgrund der Zwänge der natürlichen Auslese der Untergang bestimmt sei, könnten anhand von ästhetischen Kriterien ermittelt werden; und auch mit seiner Feststellung, eine irregeleitete Nächstenliebe sei dafür verantwortlich, daß einzelne Menschen am Leben erhalten würden, die man eigentlich sterben lassen sollte, gehen wenige einig. Und doch spiegeln diese Überlegungen die deterministischen und hierarchischen Vorurteile dessen wider, was heute als soziobiologische Wissenschaft gilt, und Lorenz (der kürzlich von sich selbst sagte, seine ,,Eugenik-Besessenheit [sei] ererbt") ist nicht der einzige Soziobiologe, der dazu neigt, praktisch-politische Schlüsse aus seiner Arbeit zu ziehen.

Neuerdings auf seinen Aufsatz angesprochen, reagierte Lorenz zerknirscht: ,,Ich bedauere zutiefst", sagte er, ,,die Terminologie meiner Zeit verwendet zu haben, die hernach bei der Aufstellung abscheulicher Ziele als Rüstzeug benutzt wurde." Lorenz hat zugegeben, daß er ,,glaubte, von den Nazis könne auch Gutes kommen".

Dieser Glaube ist nicht von Bedeutung, und Lorenz hat ihn auch nicht mehr. Vielleicht sollte man es dabei belassen. Worum es hier jedoch geht, ist mehr als die Entschuldigung eines einzelnen dafür, daß er Nazi-Doktrinen in sich aufgenommen hat. Lorenz ist von seiner tiefen Überzeugung, es seien biologische Mängel, die die Wurzel gesellschaftlicher Probleme bildeten, niemals abgerückt – sowohl er als auch andere gleichgesinnte Soziobiologen halten vielmehr weiterhin an ihr fest. Sicher, wir suchen in Lorenz' neueren Schriften vergeblich nach einer Lobpreisung des Nazismus als solchem. Wenn wir aber etwa sein Buch über *Das sogenannte Böse* lesen, dann stossen wir auf fast jeder Seite auf jene Art von biologischem Determinismus, der die Soziobiologie nach wie vor kennzeichnet.

Es gibt keine (und es gab niemals eine) solide Begründung für die deterministischen Pseudotheorien, die soziale Unruhe der menschlichen Diversität anlasten. Schlüsse von der Domestikation auf die Zivilisation sind völlig ungerechtfertigt; und es gibt keinen wissenschaftlichen oder logischen Grund, aus dem Verhalten von Gänsen in Analogie auf das Verhalten von Menschen zu schließen. Nichtsdestotrotz werden solche Theorien, deren Attraktivität durch den Schein der wissenschaftlichen Objektivität noch gesteigert wird, nach wie vor von den Mächtigen zur Rechtfertigung ihrer Versuche benutzt, das Verhalten von Menschen zu steuern, die sie als physisch oder psychisch defekt, als unzuverlässig oder auch nur als „anders" definiert haben.

Was haben wir aus dieser grausamen Geschichte gelernt? Unterscheiden sich denn die heutigen Formen soziobiologischer Wissenschaft in entscheidenden Punkten von ihren Vorläufern? Zunächst einmal ist festzustellen, daß die Soziobiologen von heute in ihren Ansprüchen und Behauptungen weder besonders bescheiden noch besonders behutsam sind. Professor Edward O. Wilsons weithin gelobte *Sociobiology: The New Synthesis* hat sich vorgenommen, „die biologische Grundlage aller Formen von sozialem Verhalten bei allen Organismen, einschließlich der Menschen zu erforschen". Eine neue Wissenschaft von der menschlichen Natur ist angeblich gerade im Entstehen, eine Wissenschaft, die es allen Soziobiologen ermöglichen wird, die Menschen und ihr soziales Verhalten objektiv zu betrachten

„... im freien Geist der Naturgeschichte, so, als wären (wir) Zoologen von einem anderen Planeten, die einen Katalog der sozialen Arten auf der Erde zusammenstellen. In dieser makroskopischen Sicht schrumpfen die Geisteswissenschaften zu Spezialfächern der Biologie; Geschichte, Biographie und Dichtung sind die Forschungsprotokolle der menschlichen Ethnologie, und Anthropologie und Soziologie bilden gemeinsam die Soziobiologie einer einzelnen Primatengattung." (Wilson 1975, S. 547)

Erörtern wir die Gründe dafür, weshalb der Geist soziobiologischer Forschung nicht im intendierten Sinne „frei" ist und es auch nicht sein kann, erst später ausführlich, und ignorieren wir den absurden Anspruch, Soziobiologen seien nicht Teil der Art, die zu „katalogisieren" sie behaupten, so stellt sich zunächst die Frage nach der Stoßrichtung des derzeitigen soziobiologischen Diskurses. Ein Teil der Antwort muß lauten, daß er die Erforschung der menschlichen Gesellschaft in allen ihren Lebensäußerungen auf eine systematische biologische Wissenschaft einengen möchte – ein Bestreben, das der formlosen sozialdarwinistischen Vorstellung, das Sozialverhalten von Organismen, die Menschen eingeschlossen, werde weitgehend von den unbarmherzigen Kräften der natürlichen Zuchtwahl bestimmt, großen Vorschub leistet. „Im darwinistischen Sinne", sagt Professor Wilson, „lebt der Organismus nicht für sich selbst. Seine primäre Funktion besteht noch nicht einmal darin, weitere Organismen hervorzubringen; er erzeugt Gene und fungiert als ihr zeitweiliger Träger." (Ebd., S. 3) Obwohl der jeweilige Beitrag spezifischer genetischer Faktoren zu speziellen Formen komplexen sozialen Verhaltens sich bei den meisten Tierarten nur schwer messen und bei Menschen überhaupt nicht einschätzen läßt, neigt Professor Wilson stark zu der Auffassung, die Menschen seien aufgrund spezifischer genetischer Determinanten weitgehend prädisponiert, sich in bestimmter Weise zu verhalten. Und so geht er grundsätzlich davon aus, daß es spezifische Gene gebe, deren Funktion es sei, besondere Formen von sozialem Verhalten zu begünstigen, sowie daß die Gesellschaftsstruktur mitsamt dem Verhalten ihrer Mitglieder sozusagen „als sozialer Ausfluß jener Gene untersucht werden kann... die sich infolge ihres höheren Anpassungswerts durchsetzen konnten" (ebd., S. 22). Es überrascht nicht, daß Verhaltensmuster mit „höherem Anpassungswert", für die es angeblich bestimmter Gene bedarf, sich ausgerechnet in dem

Teil der Gesellschaft konzentrieren, dem Professor Wilson angehört.

Allgemeiner ausgedrückt, wenn Soziobiologen zu „erklären" versuchen, warum Menschen sich in einer bestimmten Weise verhalten, dann untersuchen sie im allgemeinen nicht die Struktur ihrer Gesellschaft, sondern sie bemühen sich, spezifische Verhaltensmuster auf einen biologischen Kern zurückzuführen. Das spezielle Muster gewinnt dadurch den Anschein, als resultiere es nicht aus modifizierbaren sozialen Verhältnissen, sondern aus unverrückbaren biologischen Ursachen. Der implizite Zweck solcher „Erklärungen" ist natürlich der, eine bestimmte Verhaltensweise dadurch zu rechtfertigen, daß man ihren Ursprung aus der gesellschaftlichen Ordnung hinausverlagert. Indem ich die Wilsonsche Behauptung, die Ungleichheit unter den Menschen habe eine biologische Grundlage, im Kontext aktueller sozialer Probleme genauer betrachte, möchte ich versuchen, Form und Inhalt solcher Erklärungen zu verdeutlichen.

Die Möglichkeit, eine Gesellschaft zu errichten, in der prinzipielle Gleichheit herrscht, wird mit vielen und wechselnden soziobiologischen Behauptungen verneint, die im einzelnen (wie Platons Lüge) immer wieder belegen sollen, daß soziale Ungleichheit in der einen oder anderen Weise nur die natürliche und angeborene biologische Ungleichheit verschiedener Individuen, Rassen, Geschlechter, ethnischer Gruppen, ökonomischer Klassen usw. widerspiegele. Nach Professor Wilson ist das uralte Bestreben, biologische Beweise für die soziale Ungleichheit beizubringen, keine Übung in gesellschaftlicher Mythologie, sondern der ernste wissenschaftliche Versuch, eine „Schlüsselfrage der Humanbiologie" zu beantworten, die Frage nämlich,

> „... ob es eine genetische Disposition gibt, einer bestimmten Klasse anzugehören und bestimmte Rollen zu übernehmen. Es lassen sich durchaus Umstände denken, durch die es zu solchen genetischen Unterschieden kommt. Die Erblichkeit von zumindest einigen Intelligenzparametern und Gemütsstrukturen reicht für eine Auslese... in bescheidenem Umfang... sehr wohl aus." (Wilson 1975, S. 554)

Wenn auch niemand die Existenz unterschiedlicher Klassen und sozialer Rollen in Zweifel zieht, so reicht diese Einsicht dennoch nicht aus, denn es ist ebenso Tatsache, daß in der gegenwärtigen amerikanischen Gesellschaft Klassenzugehörigkeit und Rolle mit

Geschlecht und Rasse variieren. Ein Versuch, beide Tatsachen zu erklären, könnte in einer Analyse der sozioökonomischen Struktur von Institutionen und der herrschenden Muster von Rassen- und Geschlechterdiskriminierung bestehen. Indes, der Weg, den die Soziobiologie beschreitet, besteht darin, das erste Phänomen mit der Behauptung zu „erklären", alle Gesellschaften seien von Natur aus hierarchisch aufgebaut, und das zweite mit der Behauptung, der einzelne finde im allgemeinen an dem Punkt der Hierarchie seinen festen Platz, den einzunehmen er von Geburt aus verdiene. Der Zweck solcher „Erklärungen" ist bekannt, ihre soziobiologische Gewandung jedoch ist neu. Hier die Argumentation Wilsons zur Unterstützung seiner Hypothese, soziale Schichtung sei das Resultat einer genetischen Disposition zu bestimmten Verhaltensformen:

> „Selbst in den primitivsten Gesellschaften unterscheiden sich die einzelnen erheblich voneinander. Auch in einem kleinen Stamm von Kung Buschmännern finden sich solche, die als ‚die Besten' anerkannt sind... Nicht anders als die Menschen in entwickelten Industriegesellschaften haben auch die Kung etwa im Alter von Mitte dreißig ihre soziale Stellung erreicht, oder aber sie akzeptieren einen minderen Status für den Rest ihres Lebens. Es gibt einige, die sich niemals anstrengen, die in verrotteten Hütten leben und wenig Stolz auf sich selbst oder ihre Arbeit zeigen. Die Fähigkeit, in solche Rollen zu schlüpfen und die eigene Persönlichkeit so zu formen, daß sie paßt, mag selbst eine adaptive sein. Menschliche Gesellschaften basieren auf einer starken geistigen Anpassungsfähigkeit, und jedes einzelne Mitglied sieht sich einer Mischung von sozialen Herausforderungen gegenüber, die seinen ganzen Ideenreichtum in Anspruch nehmen..." (Wilson 1975, S. 549)

Nach allem könnte es scheinen, als sei Platons Lüge in Wirklichkeit eine frühe wissenschaftliche Wahrheit gewesen und als sei es sowohl notwendig als auch natürlich, daß die „besten Leute" die Führungspositionen innehaben. Aber wie erkennt man diejenigen Menschen, die genetisch am besten dafür ausgestattet sind, den Platz an der Spitze der Gesellschaftshierarchie einzunehmen? Indem er Erfolg nicht nur zum Indikator von Intelligenz, sondern zu einer Form von Intelligenz selbst erklärt, kann Wilson behaupten, der hohe Rang, den jemand innehabe, sei in sich der Beleg für sein natürliches Anrecht darauf, ein Argument, das an Aristoteles' Apologie der Sklaverei erinnert. Mehr noch, „wenn ein einziges Gen für Erfolg und Aufstieg ausschlaggebend ist, dann kann es sich schnell in den oberen sozioökonomischen Klassen konzentrieren..." Damit ist es nicht mehr nur der IQ, der ererbt wird, es ist der Erfolg selber:

„Die Erbfaktoren des menschlichen Erfolgs sind stark polygenetisch und bilden eine lange Liste; bislang konnten nur einige wenige gemessen werden. Der IQ umfaßt nur eine Teilmenge der Intelligenzkomponenten. Weniger konkrete, aber ebenso wichtige Äquivalenzen sind Kreativität, Unternehmergeist, Energie und geistige Vitalität." (Ebd., S. 554 f.)

Das Belegmaterial zur Frage der Erblichkeit des IQ habe ich bereits analysiert. Ich habe Professor Wilsons Argumente für eine genetische Basis sozialer Ungleichheit vorgestellt, um zu zeigen, daß eine der wichtigeren Arbeiten in der modernen Soziobiologie kaum mehr enthält als eine moderne Version von Platons Fiktion. Auch wenn Professor Wilson das Gegenteil beteuert, so findet sich doch nicht der geringste Beweis dafür, daß der Mensch Gene hätte, die Erfolg oder Intelligenz oder auch die anderen von ihm diskutierten Merkmale wie Altruismus oder Konformismus bestimmten. Und wir haben auch nicht den leisesten Grund anzunehmen, menschliche Gene, die diesen willkürlichen Verhaltenskategorien entsprächen, würden jemals gefunden werden. Die fraglichen Gene sind fiktive Gene, erfunden, um bestimmte soziale Vorurteile darüber, wie Menschen sich „natürlich" verhalten, zu bekräftigen.

Seit es einen politischen Diskurs gibt, basieren Versuche, soziale Ungleichheit zu rechtfertigen, auf soziobiologischen Unwahrheiten, die die Tatsache der menschlichen Diversität subtil und überzeugend in die soziale Fiktion einer Existenz von höher- und minderwertigen Menschen übersetzen. Sind diese Menschen erst in einer Weise eingestuft, die den neidvollen Vergleich anhand einer willkürlichen Skala erlaubt, dann können auch die Merkmale, in denen Individuen oder Gruppen differieren, leichter gemessen und kontrolliert werden, und eine Atmosphäre wissenschaftlicher „Objektivität" umgibt die Diskussionen, in denen Menschen so sehr als Rohmaterial betrachtet werden, daß man sie erzeugen, manipulieren, vermarkten oder (wenn mächtige Interessen es wünschen) nicht mitzählen, ausrangieren oder vernichten kann.

Letztlich war es die soziobiologische Wissenschaft mit ihrem Anspruch, wissenschaftlich objektiv, moralisch neutral und ethisch wertfrei zu sein, die den Begriffsrahmen lieferte, mit dessen Hilfe die eugenische Theorie in die Praxis des Völkermordes umgesetzt wurde, und damit beim deutschen Volk als Ganzem auf Zustimmung oder doch zumindest nicht auf Ablehnung stieß. Mehr noch, dieses soziobiologische System, auf das die Rechtfertigungen des Völkermords sich letztlich stützten, war ganz eindeutig keine Nazi-Erfindung. Es war im Namen der Wissenschaft errichtet worden, lange bevor der Nationalsozialismus Wirklichkeit wurde. Ohne diejenigen, die die Tötungsprogramme des nazistischen Völkermordes ersannen, planten und ausführten, auch nur eine Sekunde lang von der Schuld an ihren Abscheulichkeiten entlasten zu wollen, möchte ich darauf insistieren, daß eine Anklageerhebung auch die Tradition des politischen und wissenschaftlichen Denkens einbegreifen muß, die den Lügen über menschliche Höher- und Minderwertigkeit ein absolut unverdientes Maß an Respektabilität verschafft hat.

Diese Anklageerhebung macht immerhin sichtbar, daß die Definition der menschlichen Natur und die Messung der menschlichen Diversität selbst Instrumente der Verhaltenskontrolle sind, die die Macht etablierter gesellschaftlicher Institutionen gleichzeitig widerspiegeln und stützen. Die Frage, um die es geht, ist, ob und inwieweit die heutige Gesellschaftspolitik von soziobiologischen Vorstellungen geleitet ist, die ihrem Inhalt und Ziel nach denen der Vergangenheit vergleichbar sind. Um diese Frage zu beantworten, werde ich in den verbleibenden Kapiteln auf Versuche eingehen, mittels verschiedener Formen von Psychotechnik das Verhalten von Personengruppen zu kontrollieren und zu steuern, denen das Etikett „sozial deviant“ anhaftet.

6 *Drogenmißbrauch: „Besser leben mit Chemie?"*

Ehe wir uns mit der modernen Psychotechnik auseinandersetzen, müssen wir uns mit etwas befassen, das subtiler und möglicherweise auch folgenreicher ist als die unmittelbar konkreten Techniken, mit deren Hilfe das Verhalten von Menschen verändert, gemessen, gesteuert oder sonstwie kontrolliert werden kann. Man darf nicht vergessen, daß *auch* die Grundlagenforschung und nicht nur die technischen Verfahren der Psychologie an dem Versuch, menschliches Verhalten in der menschlichen Gesellschaft zu steuern und zu kontrollieren, wesentlich beteiligt sind. Und weil dies so ist, darf sich eine umfassende Analyse der Verhaltenskontrolle nicht nur auf die technischen Methoden konzentrieren, sondern muß auch Form und Inhalt der dahinter steckenden wissenschaftlichen Ideen unter die Lupe nehmen.

Aber da ist noch ein weiterer Punkt, den es zu beachten gilt: Der Erfolg des Versuchs, Verhalten zu steuern, hängt letztlich von der Verfügbarkeit der richtigen Verfahrenstechniken ab. Und so stellen Organisationen Forschungsgelder zur Verfügung und bezahlen Experten, die Techniken und Konzeptionen entwickeln, wie sie für Programme der Verhaltenskontrolle erforderlich sind. Wissenschaftler und Experten sind damit sowohl an dem Versuch beteiligt, Verhalten analysierend zu verstehen, wie an dem Versuch, es zu steuern. Daß man sich zur Rechtfertigung des einen wie des anderen Aspekts von Verhaltenskontrolle auf die wissenschaftliche Neutralität beruft, hoffe ich im folgenden deutlich machen zu können.

Das Buch *Control of Human Behavior,* das ich in meiner Einleitung zitiert habe, behauptet, eine objektive Darstellung der wissenschaftlichen „Konzeptionen (zu geben), die der Verhaltenskontrolle zugrundeliegen, sowie ihrer Implikationen für die Manipulation von Menschen". Ziel der Schrift, so erklären die Herausgeber in ihrem

Vorwort, sei es „eine Wissenschaft und Methodologie zu entwickeln, die es erlauben, menschliches Verhalten zu lenken, zu steuern und zu manipulieren... und die Aufmerksamkeit auf die Veränderung jener Verhaltensweisen zum Besseren zu lenken, von denen anzunehmen ist, daß sie dem Leben des einzelnen wie dem gesellschaftlichen Gesamtwohl abträglich sind". Dieser Versuch, sagen sie, „kann von großer Bedeutung für den einzelnen Menschen wie für die gesamte Gesellschaft sein", wobei sie durchaus einräumen, daß manch einem

> „bei diesen Überlegungen Angst wird, weil sie an Orwells *1984* gemahnen; für andere wiederum kann ein großes Versprechen auf die Zukunft des Menschen darin liegen. Allen indes muß bewußt sein, daß dieser Zuwachs an Wissen und Technik, genau wie alle anderen menschlichen Entdeckungen und Erfindungen, die schwere Verantwortung impliziert, in der richtigen Weise, klug und human damit umzugehen."

Die in dieser Passage zum Ausdruck gebrachten Empfindungen dürften kaum auf Widerspruch stoßen; und ähnliche Äußerungen finden sich denn auch in den Einleitungen fast aller Bücher über Verhaltenskontrolle. Und doch, hinter Warnungen vor der Ambivalenz von Wissen und hinter Ermahnungen zu moralisch und ethisch verantwortungsvollem Umgang damit verbergen sich oft nur die Unfähigkeit oder auch die mangelnde Bereitschaft von Wissenschaftlern, die sozialen Vorurteile, die in die Organisation und Durchführung ihrer eigenen Arbeit einfließen, zu überprüfen. Im Falle von Verhaltensmanipulation zum Beispiel gilt das angebliche Interesse sozusagen ganz objektiv den Gründen und Ursachen menschlichen Verhaltens, wie B.F. Skinner in *Science and Human Behavior* (1953) hervorhebt:

> „Wir möchten wissen, warum Menschen sich verhalten, wie sie sich verhalten. Jeder Umstand, jedes Vorkommnis, dessen Einfluß auf das Verhalten sich nachweisen läßt, muß berücksichtigt werden. Indem wir diese Ursachen aufdecken und analysieren, können wir Verhalten prognostizieren; und in dem Maß, in dem wir die Ursachen manipulieren können, können wir das Verhalten steuern."

Aber wie generell bei Aktivitäten, die Verhalten steuern sollen, besteht auch das speziellere Ziel dieser Untersuchungen nach Auskunft der Herausgeber von *Control of Human Behavior* darin,

„menschliches Verhalten auf jene Leitlinien (auszurichten), von denen man weiß, daß sie die Erfüllung gesellschaftlich definierter Erfolgsnormen implizieren".

Das heißt, der Versuch der Verhaltenssteuerung, wiewohl angeblich „objektiv" und an „Ursachen" interessiert, basiert von Anfang bis Ende auf gesellschaftlich definierten Normen. Konkreter ausgedrückt bedeutet das entweder, daß gesellschaftlich definierte Normen objektiv sind, oder, daß der Versuch der Verhaltenssteuerung in diesem besonderen Falle Maßstäbe zugrundelegt, die dies nicht sind. Dazu, daß es keinen Grund gibt, davon auszugehen, sozial definierte Normen (etwa für Erfolg) seien objektiv, ist bereits genug gesagt, ebenso dazu, daß sie ganz im Gegenteil fast ausschließlich auf Werturteilen beruhen, die die Interessen gesellschaftlich einflußreicher Einzelpersonen und Gruppen widerspiegeln.

Nicht immer wird es so offen ausgesprochen, aber in diesem Falle erklären die Herausgeber ausdrücklich, daß ihr Buch „jenen Institutionen und Organisationen gewidmet ist – psychiatrischen Anstalten und Polykliniken, Erziehungs- und Ausbildungseinrichtungen, Haft- und Strafanstalten u.a. –, deren Schaffung und Aufrechterhaltung auf dem Wunsch der Gesellschaft beruht, das Verhalten ihrer Mitglieder zu verändern". Es lohnt sich, über die Implikationen dieser Widmung sorgfältig nachzudenken. Können Psychologen, die ihre Arbeit und ihr Fachwissen in den Dienst der Interessen gesellschaftlich etablierter Organisationen stellen, wirklich zu Recht von sich behaupten, sie träten für eine moralisch und ethisch neutrale Sache ein? Oder wird der Anspruch der Neutralität in solchen Fällen erhoben, um den Einfluß von Organisationsinteressen auf das Berufsgeschehen zu kaschieren?

Die Tatsache, daß Verhaltenswissenschaftler bestimmten sozialen Vorurteilen anhängen, reicht als Basis für eine ernsthafte Kritik an ihren beruflichen Aktivitäten nicht aus. Im Gegenteil, alle Menschen, die Verhaltenswissenschaftler eingeschlossen, haben zwangsläufig gewisse Vorurteile, von denen man annehmen darf, daß sie nicht nur ihre Berufsarbeit, sondern auch ihr Verhalten im Alltag beeinflussen. Tatsächlich ist die universelle Gegebenheit von sozialen Vorurteilen nur ein weiteres Indiz dafür, daß Wissenschaft und Wertstruktur einer Gesellschaft nicht voneinander zu trennen sind. Um zu veranschaulichen, wie ein gutwilliger Wissenschaftler, der an der Illusion seiner eigenen Neutralität leidet, sich in einem von Werten dominierten Wechselspiel zwischen Bedeutung – im Sinne von Definition – und Macht verfangen kann , möchte ich von einer persönlichen Erfahrung berichten. Als graduierter Student der Psychologie der fünfziger Jahre dachte ich, genau wie die große Mehrzahl meiner Mitstudenten, kaum an die Möglichkeit, Psychologie könne etwas anderes als eine „reine" Wissenschaft sein. Diskussionen über die moralischen und ethischen Dimensionen des Faches in Vorlesungen, Seminaren oder Übungen waren äußerst selten, und es schien eine Menge anderer Dinge zu geben, um die man sich Gedanken machen mußte, nicht zuletzt um einen riesigen Berg an theoretischem und praktischem Wissensstoff.

Für meine Doktorarbeit suchte ich nach einem lohnenden Forschungsprojekt, und in meinem zweiten Graduiertenjahr gelang es mir, eine Stelle als Forschungsassistent in einem Projekt zu bekommen, das sich mit den Auswirkungen verschiedener pharmazeutischer Präparate auf Lernfähigkeit und Gedächtnis von Affen befaßte. Eine meiner Hauptaufgaben bestand in der Durchführung von Experimenten, bei denen man Affen, die gelernt hatten, eine spezielle Gedächtnisleistung zu erbringen, ein bestimmtes Mittel injizierte, um zu sehen, ob und wie ihre Leistung davon beeinflußt wurde. Bei einigen Experimenten wurde dasselbe Mittel einem bestimmten Tier im Abstand von mehreren Tagen mehrmals verabreicht. Das normale Ergebnis war, daß der Leistungsabfall in den ersten Testtagen stark war, bei Wiederholungen der Injektionen und Tests jedoch allmählich geringer wurde. Mit anderen Worten, die Affen entwickelten eine Art Resistenz oder Toleranz den Auswirkungen der Präparate gegenüber. Auch frühere Experimente, wenngleich anderer Art, hatten ergeben, daß die Wiederholung eines sensorischen Reizes – zumeist eines Tons – sich auf das Verhalten in dieser Weise auswirkte. Als man zum Beispiel einer schlafenden Katze zum ersten Mal einen Ton zu Gehör brachte, erwachte das Tier sogleich und zeigte verschiedene Zeichen von Bewegung und Erregung, einschließlich bestimmter Gehirnwellen oder elektroenzephalographischer Veränderungen (EEG). Indes, die Aufwachreaktion wurde immer geringer und verschwand schließlich ganz, als der Ton dem Tier wiederholt und unter gleichen Bedingungen zu Gehör gebracht wurde. Die augenscheinliche Ähnlichkeit zwischen dieser „Habituation der Aufwachreaktion" und der Widerstandsfähigkeit bei wiederholten Verabreichungen von Mitteln verblüffte und interessierte mich. Ich hatte ein Problem entdeckt, an dem ich arbeiten wollte; das heißt, Toleranz- und Gewöhnungseffekt in Kombination miteinander wurden zu einem zentralen Punkt meiner Dissertation.

1959, als meine Doktorarbeit abgeschlossen und veröffentlicht war, wandte ich mich anderen Problemen zu, doch den Gedanken, daß bei den beiden Effekten ähnliche Vorgänge im Gehirn eine Rolle spielten, behielt ich stets im Hinterkopf. Als ich 1970 die Arbeit über Toleranz- und Habituationsphänomene wiederaufzunehmen vermochte, hatten andere Forscher bereits einen weiten Weg zurückgelegt, dessen Ziel der Nachweis war, daß die Mechanismen, die hier im Spiele sind, eine verblüffende Ähnlichkeit aufweisen. Seit dieser Zeit beschäftige ich mich in meiner Arbeit in der einen oder anderen Weise damit, die maßgeblichen Mechanismen des Gehirns zu analysieren.

Im Jahre 1972 traf ich auf dem Flughafen von Washington D.C. zufällig zwei Berufskollegen. Alle drei wollten wir nach Boston, und im Laufe unserer Unterhaltung erfuhr ich, daß sie gemeinsam verschiedene Aspekte von Heroinsüchtigkeit und Alkoholabhängigkeit erforschten. Heroin und andere Opiumderivate produzieren starke Toleranzeffekte, so daß die Dosis ständig gesteigert werden muß, wenn die Wirkung erhalten bleiben soll. Meine beiden Kollegen spitzten ihrerseits die Ohren, als ich ihnen meine Überlegungen hinsichtlich der Gehirnmechanismen unterbreitete, die für die Widerstandsfähigkeit gegen eine Droge mitverantwortlich sind, sowie des Zusammenhangs zwischen ihnen und anderen Aspekten der Gewöhnung. Ein paar Minuten später hatte ich ihre Einladung zu einer Diskussion, einem Workshop über „die biologischen Aspekte und die Verhaltensaspekte von Suchterkrankungen" in der Tasche. Ich sollte hinzufügen, daß mein Interesse an dem Thema dadurch verstärkt wurde, daß der Workshop im Rahmen einer Konferenz über Gehirnforschung veranstaltet wurde, die alljährlich an einem Wintersportort in den Colorado Rockies stattfindet.

Ein paar Wochen nach unserem gemeinsamen Flug erhielt ich das Konferenzprogramm. Ich war als Diskutant vorgesehen. Ich hatte natürlich von Anfang an gewußt, daß zwei der anderen vier Diskussionsteilnehmer die Kollegen sein würden, die ich am Flughafen getroffen hatte; nun, da ich die Erwartung an mich gerichtet sah, zu ihren Ausführungen Stellung zu nehmen, wollte ich wissen, wer die anderen waren und was sie vermutlich sagen würden. Beim Weiterlesen wurde mir klar, daß alle Redner bis auf einen die Verhaltensaspekte und die biochemischen und pharmakologischen Aspekte von Drogenabhängigkeit behandeln würden. Die Ausnahme bildete Dr. Jerome H. Jaffe, eine anerkannte Autorität auf dem Gebiet von Rauschgiften und Drogenabhängigkeit; er wollte offensichtlich eine breitere Perspektive anlegen. Dr. Jaffe war kurz zuvor zum Leiter des *White House Special Action Office of Drug Abuse Prevention* (SAODAP) bestellt worden, einer offiziellen Regierungsdienststelle zur Bekämpfung des Drogenmißbrauchs. In dieser Eigenschaft war Dr. Jaffe offiziell für die Koordinierung aller bundesstaatlichen Aktivitäten und Maßnahmen zur Verhinderung von Drogenmißbrauch verantwortlich, ganz gleich, ob es sich um wissenschaftliche Forschung und Lehrprogramme oder um öffentliche Aufklärung, Behandlungskonzeptionen für Abhängige und Gesetzesinitiativen handelte, kurz, es war klar, daß in Dr. Jaffes Beitrag nicht nur seine wissenschaftlichen Fachkenntnisse, sondern auch die politischen und administrativen Interessen des hohen Regierungsvertreters eingehen würden.

Anhand meiner bisherigen Berufserfahrung konnte ich mir ausrechnen, welcher Kommentar zu den Ausführungen der drei erstgenannten Kollegen von mir erwartet wurde; auf eine Stellungnahme zum Drogenmißbrauch als einem sozialen Problem indes war ich nicht im geringsten vorbereitet.

Wie ich bereits in anderem Zusammenhang bemerkt habe, spiegeln sich in der Definition sozialer Probleme die Interessen und Ziele politisch mächtiger Einzelpersonen und Institutionen wider. Die Art, in der soziale Probleme definiert sind, bestimmt natürlich auch ihre prospektive Lösung – entscheidender noch, sie bestimmt, welche Lösungen *nicht* versucht werden. Wenn dem aber so ist, dann impliziert bereits der Definitionsvorgang Machtausübung, und zwar insofern, als er die Möglichkeit alternativer Ansätze und Versuche wirksam ausschließt und die Gesellschaft als Ganze zwingt, sich an „Lösungen" zu beteiligen, die dem allgemeinen Interesse dienen oder auch dagegen verstoßen.

Ich glaube heute, daß dies für viele soziale Probleme gilt, die durch staatlich finanzierte Programme gelöst werden sollen, ich begriff aber nicht sofort, daß es in besonderem Maße auf den Fall des Mißbrauchs von Drogen zutrifft. Damals, Ende 1972, war es (und daran hat sich bis heute nichts geändert) erklärtes Ziel der Regierungspolitik, einen ,,entscheidenden Fortschritt" im sogenannten Kampf gegen den Drogenmißbrauch zu erzielen. – Meine Frau ist Psychotherapeutin; sie hat sich auf die Arbeit mit Familien, Kleingruppen und anderen überschaubaren Sozialsystemen spezialisiert, und während ich mich auf den Workshop über Drogenabhängigkeit vorbereitete, bildete sie Berater aus, die später an von der Gemeinde getragenen Rehabilitationsprogrammen für Drogensüchtige mitarbeiten sollten. Ihre dabei gesammelten Erfahrungen hatten sie dem SAODAP-Ansatz gegenüber hellhörig gemacht, und so wies sie mich zuallererst darauf hin, daß Schlagwörter wie ,,entscheidender Fortschritt" ihren Sinn erst offenbaren, wenn man sie im einschlägigen administrativen Kontext reflektiert. Das heißt, sie ermunterte mich, mich zunächst nach den sozialen Zielen zu fragen, die mit derartigen Begriffen anvisiert werden, und eine Reihe von Fragen zur Bedeutung und Interpretation von biologischen Daten und Verhaltensinformationen im Kontext der SAODAP-Programme zu stellen. Darüber hinaus legte sie mir nahe, mich einmal zu fragen, ob meine eigene Forschung über die physiologischen Mechanismen der Gewöhnung an und der Widerstandsfähigkeit gegenüber Drogen tatsächlich moralisch und ethisch so neutral war, wie ich bis dahin gemeint hatte, oder ob sie sich nicht vielleicht als Waffe in jenem ,,Kampf" verwerten ließ, den die Nixon-Administration zu führen gedachte.

Um diese Fragen beantworten zu können, mußte ich meine eigene wissenschaftliche Disziplin in einem neuen und für mich gänzlich ungewohnten Licht betrachten. Resultat dieser Betrachtung war die allmähliche Erkenntnis, daß jemand der in einem gesellschaftlichen Kontext, in dem ,,der Kampf gegen Drogenmißbrauch" von politischen Führern als ein Kampf um die Kontrolle bestimmter Aspekte menschlichen Verhaltens definiert ist, über Drogenmißbrauch forscht, zwangsläufig mehr tut, als nur wissenschaftliche Arbeit zu leisten, und daß diejenigen, deren Forschungsergebnisse wirksamere Methoden der Verhaltenskontrolle zur Folge haben, nicht den Anspruch erheben können, moralisch und ethisch neutral zu sein. Ich möchte an dieser Stelle hinzufügen, daß ich persönlich den Kampf gegen Drogenmißbrauch, so wie er geführt wird, im Ansatz für falsch und in der Durchführung für vernunftwidrig halte, daß es aber nicht in meiner Absicht liegt, Wissenschaftler und Regierungsbeamte, die ihre Bemühungen daransetzen, diesen Kampf zu „gewinnen", moralisch und ethisch zu schmähen. Mir geht es vielmehr darum festzustellen, daß der Anspruch der Neutralität ein Mythos ist, der, wenn unkritisch akzeptiert, die moralischen und ethischen Dimensionen des Problems verdunkelt und verwischt.

Seit jenem Workshop bemühe ich mich darum, den Prozeß von Definition und Lösung sozialer Probleme zu durchdringen und zu verstehen. Meine Ansichten über das Wesen der Verhaltenskontrolle und ihren Stellenwert im Zusammenhang mit sozialen Problemen sind bei vielen meiner Berufskollegen auf Ablehnung gestoßen. Die Kritik lautete zumeist, ich sei voreingenommen und neige dazu, die „objektiven" und „neutralen" Aktivitäten von Wissenschaftlern ungerecht darzustellen, sie in ein allzu ungünstiges Licht zu rücken. Ich überlasse die Einschätzung dieser Kritik dem Leser, möchte jedoch hinzufügen, daß der hartnäckigere Widerspruch zumindest teilweise von Leuten kommt, die sagen, Wissenschaft und Technik seien übermäßig kritisiert und verleumdet worden, indem man sie für viele gesellschaftliche Übel, und zwar nicht nur für eine mißbräuchliche Verhaltenskontrolle, sondern auch für Umweltverschmutzung, nukleares Wettrüsten, Inflation, Übervölkerung und Arbeitslosigkeit verantwortlich mache. Ich für meinen Teil halte den Versuch, diese Probleme der Wissenschaft und Technik anzulasten, für falsch und unehrlich.

Meine eigene frühere Unfähigkeit, die Zusammenhänge zwischen Verhaltenswissenschaft und staatlicher Politik zu sehen und zu reflektieren, war keineswegs das Resultat politischer Naivität. Im Gegenteil, ich wuchs in einer sozial bewußten und politisch wachen Familie auf und habe mir im allgemeinen ein aktives Interesse an öffentlichen Dingen außerhalb meines wissenschaftlichen und beruflichen Lebens zu bewahren versucht. Dennoch hatte ich wie die meisten Wissenschaftler gelernt, eine klare Trennungslinie zwischen den wissenschaftlichen und den sozialen Aspekten meiner eigenen Existenz zu ziehen, und es fiel mir nicht leicht, diese falsche Zweiteilung aufzuheben. Die öffentliche Berichterstattung erwies sich als besonders ergiebige Quelle für eine Analyse der politischen Dimensionen der Verhaltenswissenschaft. Und eine der ersten Pressenotizen, die 1972 meine Aufmerksamkeit erregte, war die Wiedergabe eines Interviews mit Richard Nixon während des Wahlkampfes, das die *New York Times* am 10. November veröffentlichte. In diesem Interview wurde der Drogenmißbrauch mit jenem politischen Sprachgestus diskutiert, mit dem so häufig spezifische Programme der Verhaltenskontrolle begründet und gerechtfertigt werden:

„... die starke Tendenz zur Permissivität, die zu einem Anstieg der Kriminalität und zu vermehrtem Drogenkonsum in diesem Lande geführt hat, all das ist denjenigen unter uns zuzuschreiben, die im Grunde eine Führungsverantwortung tragen, aber nicht erkennen, daß in allererster Linie der Charakter eines Volkes nicht geschwächt werden darf... Der Durchschnittsamerikaner ist wie ein Kind... wird er in Unselbständigkeit gehalten, zu viel verhätschelt und verwöhnt, wird ein weichlicher, verzogener und letztlich sehr schwacher Mensch aus ihm."

Was mir als erstes an diesem Interview auffiel, war die These von der moralischen Schwäche, die den Ruf nach Programmen einer scharfen Verhaltenskontrolle stets zu begleiten scheint. Zu zeigen ist hier, in welcher Weise Verhaltenswissenschaftler und -techniker, die unter dem Banner von moralischer und ethischer Neutralität antreten, diese These untermauern helfen.

In der heutigen amerikanischen Gesellschaft bezeichnet der Terminus *Drogenmißbrauch* ein Problem von allgemeinem öffentlichem Interesse und von großer Dringlichkeit. Als amtierender Präsident definierte Richard Nixon Drogenabhängigkeit als „die schwerste Gefahr, die diese Nation jemals bedroht hat", und schuf eine dem Weißen Haus direkt angegliederte Zentralstelle, die die Bemühungen der Regierung zur Verhinderung von Drogenmißbrauch koordinieren sollte. Es ist immer nützlich, genau hinzusehen, wie ein Problem offiziell definiert ist, ehe man versucht, etwas über die Anstrengungen zu sagen, die zu seiner Lösung unternommen werden. Das Wort *Mißbrauch* impliziert Mißbilligung, die sich in den gängigen Auffassungen zum Problem des Drogenmißbrauchs aus zwei verschiedenen Quellen speist. Die eine Quelle ist die allgemeine Anerkennung einer zweifelhaften, jedoch von Fachleuten geförderten und gesetzlich festgeschriebenen Unterscheidung zwischen zwei großen Kategorien von Drogen.

Die erste dieser beiden Kategorien umfaßt jene chemischen Verbindungen, die der lexikalischen Definition von Arzneimitteln entsprechen und deren Verwendung (mit oder ohne Rezept) von medizinischen Autoritäten und von der Arzneimittelbehörde zur Verhinderung oder Behandlung von Krankheiten, zur Erleichterung von Schmerzen oder Leiden und zur Steuerung bestimmter psychologischer, physiologischer oder pathologischer Zustände gebilligt wird. In diese Kategorie fällt ein breites Spektrum von Präparaten, das von Mitteln mit nachhaltigen Auswirkungen auf das zentrale Nervensystem und das Verhalten des Menschen bis zu Abführmitteln, Kopfschmerztabletten, Antibiotika, Patentmedizinen und Vitaminen reicht. Die zweite Kategorie von Präparaten entspricht zwar ebenfalls der Arzneimitteldefinition, doch handelt es sich hier um Mittel, die entweder offiziell nicht anerkannt sind oder von den medizinischen Autoritäten mißbilligt werden oder gar gesetzlich verboten sind. Zu dieser Kategorie zählen verschiedene Mittel, die in ihrer Mehrzahl auf das Zentralnervensystem und das Verhalten des Menschen wirken und zum Teil gesetzlichen Beschränkungen unterliegen, die ihren Verkauf, ihren Besitz und ihren Gebrauch zum Vergehen machen, das mit Geldstrafen, Gefängnis oder anderen gesetzlichen Strafen belegt wird. Das heißt, der Gedanke der Mißbilligung findet Eingang in die gegenwärtige Sichtweise des Drogenproblems in erster Linie durch ein Klassifikationsschema, das die Drogen selbst offiziell in erlaubte und in verbotene unterteilt.

Die zweite Quelle der Mißbilligung steckt in der Vorstellung, an der Verwendung bestimmter Mittel unter bestimmten Umständen sei per se etwas Falsches oder Ungehöriges. Diese Drogen bestehen aus einer Reihe chemischer Verbindungen, erlaubter und verbotener, die Veränderungen im Verhalten, Denken, in Stimmung, Gefühl und Haltung von Menschen hervorrufen. Der bereits erwähnte Dr. Jerome H. Jaffe (1970, S. 310) schreibt in diesem Zusammenhang, „ob Drogen zur Erleichterung oder zur Vermeidung von Schmerz und Kummer genommen werden – die kritischen Momente bei der Herausbildung einer Drogenabhängigkeit sind ihre *Selbstverabreichung* und die *selbstinduzierten* Veränderungen in der Gemütsverfassung". Wie die meisten Staatsvertreter definierte Dr. Jaffe das Problem als eines, das primär in dem abweichenden Verhalten jener Menschen begründet ist, die erlaubte oder verbotene

Drogen nehmen, um ihre Stimmung und ihr Verhalten zu verändern. Drogenmißbrauch bedeutet, so schreibt er, „den Gebrauch, gewöhnlich mittels Selbstverabreichung, irgendeiner Droge in einer Weise, die von den gebilligten medizinischen oder sozialen Mustern innerhalb einer bestimmten Kultur abweicht" (ebd., S. 276).

Wir sollten die Frage der medizinischen Billigung und der sozialen Abweichung fest im Sinn behalten, denn das Drogenproblem ist, so wie ich es sehe und zu beschreiben beabsichtige, mehr als nur eine Frage des individuellen „Mißbrauchs". Es beinhaltet auch das Problem der Definition von sozialer Abweichung sowie die Praxis der Verschreibung von Arzneimitteln zwecks Steuerung. Das heißt, ich werde mich mit zwei Punkten befassen: mit dem Bestreben, das Verhalten von Menschen zu kontrollieren, die sich selbst verbotene Drogen (insbesondere Heroin) verabreichen, sowie mit dem Bestreben, erlaubte Drogen als Mittel zur Steuerung des Verhaltens von sozial abweichenden Personen (insbesondere von Heroinkonsumenten und von hyperaktiven Kindern) zu verwenden. Da die Stoßkraft meiner Argumentation in bezug auf das Drogenproblem auf einen „Systemansatz" angewiesen ist, muß ich den Leser bitten, mich mit ein paar allgemeinen Bemerkungen zu diesem Begriff, wie er in Fragen sozialer Konformität und Abweichung Anwendung findet, beginnen zu lassen.

Der beste Weg darzulegen, was ich mit dem Terminus „Systemansatz" meine, besteht möglicherweise in seiner Unterscheidung von dem, was die Soziologen den strukturellen Ansatz in bezug auf abweichendes Verhalten nennen. Beide Ansätze beginnen bei der offensichtlichen Tatsache, daß es in jedem bestehenden sozialen Zusammenhang Verhaltensmuster gibt, die mit den sozialen Normen und Werten übereinstimmen, und solche, die davon abweichen. Vom strukturellen Standpunkt aus beinhalten die Normen und Werte einer Kultur die Maßstäbe, an denen Verhalten gemessen wird; im Zentrum der Untersuchung stehen hier die (sozialen, ökonomischen, biologischen usw.) Faktoren, die entscheidend dafür verantwortlich zu sein scheinen, ob jemand sich konform verhält oder abweicht.

Auch im Systemansatz wird die Existenz von Maßstäben anerkannt; aber statt sie als starren Bezugsrahmen zu nehmen, nach dem das Verhalten einzelner Personen beurteilt wird, werden auch die Prozesse reflektiert, in denen die Standards von Konformität und Abweichung zustande kommen (wie auch die Mechanismen, mittels derer diese Definitionen durchgesetzt werden). Diesen Ansatz habe ich meiner Erörterung der Begriffe von Bedeutung – wieder im Sinne von Definition – und Macht in bezug auf das umfassende Problem der Verhaltenskontrolle in der menschlichen Gesellschaft zugrundegelegt. Ich habe immer wieder zu zeigen versucht, daß sich in dem Bestreben, soziale Konformität zu definieren und durchzusetzen, die Perspektive von politisch bestimmenden und relativ wohlorganisierten Gruppen widerspiegelt, deren Werte und Interessen in Rechnung gestellt werden müssen, wenn die Methoden, die sie als Instrumente der Verhaltenskontrolle anwenden, einen Sinn ergeben sollen. Wenn ich also sage, meine Analyse des Drogenproblems sei eine politische Analyse, dann benutze ich das Wort *politisch* im Hinblick auf Entscheidungen oder Aktivitäten, die die Ausübung von Macht implizieren, wozu die symbolische Macht der Wissenschaft ebenso gehört wie die unmittelbar konkrete Macht staatlicher Institutionen und Organe.

Ich habe verschiedene Zusammenhänge untersucht, in denen soziobiologische Theorien und andere scheinbar „objektive" Konzeptionen der Verhaltenswissenschaften dazu benutzt werden, die Stellung politisch bestimmender Gruppen, deren Interessen die Gesetzgebung und die Verfahren der Gesetzesanwendung prägen, zu interpretieren und zu untermauern. Ein Blick auf die Geschichte der Rauschgifte und der Einstellung zu ihnen zeigt, daß auch in diesem Falle so verfahren wird.

Vor mehr als 6.000 Jahren müssen die Sumerer etwas über die Wirkungen von Rauschgiften auf den Menschen gewußt haben. Ihr Ideogramm für die Mohnblume war *hul* (Freude) plus *gil* (Pflanze). Später, im 3. Jahrhundert vor Christus, benutzte Theophrast das Wort „Mohnblumensaft" für das, was wir heute unter dem Namen Opium kennen. Arabische und europäisch-mittelalterliche Ärzte waren durchaus versiert in der Herstellung des flüssigen Opiumextrakts Laudanum, dessen Trunk den Begriff des „Opiumessens" entstehen ließ. Bis in die jüngste Zeit hinein fand Laudanum überall in Europa, Asien und Nordamerika eine breite Anwendung als medizinisches Mittel und als Mittel zur Entspannung. Im Jahre 1803 wurde der wesentliche Bestandteil von Opium isoliert und identifiziert. Man stellte fest, daß er zehnmal stärker war (gemessen am Artgewicht) als Rohopium und gab ihm die Bezeichnung Morphium, nach Morpheus, dem griechischen Gott der Träume. Um die Mitte des 19. Jahrhunderts erweckten Fälle von Opiumsüchtigkeit große Aufmerksamkeit; Schätzungen im Jahre 1868 ergaben zwischen 80.000 und 100.000 „Opiumesser" in den Vereinigten Staaten, das heißt, jeder dreihundertfünfzigste Amerikaner nahm Opium. Ungefähr um dieselbe Zeit kam Morphium in den Handel und begann das simplere Laudanum zu ersetzen. Gelegentlich wurde es zur Heilung von Opiumsüchtigkeit empfohlen.

1898 gelang es Chemikern der pharmazeutischen Firma Bayer in Deutschland, durch eine geringfügige Veränderung des Morphiummoleküls eine Droge herzustellen, die dreimal so stark war wie Morphium. Sie erhielt den Namen Heroin in Anlehnung an das Wort „heroisch" im Sinne von „groß" und „stark". Bayer präsentierte Heroin als Hustenmittel und empfahl es zugleich zur Behandlung von Morphiumabhängigkeit mit der Begründung, daß es nicht suchterzeugend sei. 1910 trat in den Vereinigten Staaten das erste Bundesgesetz zur Kontrolle der Einfuhr und Verwendung von Opium in Kraft. Es gab zu diesem Zeitpunkt geschätzte 200.000 Opiumsüchtige in Amerika, die meisten von ihnen Frauen, die von Patentmedizinen abhängig waren.

Im Zweiten Weltkrieg, als Deutschland infolge der Kampagnen der Alliierten in Nordafrika und im Mittelmeerraum vom Opiummarkt abgeschnitten war, machten sich die Pharmachemiker des Dritten Reiches daran, einen Ersatz zu entwickeln. 1944 hatten sie es geschafft; es war ihnen gelungen, eine Droge synthetisch herzustellen, die zwar nur wenig physikalische Ähnlichkeit mit Morphium oder Heroin hatte, die aber als Analgetikum im wesentlichen die gleiche Wirksamkeit besaß. Dieses Mittel, „Dolophin" genannt, wurde noch vor Kriegsende eilends in den Dienst der Medizin zur Schmerzlinderung bei schweren Kriegsverletzungen gestellt. Heute heißt es Methadon und wird weithin als „Mittel" gegen Heroinsüchtigkeit verwendet, wobei allerdings niemand da ist, der sagt, es mache nicht süchtig.

Weil im Effekt weitgehend ununterscheidbar, können wir Morphium, Heroin und Methadon in bezug auf ihre hauptsächliche pharmakologische Wirkung in einem betrachten. Die Opiate sind vor allem für ihre außerordentliche Wirksamkeit gegen Schmerzen bekannt. Der britische Arzt Thomas Sydenham faßte dies im Jahre 1680 in die Worte: „Unter den Arzneien, die Gott der Allmächtige dem Menschen hat zuteil werden lassen, um ihm seine Leiden zu erleichtern, ist keine so universell und so wirksam wie das Opium." Heute weiß man, daß die analgetische Wirkung sowohl von Opium wie von Heroin (letzteres wird im Körper in Morphium umgewandelt) primär vom Morphium ausgeht. Indes, narkotische Mittel bewirken mehr als nur Unempfindlichkeit gegen Schmerzen. In kleinen bis mittleren Dosen verursachen Morphium, Heroin und Methadon auch Somnolenz, Euphorie und ein allgemeines Wohlgefühl. Intravenös verabreicht (durch den „Schuß"), so ist von erfahrenen Konsumenten zu hören, sind die unmittelbaren Folgewirkungen extrem angenehm; die Rede ist (auch im Deutschen, die Übers.) von einem „rush", „kick", „thrill" oder einem „flash", von höchster unbeschreiblicher Wonne.

Es sind natürlich nicht diese angenehmen Wirkungen der Opiate, an denen sich öffentliches Interesse und öffentliche Sorge festmachen. Tatsächlich haben die derzeitigen Bemühungen, den Gebrauch von Heroin zu kontrollieren, viel weniger mit den unmittelbar pharmakologischen Wirkungen dieses Stoffes zu tun als mit einer Reihe sogenannter Nebeneffekte. Man unterscheidet dabei zwei wesentliche Stränge, einmal die Suchtgefahr und zum anderen die schädigende Wirkung, die Toxizität.

Der Begriff der *Suchtgefahr,* wie die Pharmakologen ihn verwenden, betrifft jede Droge, die Menschen einnehmen, weil sie „müssen". Der Terminus ist bestenfalls unpräzis, und zwar insofern, als er einer Droge als Eigenschaft zuschreibt, was im Grunde als ein Zusammenhang zwischen bestimmten Konsumenten dieser Droge und der Droge selbst zu begreifen ist. Seiner Ungenauigkeit wegen begünstigt der Begriff der Suchtgefahr sozusagen von sich aus den Fehler der Verdinglichung, das heißt der Verwandlung einer Abstraktion in eine greifbare Eigenschaft. Gehen wir indes zum Zwecke der Diskussion davon aus, daß gewisse Substanzen, die Stimmungen verändern und Spannungen lösen, von einigen Leuten vermutlich just zu diesem Zwecke regelmäßig oder ständig genommen werden. Solchen Drogen haftet – führenden Experten zufolge – ein hohes Maß an Suchtgefahr an.

Zumindest zwei Effekte des Heroins werden zum Beweis seiner hohen Suchtgefahr angeführt: erstens der Effekt, daß Menschen, die gewohnheitsmäßig Heroin nehmen, eine zunehmende Toleranz seiner berauschenden Wirkung gegenüber entwickeln, so daß sie mehr von der Droge nehmen müssen, um den ursprünglichen ,,kick" erneut zu produzieren, und zweitens der Effekt, daß bei gewohnheitsmäßigem Heroinkonsum die Tendenz zu körperlicher Abhängigkeit besteht. Soll heißen, die Abwesenheit der Droge erzeugt Symptome von Überregbarkeit und Unbehagen. Ein Aspekt der Abhängigkeit von Rauschmitteln besteht also in der Neigung eines Menschen, die Droge stetig zu nehmen, um das Auftreten solcher Symptome zu verhindern. Die Symptome selbst sind Teil des (generell so bezeichneten) Abstinenz- oder Entzugssyndroms, das im Falle von Heroin im allgemeinen dem von Influenza ähnelt: Fieber, Schüttelfrost, laufende Nase, tränende Augen, Ekelgefühl, Durchfall und fliegender Atem. Der Schweregrad dieser Symptome variiert je nach dem körperlichen und geistigen Zustand des Betroffenen, nach den Begleitumständen des Entzugs und nach dem bis dahin erreichten Gewöhnungs- und Abhängigkeitsgrad.

Diese Phänomene von Gewöhnung und körperlicher Abhängigkeit gehören, zusammen mit einer Reihe verwandter Effekte, die ich hier nicht erörtern möchte, zu den interessantesten und bisher nur wenig erforschten Symptomen der Wirkung von Drogen. Dennoch erklären sie nicht die sogenannte Suchtgefahr des Heroins. Die wirkliche Frage steckt vielmehr in der Überlegung: Heroin ist außergewöhnlich suchtbildend, weil es so intensiv angenehme Wirkungen hervorbringt. Obwohl die meisten Fachexperten zugeben müßten, daß ,,zu wenig über die Mechanismen bekannt ist, die... die unterschiedliche Suchtgefahr verschiedener Drogen bewirken" (Jaffe 1970, S. 279), wird generell davon ausgegangen, daß ,,gelegentliche" Benutzer von Heroin extrem selten sind und daß, wer die Droge auch nur ein einziges Mal nimmt, daran ,,hängen" bleibt.

In Wirklichkeit ist nicht jeder, der Heroin nimmt, abhängig und sind nicht alle, die Heroin nehmen, regelmäßige Heroinkonsumenten. Es ist nicht bekannt, was aus einem gelegentlichen einen regelmäßigen oder aus einem regelmäßigen einen abhängigen (oder süchtigen) Konsumenten macht; man weiß auch nicht, ob eine signifikante Mehrzahl derer, die Heroin ein- oder zweimal genommen haben, Dauerkonsumenten geworden sind. Nach einer vorliegenden Schätzung nimmt weniger als die Hälfte derjenigen, die man als „regelmäßige" Heroinkonsumenten bezeichnen könnte, die Droge täglich. (Dumont 1972, S. 32 ff.) Jaffe (1970, S. 277) schreibt: „Im Falle von Alkohol scheint klar, daß die Drogenwirkung, die als angenehm und entspannend erfahren wird... einen normalen Menschen nicht dazu zwingt, die Droge wiederholt oder beständig zu nehmen, und wir stimmen ohne weiteres der Überlegung zu, daß soziale und psychologische Faktoren bei Alkoholmißbrauch eine entscheidende Rolle spielen." Es gibt keinen Grund anzunehmen, im Falle von Rauschgiften sei das anders.

Dem Heroin haftet aber nicht nur der Mythos der Suchtgefahr an, ein zweiter – und vielleicht weiter verbreiteter – betrifft seine Toxizität. „Kein Mittel ist frei von toxischen Effekten", stellt ein führendes Lehrbuch der Pharmakologie fest, wobei diese Effekte allerdings eine Skala bilden, die von harmlos bis lebensbedrohlich reicht. Der Ausdruck Toxizität bezieht sich natürlich auf die nachteiligen oder schädlichen Auswirkungen, die jede Droge haben kann. Dem allgemeinen Verständnis nach ist die Toxizität von Heroin sehr groß, häufig wird es als „Killerdroge" apostrophiert. Dieser ominöse Ruf geht zum Teil darauf zurück, daß amtliche Informationsquellen über den Mißbrauch von Drogen in der Regel Heroinkonsum eng mit dem Schreckgespenst des „Todes durch Überdosis" verknüpfen.

Die Statistiken sind ohne Zweifel erschreckend. Im Jahre 1971 zum Beispiel wurden allein in New York City mehr als 1.200 sogenannte Drogentote gezählt. In den meisten dieser Fälle war Heroin im Spiel, das viel häufiger als jede andere Droge am Tod von Jungen und Männern im Alter zwischen fünfzehn und fünfunddreißig Jahren beteiligt ist. Wie Jaffe betont, kann es keinen Zweifel geben, daß „die durchschnittliche Mortalitätsrate junger Heroinsüchtiger um ein Mehrfaches höher ist als die Nicht-Süchtiger von gleichem Alter und gleichem ethnischem Hintergrund" (1970, S. 286). Diese alarmierenden Zahlen zeigen aber nicht, daß Heroin per se nur bei einem winzigen Bruchteil der mit Heroin in Zusammenhang gebrachten Todesfälle – die sogenannten Überdosisfälle eingeschlossen – als unmittelbare Todesursache figuriert. Ein Grund dafür liegt darin, daß es einer sehr großen Dosis Heroin bedarf, um einen Menschen zu töten; ein zweiter, daß auf dem gesetzwidrigen Straßenmarkt kein reines Heroin zu haben ist.

Zweifellos wird eine ausreichend hohe Dosis Heroin auch den resistentesten Süchtigen töten, dennoch muß man die Opiate gerechterweise zu den am wenigsten in sich toxischen Drogen zählen, die der Pharmakologie bekannt sind. Im Unterschied zu Alkohol, der bereits in relativ kleinen Mengen auf die Leber und andere innere Organe schwer toxisch wirkt, ruft das Heroin keinen ersichtlichen Gewebeschaden hervor, beeinträchtigt es Urteils- und Koordinationsvermögen kaum und erzeugt auch keine Neigung zu gewalttätigem Verhalten, auch nicht bei längerem oder gewohnheitsmäßigem Gebrauch. Vielmehr ergibt sich bei habituellem Heroingebrauch durch den Gewöhnungseffekt selbst eine Veränderung der toxischen und letalen Dosis in Richtung Sicherheit.

Heroin ist keine Killerdroge, aber viele, die es in der heutigen amerikanischen Gesellschaft nehmen, müssen sterben. Warum? In erster Linie wegen der Bedingungen von Heimlichkeit und Kriminalität, die Herstellung, Verteilung und Gebrauch von Heroin umgeben. Die große Mehrzahl der sogenannten Überdosistodesfälle zum Beispiel sind auf die ständige nichtvoraussagbare, nichterkennbare Veränderung der Substanz zurückzuführen, die als Heroin auf dem schwarzen Markt verkauft wird, auf die Wechselwirkungen, die eintreten, wenn Straßenheroin mit anderen Drogen (wie Alkohol und Barbituraten) kombiniert wird, sowie auf die Verfälschung („Verschneiden") von Straßenheroin mit Chinin und anderen Präparaten, die gewöhnlich als Füller verwendet werden. Andere potentiell toxische und todbringende Faktoren sind die unhygienische oder mehrfache Benutzung von infizierten Nadeln, Spritzen und anderen Instrumenten, mit denen Hepatitis und andere Ansteckungskrankheiten übertragen werden können, sowie die Möglichkeit, bei einer Auseinandersetzung um ein Drogengeschäft oder bei einer Polizeirazzia verletzt oder getötet zu werden. Kommt es aus den genannten Gründen zu Todesfällen, dann rangieren sie offiziell unter der Rubrik „Tod im Zusammenhang mit Drogen", aber selbst wenn es so wäre, daß alle Todesfälle, die mit Drogen in Zusammenhang stehen, unmittelbar durch Heroin verursacht würden, wäre sein Rang als Killerdroge wenig herausragend. Schließlich gab es 1971 in New York City 6.000 Todesfälle (d.h. fünfmal so viele wie im Zusammenhang mit Drogen), an denen eine ganz andere Droge beteiligt war. Die Droge Alkohol.

Ich möchte nicht mißverstanden werden als jemand, der dem zufälligen oder blinden Gebrauch von Opiaten das Wort redet. Ich habe die vorangehenden pharmakologischen Gesichtspunkte nur aus einem einzigen Grunde geltend gemacht, nämlich um zu zeigen, daß wir wenig Grund haben, das Heroin in den absoluten Mittelpunkt unserer Bemühungen um eine Verhinderung des Drogenmißbrauchs zu stellen. De facto kann man sagen, daß es viele Drogen gibt, die Barbiturate, Amphetamine und den Alkohol eingeschlossen, deren potentiell schädliche Auswirkungen auf den Körper und das Verhalten des Menschen viel eher im Zentrum des Interesses zu stehen hätten. Der Grund dafür, daß dem nicht so ist, liegt darin, daß das eigentliche Problem im Kampf gegen den Heroinmißbrauch Kriminalität und Verbrechen sind. Heroin und Kriminalität sind zumindest in zwei Punkten eng miteinander verknüpft. Der eine hat zwar nur indirekt mit dem Thema Verhaltenskontrolle zu tun, muß aber dennoch genannt werden, weil er die Absurdität der gegenwärtigen Strategien im Kampf gegen das Heroin sichtbar werden läßt.

Jedes Jahr werden in der ganzen Welt mehr als eine Million Kilogramm Opium unerlaubt geerntet; ein großer Teil davon wird in Asien angebaut und auch verbraucht. Nur etwa 20 Prozent gelangen auf den internationalen Markt. In seinem 1973 erschienenen Buch *The Politics of Heroin in Southeast Asia* stellt Alfred McCoy fest, daß zur Gruppe der Hauptproduzenten und -händler Reste der Chinesischen Nationalarmee in Burma, die Meo-Stämme in Südvietnam sowie hohe Regierungsbeamte verschiedener südostasiatischer Länder gehören. McCoy berichtet weiter, daß auch die U.S.-Regierung über die CIA und ihre Transporteinrichtungen, insbesondere die Air America, ihre Hände im Spiel hat. Jedenfalls werden Verarbeitung und Verteilung von Heroin, wie jeder weiß, auf der ganzen Welt von organisierten Verbrechersyndikaten kontrolliert, deren riesige Profite den hohen Preis für Heroin auf dem einheimischen Straßenmarkt erklären. Die Handelsspanne ist enorm. Einzig in der Ungesetzlichkeit von Heroin liegt der Grund für seinen hohen Preis in diesem Land; in England beträgt der Apothekenpreis 0,04 Dollar pro Gran im Vergleich zu 50 bis 120 Dollar pro Gran auf den Straßen von Amerika. (Ein Gran entspricht 60 Milligramm, Süchtige mit „schwerer“ Abhängigkeit benötigen mehr als das Drei- bis Vierfache dieser Menge pro Tag.) McCoy (1973, S. 14) schreibt,

„Dem Durchschnittsamerikaner, der das tägliche Grauen des Rauschgifthandels auf den Straßen sieht und miterlebt, muß es unvorstellbar erscheinen, daß seine Regierung irgend etwas damit zu tun haben könnte... Die Medien tun das ihre, diese Auffassung zu bekräftigen, indem sie den internationalen Heroinhandel als eine mittelalterliche Moritat darstellen: die Händler erscheinen als die gemeinsten Verbrecher, unablässig auf der Flucht vor ihren Häschern; während amerikanische Diplomaten und Gesetzeshüter als moderne fahrende Ritter präsentiert werden, die nichts als die radikale, sofortige Ausmerzung des Heroinhandels im Sinn haben. Leider lassen sich die in diesem Drama auftretenden Figuren nicht so leicht typisieren; denn amerikanische Diplomaten und Geheimagenten sind beteiligt... und zwar auf drei Ebenen: (1) auf der Ebene der zufälligen Komplizenschaft durch Verbindung zu Gruppen, die aktiv am Drogenhandel mitwirken, (2) auf der Ebene der Begünstigung des Drogenhandels durch Decken bekannter Heroinhändler... und (3) auf der Ebene einer aktiven Beteiligung am Transport von Opium und Heroin. Die amerikanische Heroinplage, so könnte man sagen, ist hausgemacht – und damit zumindest eine Ironie des Schicksals.“

Soviel zum ersten Teil der Kriminalgeschichte. Wenn wir uns mit dem Problem von Heroin und Verbrechen auf der Ebene der Straße befassen, dürfte die Überlegung angebracht sein, ob nicht eine Legalisierung von Heroin, möglicherweise unter ähnlichen Bedingungen, wie sie gegenwärtig für den Vertrieb von Alkohol in den USA gelten, den so gewinnträchtigen kriminellen Markt einfach vernichten würde, der sich ja allein auf die Tatsache gründet, daß die Opiate (mit Ausnahme von Morphium und Methadon) als verbotene Drogen definiert sind. Aller Wahrscheinlichkeit nach würde sich eine Legalisierung auf den schwarzen Drogenmarkt in genau derselben Weise auswirken, wie seinerzeit die Aufhebung der Prohibition auf den Alkoholschmuggel. Eine rechtmäßige Beschaffungsquelle würde zudem die enorme Kriminalität beseitigen, die ihr Motiv allein in dem Bedarf riesiger Geldsummen zur Finanzierung einer teuren Heroinsucht hat. Nach einer vorliegenden Schätzung begehen Drogensüchtige die Hälfte aller Eigentumsdelikte in New York City, indem sie mindestens eine halbe Milliarde Dollar pro Jahr stehlen, um ihrer Sucht nachzukommen.

Sind aber kriminelle Aktivität und abweichendes Verhalten in Verbindung mit dem Gebrauch von Opiaten nicht zum großen Teil direkt auf die Wirkung der Drogen selbst zurückzuführen? Die Antwort ist ein klares Nein, und zwei voneinander unabhängige Beweisstränge belegen es. Erstens weiß in medizinischen Kreisen jedermann, daß wohlhabende Rauschgiftkonsumenten, Ärzte (die sich Morphium von hoher Qualität über ganz normale pharmazeutische Kanäle beschaffen können) eingeschlossen, eine Gruppe bilden, deren typisches Mitglied „fähig ist, seine sozialen und beruflichen Aufgaben in angemessener Weise zu erfüllen... und sich im allgemeinen von anderen Personen kaum unterscheidet" (Jaffe 1970, S. 286). Den zweiten Beleg liefert eine im Jahr 1971 vom *Bureau of Narcotics and Dangerous Drugs* (BNDD) durchgeführte Studie, die ergab, daß die große Mehrzahl städtischer Drogensüchtiger, die nicht wegen des Gebrauchs von Heroin, sondern wegen anderer Vergehen in Haft genommen wurden, ihre strafbaren Handlungen erst begingen, *nachdem* sie Drogenkonsumenten geworden waren. Mehr noch, bei der Art von Kriminalität, zu der sie tendierten, handelte es sich entweder um das „kommerzialisierte Laster" (sogenannte Verbrechen ohne Opfer, wie Prostitution, Zuhälterei und Drogenhandel) oder um Eigentumsdelikte nichtgewalttätiger Natur (wie Auto- und Ladendiebstahl), nicht aber um bewaffnete Raubüberfälle, Mord, Vergewaltigung, Mißhandlung oder andere schwere Gewaltverbrechen. Viele, die in dieser Untersuchung erfaßt sind, waren zwar wegen solch schwerer Delikte verhaftet worden, doch hatten sie – im Unterschied zu den eben beschriebenen Drogensüchtigen – mit dieser schwer kriminellen Aktivität begonnen, bereits *bevor* sie zum Heroin oder zu anderen Drogen griffen. Kurz, die Abfolge des Geschehens, wie sie in der Untersuchung sichtbar wurde, erwies sich als das genaue Gegenteil von dem, was, wäre das Heroin selbst die Ursache von gewalttätigem kriminellem Verhalten, zu erwarten gewesen wäre. Tatsächlich weiß man seit langem, daß die psychotropen Effekte von Opiaten so sind, daß aggressives Verhalten *reduziert* wird.

Der BNDD-Bericht stellt allerdings fest, daß es durchaus eine Droge gibt, bei der sich ein kausaler Zusammenhang mit Eigentumsdelikten und Gewaltverbrechen an Personen nachweisen läßt; aber diese Droge ist nicht das Heroin, sondern der Alkohol.

Aus dem bisher Gesagten könnte man den Schluß ziehen, der Hauptgrund für den unterschiedlichen Krankenstand von gutsituierten Drogensüchtigen und ,,Pflasterstrand-Junkies" sei sozioökonomischer Natur. Doch die Soziobiologie bietet, wie zu erwarten, eine andere Interpretation an, eine Interpretation, die rechtfertigen soll, daß und warum im Zentrum der derzeitigen Drogeninitiativen die Heroinsüchtigen in den Gettos der Städte stehen und nicht diejenigen, die Morphium und andere Opiate nehmen und einen höheren Sozialstatus haben. Diese Interpretation basiert auf der Vorstellung, zwischen den Charakteren verschiedener Klassen von Rauschgiftkonsumenten bestünden angeborene, signifikante Unterschiede. So wird in einem führenden Lehrbuch, das durchaus zugesteht, daß es im Medizinberuf eine große Zahl von Morphiumsüchtigen gibt, die Behauptung aufgestellt:

> ,,Die Persönlichkeitsmerkmale süchtiger Ärzte und wahrscheinlich ,medizinischer' Süchtiger generell unterscheiden sich von denen des typischen heroinsüchtigen Großstadtbewohners...
> Die meisten süchtigen Ärzte berichten, daß sie anfangs die Droge nur nahmen, um Müdigkeit zu überwinden oder einen körperlichen Schmerz zu lindern, nur wenige sagen, es sei ihnen um einen Nervenkitzel gegangen." (Jaffe 1970, S. 285 f.)

Solche Kontrastierungen sind nicht nur bösartig, unbegründet und unter Klassengesichtspunkten eigennützig, sie lassen sich auch allzu leicht zur Rechtfertigung jener selektiven Aufmerksamkeit für den Junkie in der Großstadt als den Kristallisationspunkt aller ,,Rehabilitations"-Programme benutzen. Betrachten wir zunächst die *Erhaltung mittels Methadon*. Sie bedeutet nichts anderes, als daß der Rauschgiftsüchtige, statt sich ein verbotenes Rauschgift (Heroin) auf der Straße zu beschaffen und es sich selber intravenös zu spritzen, sozusagen ordnungsgemäß zu einer amtlich dazu befugten Therapiestelle geht, um sich dort ein erlaubtes Rauschgift (Methadon) in Form einer oralen Dosis verabreichen zu lassen. Ursprünglich sollte jeder registrierte Süchtige sieben Monate lang an dem Programm teilnehmen, die Dosis sollte während dieses Zeitraums allmählich auf Null reduziert werden; doch der Plan funktionierte nicht. An erster Stelle der Gründe für sein Scheitern steht die Tatsache, daß man die Umstände, die Menschen dazu bringen, Rauschgift zu nehmen, nicht mit Methadon behandeln kann. Man hat versucht, die Politiker für die Unterstützung von Erhaltungsprogrammen zu gewinnen, indem man diese als Mittel zur Verbrechensbekämpfung propagierte; das Resultat war, daß Methadon selbst zu einer stark gefragten und begehrten Straßendroge wurde, für die es heute einen blühenden illegalen Markt gibt.

Eine wirksame Drogentherapie müßte viel direkter das Elend der Armut angehen, dessen Linderung der Gebrauch von Rauschmitteln bringen soll. Dennoch bezieht die Öffentlichkeit und beziehen die zuständigen staatlichen Stellen heute eine eher harte und strafende Position, und dies obwohl sich die Beweise dafür häufen, daß Methadon-Erhaltungsprogramme die mit dem illegalen Drogenhandel verbundenen Probleme nicht verringern können. Begünstigt von dem negativen Bild des Süchtigen, das Wissenschaftler, Verwaltungsbeamte und die Medien in der Regel verbreiten, geht der politische Trend zu „Lösungen", wie Nelson Rockefeller sie als Gouverneur des Staates New York in seinem Rechenschaftsbericht des Jahres 1973 der Legislative vorschlug. Bereits 1966 hatte Rockefeller eine staatliche Kommission zur Überwachung der Rauschgiftsucht eingesetzt; der Staat hatte mehr als eine Milliarde Dollar für einen „umfassenden Feldzug gegen Rauschgifte" bewilligt. Den Fehlschlag dieses Feldzuges beschrieb der Gouverneur mit folgenden Worten:

> „Wir haben jeden möglichen Versuch unternommen, der Drogensucht Herr zu werden und die Süchtigen durch Erziehung und Therapie zu retten... Aber seien wir ehrlich – sagen wir, ‚wie es ist': eine Dauerrehabilitation ist uns nur in ganz wenigen Fällen gelungen – ein Heilmittel haben wir nicht gefunden... Verbrechen, Ganoventum, Raubüberfälle und Morde im Zusammenhang mit Drogensucht breiten ihre Schreckensherrschaft weiter aus." (*New York Times* vom 7.1.1973, S. 2)

Die Lösung? Rockefeller schlug vor, Bürgern, die „Süchtige und Händler", also andere Bürger, meldeten, eine Prämie zu zahlen und Rauschgifthändler obligatorisch mit einer lebenslangen Haftstrafe zu belegen. Die *New York Times,* den allgemeinen Ton der Hoffnungslosigkeit, der das Problem begleitet, aufnehmend, konstatierte, daß viele Menschen, „die früher sofort bereit gewesen wären, diesen Plan als ungeheuerlich zu bezeichnen, zurückhaltend reagierten... Die dennoch dazu Stellung nahmen, wiesen auf eine Menge Probleme hin..., begrüßten jedoch nahezu einhellig die Absicht, im Kampf gegen Drogen ‚hart' zu sein". Bald darauf machte der Präsident der Vereinigten Staaten einen ähnlichen Vorschlag und forderte drastischere Mittel zur Heilung der Nation von der „Heroinepidemie". „Epidemie" ist ein interessantes Wort. Dr. Jerome H. Jaffe war es, der es als erster in die Debatte um das Heroinproblem warf, und zwar in einem Interview mit der *New York Times* am 12. April 1972. In dem Artikel „Vietnamesische Methoden der Heroinkontrolle für die Vereinigten Staaten gefordert", hieß es:

„Dr. Jaffe sagte heute, die amerikanischen medizinischen Techniken, ‚die Quarantäne' eingeschlossen, ermöglichten es, der, wie er sich ausdrückte, Heroin-‚Epidemie' in diesem Lande auf dieselbe Weise ‚das Rückgrat zu brechen'... auf die der Heroinkonsum der Soldaten in Vietnam eingedämmt wurde... ‚Weil wir wissen, daß ein Drogenkonsument seine Drogenerfahrung einem anderen wie bei einer Grippeepidemie weitergibt,' sagte er, ‚isoliert die Armee Personen, die als Benutzer harter Drogen bekannt sind, von solchen, die diese Drogen nicht nehmen'."

Als Mittel der Identifizierung von Heroinkonsumenten dachte Dr. Jaffe an obligatorische Urinanalysen, denen amerikanische Zivilisten sich unterziehen sollten und die den Nachweis vorhandener Morphiummetaboliten erlaubten. Diejenigen, deren Urin eine positive Reaktion anzeigte, sollten eingesperrt werden. Der Artikel spricht dann davon, daß diese Verfahren zwar Rechtsprobleme aufwürfen, doch „Dr. Jaffe meint, daß mit ausreichender Mithilfe der Medien die Öffentlichkeit für eine Unterstützung von entsprechenden Tests an Schulen und anderen Institutionen durchaus gewonnen werden könne".

Unter dem streng strukturellen Blickwinkel eines Fachmanns, der gelernt hat, alle Probleme im Sinne einer individuellen Abweichung von anerkannten Verhaltensnormen zu definieren, erscheint das Problem der sozialen Abweichung notwendig als ein rein technisches Problem der Verhaltenskontrolle. Für technische Probleme gibt es technische Lösungen, und Dr. Jaffe konnte mit einigen aufwarten; er schlug ein Identifizierungssystem vor, das sich auf Fußspuren stützen sollte – für die Öffentlichkeit vermutlich weniger anstößig als Fingerabdrücke – sowie die Verwendung von Drogen wie Cyclazocin, das als Narkotikaentwöhnungsmittel wirkt.*

* Wiewohl Jaffe selbst feststellt, daß diese Mittel ähnlich „suchtgefährlich" sind wie Morphium, Heroin und die anderen Rauschgifte, deren Wirkung sie blockieren (vgl. Jaffe 1970).

Es wäre falsch, Dr. Jaffes Vorschläge als blanken Unsinn abzutun. Schließlich wurden sie von jemandem gemacht, der eine politisch einflußreiche Position in einer Administration bekleidete, die sich auf eine harte Linie im Umgang mit Heroinsüchtigen festgelegt hatte. Zwei Monate nachdem das Interview mit Dr. Jaffe erschienen war, berichtete die *Washington Post* über einen Vorschlag des *Bureau of Narcotics and Dangerous Drugs* zur Eindämmung der Drogenkriminalität, und zwar mit Hilfe einer Methode, die im wesentlichen der zuvor von Dr. Jaffe vorgeschlagenen entsprach. Diesmal allerdings war der Vorschlag in medizinisch-rechtlichen Termini abgefaßt. Sein Urheber, Dr. William McGlothlin von der University of California, Los Angeles, forderte eine Kombination von Programmen, in deren Zentrum die „extensive gesetzliche Einschließung von Süchtigen" stehen sollte. Mit „gesetzlicher Einschließung" war das Einsperren oder Festhalten gegen den Willen des Betroffenen auf staatliche Anordnung gemeint.

In McGlothlins Vorschlag waren die Terminologien von Recht und Medizin engstens ineinander verwoben. Er sah vor, daß von den 270.000 Süchtigen, die zu „behandeln" waren, 45.000 in „Chemotherapie- und Psychotherapiezentren eingewiesen" würden, der Rest sollte durch „eine starke Ausweitung der ambulanten Methadon-Erhaltungsprogramme" erfaßt und behandelt werden. Flankierend hinzukommen sollten „Arbeitslager und Heroinlager für Gesetzesbrecher in ambulanter Behandlung". Der Vorschlag stellte außerdem mit Befriedigung fest, daß New York und Kalifornien bereits über Gesetze verfügten, die die Einschließung von Süchtigen durch den Staat für Zeiträume zwischen fünf und sieben Jahren vorsahen, kritisierte jedoch in beiden Fällen die Justizbehörden wegen ihres allzu großen „Zögerns, festgenommene Süchtige für lange Zeiträume einzusperren". (Washington Post vom 11.6.1972)

Es ist nicht zu übersehen, daß McGlothlin die Definition von Heroinkonsum als einem medizinischen Problem durch eine Rechtsdefinition ersetzte und von Gesetzesmitteln als Mittel zur Kontrolle des Verhaltens von Heroinkonsumenten sprach. Diese für den strukturellen Ansatz in der Frage von sozialer Abweichung keineswegs ungewöhnliche Schwerpunktverlagerung zeigt recht deutlich, wie die medizinische Wissenschaft dazu kommen kann, als Instrument der Verhaltenskontrolle zu fungieren.

Matthew Dumont war der ehemalige Leiter der Zentralstelle für Drogenrehabilitation des Staates Massachussetts und gehört zu den wenigen Fachleuten auf dem Gebiet der Rauschgifte, die auf die Konsequenzen eines geheimen Einverständnisses zwischen staatlichen und wissenschaftlichen Autoritäten im Kampf gegen Drogen aufmerksam gemacht haben. Als stellvertretender Beauftragter des Staates für Fragen der geistigen Gesundheit schrieb er:

„Der gegenwärtig stattfindende Versuch von staatlicher Seite, den Drogenmißbrauch unter Kontrolle zu bringen, stellt eine ernste Bedrohung der Freiheit in Amerika dar. Die Gesetzesmaschinerie konzentriert sich in übertriebener Weise auf Menschen, die weder krank noch kriminell sind, die aber als krank bezeichnet und als Kriminelle behandelt werden... Der Süchtige wird als ein gefährlicher und unliebsamer Vertreter unpopulärer sozialer Gruppen wahrgenommen. Wenn eine wissenschaftliche Perspektive, die von einem kurzsichtigen medizinischen Konzept in Verbindung mit wirksamen Voraussage-, Überwachungs- und Kontrolltechniken bestimmt ist, einen beherrschenden Einfluß auf die staatliche Drogenpolitik gewinnt, dann haben wir Grund, mehr als nur besorgt zu sein.“ (Dumont 1972, S. 35)

Methadon-Erhaltung als Mittel zur Steuerung des Verhaltens von Heroinkonsumenten ist aus der kritischen Perspektive des Systemansatzes eine staatlich gebilligte Form des Drogenmißbrauchs; sie ist indes keineswegs die einzige Art. Ähnlicher Mißbrauch findet auch bei der Verwendung starker psychotroper Drogen zur Steuerung des Verhaltens von Kindern statt.

Das sogenannte „frühkindliche exogene Psychosyndrom“, so ein neuer Text, „dürfte die einzige weitverbreitete Funktionsstörung sein, die Kinderpsychiater sehen“ (Wender 1971, S. 1). Indes, in der Zeit vor den sechziger Jahren schien es diese Störung kaum zu geben, der Terminus war selbst Fachleuten unbekannt. Was aber ist dann das „frühkindliche exogene Psychosyndrom“? (Andere Bezeichnungen dafür sind „hyperkinetische Reaktion bei Kindern“, „hyperkinetisches Syndrom“ und kindliches Übernervositätssyndrom“.) Der Begriff „hyperkinetische Reaktion bei Kindern (oder Jugendlichen)“ wird im *Diagnostic and Statistical*

Manual of Mental Disorders von 1968, das die Amerikanische Psychiatrische Gesellschaft herausgibt, definiert als „gekennzeichnet durch Übernervosität, Unruhe, Zerstreutheit und kurze Konzentrationsphasen, insbesondere bei kleinen Kindern; dieses Verhalten verschwindet in der Regel im Jugendalter" (zit. n. Renshaw 1974, S. 79).

Ein Buch zu diesem Thema, das sich an ein weniger fachmännisches Publikum wendet, meint, „das Erkennen (des Syndroms) ist nicht schwierig, wenn bei einem Fünfjährigen zumindest die Hälfte der folgenden Anzeichen anhaltend und wiederholt (nicht nur gelegentlich) festzustellen sind"; die Liste, die sich anschließt, verzeichnet: „unablässige, ziellose Aktivität", „kurze Konzentrationsphasen", „leicht erregbar, wechselnde Emotionen (von Tränen zu Lachen innerhalb weniger Minuten)", „geringe Reaktion auf Lob bzw. Strafe", „gemischte Links-Rechts-Sphären-Dominanz (Beispiel: rechtshändig/linksäugig/rechtsbeinig)", „irreguläre Entwicklungsstufen (Beispiel: kein Krabbeln, dann plötzliches Gehen, kein Brabbeln, plötzliche Sätze)", „unsauberes Malen, Zeichnen, Schreiben", „unfähig zu altersmäßigen Aktivitäten (Beispiel: gemeinschaftliche Spiele, Rad fahren, Gymnastik etc.)", „Schlafstörungen" und „muß ständig beaufsichtigt werden" (ebd., S. 82 f.).

Wie konnte es geschehen, daß das frühkindliche exogene Psychosyndrom der Aufmerksamkeit des medizinischen Berufsstandes so lange entging? Doch sicherlich nicht, weil es vor 1960 keine Kinder gab, die anhaltend und wiederholt zumindest einige dieser Symptome aufwiesen. Anekdoten, Märchen, Volkskunde und Literatur sind voll von solchen Kindern, und Erwachsene regen sich seit unerdenklichen Zeiten auf, sind unwillig über das absolut „unmögliche" Kind.

Ein Großteil der seriöseren Literatur über das Verhalten und Mißverhalten von Kindern im 19. Jahrhundert betonte, genau wie heute, der richtige Umgang mit Kindern bestehe in einer raffinierten Mischung aus Zwang in Form von Bestrafung oder Androhung von Bestrafung und Förderung in Form von Ermunterung, Liebe und Erziehung. Allerdings haben diese Techniken, angewandt in verschiedenen Familien und an verschiedenen Kindern innerhalb derselben Familie, keineswegs immer die moralischen, geistigen und körperlichen Eigenschaften hervorgebracht, die Eltern und andere Erwachsene sich wünschen. Abweichende und schwierige Kinder wurden im 19. Jahrhundert oft als biologisch behindert betrachtet, und Eltern, Lehrer und Ärzte äußerten vielfach die Auffassung, daß solche bedauerlichen Wesen „einen Geburtsfehler" hätten. Nach Sarah Cooper, die in den achtziger Jahren des letzten Jahrhunderts dem Kindergartensystem in Kalifornien den Weg bahnte, „kommen viele Kinder auf die Welt, die mit schlimmen Neigungen und mit Anlagen zum Bösen behaftet sind. Sie beginnen den Wettkampf des Lebens mit einer Behinderung." (Zit. n. Platt 1969, S. 27)

Es ist wichtig zu sehen, daß – mit wenigen Ausnahmen – die Anzeichen, an denen ein frühkindliches exogenes Psychosyndrom abgelesen wird, ausschließlich das Verhalten betreffen (die Ausnahmen umfassen eine Reihe von sogenannten „leichten neurologischen Symptomen", bei denen es aber auch nur ganz geringe Anhaltspunkte für eine zugrundeliegende Gehirnpathologie gibt). In Wirklichkeit gibt es, wie ein Lehrbuch sagt, keine „schweren" neurologischen Symptome, an denen sich das genannte Syndrom erkennen ließe:

> „Der zwingendste Beweis für die Existenz eines frühkindlichen exogenen Psychosyndroms als eigenständiger Krankheit ist (1) die Ähnlichkeit zwischen seinen Symptomen und den Symptomen von Kindern mit einer nachgewiesenen organischen Gehirnerkrankung und (2) die ungewöhnliche Reaktion auf bestimmte Medikationen, eine Reaktion, die bei Kindern ohne jedes Psychosyndrom nicht gegeben ist." (Gross/Wilson 1974, S. 6)

Obwohl dies nach einem sicheren Beweis aussehen mag, behaupte ich, daß dem keineswegs so ist.

Während dem frühkindlichen exogenen Psychosyndrom eine solide neurologische Basis fehlt, sind, wie es heißt, häufig „körperliche Stigmata" oder „geringfügige physiognomische Anomalien" damit verbunden. So spricht ein Text von: vermindertem Schädelumfang, Strabismus (Schielen), Epikanthus (eine senkrechte Hautfalte beiderseits der Nase, nahe den Augen), mißgebildeten Ohren und anomaler Schädelform; „obwohl die Unterscheidungsmerkmale nur schwer zu spezifizieren sind", so der Autor, „habe ich den Eindruck, daß ein kleiner Teil der Kinder mit exogenem Psychosyndrom in eine pädiatrische Gruppe fällt, die zwar unwissenschaftlich, aber doch zutreffend als die Gruppe der ‚komisch aussehenden Kinder' beschrieben wird." (Wender 1971, S. 29) Ich muß bei dieser Klassifizierung an Erving Goffmans Feststellung denken, daß wir mit der Stigmatisierung eines Menschen implizieren, „er sei nicht ganz menschlich. Unter dieser Voraussetzung üben wir eine Vielzahl von Diskriminationen aus, durch die wir seine Lebenschancen wirksam, wenn auch gedankenlos reduzieren." (Goffman 1967, S. 13 f.)

Wie ich bereits erwähnt habe, wird von einer großen Verbreitung des frühkindlichen exogenen Psychosyndroms ausgegangen. Allerdings, so ist von Dr. Paul H. Wender, Autor des Kommentars über „komisch aussehende Kinder" und Experte auf diesem Gebiet, zu erfahren, „wird seine Existenz häufig nicht erkannt und seine Verbreitung dadurch insgesamt fast immer unterschätzt". Dr. Wender (1971, S. 1) trifft fünf Feststellungen über das exogene Psychosyndrom bei Kindern: (1) ein großer Teil aller empfindlich gestörten Kinder leidet speziell daran; (2) es wird häufig nicht richtig diagnostiziert; (3) bei richtiger Diagnose wird es oft falsch behandelt; (4) die falsche Behandlung ist teuer und per definitionem unwirksam; (5) die richtige Behandlung ist häufig geradezu verblüffend wirksam, sie ist immer billig und leicht zu praktizieren.

Dr. Wenders erster Punkt betrifft die Häufigkeit des Syndroms. Wie häufig tritt es auf? Einer der zu diesem Thema vorliegenden Schriften entnehmen wir: „Es gibt Schätzungen, die besagen, daß es drei Millionen hyperkinetische Kinder in den Vereinigten Staaten gebe; daß sieben Prozent aller Schulkinder hyperkinetisch seien und daß vier Prozent der kinderärztlichen Tätigkeit auf hyperkinetische Kinder entfielen". (Renshaw 1974, S. 3) Alle diese Schätzungen, so lesen wir im selben Text, seien zu hoch. Wender jedoch zitiert Untersuchungen, die eine Inzidenz des exogenen Psychosyndroms bei Jungen im Grundschulalter zwischen 15 und 20 Prozent ausweisen, und stellt fest, daß in seinem persönlichen Erfahrungsbereich an einer Universitätsklinik für Kinderpsychiatrie etwa die Hälfte der voradoleszenten Kinder „in diese Kategorie fielen" (Wender 1971, S. 60 f.).

Die nächsten drei Punkte, die Wender nennt, können kurz behandelt werden. Zum Punkt der Fehldiagnose gibt es kaum etwas zu sagen. Offensichtlich ist Wender der Meinung, das frühkindliche exogene Psychosyndrom werde von seinen Kollegen viel zu selten erkannt. Der Punkt der falschen Behandlung zielt natürlich auf Dinge wie die Psychotherapie, die sicherlich teuer sind. Der wesentliche Punkt in seiner Liste steht jedoch am Schluß. Mit einer „richtigen Behandlung" meint Dr. Wender die Anwendung von anregenden Mitteln, vor allem von Dexamphetamin, wiewohl auch das eng damit verwandte Methylphenidat (Ritalin) häufig gegeben wird.

Amphetamin, umgangssprachlich „speed" genannt, ist ein starkes Stimulans, das bei Erwachsenen eine ganze Reihe von Wirkungen hervorruft, darunter auch gesteigerte Munterkeit, Schlaflosigkeit und Hemmung des Appetits. Paradoxerweise scheinen Stimulantia auf das Verhalten von Kindern, bei denen ein frühkindliches exogenes Psychosyndrom diagnostiziert wurde, extrem beruhigend zu wirken (tatsächlich gehört eine positive Reaktion auf solche Mittel zu den Kriterien, anhand deren die Ärzte zu bestimmen versuchen, ob ein Kind in die Psychosyndrom-Kategorie fällt). Niemand kennt wirklich die Gründe dafür; worauf es hier jedoch ankommt, ist, daß solche Umkehrungen von Reiz und Reaktion ziemlich häufig sind und keineswegs notwendig das Vorhandensein einer Störung anzeigen. Schließlich liegt die einzig wirkliche Rechtfertigung für die Verwendung von „speed" zur Beruhigung überaktiver Kinder darin, daß es wunschgemäß wirkt.

Wie alle Arzneimittel hat auch Amphetamin Nebenwirkungen; und Wender gibt zu, daß Symptome wie Kopfschmerzen, Magenschmerzen, Zittern, Spannung, Nägelkauen, Blässe, Appetit- und Schlaflosigkeit „bei einem beträchtlichen Teil der Kinder auftreten und von der jeweiligen Dosis abhängen" (Wender 1971, S. 102). Er erwähnt nicht, obwohl andere darauf hingewiesen haben, daß Kinder, die Amphetamin erhalten, eine Wachstumsminderung erleiden können.

Alle diese Punkte sind jedoch sekundär für die Hauptsache, die darin besteht, daß Kinder, die mit Amphetamin behandelt werden, ruhiger, aufmerksamer, Autoritäten gegenüber respektvoller und generell weniger beschwerlich für ihre Eltern und Lehrer sind. In der Schule, so heißt es außerdem, seien sie arbeitswilliger und kämen besser mit. Verläßliches Belegmaterial hierzu ist allerdings schwer zu bekommen, weil es nahezu unmöglich ist, die Auswirkungen in Form von Fügsamkeit, Lenkbarkeit und Gehorsam von den Auswirkungen auf das Lernen unmittelbar zu trennen.

Mit der Benennung des frühkindlichen exogenen Psychosyndroms scheint die wohl endlose Suche nach den biologischen Wurzeln sozialer Probleme eine qualitativ neue Dimension erreicht zu haben. Hochwirksame Mittel, die (in welcher Weise wird soeben erst erforscht) direkt auf das Gehirn wirken, werden in großem Maßstab zur Steuerung des Verhaltens von Kindern verwendet, die keinerlei nachweisbare biologische Krankheit haben. In den Vereinigten Staaten gibt es annähernd 50 Millionen Kinder im schulpflichtigen Alter. Es liegen Schätzungen vor, die besagen, 2,5 Millionen und mehr (5 Prozent) dieser Kinder litten an Verhaltensstörungen, Lernschwierigkeiten, leichten Gehirnschäden, Bewegungsunruhe, Beeinträchtigungen des Wahrnehmungsvermögens, Lese- und Rechtschreibschwächen, Entwicklungsstörungen oder anderen Mängeln, die ihnen von der modernen Medizin zugeschrieben werden. Mehr als 200.000 (aber immer noch weniger als zehn Prozent) dieser „Problemkinder" werden derzeit mit Stimulantia behandelt, „wobei die Zahl rapide zunimmt, da bereits Pläne für Massenuntersuchungen vorliegen" (Sroufe/Steward 1973, S. 407 ff.).

Daß die gesamte Behandlung frühkindlicher Devianz via exogenes Psychosyndrom äußerst fragwürdig ist, wird an zwei Dingen sichtbar. Erstens scheint die Diagnose des genannten Syndroms eine Spezialität der derzeitigen amerikanischen Psychiatrie zu sein. Andere Länder haben ohne Zweifel auch ihre ungehorsamen und nervösen Kinder, doch gibt es in Skandinavien und England zum Beispiel, wenn überhaupt, nur ganz wenige Ärzte, die verwegen oder erfahren genug sind, die zugrundeliegende Funktionsstörung des Gehirns zu erkennen. Und zweitens reden die Verfechter einer Behandlung des Syndroms durch Verabreichung von Mitteln zwar gerne und viel von alternativen Verfahren, doch bleiben eben diese viel näherliegenden Alternativen weitgehend unerforscht. So könnte man beispielsweise damit beginnen, ein solides Programm zur Untersuchung der Familienstruktur oder der schulischen Umgebung zu erarbeiten. Natürlich wäre so etwas schwierig und teuer – und vielleicht würde sich sogar herausstellen, daß die sinnvollste „Behandlung" in mehr Freiheit oder besseren Schulen statt in Pillen und strenger Kontrolle bestünde. Aber solange das Problem nur als eines der Verhaltenskontrolle betrachtet wird, werden, so glaube ich, die billigen und einfachen Drogenbehandlungen weiterhin Anhänger gewinnen, und wir werden mit der Zeit immer weniger Aussicht haben, unsere Kinder (und uns) vor diesem entmenschlichenden chemischen Krieg zu bewahren.

Ich habe gesagt, es gebe keine schlüssigen Beweise für eine biochemische oder physiologische Andersartigkeit des Gehirns beim sogenannten exogenen Psychosyndrom-Kind. Dennoch beschäftigen sich derzeit viele Forscher mit diesem Punkt und suchen nach einem speziellen biologischen Korrelat der Überaktivität im Verhalten solcher Kinder. Nehmen wir an, ein glaubwürdiges physiologisches oder biochemisches Korrelat des frühkindlichen exogenen Psychosyndroms würde morgen entdeckt. Ich halte nämlich eine solche Entdeckung für sehr wahrscheinlich: schließlich ist es unwahrscheinlich, daß Unterschiede in charakteristischen Verhaltensmustern nicht mit entsprechenden Unterschieden in der Gehirnorganisation einhergehen. Viele würden allein schon die Entdeckung eines speziellen Korrelats jenes Syndroms im Gehirn darin bestätigen, daß es sich hier zweifelsfrei um eine Erkrankung handelt und die fortgesetzte Anwendung von pharmakologischen Mitteln gerechtfertigt ist. Aber ist diese Auffassung richtig? Zeigt denn die bloße Existenz eines Unterschiedes bereits das Vorhandensein einer Krankheit an? Ich meine nicht. Es ist zum Beispiel möglich, Veränderungen in der Anatomie, Physiologie und Biochemie des Gehirns einfach dadurch herbeizuführen, daß man Tiere einer für sie ungewohnten Lebensweise unterwirft. Wenn Ratten von ihren Müllgefährten getrennt und in einer radikal anderen Umgebung gezüchtet werden, dann weisen ihre Gehirne durchaus meßbare Unterschiede auf, die allerdings durch eine Veränderung der entscheidenden Umweltbedingungen wieder aufgehoben oder weitgehend reduziert werden können.

Die Feststellung einer Andersartigkeit im Gehirn eines sogenannten exogenen Psychosyndrom-Kindes als solche sagt gar nichts. Ein solcher Befund könnte die psychotechnische Behandlung von Kindern erst rechtfertigen, wenn wir wüßten, inwieweit der beobachtete Unterschied von Umwelteinflüssen, man könnte auch sagen von empirischen Einflüssen, unabhängig ist, und wenn außerdem bewiesen wäre, daß die Konsequenzen der Andersartigkeit des Gehirns für Gesundheit und Wohlergehen des Kindes eine ernstere Gefahr darstellen als die „Behandlung“.

Es ist nicht leicht, jemanden vom strukturellen Ansatz und den damit verbundenen, an ,,Recht und Ordnung" orientierten Vorstellungen von Kontrolle zugunsten des differenzierteren und wissenschaftlichen Systemansatzes abzubringen, in dem die einzelnen nicht als voneinander isolierte Individuen, sondern als Teil eines größeren Zusammenhangs betrachtet werden, der sie prägt und von ihnen geprägt wird. So rücken zum Beispiel in vielen Familien, in denen ein Mitglied sich unerwartet oder abweichend verhält, andere Familienmitglieder in der gemeinsamen Einschätzung zusammen, daß die abweichende Person ,,in Not ist", ,,Hilfe braucht" oder ,,versorgt werden muß". Vielleicht suchen sie sogar außerhalb der Familie Hilfe, und derjenige, der ,,sich ungezogen benommen hat", wird einer Person oder einer Institution überantwortet, der man zutraut, daß sie das Problem lösen hilft. Ob dies das störende Verhalten unter Kontrolle bringt, ist jedoch eine andere Frage. Die Familie ist voreilig in ihren Schlüssen, wenn sie die Ursache der Schwierigkeit allein in der abweichenden Person sieht, ohne an die Möglichkeit zu denken, daß diese Schwierigkeit vielleicht tief im Familienzusammenhang als Ganzem wurzelt. Ein solches Verhalten mag den unmittelbaren Gruppenzusammenhalt stützen, kann aber auf lange Sicht verhängnisvoll sein, da der identifizierte und etikettierte ,,Patient" mehr als zuvor in der Rolle des sozialen Abweichlers festgehalten wird.

Ob es sich um das Drogenproblem oder das Problemkind handelt, in beiden Fällen ist Devianz weniger eine Verhaltenseigenart per se als ein Werturteil, mit dem bestimmte Beziehungen und Verhältnisse innerhalb der Bezugsgruppe belegt werden. In diesem Licht betrachtet, betrifft Devianz ein Geflecht von Beziehungen zwischen Gruppenmitgliedern, ist nicht einfach das Symptom einer individuellen Störung, die von der Gruppe als gefährlich, peinlich oder ärgerlich empfunden wird und gegen die Maßnahmen zu ergreifen man entschlossen ist. Dieser Punkt ist wichtig, weil er eine Basis für die Unterscheidung zwischen Abweichung und Krankheit abgibt. Wenn die sozialen und kulturellen Bedeutungen verschiedener Krankheitstypen sich auch je nach den historischen Umständen wandeln können (siehe die Bedeutung von Gicht im 18. Jahrhundert oder von Tuberkulose und Epilepsie im 19. Jahrhundert), so bleibt die biologische Krankheit eine Entität in sich, während die Formen der Abweichung dazu neigen, sich mit der Entwicklung der Gesellschaft zu verändern. So kann der Abweichende einmal die Hexe oder der Ketzer sein, in einem anderen sozialen Kontext ist es vielleicht der davongelaufene Sklave, der jugendliche Verbrecher, der Homosexuelle, der Jude, der Junkie oder auch das ,,Problemkind''.

In Familien wie in Gesellschaften mag es im Sinne praktischer und politischer Interessen liegen, Schuld zuzuweisen, Symptome als Ursachen zu benennen und Menschen, deren Verhalten als gefährlich oder störend definiert wird, zu beaufsichtigen und zu steuern. Wer jedoch behauptet, solche Praktiken seien wissenschaftlich gerechtfertigt, leugnet die Erkenntnisse der Wissenschaft selber und verwechselt Macht mit Definitionsgewalt.

7 Gewalt: Die Pazifizierung des Gehirns

Im Herbst 1967, nach einem „langen, heißen Sommer", der im Zeichen von Krawallen und gewalttätigen Ausschreitungen in den Gettos vieler Großstädte quer durch Amerika stand, richteten drei Bostoner Ärzte, allesamt Professoren an der medizinischen Fakultät der Universität Harvard, einen gemeinsamen Brief an die Verbandszeitschrift der Amerikanischen Medizinischen Gesellschaft*, in dem sie sich über die mögliche „Rolle von Gehirnerkrankungen im Zusammenhang mit Krawallen und gewalttätigen Ausschreitungen in Städten" ausließen. Ihr Brief begann mit der Feststellung, daß die ökonomische Ursache für die „Unruhen in den Städten des Landes wohlbekannt ist" und „die Notlage der sozial Benachteiligten auf keinen Fall bagatellisiert werden darf". „Aber", so fuhren sie fort, „die Offensichtlichkeit dieser Ursachen könnte uns blind gemacht haben für die subtilere Rolle anderer möglicher Faktoren, zu denen auch eine Funktionsstörung des Gehirns bei jenen Aufrührern zählen könnte, die sich als Brandstifter und Heckenschützen betätigen und andere Menschen tätlich angreifen." Die Schreiber riefen nach „intensiver Forschung und klinischen Untersuchungen über diejenigen *Personen,* die die Gewalttaten begehen", um „Leute mit einer niedrigen Gewaltschwelle ausmachen, diagnostizieren und behandeln zu können, ehe sie weitere Tragödien auslösen" (Mark/Sweet/Ervin 1967).

Zwei der Briefschreiber sind renommierte Neurochirurgen, der dritte ist ein bekannter Psychiater. Was sie mit ihrer Anregung einer Diagnose und Behandlung jener Menschen tatsächlich bezweckten, war die Anempfehlung der Psychochirurgie als Mittel der Gewaltkontrolle. Wir möchten in diesem Kapitel die Auffassung genauer

* Journal of the American Medical Association

untersuchen, die implizit in dem zitierten Brief und explizit in anderen Schriften und Arbeiten dieser und anderer einflußreicher Autoren enthalten ist, die Auffassung nämlich, daß ein wesentlicher Teil der Gewalt und Aggression zwischen den Menschen in der heutigen Gesellschaft auf eine „Dyskontrolle" („dyscontrol") im Verhalten zurückzuführen sei, die ihrerseits auf eine Erkrankung oder Störung des Gehirns zurückgehe, und daß der richtige Weg, solches Verhalten unter Kontrolle zu bringen und zu steuern, in der Zerstörung bestimmter Gehirnpartien bestehe.

Die Frage „Wie funktioniert das Gehirn?" ist nach wie vor eines der großen ungelösten Rätsel der modernen biologischen Wissenschaft. Wichtige Hinweise zu seiner Lösung kommen aus einer Vielzahl von Quellen, dennoch sind Neurologen und Verhaltenswissenschaftler weit davon entfernt, zu verstehen und zu wissen, wie das Gehirn jenes faszinierende Phänomen der subjektiven Erfahrung entstehen läßt. Ob die Erforschung von Struktur und Funktionen des Nervensystems ein Licht auf das uralte Geheimnis der Zusammenhänge zwischen Verstand und Gehirn werfen wird, wissen wir nicht, was wir aber wohl wissen, ist, daß Kohärenz, Kontinuität und Komplexität unserer bewußten Erfahrung von der Beschaffenheit und der Unversehrtheit unserer Gehirne abhängen.

Daß das Verhalten weitgehend eine Reflexion der Hirnfunktion ist, weiß man seit der Antike. Hippokrates zum Beispiel sagte, „aus dem Gehirn und allein aus dem Gehirn kommen unsere Freuden, unser Entzücken, unser Lachen und unsere Scherze, genau wie unsere Sorgen, Schmerzen, Nöte und Tränen. Vor allem durch das Gehirn denken, sehen, hören wir, unterscheiden wir das Schöne vom Häßlichen, das Schlechte vom Guten und das Angenehme vom Unangenehmen..." (Hippokrates 1923, 2:175). Ebenso alt ist das Wissen davon, daß Hirnverletzungen oder -erkrankungen sich in aller Regel nachhaltig auf das Verhalten auswirken. Hippokrates, der einen rationalen Zugang zur medizinischen Praxis begründen half, kritisierte vor allem die – in der Vorstellung, die Krankheit habe eine übernatürliche Ursache, wurzelnde – Auffassung, Epilepsie könne durch priesterliche Beschwörungen oder andere Rituale geheilt werden. In Begriffen, die die meisten modernen Beobachter akzeptieren würden, insistierte er darauf, daß die wahre Ursache der Epilepsie ein Hirnleiden sei, und er ging streng ins Gericht mit denen, die an der mystisch-religiösen Tradition festhielten, indem er ihnen vorwarf, sie flüchteten sich in den Aberglauben, um ihre Unwissenheit zu verbergen.

Heute zählt die Epilepsie zu jenen zahlreichen Krankheiten, die sich auf Funktionsstörungen des Gehirns zurückführen lassen, und obwohl die Ursache der Dysfunktion meist im Dunkeln bleibt, kann Epilepsie mittels verschiedener Methoden behandelt werden. So gibt es eine Reihe von Medikamenten, die Häufigkeit und Schwere der Anfälle (ein Terminus, der an die uralte Vorstellung von der Besessenheit der Epileptiker erinnert) durchaus erfolgreich eindämmen. In Fällen, in denen Medikamente nicht wirken oder nicht gegeben werden können, kann die Hirnchirurgie eine gewisse Erleichterung bringen. Viele Formen der Hirndysfunktion haben, indem sie den Betroffenen geistig schwächen, nachhaltige Auswirkungen auf sein Verhalten, Auswirkungen, die teils durch Anwendung pharmakologischer, medizinischer und chirurgischer Heilmethoden erfolgreich behandelt, d.h. beseitigt werden können. Um nur ein Beispiel zu geben, ein Gehirntumor hat enorme Auswirkungen auf das Verhalten des Erkrankten, Auswirkungen, die häufig systematisch mit der Lage des Tumors im Gehirn zusammenhängen. Es gibt wahrscheinlich keinen überzeugenderen Beleg für den Zusammenhang zwischen Hirnfunktion und Verhalten als das Verschwinden der entsprechenden Symptome nach Entfernung bestimmter Gehirntumore auf neurochirurgischem Wege. Mit anderen Worten, es gibt neurologische Krankheiten, bei denen es aufgrund einer Funktionsstörung im Gehirn zu Verhaltensstörungen kommt und deren einzig vernünftige und ethisch vertretbare Behandlung in der sorgfältig-maßvollen Verwendung chirurgischer oder pharmakologischer Mittel besteht. Das heißt, unter bestimmten Umständen gibt es keinen anderen sinnvollen Weg, dem Patienten Schmerzen und Leiden zu ersparen oder möglicherweise sein Leben zu retten, als die Hirnoperation.

Die Kontroverse um die Psychochirurgie ist auf verschiedenen Ebenen geführt worden. Auf der sogenannten theoretischen Ebene sind sich die Erforscher des Zusammenhangs zwischen Hirnfunktion und Verhalten über das wissenschaftliche Grundprinzip der Psychochirurgie durchaus nicht einig. Auf der mehr praktischen Ebene gelten die Fragen eher der Wirksamkeit oder dem Erfolg von psychochirurgischen Operationen. Ich möchte in diesem Kapitel zeigen, daß die Theorie, die hinter bestimmten Formen der Psychochirurgie steckt, keinen legitimen Anspruch auf Wissenschaftlichkeit erheben kann, sondern vielmehr auf einer naiven und allgemein stark umstrittenen Auffassung von der Funktionsweise des Gehirns beruht. Ich werde weiter zeigen, daß die übertriebenen Behauptungen eines therapeutischen Erfolgs, wie sie von einigen Verfechtern der Psychochirurgie vorgetragen werden, in Wirklichkeit ohne Grundlage sind. Selbst wenn die Psychochirurgie sich auf eine plausible Theorie neurologisch bedingter Verhaltensweisen stützen könnte und so erfolgreich wäre, wie ihre Verfechter behaupten, bliebe die Kontroverse auf einer anderen Ebene, der ethischen nämlich, weiter unaufgelöst bestehen, da die Psychochirurgie, wie alle Formen der Psychotechnik, schwere ethische Probleme aufwirft.

Wie die Diskussion über Sklaverei, Klassenkonflikt, Einwanderung oder Rassenpflege gezeigt hat, ermöglicht die Art der jeweiligen Definition von Krankheit und Gesundheit die Verwendung eben dieser Definitionen als Instrumente der Verhaltenskontrolle. Psychochirurgie, wie viele andere Formen der Verhaltenskontrolltechnik, wird angepriesen als Mittel zur Erhaltung oder Wiederherstellung eines „normalen", „besser angepaßten" oder „adäquateren" Verhaltens bei Patienten, deren Diagnose auf Geisteskrankheit, emotionelle Gestörtheit, Unbeherrschtheit, psychotischen Zustand lautet oder die verhaltensgestört sind. In jeder Gesellschaft bestimmen Feststellung und Diagnose von Geisteskrankheiten darüber, wie die betreffenden Patienten behandelt werden, deshalb muß eine Beurteilung von Verhaltenskontrolltechniken nicht nur deren theoretische und praktische Entstehungsgeschichte reflektieren, sondern auch den gesellschaftlichen Kontext betrachten, in dem sie Anwendung finden.

Die Zielgruppen der Psychochirurgie sind vielgestaltig und die einschlägigen sozialen Probleme zahlreich und komplex; ich will mich hier auf die Verwendung der Psychochirurgie zur Kontrolle verschiedener Formen von gewaltsamem oder aggressivem Verhalten konzentrieren.

Es ist bekannt, daß Nervenforscher ebenso wie Staatsorgane sich in den letzten Jahren zunehmend mit Gewalt, Aggression und sozialer Unruhe befassen. Was allerdings auffällt, ist eine starke wechselseitige Neugier von Medizin und staatlicher Politik auf die Arbeit im jeweils anderen Bereich. Man könnte fast ein gemeinsames Interesse an der Verlegung der Ursachen sozialer Unruhe in den Bereich der individuellen Störung konstatieren, so daß es schließlich so aussieht, als sei Forschung über Hirnfunktion und gewalttätiges Verhalten zur Lösung sozialer Probleme dringend erforderlich. William H. Sweet, Psychochirurg in Boston, sprach nicht nur für sich, sondern für viele seiner Berufskollegen, als er sagte:

„... Menschliches Verhalten, Gewalttaten eingeschlossen, ist ein Ausdruck der Gehirntätigkeit. Das heißt: eine Möglichkeit, das aktuelle kolossale Problem der Gewalt zu begreifen und unter Kontrolle zu bringen, besteht darin, daß wir unser Wissen über jene Gehirnmechanismen erweitern, die bei Emotionen im allgemeinen und bei gefährlichen Aggressionen im besonderen im Spiele sind." (Zit. n. Mark/Ervin 1970, S. VII)

Die Logik in Sweets Feststellung sagt einiges. Daß etwas nicht ganz stimmt an ihr, wird deutlich, wenn man an die Stelle von Gewalt irgendein anderes, fast beliebig auszuwählendes „aktuelles kolossales Problem" setzt, wie zum Beispiel den Hunger. Hunger treibt zum Essen an, und Essen, wie alle Formen menschlichen Verhaltens, ist ein Ausdruck der Gehirntätigkeit. Kann man aber daraus den Schluß ziehen, eine Möglichkeit, das aktuelle kolossale Problem von Unterernährung und Hungertod in den Griff zu bekommen, bestehe darin, daß wir unser Wissen über jene Gehirnmechanismen erweitern, die den Hunger und das Verhalten der Nahrungssuche betreffen? Doch sicher nicht.

Und doch preisen einige Psychochirurgen ihre Aktivitäten beharrlich damit an, daß die Möglichkeit, Verhalten mittels Gehirnmanipulation zu steuern, als Beitrag zur Lösung sozialer Probleme äußerst vielversprechend sei. So stammte beispielsweise der am Anfang des Kapitels zitierte Brief von den Doktoren William Sweet, Vernon Mark und Frank Ervin, die damals alle drei am Massachusetts General Hospital arbeiteten. „Wenn", so ihre Auffassung, „allein die Verhältnisse in den Slums es sind, die Aufruhr und Krawalle verursachen, wie kommt es dann, daß die große Mehrheit der Slumbewohner den Versuchungen hemmungsloser Gewaltanwendung widerstehen kann? Gibt es etwas Besonderes, das den gewalttätigen Slumbewohner von seinem friedlichen Nachbarn unterscheidet?" Die Autoren implizieren nicht nur eine affirmative Antwort auf die gestellte Frage, sie deuten auch an, daß die Psychochirurgie vielleicht helfen könne, „weitere Tragödien" abzuwenden.

Wie viele pejorative Schlagwörter wird auch das Wort *Gewalt* häufig benutzt, um Phänomene, die es wert wären, sorgfältig betrachtet und analysiert zu werden, zu vernebeln, nicht um sie zu erhellen. Da eine heftige oder exzessive Handlung oft aufgrund der beim Agierenden vermuteten Motive als gewaltsam bezeichnet wird, ist es in jedem einzelnen Fall wichtig, die Perspektiven genauer zu untersuchen, unter denen Kollektiv- oder Individualhandlungen zu Gewalttaten gestempelt werden. Letzten Endes ist die Gewaltfrage nicht deshalb strittig, weil Menschen verletzt werden oder Eigentum zerstört wird, sondern weil sich in ihr eine extreme Meinungsdifferenz über die Angemessenheit oder Berechtigung bestimmter Handlungen oder die Ausübung von Macht ausdrückt.

Gewalt – gerechte und ungerechte – ist eine Äußerung der Gehirntätigkeit wie jede Art von Verhalten. Und was für andere Verhaltensformen gilt, gilt auch für die Gewalt – die Wahrscheinlichkeit ihrer Manifestation kann mittels Psychochirurgie oder Gehirnmanipulation beeinflußt werden. Indes, die Verwendung der Psychochirurgie als „Therapie" von Gewalt unterliegt aus mehreren Gründen heftiger Kritik.

Die Vorstellung, Gewalt als soziales Phänomen sei ein Symptom für eine Funktionsstörung des Gehirns und müsse als solche behandelt werden, bestreitet implizit, daß solches Verhalten gerechtfertigt sein oder sogar ganz andere Gründe haben kann. Ein a priori-Urteil des Inhalts abzugeben, alle Menschen, die bestimmte Handlungen begehen, seien krank, heißt die Wissenschaft einer Gesellschaftsideologie unterzuordnen, die den wesentlich sozialen Charakter von abweichendem Verhalten nicht sehen will. Mehr noch, es zieht die Aufmerksamkeit vom sozialen Kontext weiter ab und verhindert die so dringende Beantwortung von Fragen wie „Wessen Verhalten wird als gewaltsam bezeichnet?" und „Gegen wen sind Gewaltakte gerichtet?"

In der gesamten Geschichte sind die Doktrinen der einen die Häresien der anderen gewesen, und ein Verhalten, das von den einen als Ausdruck sinnloser Gewalt angesehen wurde, erfuhren die anderen als „heroischen Widerstand". Das heißt, Unterdrückung, die von denjenigen organisiert und praktiziert wird, die die rechtmäßige

Autorität für sich in Anspruch nehmen können, kann als ,,friedenserhaltend" bezeichnet und offiziell gepriesen werden. Dem Wort eines Psychiaters zufolge überwiegen die Opfer offizieller, das heißt staatlicher Gewalt die Opfer interpersoneller Gewalt so, wie der Elefant die Ratte ,,überwiegt"; und doch ist die Macht, die in der Definition steckt, so groß, daß offizielle Gewalt immer wieder neu definiert wird, damit sie als korrekt, notwendig und gerecht erscheint.

Psychologen, Psychiater, Psychochirurgen und andere Fachleute für geistige Gesundheit beschäftigen sich im allgemeinen mit dem Verhalten der Ratte, nicht aber des Elefanten. Sie befassen sich fast ausschließlich mit jenen Formen von Gewalt, die, wie Mord, Vergewaltigung und Aufruhr, die Nachrichten unserer Medien füllen. Die soziale Voreingenommenheit des medizinischen Erklärungsversuchs von Gewalt hat zur Folge, daß er sich voll auf die Unterschicht oder auf den einzelnen Verzweifelten oder den Wahnsinnigen konzentriert, der Dynamitstäbe in eine Aktentasche packt und droht, ein Büro oder eine Bedürfnisanstalt in die Luft zu sprengen, das heißt auf Menschen, die, versehen mit der Diagnose: ,,unfähig, gewalttätige Impulse zu unterdrücken", als Kandidaten für die Psychochirurgie oder eine andere Form von Verhaltenskontrolle in Betracht kommen.

Dagegen kommen diese Spezialisten für geistige Gesundheit dort, wo die Gewalt von Personen ausgeht, die in offizieller Mission handeln, nur selten mit ihren Etiketten und mit Therapievorschlägen; die hohen Staatsbeamten, die die Zerstörung Indochinas durch amerikanische Bombenangriffe anordneten, erfuhren keinerlei solche Diagnose oder Behandlung. Der Gewaltansatz, dessen Hauptkriterium in der Frage nach der geistigen Gesundheit besteht, ist selektiv; und die Vertreter der Mächtigen bedienen sich seiner nur allzu gerne, um gegen das abweichende Verhalten der Schwachen vorzugehen.

Was ist von der Behauptung, Funktionsstörungen des Gehirns spielten bei Krawallen und anderen Formen sozialer Gewalt eine entscheidende Rolle, zu halten? Ihre Plausibilität bezieht sie in erster Linie aus einem konventionellen Wissenskodex, der eine lange Geschichte in der volkstümlichen Literatur und im Volkstum hat. Es gibt zahllose Erzählungen, in denen ein ansonsten vernünftiger und sanfter Mensch ,,einem Zauber verfällt", ,,die Kontrolle verliert", „Amok läuft...". Zwei allgemein bekannte Beispiele sind *der Wolfsmann* und *Dr. Jekyll und Mr. Hyde;* sie veranschaulichen die Furcht, es sei nur eine dünne Linie, die uns davor bewahre, infolge „episodischer Dyskontrolle" selber Schaden zu erleiden oder anderen Schaden zuzufügen. Die medizinische Literatur vieler Jahrzehnte steuert einiges zu dieser gängigen Auffassung bei. Sie ist voll von „Fallstudien" über Personen, die an einer Form von Epilepsie leiden (der psychomotorischen oder Temporalepilepsie), die sie angeblich dazu treibt, entweder während ihrer oder zwischen ihren Anfällen Gewalttaten zu begehen. Um ein typisches Beispiel zu zitieren:

> „Zu den schwersten Verhaltensstörungen, die bei dieser Krankheit beobachtet wurden, gehört eine Tötungsneigung... Der von Epileptikern verübte Mord weist mehrere spezielle Merkmale auf. Zu ihnen gehört die Gewaltanwendung (in der Regel mit einem Messer)..." (Podolsky 1962, S. 176 ff.)

Wiewohl diese Charakterisierung des Epileptikers weithin akzeptiert ist, hat sich doch auch eine Gruppe von Kritikern gefunden, die frei heraus erklärte, bei der herrschenden Auffassung über die „Besonderheiten im Verhalten" epileptischer Patienten könne es sich durchaus um einen Mythos handeln, „...denn", so führten sie aus, „es ist uns nicht gelungen, eine einzige Aufzeichnung zu finden, die... auch nur den elementarsten Anforderungen eines Forschungsplans oder -berichts gerecht würde" (Guerrant 1962, S. 12). Andere Beobachtungen zeigen, daß Menschen mit psychomotorischer Epilepsie während eines Anfalls schlicht unfähig sind, einen koordinierten und gezielten Angriff auf jemanden zu verüben. Ein Beobachter, der auf eine vierzehnjährige direkte Erfahrung mit solchen Patienten zurückblickt, schreibt, keiner dieser Patienten habe jemals in einem Anfall oder durch einen solchen bedingt einen Angehörigen des Pflegepersonals oder einen Mitpatienten tätlich angegriffen. (Rodin 1973, S. 210 ff.) Mit anderen Worten, wenn die Behauptung, Menschen, die an Epilepsie leiden, neigten besonders zu aggressivem und gewalttätigem Verhalten, keine solide Grundlage hat, dann gibt es auch keinen Grund, von vornherein davon auszugehen, episodische Dyskontrolle infolge einer verborgenen Gehirnerkrankung spiele bei städtischen Krawallen oder anderen Formen sozialer Gewalt eine wesentliche Rolle. Der angemessenste Schluß, der sich in bezug auf den Zusammenhang zwischen Gehirnerkrankung und gewalttätigem Verhalten ziehen läßt, dürfte vermutlich der sein, zu dem jüngst ein umfassender Literaturbericht des *National Institute of Neurological Diseases and Stroke* kam und der lautet, ,,... Gewalttaten und aggressive Handlungen kommen zwar vor bei Patienten mit psychomotorischer oder Temporalepilepsie, sind jedoch selten, vermutlich nicht häufiger als in der Bevölkerung im allgemeinen" (Goldstein 1974, S. 26 ff.).

Ungeachtet solcher Zweifel und Einwände behaupteten die drei Schreiber des Briefes, es lägen ,,Beweise dafür vor, daß Funktionsstörungen infolge einer lokalen Hirnverletzung an dem gewalttätigen und aggressiven Verhalten gründlich untersuchter Patienten maßgeblich beteiligt sind". Knapp drei Jahre später schrieben zwei von ihnen ein Buch mit dem Titel *Violence and the Brain,* in dem sie zu zeigen versuchten, daß es ein Dyskontrollsyndrom gebe, dessen Ursache eine lokalisierte Dysfunktion des Gehirns sei, und daß es nicht nur möglich, sondern auch wünschenswert sei, ,,die Dysfunktion direkt zu behandeln", und zwar mit Hilfe der Psychochirurgie. Ihre Argumentation, an deren Anfang die Vorstellung steht, ein erhebliches Quantum sozialer Gewalt gehe von Personen mit Gehirnanomalien aus, mündet konsequent in die Empfehlung einer Ermittlung dieser Personen und schließt mit der Feststellung, Psychochirurgie sei die Therapie der Wahl, um Menschen, die besinnungslos gewalttätig, aggressiv oder sonstwie unbeherrscht seien, zu ,,zähmen":

> ,,Mit anderen Worten, wir müssen einen ‚Frühwarntest' für die Hirnfunktion entwickeln, um diejenigen Menschen herauszufinden, die eine niedrige Gewaltschwelle haben, und wir brauchen bessere und wirksamere Methoden zu ihrer Behandlung, sobald wir sie kennen. Gewalt ist ein Problem der öffentlichen Gesundheitspflege, und die Hauptstoßkraft eines jeden Programms zur Bekämpfung von Gewalt muß auf ihre Verhinderung gerichtet sein – ein Ziel, dessen Verwirklichung uns eine bessere und sicherere Welt bescheren wird." (Mark/Ervin 1970, S. 160)

Wie bei der eugenischen Sterilisation und der Vernichtung von ,,lebensunwertem Leben" können schwerwiegende soziale Folgen eintreten, wenn Ärzte die öffentliche Gesundheitspflege zu einem von der Gesundheit des einzelnen unabhängigen und ihr übergeordneten Ideal erheben. Unter solchen Umständen steht der Begriff der öffentlichen Gesundheit nicht mehr für die Gemeinschaft einzelner, sondern für die Gesellschaft an sich, die, per implicationem, jene Individuen ausschließt, deren Verhalten als ein ,,Problem der öffentlichen Gesundheitspflege" definiert ist.

Die Psychochirurgie entsprang keineswegs in ihrer heutigen Ausprägung dem uralten Wissen, daß Hirnverletzungen oder Hirnerkrankungen mit tiefgreifenden Veränderungen in Verhalten und Geistesleben verbunden sein können. Ihre Ursprünge sind jünger. Der erste veröffentlichte Bericht über Gehirnoperationen, die mit der speziellen Intention einer Verhaltensveränderung vorgenommen wurden (im Unterschied zu einer Chirurgie, die körperliche Mißbildungen oder Hirnverletzungen beseitigen wollte), stammt von Dr. Gottlieb Burckhardt, der im Jahre 1891 Direktor einer Irrenanstalt in Prefargier in der Schweiz war. Dr. Burckhardt glaubte, Unruhe, Erregung und Impulsivität seiner stärker gestörten und besonders unbeherrschten Patienten auf eine physische oder funktionelle Störung des Gehirns zurückführen zu können. ,,Übermäßige Erregung" schrieb er ,,pathologischen Impulsen" zu, die aus der Großhirnrinde kämen; und er versuchte, diese Erregung zu verringern, indem er die Gehirnregionen, in denen er den Auslöser sah, zerstörte. ,,Unsere psychologische Existenz", schrieb er, ,,setzt sich aus einzelnen Elementen zusammen, die in gesonderten Bereichen des Gehirns lokalisiert sind." Mit anderen Worten, er war der Meinung, menschliches Verhalten lasse sich auf eine endliche Reihe von Fähigkeiten zurückführen, deren jede ihren eigenen festen Ort im Gehirn habe, und sowohl Wahnsinn wie kriminelles Verhalten würden durch eine lokalisierte Störung in speziellen Gehirn-,,Organen" hervorgerufen.

Burckhardt berichtete über Operationen an sechs Patienten; ein Patient starb an der Operation, die anderen fünf wiesen weiterhin Anzeichen einer Psychose auf. Indes, Burckhardt sagte, sie seien durch die Operation friedlicher geworden, leichter zu haben, und er meinte, angesichts der Probleme, die die Anpassung des Verhaltens von ansonsten unlenksamen, schwierigen Menschen verursache, lohnten sich die Operationen trotz ihres nur begrenzten Erfolges. (S. Valenstein 1973, S. 266 ff.)

Wenn Burckhardts Operationsberichte auch den ersten schriftlich überlieferten Fall von Psychochirurgie darstellen, so entwickelte sich die dahinterstehende Theorie doch aus verschiedenen Disziplinen des 19. Jahrhunderts. Eine dieser Disziplinen, die Ethnologie, war, zumindest was ihre amerikanischen Vertreter anlangte, maßgeblich von der Vorstellung bestimmt, daß Mitglieder primitiver Gesellschaften nicht nur kulturell, sondern auch biologisch den Mitgliedern entwickelterer Gesellschaften unterlegen seien. Es war Dr. Samuel Morton, einer der führenden Köpfe der amerikanischen Ethnologie, der die Schädellehre als neue quantitative Methode zur Klassifizierung von Menschen anhand ihres Gehirn- oder Schädelvolumens einführte. Indes, Mortons Messungen waren nicht nur ungenau – die Differenz im Schädelvolumen zwischen Schwarzen und Europäern, die er mit 11 Prozent angab, unterlag dem statistischen Irrtum –, auch und selbst auf der Basis der Wissenschaft jener Tage gab es keinerlei Gründe zu glauben, zwischen Gehirnvolumen und intellektuellen Fähigkeiten bestehe irgendein Zusammenhang. Die Schädellehre war im 19. Jahrhundert groß in Mode; als man jedoch daran ging, statt rassischer und ethnischer Gruppen die Geschlechter miteinander zu vergleichen, warf die umfassende Ungleichheit in Gewicht und Größe zwischen Männern und Frauen die zusätzliche Frage auf, ob das Schädelvolumen absolut oder relativ zu messen sei. (Shields 1975, S. 741)

Stephen Gould, Professor für Genealogie an der Universität Harvard, veröffentlichte jüngst die Ergebnisse seiner eigenen Analyse der Mortonschen Rohdaten. Er hatte herausgefunden, daß „der selbsternannte objektive Empiriker“, der eine riesige Sammlung von Schädeln aus der ganzen Welt zusammengetragen hatte, „ihr Volumen maß und dabei zu Ergebnissen kam, die eine Zeit, in der nur wenige Europäer an ihrer natürlichen Überlegenheit zweifelten, längst antizipiert hatte: die Weißen ganz oben, darunter die Indianer und zuunterst die Schwarzen.“ Mortons Schlüsse basieren für Gould „auf einem Flickwerk aus anscheinend unbewußten Schwindeleien. Erneut und richtig interpretiert, zeigen die Daten bei allen Rassen annähernd gleiche Volumina.“ Gould zieht daraus den logischen Schluß, daß dieses „unbewußte oder nur undeutlich wahrgenommene Schwindeln wahrscheinlich endemisch ist in der Wissenschaft, da Wissenschaftler Menschen sind, die in kulturellen Zusammenhängen leben, und keine Automaten, die auf äußerliche Richtigkeit ausgerichtet sind“ (Gould 1978, S. 503).

Die Phrenologie beschäftigt sich genau wie die Kraniologie mit dem Gehirn im Zusammenhang mit menschlichem Verhalten, insbesondere mit Sozialverhalten. Um das Jahr 1795 begann in einem geistigen Klima, in dem sich bereits ein lebhaftes Interesse an dem Zusammenhang zwischen Gehirn und Verhalten entwickelt hatte, ein erfolgreicher praktizierender Arzt, der zugleich im Ruf eines erfahrenen Anatomen stand, in Wien Vorlesungen über „die Kräfte des Geistes" zu halten. Wir sprechen von Franz Gall, dem Begründer der Phrenologie, oder, wie er lieber sagte, der „Kranioskopie". Der zentrale Lehrsatz der Phrenologie besagte, daß die verschiedenen geistigen und moralischen Kräfte durch einen jeweils besonderen Teil des Gehirns gesteuert würden und daß ein Übermaß oder Mangel sowohl eines solchen Charaktermerkmals wie seines entsprechenden „Gehirnorgans" durch die kranioskopische Untersuchung der darüberliegenden Schädeloberfläche festgestellt werden könnten.

Wie Gall selbst berichtet, verblüfften ihn bereits in frühen Jahren die Unterschiede in Persönlichkeit und Charakter seiner Freunde und Mitstudenten. Ihn persönlich ärgerte vor allem sein eigenes schlechtes Gedächtnis; ihm schien, als seien viele seiner Schulkameraden mit einem weit besseren und effizienteren Gedächtnis ausgestattet als er selbst. Er bedauerte diese Unterschiede und klagte darüber, daß seine Freunde ihre Schularbeiten viel rascher bewältigten und ihm obendrein „häufig den Rang abliefen, den ich mir mit meinen Aufsätzen verdient hatte" (Gall/Spurzheim 1810, S. II).

Gall stellte, wie er sich später ausdrückte, „sorgfältige Beobachtungen" über seine Schulgefährten an und meinte, dem Geheimnis ihres Erfolgs auf die Spur gekommen zu sein: sie hatten alle große, hervortretende Augen. Es war nicht der Schüler Gall, der den Schluß zog, die hervortretenden Augen seiner begabten Freunde gingen auf die Existenz eines „Wortgedächtnisorgans" zurück, das hinter dem Augapfel sitze, es war der Phrenologe Gall, der schließlich zu genau diesem Schluß kam. Tatsächlich wurde er Phrenologe, oder zumindest behauptete er dies, weil er als Medizinstudent in den Vorlesungen, die er besuchte, über das Gehirn und den Zusammenhang zwischen Gehirn und Verhalten absolut nichts erfuhr. Das Gehirn wurde zu jener Zeit als eine einheitliche und undifferenzierte Masse angesehen, und von einigen mittelalterlichen Mutmaßungen abgesehen – denen zufolge verschiedene geistige Fähigkeiten in den hohlen, mit Flüssigkeit gefüllten Gehirnkammern „wohnten" – erwog niemand ernsthaft den mehr als zweitausend Jahre zuvor bereits geäußerten Gedanken, die verschiedenen Funktionen des Geistes seien an unterschiedlichen Stellen des Gehirns lokalisiert.

Der erste, von dem man weiß, daß er sagte, das Gehirn sei das Organ des Geistes – der Sitz von Empfindung, Wahrnehmung und Denken und das Zentrum von Intellekt, Gefühl und Verhalten –, war ein griechischer Zeitgenosse von Pythagoras mit Namen Alkmäon. Diese – angesichts des dürftigen anatomischen und physiologischen Wissensstandes der Antike umso bemerkenswertere – Erkenntnis stand im Gegensatz zu der Auffassung, die Eingeweide (das Herz und andere innere Organe) bestimmten im wesentlichen Verhalten, geistige Aktivität und körperliche Gesundheit des Menschen. Der „humoralen Theorie" zufolge, die in der einen oder anderen Form bis in die jüngste Zeit hinein überlebt hat, waren Substanzen wie Blut, Galle und Schleim für die verschiedenen Verhaltenstypen oder Temperamente verantwortlich. (Die humorale Terminologie lebt in deskriptiven Begriffen wie sanguinisch, gallig und phlegmatisch noch heute fort.) Doch Alkmäons Einsicht reichte weiter. Zu einer Zeit, da die meisten seiner Zeitgenossen die Empfindungen in die Eingeweide verlegten (die Sprache des gesunden Menschenverstandes nennt nach wie vor Herz, Brust, Bauch und Gedärm als ihren Ort), ging Alkmäon davon aus, jede Empfindung habe ihren eigenen Platz im Gehirn.

Das Bestreben, die Vorstellung von der Gehirnlokalisation wieder aufzugreifen und zu untermauern, ist danach, und sei es auch nur sporadisch, quer durch die Geschichte der Medizin – und spezieller durch die der Neurologie und Psychologie – immer wieder erkennbar. In allgemeiner Form tauchte es aber nicht mehr auf, bis Franz Josef Gall es erneut zum Leben erweckte. Zu sagen, Gall habe nur eine Vorstellung wiederentdeckt, die seit der Antike geschlummert habe, wäre eine grobe Vereinfachung. Ganz ohne Zweifel hat Gall mehr als jeder andere zum Beweis der Tatsache beigetragen, daß das Gehirn die wichtigste stoffliche Basis menschlichen Verhaltens ist und daß es sich um ein äußerst differenziertes Organ handelt. Doch gingen er und seine Anhänger noch viel weiter. Der einleuchtenden Vorstellung von der Gehirnlokalisation fügte Gall drei weitere Postulate hinzu. Das Ergebnis war ein absurdes, aber höchst populäres Lehrgebäude, bestehend aus „Fähigkeitspsychologie“ und Gehirnorganologie. Ausgerüstet mit seinen Lehrsätzen und den Techniken der Kranioskopie, traten Gall und seine vielen leichtgläubigen Jünger an, die Rätsel der menschlichen Natur und der menschlichen Vielfalt wissenschaftlich zu lösen.

Galls erstes Postulat und zugleich der Schlüssel zu seiner Psychologie besagte, geistige Aktivität sei auf eine Reihe voneinander unabhängiger Charaktermerkmale oder Fähigkeiten zurückzuführen. Er zählte siebenundzwanzig solcher Züge auf; neunzehn davon hatten Menschen und andere („niedere“) Lebewesen miteinander gemein; die übrigen acht Fähigkeiten besaßen, wie man erfuhr, allein die Menschen. Diese acht Merkmale wurden in einem komplizierten Verzeichnis unter Überschriften wie „Selbstverteidigung und Mut“, „Vorsicht und Voraussicht“, „Eitelkeit, Ehrgeiz, Ruhmsucht“, usw. aufgelistet.

Das zweite Postulat besagte, jede dieser Fähigkeiten, Begabungen oder Neigungen sei in einem bestimmten Organgebiet oder einer bestimmten Oberflächenregion des Gehirns lokalisiert. Das letzte und bei weitem bekannteste Postulat der Phrenologie jedoch behauptete, die Entwicklung dieser Fähigkeiten und Organe variiere mit dem Volumen und der Form des Schädels, so daß ein gutentwickeltes Organ durch eine Protuberanz des Schädeldaches in der entsprechenden Region angezeigt werde und die Existenz einer Protuberanz zugleich die Existenz einer gutentwickelten Fähigkeit andeute. In gleicher Weise, so hieß es, hingen schwach entwickelte Organe und Fähigkeiten mit Kerbenbildungen im Schädeldach zusammen (und seien an diesen zu erkennen). Folglich, so behaupteten die Phrenologen, sei es anhand der Aus- und Einbuchtungen am Kopf eines Menschen möglich, eine umfassende und zutreffende psychologische Analyse vorzunehmen.

Über die fundamentale wissenschaftliche Bedeutung der phrenologischen These über den Vorrang des Gehirns als Organ des Geistes und anatomischer Basis menschlichen Verhaltens ist nicht zu streiten. Gall hat zu diesem wichtigen Punkt nicht weniger als zwölf scharf durchdachte Beweise aus verschiedenen Quellen vorgelegt, darunter aus der vergleichenden Anatomie (die Untersuchung von Gehirnstruktur und -funktion bei verschiedenen Tierarten), der

Neuropathologie (die Untersuchung der Auswirkung von Hirnverletzungen und -mißbildungen auf das Verhalten) und der klinischen Neurologie (medizinische Belege dafür, daß Hirnverletzungen oder -erkrankungen, die unterschiedliche Teile des Zentralnervensystems betreffen, auch zu unterschiedlichen Arten von Symptomen führen). Mit dem Postulat geistiger Fähigkeiten und dem Versuch jedoch, jede dieser Fähigkeiten an ein gesondertes, ihr korrespondierendes Gehirnorgan zu knüpfen, verlor die Phrenologie den Kontakt zur Realität. Es gab weder eine Basis für die Vorstellung, menschliches Verhalten könne in dieser Weise kategorisiert werden, noch einen Grund dafür, die angeblichen Gehirnorgane als Realität anzuerkennen. Die zentrale Idee der „praktischen Phrenologie" – aus der Kranioskopie könnten bedeutsame Schlüsse gezogen werden – ist Unsinn.

Trotz ihrer zweifelhaften Validität erfreute sich die Phrenologie einer enormen Popularität. Sie schien einen Schlüssel zu den Geheimnissen der menschlichen Natur bereitzuhalten, ein Mittel zum einfachen und logischen Verständnis der Frage, warum die Menschen sich verhalten, wie sie sich verhalten. Wie die Popularisatoren von Psychologie und Psychiatrie heute erzählten die Phrenologen des 19. Jahrhunderts ihren Zeitgenossen, wie man glücklich werde, wie man persönliche Probleme löse, wie man einen Partner auswähle, wie man Kinder groß ziehe und wie man im Geschäftsleben Erfolg habe. Es wäre mir eine Freude zu berichten, daß diese unechte und wild übertriebene Diagnosetechnik von vielen verantwortungsbewußten Wissenschaftlern in Zweifel gezogen wurde, aber leider war dem nicht so. Diejenigen, die Phrenologie studierten, sahen in ihr eine ernsthafte Wissenschaft, und als solche wurde sie von vielen wohlhabenden und angesehenen Leuten, deren Auffassungen damals richtungweisend und normsetzend waren, rezipiert und finanziert. Im 19. Jahrhundert drangen phrenologische Ideen in die Bereiche von Erziehung, Medizin und Religion ein und übten einen nachhaltigen kulturellen Einfluß auf viele Aspekte des amerikanischen Lebens aus.

Phrenologen interessierten sich für alle Formen von Verschiedenheit, Devianz und Abweichungen vom Normalverhalten. Wie andere Formen der Kraniologie wurde auch die Wissenschaft der Phrenologie dazu benutzt, die geistige Unterlegenheit aller mit Ausnahme der weißen Nationalitäten europäischer Abstammung zu „beweisen". Der Schotte George Combe, ein früh zur Kranioskopie Bekehrter und nach Gall und Spurzheim einer der angesehensten Phrenologen, entfaltete das bekannte Thema von der natürlichen Unterlegenheit der Schwarzen immer wieder neu. Sein „Beweis" war der phrenologische Glaubenssatz, die „intellektuelle Fähigkeit" sei in den vorderen (frontalen) Gehirnpartien lokalisiert und werde nicht nur durch den Gesichtswinkel angezeigt, sondern auch durch die Höhe und Breite der Stirn. Nach Combe und anderen Phrenologen waren die vorderen Schädelpartien bei Negern durchschnittlich etwas schmäler, eine Feststellung, die erklären sollte, warum der soziale Status der Schwarzen niedriger war als der von Weißen. Selbst so glühende Abolitionisten wie Horace Greenley, der meinte, die Phrenologie habe bewiesen, daß der Neger „temporär" minderwertig sei, dachten so. (Davies 1955, S. 145)

Die Phrenologie gewann als ein bequemer Fundus zur Unterstützung von Lehren der biologischen Minderwertigkeit weiter an Boden, und zwar bis ungefähr 1870, als es hieß, die Schädelformen von Afrikanern und von Skandinaviern glichen sich so weitgehend, daß man sie der gleichen Rassengruppierung zurechnen müsse. An diesem Punkt erkannten selbst die überzeugtesten Phrenologen, daß etwas nicht stimmte. (Vgl. American Naturalist, Feb. 1870, S. 117–118; Woodworth 1910, S. 171–186) Bis dahin allerdings hatten Phrenologen strenge Urteile über die moralischen Tendenzen, geistigen Anlagen und sozialen Fähigkeiten verschiedener Individuen und Gruppen abgegeben. Gall war beispielsweise davon überzeugt, daß er ein männliches Gehirn von einem weiblichen an seiner Oberfläche erkennen könne. (Walter 1850, S. 317) Sein Student und Kollege Spurzheim entwickelte die Theorie des geringeren Schädelvolumens, indem er behauptete, es seien vornehmlich die Lobi frontales oder Stirnlappen (von den Phrenologen generell mit größeren Geisteskräften assoziiert), die bei Frauen erheblich kleiner seien. Solange die Phrenologen etwas zu sagen hatten und die Kranioskopie als zuverlässiges Verfahren zur Messung menschlicher Charaktermerkmale galt, waren solche Behauptungen die beliebtesten und überzeugendsten Argumente, die die geistige Unterlegenheit und emotionale Instabilität von Frauen „beweisen" sollten.

Aus ersichtlichen Gründen wurde der Phrenologie eine außerordentlich herzliche Aufnahme auf seiten der sozialen Elite zuteil. Während ihrer Hochblüte in den Vereinigten Staaten, etwa ums Jahr 1840, war die Phrenologie das Thema von Vorlesungen und Darlegungen, in denen anerkannte Spezialisten ihren reichen und ehrwürdigen Zuhörern Schauer über den Rücken jagten, indem sie ihnen genau das sagten, was jene hören wollten. Als George Combe, in dem seine Bewunderer damals den besten Phrenologen der Welt erblickten, auf Einladung einer Gruppe reicher Philantropen eine Vortragsreise durch verschiedene amerikanische Städte machte, schmeichelte er unentwegt seinem Publikum. In Boston zum Beispiel freute sich Combe, feststellen zu können, daß seine „Augen niemals auf einer solchen Anhäufung exzellenter Gehirne geruht hatten... auf großköpfigen, moralischen, intelligenten und energischen Pilgervätern, aufgeklärt und kultiviert..." (Davies 1955, S. 20ff.).

Solche Schmeichelei klingt wie hohle Marktschreierei, es sei denn, Phrenologie wird als das begriffen, was sie vornehmlich war: eine Sozialphilosophie, in der die Begriffe von Klasse und Charakter in der gewünschten Weise mit Lehrsätzen über eine biologische Hierarchie verknüpft waren. Ließe sich mit ihr nicht zugleich auch der gesellschaftliche Status quo abbilden und untermauern, wäre ihr kometenhafter Aufstieg und ihre relativ langlebige Popularität kaum zu verstehen; denn wissenschaftlich gesehen, gab es nicht den leisesten Grund für die Existenz der Phrenologie. Dieser Punkt wurde von ihren damaligen Kritikern auch durchaus gesehen, und es lohnt sich, deren Ansichten kurz zu betrachten, um deutlich zu machen, daß es keiner späten Einsichten bedurfte, um die Phrenologie als das zu entlarven, was sie war.

Einer der Hauptkritikpunkte an der Phrenologie galt ihr als einer Pseudowissenschaft. Dieser Vorwurf kam zumeist von „Experten", die selber Wissenschaftler oder Ärzte waren. Viele von ihnen stimmten der empirischen Forschung über Fragen von Gehirnfunktion und menschlichem Verhalten generell zu und bewunderten den umfassenden Versuch, menschliche Fähigkeiten zu klassifizieren und zu messen; mit der Art, in der die Phrenologie dabei vorging, waren sie jedoch überhaupt nicht einverstanden. Der vielleicht bekannteste Gegner der Phrenologie aus wissenschaftlichen Gründen war Thomas Sewall, Professor für Anatomie am Columbian College in Washington, D.C. 1847 veröffentlichte er eine Streitschrift unter dem Titel *An Examination of Phrenology,* in der er ihre wissenschaftlichen Ansprüche in einer rationalen und maßvollen Weise kritisierte. Sewalls Kritik konzentrierte sich auf vier Einwände: (1) Die anatomische Struktur des Gehirns, wenn seziert und untersucht, läßt keinerlei Organpartien erkennen, die denen entsprächen, deren Existenz die Phrenologen behaupten. (2) Es gibt keine faktische Grundlage für die (den Kraniologen und Phrenologen gemeinsame) Auffassung, ein größeres Gehirn sei ein besseres Gehirn, weil, von offen pathologischen Fällen abgesehen, zwischen Größe oder Volumen des Gehirns und geistigem Vermögen oder Intelligenz kein Zusammenhang besteht. (3) Durch die Unterschiede in der Stärke der Schädelknochen ist es unmöglich, zuverlässige Schlüsse über die darunterliegende Gehirnstruktur aus (noch so genauen) Beobachtungen des äußeren Schädeldaches zu ziehen; ein Punkt, der von besonderer Bedeutung ist in bezug auf die vordersten Gehirnpartien (denen die Phrenologen viele der höheren psychologischen Funktionen wie Intelligenz und Gedächtnis zuschrieben), weil der Sinus cavernosus und die nichtvoraussagbare Form des inneren Stirnbeins in erster Linie für die Gestalt der Vorderfront des Schädels verantwortlich sind. Das heißt, Form oder Größe der darunterliegenden ,,Gehirnorgane'' – selbst wenn man davon ausgeht, sie existierten – können mittels Kranioskopie nicht festgestellt werden. (4) Wenn durch Unfall oder Krankheit ein spezifischer Bereich des Gehirns verletzt oder zerstört wird, wird die Fähigkeit, von der es heißt, sie ,,wohne'' an dieser Stelle, und die entsprechend beeinträchtigt sein müßte, generell nicht merklich in Mitleidenschaft gezogen.

Das war damals eine vernichtende Kritik, und sie ist es heute nicht minder. Es gab indes noch eine andere Schule der Kritik, deren Vertreter die soziale Orientierung der Phrenologie und ihre selbsterklärte Relevanz für die Welt der praktischen Dinge aufs Korn nahmen. Wissenschaftliche Skeptiker betrachteten es als irrational, menschliche Fähigkeiten anhand von willkürlichen oder vorurteilsvollen Kriterien zu klassifizieren und zu quantifizieren, und philosophisch und religiös gesinnte Kritiker fügten hinzu, es sei obendrein unmoralisch und unethisch.

Kurz, es gab ernsthafte Bestrebungen, in denen Leute mit guten und plausiblen Gründen um die Widerlegung der phrenologischen

Ideen bereits zum Zeitpunkt ihres Auftretens bemüht waren. Doch die Parteigänger der „neuen Psychologie" mußten nicht nur einstecken – sie konterten auch wacker und entschlossen. Die meisten ihrer Repliken ergingen sich darin, die „Verfolgung" von Wissenschaftlern zu tadeln und zu beklagen, die neue oder unorthodoxe Ideen vortrügen. Generell war von den Verfechtern der Phrenologie dann recht wenig zu hören, wenn ihre „Wissenschaft" in den Dienst der verschiedenen Doktrinen der sozialen Verachtung gestellt wurde, aber wie so viele andere Berufsspezialisten vor und nach ihnen schrieen sie laut „faul", wenn ihre Objektivität angezweifelt wurde. Edward Thomson drückte die Empfindungen vieler Phrenologieenthusiasten aus, als er die Kritik an diesem Gebiet als „ungerecht und als Schmach für unsere Zeit" beklagte und hinzufügte, „man möchte denken, die Welt habe aus der Opposition gegen Kolumbus und Kopernikus und aus der Verfolgung von Galilei und aus dem Martyrium des Servetus gelernt" (Davies 1955, S. 65).

Trotz aller Proteste war es die Phrenologie – mehr als jede andere Form von Psychologie –, die im öffentlichen Verständnis eine Bereitwilligkeit für die Rezeption der Vorstellung erzeugte, menschliches Verhalten sei (bei all seiner offensichtlichen Komplexität) letztlich der Klassifizierung und Messung zugänglich, und zwar nach spezifischen Fähigkeiten, Neigungen oder Knochenplättchen. Es waren die Phrenologen – lange bevor Binet den Intelligenztest entwickelte –, die als erste behaupteten, Charaktermerkmale wie Intelligenz seien der quantitativen Messung zugänglich. Damit legte die Phrenologie den Grundstein für alle späteren Versuche, menschlichem Verhalten numerische Werte beizulegen. Als eine Sozialphilosophie vermochte die Phrenologie zu suggerieren, Probleme wie Verbrechen, Rechtsverletzungen, Drogenabhängigkeit und Prostitution seien letztlich das Resultat organischer Störungen des Gehirns; denn wenn die Determinanten von sozialem, wirtschaftlichem und intellektuellem Erfolg in der Sphäre der „Gehirnleistung" zu suchen waren, dann folgte daraus zweifelsfrei, daß Abweichung und Versagen den entsprechenden Ursprung haben mußten. Durfte man aber erst einmal davon ausgehen, daß soziale Abweichung als das Resultat einer Anomalität in der Funktion des einen oder anderen Gehirnorgans zu definieren sei, war der Weg von der Phrenologie zur Psychochirurgie nicht mehr weit.

Der spezielle Beitrag der Phrenologie zur Arbeit von Dr. Burckhardt, dem ersten Praktiker der Psychochirurgie, bestand darin, daß sie eine gesellschaftlich vielversprechende Alternative zu früheren Theorien darstellte, die Wahnsinn und Kriminalität mit dämonischer Besessenheit gleichsetzten. Sie bot eine absolut logische, scheinbar rationale und plausible Konzeption von regelwidrigem Verhalten als der Auswirkung einer lokalisierten Hirndysfunktion an. Es ist nicht schwer zu verstehen, warum ihre Verfechter glaubten, die gezielte Zerstörung eines bestimmten Gehirnbereichs werde das mit ihm verknüpfte Verhalten beseitigen. Indes, die Vorstellung, daß spezifische Fähigkeiten in vielen kleinen black boxes lokalisiert und abgeteilt seien, war der schlimmste Irrtum der Phrenologie. 1845 hatte Pierre Flourens, ein französischer Wissenschaftler, ein Experiment durchgeführt, das diese Vorstellung eindeutig widerlegte. Er untersuchte Tauben und wies zwingend nach, daß große Teile ihres Gehirns entfernt werden konnten, ohne daß irgendwelche spezifischen Funktionen dadurch beeinträchtigt wurden; insbesondere zeigte er, daß das Kleinhirn (ein Teil des Gehirns auf der Rückseite des Kopfes, in dem die Phrenologen die „Liebesfähigkeit" oder Sexualität angesiedelt hatten) entfernt werden konnte, ohne daß sich nachteilige Folgen für das Fortpflanzungsverhalten ergaben.

Gehirnforscher gehen heute davon aus, daß eine Funktionslokalisierung gegeben ist, aber nicht im Sinne der Phrenologen. Der Gesichtssinn zum Beispiel ist insofern lokalisiert, als es besondere Nervenbahnen und Zentren im Gehirn gibt, deren Unversehrtheit für das Sehen unentbehrlich ist. Dennoch erfordert das Sehvermögen (oder die visuelle Wahrnehmung) eine Integration der in diesen primären visuellen Bahnen oder Zentren und in vielen anderen Gehirnregionen stattfindenden Tätigkeit. Generell entstehen die komplexeren und subtileren Verhaltensaspekte nicht aus der isolierten Tätigkeit einzelner Gehirnorgane, sondern vielmehr aus dem integrierten Funktionszusammenhang sowohl lokalisierter wie diffuser Systeme.

Burckhardts Bestrebungen in Richtung Psychochirurgie basierten auf einem falschen Begriff von Hirnlokalisation. Da sein Fehler durch neue Einsichten erkennbar wurde, könnte man es dabei bewenden lassen, wäre da nicht die Tatsache, daß die pseudowissenschaftlichen Lehrsätze der Phrenologie auch heute – da die ehrfurchtgebietende Komplexität und Subtilität von Verhalten und Hirnfunktion im allgemeinen durchaus gesehen werden – noch munter fortleben. Tatsächlich gelten sie den unkritischen Verfechtern der Psychochirurgie als eine vernünftige, wissenschaftliche und objektive Methode zur Behandlung einer Reihe von „Verhaltensstörungen". Der Begriff der Behandlung verdient deshalb eine sorgfältige Betrachtung als Form einer Verhaltenskontrolle, die noch mehr als die Psychochirurgie von Prinzipien der Ethnologie, Kraniologie und Phrenologie des 19. Jahrhunderts geprägt ist. Die Weiterentwicklung der Vorstellungen von einer angeborenen biologischen Unterlegenheit ganzer Personenkreise wie der Frauen oder der Schwarzen gab weiteren Theorien darüber Auftrieb, daß solche Gruppen in besonderer Weise für Krankheiten und Leiden anfällig seien, gegen die andere, vermeintlich höherstehende Gruppen immun seien. Viele Ethnologen der amerikanischen Schule waren wie Morton Ärzte, und so wurde zum „Beweis" der These von der angeborenen Unterlegenheit sehr häufig medizinisch argumentiert.

Definitionen von normalem und nicht-normalem Verhalten führen stets aufs neue in die Diskussion um die medizinische Ethik. Schließlich besteht immer die Gefahr, daß, was als „normales" Verhalten bezeichnet wird, nur eine Widerspiegelung der herrschenden gesellschaftlichen Normen ist; und stehen diese erst fest und sind gebilligt, kann Abweichung ganz leicht zur „Krankheit" oder „Anomalie" erklärt werden. Wenngleich es möglich ist, zwischen der Stipulation von Verhaltensnormen und der Diagnose von Abweichungen zu unterscheiden, sieht man darin besser zwei wechselseitig miteinander verknüpfte Aspekte ein und desselben Prozesses sozialer Definition. Im 19. Jahrhundert wurden – nicht anders als heute – die am unteren Ende der Sozialskala Angesiedelten besonders leicht zu Objekten einer Verhaltenskontrolle, die im Gewande der medizinischen Behandlung daher kam. Die Sklaven in der Zeit vor dem amerikanischen Bürgerkrieg stellen einen solchen Fall dar, und ein weiterer Blick in den von Dr. Samuel Cartwright im Jahre 1851 für die Medizinische Gesellschaft von Louisiana verfaßten Bericht bestätigt dies.

Wir erinnern uns, daß Cartwright seinen Bericht damit begann, daß er eine scheinbar wissenschaftliche Beschreibung der geistigen und körperlichen „Besonderheiten der schwarzen Rasse" lieferte.

Normale Schwarze litten nach Cartwright an einer ,,mangelhaften Belüftung des Blutes" und mußten sich deshalb ,,der Verfügungsgewalt des weißen Mannes" unterwerfen, um auf diese Weise ihr Blut zu ,,beleben" und die ,,Degenerierung des Geistes" zu verhindern, zu der ihre Natur sie disponierte. Nachdem er festgestellt hatte, daß es für schwarze Menschen aufgrund ihrer Physiologie einfach normal, ja sogar vorteilhaft sei, sich in Knechtschaft zu begeben (wenn auch wie in vielen Argumentationen dieser Art niemals ganz klar wird, ob sie von Natur aus dazu neigen, dies zu tun, oder ob sie es tun sollen), wandte Cartwright seine Aufmerksamkeit einer augenfälligen und störenden Form von ,,Verhaltensanomalie" zu, dem Davonlaufen von Sklaven.

,,Das Davonlaufen", schrieb er, ,,ist unseren Plantagenbesitzern und Aufsehern ebenso bekannt, wie es seinerzeit den alten Griechen bekannt war." Die Griechen, so Cartwright, hatten sogar einen Begriff dafür, nämlich *drapetes**, der ,,die Tatsache des Davonlaufens" ebenso ausdrückte wie ,,das Verhältnis, in dem der Flüchtige zu der Person stand, vor der er floh". Mit diesem Zipfelchen Etymologie bewaffnet, verkündete Cartwright, als Wurzel und Ursache von ,,drapetes" habe er eine ,,Krankheit des Geistes" ausgemacht, für die er auch gleich einen Namen wußte: Drapetomanie (= pathologischer Wandertrieb, d. Übers.). Nach *Dorland's Medical Dictionary* (1957) ist Drapetomanie noch heute ,,der unsinnige Wunsch, von zu Hause wegzulaufen", und nach Cartwright kommt es dazu, wenn ,,die richtige Methode, mit Negern umzugehen, nicht richtig befolgt wird." Obwohl die Drapetomanie ,,unseren medizinischen Spezialisten (bisher) nicht bekannt" war und oft mit vorsätzlichem Ungehorsam verwechselt wurde, ist sie, wie es heißt, in aller Regel leicht zu heilen, vorausgesetzt natürlich, ,,der entsprechende ärztliche Rat wird streng befolgt". Die ,,richtige Methode", das Verhalten von Sklaven zu steuern, besteht Cartwright zufolge tatsächlich in der Anwendung eines systematischen Schemas positiver und negativer Verstärkungen und der Vermeidung sowohl von extremer Nachgiebigkeit als auch von extremer Härte.

,,Wenn alles dies beachtet wird und einer oder mehrere von ihnen irgendwann auf die Idee kommen, ihren Kopf auf eine Höhe mit ihren Herren

* drapetes: deutsch = der Ausreißer

oder Aufsehern zu erheben, dann erfordern es Menschlichkeit und ihr eigenes Wohl, daß sie solange bestraft werden, bis sie in dem Ergebenheitszustand sind, den einzunehmen ihnen bestimmt ist... Sie müssen nur in diesem Zustand gehalten und wie Kinder behandelt werden, dann laufen sie nicht davon." (Cartwright 1851, S. 709)

Cartwrights Untersuchungen über die ,,Krankheiten der schwarzen Rasse" offenbarten ihm eine weitere Störung, dieses Mal eindeutig neurologischen Ursprungs, die sich angeblich selbst dort entwickelte, wo ,,die richtige Methode im Umgang mit Negern" genauestens befolgt wurde. Tatsächlich schienen ihm Fälle dieser Art von Störung überall aufzutreten, auf gutgeführten Plantagen ebenso häufig wie auf schlechtgeführten; nahezu universell davon befallen waren ,,freie Neger, oder solche, die überhaupt nicht gelenkt wurden". Der Schlüssel zu dieser Störung lag nach Cartwright darin, daß Sklaven, die dazu neigten, ,,ohne Ursache oder Motiv... Unruhe zu entfachen", auch dazu zu tendieren schienen, ,,im Falle ihrer Bestrafung Schmerzen gegenüber unempfindlich zu sein". Was Cartwright beobachtet hatte, war die Tatsache (denn eine Tatsache dürfte es gewesen sein), daß gewisse besonders aufrührerische Sklaven (von ihren Herren als ,,Lumpen" bezeichnet) keine sichtbaren Anzeichen von Schmerz erkennen ließen, wenn sie ausgepeitscht wurden. Damit war Cartwright, ohne weitere Belege herbeischaffen zu müssen, in einer Position, die es ihm gestattete, eine Diagnose zu stellen. Sie lautete: ,,Partielle Gefühllosigkeit der Haut und starke Abstumpfung der geistigen Fähigkeiten." Da die ,,Gefühllosigkeit" nur partiell war, verzichtete Cartwright darauf, die Krankheit, die er da entdeckt hatte, Anästhesie zu nennen – und sprach von Dysästhesie (verfälschte Wahrnehmung einer Sinnesempfindung, d. Übers.). Ihre Ursache? ,,Ungenügende Belüftung oder Vitalisierung des Blutes." Die Therapie? Hier Cartwrights Verordnung:

,,Leber, Haut und Nieren müssen in ihrer Tätigkeit angeregt werden..., damit dem Blut Kohlensäure entzogen wird. Zur Anregung der Haut ist es zunächst am besten, den Patienten mit warmem Wasser und Seife kräftig abzuwaschen, ihn danach rundherum mit Öl einzureiben und das Öl mit einem breiten Lederriemen einzuklopfen, um ihn dann irgendeine harte Arbeit an der frischen Luft und in der Sonne verrichten zu lassen, die ihn zwingt, seine Lungen auszudehnen, wie zum Beispiel Holzhacken, -spalten oder auch mit der Schrotsäge sägen." (Cartwright 1851, S. 711 f.)

Täglich wiederholt, fügte Cartwright hinzu, „wird eine solche Behandlung in allen den Fällen binnen kurzer Zeit zur Heilung führen, die nicht durch Verstimmungen und Störungen der Eingeweide kompliziert werden". Weitere Ausführungen hierzu machte er nicht, und er brauchte sie auch nicht zu machen.

Die schwarze Sklaverei war nicht die einzige gesellschaftliche Institution im Amerika des 19. Jahrhunderts, der eine solche ideologisch verzerrte ärztliche Rechtfertigung gelegen kam. Die damaligen Vorstellungen über die angeborene Unterlegenheit von Frauen lassen sich zum großen Teil auf eine Form von biologischem Determinismus zurückführen, demzufolge der weibliche Fortpflanzungsapparat (vor allem die Eierstöcke und die Gebärmutter) direkt für das Verhalten von Frauen verantwortlich war. In ihren Lehrbüchern und Arztpraxen propagierten männliche Ärzte die Vorstellung, es seien uterine und ovariale Faktoren, die hinter fast allen weiblichen Tugenden und Untugenden, hinter den Fähigkeiten wie auch hinter den Leiden von Frauen steckten. Wie ein Gynäkologe im Jahre 1870 schrieb, könne an der „gigantischen Macht und dem Einfluß der Eierstöcke auf die gesamte Lebensökonomie der Frau" (zit. in Ehrenreich/English 1973, S. 11 f.) einfach kein Zweifel bestehen. Mit ihrer unbarmherzigen Betonung der biologischen Determinanten des Verhaltens trug die medizinische Wissenschaft in unermeßlicher Weise dazu bei, die Frauen – ob reich oder arm – an ihren „angestammten" Plätzen innerhalb der geltenden sozialen Hierarchie zu halten.

Die Idee, die biologische Basis des Verhaltens von Frauen in ihre Fortpflanzungsorgane zu verlegen, ist Teil der langwierigen und oft erbitterten Kontroverse zwischen Fachspezialisten, Psychologen und Psychiater eingeschlossen, über die Frage, ob genetisch bedingte Prädispositionen, „intrapsychischer Konflikt" oder „unangemessene Verstärkergeschichten" in erster Linie für Geisteskrankheiten oder Verhaltensstörungen verantwortlich sind. Dabei ist allerdings hervorzuheben, daß biologisch orientierte Psychiater, psychodynamisch orientierte Psychoanalytiker und behavioristisch orientierte Psychologen in einem Punkt im allgemeinen einig gehen, darin nämlich, daß das Individuum im Zentrum von Diagnose und Therapie zu stehen habe. Was hier zur Debatte steht, ist die Frage, ob die Struktur des Gehirns es zuläßt, die Ursache eines psychologisch komplexen, entweder normalen oder nichtnormalen Verhaltens in einem bestimmten ,,Gehirnorgan" zu lokalisieren. Die Antwort ist ein klares Nein, aber selbst wenn es anders wäre, würde daraus nicht notwendig folgen, daß Exstirpation, Zerstörung oder Manipulation einer spezifischen Gehirnregion einem Menschen nützen, von dem es heißt, er verhalte sich irgendwie unkontrolliert.

Rückblickend erscheint es kaum überraschend, daß die einzig positive Aussage, die der erste Psychochirurg machen konnte, in der Feststellung bestand, daß die von ihm operierten Patienten nach der Operation leichter zu handhaben waren, soll heißen, sie waren beruhigt, pazifiziert. Burckhardt war indes durchaus optimistisch und schloß seinen Bericht in der Hoffnung, daß andere Chirurgen seine Methoden bald übernehmen und ,,den Weg der kortikalen Exstirpation mit besseren und befriedigenderen Resultaten beschreiten" möchten, obwohl fast ein halbes Jahrhundert vergehen sollte, ehe sich jemand mit der Behauptung zu Wort meldete, er habe mit der Psychochirurgie bessere und befriedigendere Resultate erzielt.

Auf einem internationalen Neurologenkongreß in London im Jahre 1935 berichteten zwei amerikanische Hirnforscher über die Ergebnisse ihrer Versuche mit Affen. Die Forscher waren Carlyle F. Jacobsen und John F. Fulton, und ihr Bericht beschäftigte sich mit den Auswirkungen der chirurgischen Zerstörung der vordersten (sogenannten ,,präfrontalen") Regionen des Primatenhirns auf das Verhalten der Tiere. Das präfrontale Areal des menschlichen Gehirns ist besonders groß und erklärt zum Teil den weiten Gesichtswinkel, mit dem nicht nur die frühen, sondern auch die modernen Theoretiker Intelligenz und andere höhere Funktionen des Gehirns in Verbindung gebracht haben. Die Vorstellung, das präfrontale Areal spiele in komplizierten Denkprozessen eine besondere Rolle, wurde zwar von vielen Ethnologen, Phrenologen und Physiologen des 19. Jahrhunderts geteilt, dennoch fehlte ihr eine Tatsachengrundlage; und eben diesen Mangel wollten Jacobsen und Fulton mit ihrer Forschungsarbeit beheben.

Ihre Studie war denn auch die erste systematische Untersuchung der Funktionen der präfrontalen Hirnrinde bei Primaten, die auf der Methode der selektiven Zerstörung oder Amputation basierte, und sie bleibt ein Klassiker unter all den Untersuchungen, die sich seitdem bemüht haben, den Funktionen des Gehirns durch eine

Analyse der Auswirkungen von selektiven Läsionen auf das Verhalten auf die Spur zu kommen. Jacobsen und Fulton brachten ihren Tieren bei, eine bestimmte erlernte Reaktion zu produzieren, um eine Belohnung in Form von Futter einstreichen zu können, das unter einen von mehreren Bechern gelegt wurde; allerdings hinderten ein Gitter oder eine andere Vorrichtung die Tiere daran, sofort zuzugreifen. Zusätzlich wurde eine Milchglasscheibe vor dem Tier heruntergelassen, so daß die Becher nicht mehr zu sehen waren. Nach einer genau festgelegten Zeit wurden die Scheibe und das hinderliche Gitter aus dem Weg geräumt, und das Tier konnte den Becher seiner Wahl verrücken. Um nicht nur rein zufällig an die Nahrung zu kommen, mußte sich das Tier erinnern, wo sie hingelegt worden war. Normalerweise bewältigen Affen diese Aufgabe (nach einem Vorbereitungstraining) außerordentlich gut, selbst wenn die Verzögerungsintervalle eine Minute oder länger dauern.

Nachdem Jacobsen und Fulton ihre Tiere trainiert hatten und eine gewisse Leistung erreicht war, nahmen sie an ihnen Operationen vor, bei denen die präfrontalen Hirnregionen sowohl auf der rechten wie auf der linken Seite unter Narkose zerstört wurden. Wenn sich die Tiere von dieser beidseitigen frontalen Lobektomie erholt hatten, wurden sie erneut getestet. Das Testergebnis wies auf erhebliche Funktionsstörungen hin. Mit anderen Worten, das wichtigste Resultat des Experiments bestand in der Erkenntnis, daß die Unversehrtheit des präfrontalen Areals für die normale Bewältigung einer Reaktionsverzögerungsaufgabe unabdingbar war. Weitere Resultate zeigten indes an, daß die Funktionen dieser Gehirnregionen zahlreicher, komplexer und vielfältiger waren als zunächst angenommen. Um dies zu veranschaulichen, beschrieben Jacobsen und Fulton eingehend das vor- und nachoperative Verhalten eines Schimpansen mit Namen Becky. Becky reagierte vor der Operation „höchst emotional und aufgeregt, wann immer ihr ein Irrtum unterlief," und sie geriet in heftige Wut, wenn die Trennscheibe vor den Bechern heruntergelassen wurde oder sie selbst einen Fehler machte. Nach der Operation verhielt sich Becky völlig anders, sie saß still da, während Becher und Köder hingestellt und die Scheibe heruntergelassen wurden. „Wenn das Tier einen Fehler machte, wies es keinerlei Anzeichen einer emotionalen Störung auf, sondern wartete ruhig, bis die Becher für den nächsten Versuch neu gefüllt waren" (man beachte, daß die Forscher nun nicht mehr von ,,ihr" sprachen). (Jacobsen/Wolfe u.a. 1935, S. 9 f.)

Diese postoperativen Veränderungen ließen die Forscher zu dem Schluß kommen, Becky sei durch den operativen Eingriff gezähmt und in ein fügsames und zufriedenes Tier verwandelt worden, das nun ,,ein glückliches Leben" führe. Dieser Schluß und die Ergebnisse des Reaktionsverzögerungs-Tests wurden auf dem Neurologenkongreß vorgetragen. Im Auditorium saß auch Dr. Egas Moniz, ein portugiesischer Neurologe; er fragte: ,,Wenn die Entfernung der Lobi frontales die Entstehung von Experimentalneurosen bei Tieren verhindert und Frustrationen nicht mehr aufkommen läßt, warum sollte es dann nicht möglich sein, Angstzustände beim Menschen auf chirurgischem Wege zu beseitigen?" (S. Valenstein 1973, S. 53) Fulton war zutiefst entsetzt über diese Erwägung; Moniz jedoch kehrte nach Portugal zurück in der Überzeugung, daß es endlich eine wissenschaftliche Basis gebe, von der aus die Anwendung der Gehirnchirurgie zum Zwecke der Verhaltensmodifikation und der Verbesserung ,,des geistigen Zustandes von bestimmten Geisteskranken... und vor allem von Patienten, die unter Zwangsvorstellungen und Depressionen leiden", gerechtfertigt sei. Dr. Moniz' Grundprinzip war eine moderne Version von Burckhardts Ansatz: ,,Ein normales psychisches Leben setzt gut funktionierende (Gehirn-) Synapsen (Umschaltstellen, d. Übers.) voraus", so schrieb er, ,,und geistige Störungen sind das Resultat synaptischer Störungen." ,,Überzeugt von der hohen Bedeutung der präfrontalen Lappen für das Geistesleben", meinte er, brauche man nur die ,,synaptischen Anschlüsse" auf chirurgischem Wege zu verändern, um ,,die entsprechenden Vorstellungen zu modifizieren und das Denken in andere Kanäle zu zwingen" (Moniz 1948, S. 7 ff.).

Moniz' erklärte Absicht war es, ,,eine große Zahl von Verbindungen auszulöschen... die Faserstränge zwischen den Zellen des vorderen Teils beider Lobi frontales (massenweise) anzugreifen". Da er selbst kein Neurochirurg war, bewog er seinen Kollegen Almeida Lima dazu, die unmittelbar chirurgische Arbeit zu übernehmen, so daß die erste Operationsserie im November 1935 in Lissabon begann. Zunächst wurde zur Koagulation der Faserstränge zwischen den Lobi frontales und anderen Teilen des Gehirns Alkohol gespritzt; Ende Dezember benutzte man ein Leukotom (ein kleines Messer), um die Stränge zu durchtrennen.

Moniz hat die ersten zwanzig Fälle ,,präfrontaler Leukotomie''in einer Monographie beschrieben, die 1936 erschienen ist. Alle Patienten, so heißt es dort, hätten die Operation überlebt; sieben könnten als ,,geheilt'' bezeichnet werden, und weitere acht (die Moniz zufolge besonders heftig und erregt gewesen waren) seien ruhiger geworden, der Umgang mit ihnen leichter. Insgesamt, so erinnerte sich Moniz später, ,,erreichten wir Heilungen und Besserungen; Mißerfolge und Fehlschläge, die uns zum Rückzug gezwungen hätten, gab es nicht'' (ebd., S. 158).

Diese Erfolgsmeldungen sind schwer einzuschätzen. Moniz beschrieb seine Fälle mit einem Minimum an klinischen Details und einem Maximum an Werbeoptimismus. Er etablierte damit einen Stil, der später von vielen Psychochirurgen übernommen werden sollte. Tatsächlich wuchs die Popularität der präfrontalen Lobektomie oder Lobotomie rasch, so daß binnen kurzer Zeit überall in der Welt ähnliche Operationen an psychiatrischen Patienten vorgenommen wurden; eine genaue Ziffer über die Gesamtzahl aller bis heute ausgeführten präfrontalen Lobotomien ist indes nirgends zu finden. Moniz selbst dürfte für nicht mehr als hundert verantwortlich sein. Der tätliche Angriff eines lobotomisierten Patienten ließ ihn mit einer Kugel in der Wirbelsäule zurück; zum Invaliden geworden, setzte er sich 1944 zur Ruhe. 1949 erhielt er den Nobelpreis in Medizin für seine ,,Entdeckung des therapeutischen Wertes der präfrontalen Leukotomie bei bestimmten Psychosen''.

1936 führten die Doktoren Walter Freeman und James Watts die präfrontale Lobotomie in den Vereinigten Staaten ein, 1950 hatten sie bereits mehr als tausend Patienten operiert. Als Freeman sich 1970 zurückzog, hatte er mehr als 3.500 Operationen selbst ausgeführt oder überwacht. (Vgl. Breggin 1972, S. E 1602; Valenstein 1973, S. 55) Allein in den Vereinigten Staaten, so schätzt man, sind zwischen 1936 und 1955 40 bis 50.000 präfrontale Lobotomien unterschiedlicher Art vorgenommen worden. (Freeman 1971, S. 621 ff.)

Anfangs kamen die Kandidaten der Psychochirurgie hauptsächlich aus der Gruppe der chronisch hospitalisierten Geisteskranken, deren Diagnose zumeist auf unheilbar gewalttätig, psychotisch oder anderweitig gestört lautete. Bei solchen Patienten war gewöhnlich von einer beträchtlichen Besserung nach der Operation die Rede. Diese ,,Besserung" bestand indes oft in gesteigerter Fügsamkeit oder größerem Gehorsam, das heißt, die Patienten waren lenkbarer und für das Krankenhauspersonal leichter zu kontrollieren und zu steuern. Allmählich jedoch wurden Lobotomien auch an Menschen vorgenommen, die zum Zeitpunkt der Operation weit weniger schwer gestört waren. So führt Valenstein aus:

,,Einer der wichtigsten Faktoren, die zum Aufschwung der Psychochirurgie in den Vereinigten Staaten beitrugen... war die hohe Zahl der Kriegsveteranen am Ende des Zweiten Weltkriegs, die psychiatrisch versehrt waren. Angesichts der Forderungen von Familienangehörigen nach rascher und nachhaltiger Behandlung und der unzureichenen Zahl von ausgebildeten Psychiatern sowie nur spärlich vorhandener psychoaktiver Medikamente nahmen die für die Veteranenbetreuung zuständigen Behörden die optimistischen Berichte über die präfrontale Lobotomie erfreut auf und ermutigten die Ärzte, sie zu praktizieren." (Valenstein 1973, S. 55)

Die optimistischen Berichte, auf die Valenstein sich bezog, waren von zweierlei Art. Da gab es erstens zahlreiche ,,Einzelfallstudien"; Psychochirurgen hatten sie in der kaum überraschenden Intention abgefaßt, die Wirksamkeit ihrer Methoden und Techniken zu belegen. Diese Fallstudien behaupteten zu zeigen, daß der Nutzen der Lobotomie ihre Risiken bei weitem überwog und daß lobotomisierte Personen nicht nur friedlicher, sondern im allgemeinen gesund und in der Lage waren, auch hohe und verantwortungsvolle Posten auszufüllen. Typisch für solche Fallstudien ist ein Bericht von Walter Freeman, der einen Arzt schildert, der wegen ,,paranoisch-aggressiven Verhaltens" zweimal seinen Medizinalassistentenplatz verlor. Nach seiner Lobotomie beendete er seine Assistentenzeit, er heiratete und hatte Familie und richtete eine Klinik ein. Freeman fügte hinzu, daß er sogar ,,seine eigenen Flugzeuge fliegt" (ebd., S. 306).

Die zweite Kategorie optimistischer Berichte (sie sind bei weitem seltener) bestand in großangelegten retrospektiven Auswertungen der bei Lobotomien in einem bestimmten Klinik- oder Krankenhausbezirk über einen langen Zeitraum hinweg praktizierten Verfahrensweisen. Eine solche Studie, die sich auf Informationen über tausend lobotomisierte Patienten aus Heilanstalten in England und Wales stützte, berichtete, daß 24 Prozent sich in ihrem Sozialverhalten nicht geändert hätten, 30 Prozent eine Besserung und 17 Prozent eine starke Besserung zeigten, 24 Prozent geheilt seien und zu Hause lebten, während bei weniger als 2 Prozent eine Verschlechterung eingetreten sei (der Rest lasse sich nicht einordnen). Indes, in dieser wie in anderen Untersuchungen mit günstigen Ergebnissen ist die behauptete Erfolgsquote schwer zu interpretieren, weil die Beurteilung der einzelnen Fälle durchweg von den Psychochirurgen selbst oder von Forschern vorgenommen wurde, die beruflich mit ihnen zusammenarbeiteten.

Von ungünstigen Nebenwirkungen der präfrontalen Lobotomie war zu Anfang kaum die Rede, von den wenigen Fällen abgesehen, in denen ein Patient starb. Als jedoch immer mehr psychochirurgische Fälle Patienten mit Psychoneurosen und psychosomatischen Beschwerden betrafen, begann sich das Bild zu wandeln. Selbst den glühendsten Lobotomieanhängern wurde klar, daß der Zustand der Patienten nach der Operation häufig schlechter war, als der, den die Operation hatte beheben sollen. Nachdem viele Tausende von Operationen ausgeführt waren, ließ sich nicht länger leugnen, daß lobotomisierte Menschen in der Gefahr waren, apathisch, verantwortungslos und asozial zu werden, ihr Intellekt war stumpf, und in vielen Fällen erlitten sie eine starke Beeinträchtigung ihres Gedächtnisses und ihrer Kreativität. Zu diesem Zeitpunkt hatte sich Freeman zum unangefochtenen Psychochirurgiepapst entwickelt, aber selbst er mußte zugeben, daß die Lobotomie gewisse verheerende Nebenwirkungen produzierte. Am Ende seiner langen Karriere schrieb er: „Was der Forscher an den intelligenteren Patienten vermißt, ist die Fähigkeit, sich selbst zu beobachten, zu theoretisieren, zu philosophieren, vor allem im Hinblick auf ihr eigenes Selbst..." (Freeman 1959, S. 1521 ff.)

In diesem Zusammenhang ist Freemans Meinung von Interesse, daß nämlich „Frauen besser reagieren als Männer, Neger besser als Weiße und Syphilitiker besser als Nichtsyphilitiker", dennoch, so seine Überzeugung, „wäre eine Beschränkung der Lobotomie auf syphilitische schwarze Frauen der Gipfel der Absurdität". Diese Klassifizierung erinnert an die Behauptungen der Kraniologen und Phrenologen des 19. Jahrhunderts über die natürliche Minderwertigkeit des Gehirns von Frauen und Schwarzen, eine Vorstellung, die um die Mitte des 20. Jahrhunderts in dem Artikel eines englischen Arztes, der fünf Jahre in Kenia praktiziert hatte, erneut aufgenommen und weiterverfolgt wurde. Im Jahre 1950 versuchte dieser Arzt zu zeigen, daß das normale Verhalten von Schwarzen in Ostafrika dem postoperativen Verhalten leukotomisierter oder lobotomisierter weißer Europäer insofern ähnele, als Euphorie, Taktlosigkeit, ,,die Tendenz, sozial und intellektuell mit geringen Leistungen zufrieden zu sein", Geschwätzigkeit und ,,geringes Urteilsvermögen", wie sie für lobotomisierte Europäer typisch seien, ,,auch die meisten Ostafrikaner kennzeichnen". Außerdem, so schloß er, ,,kann in Ansehung des afrikanischen Normalverhaltens und unserer psychiatrischen Befunde... die afrikanische Rückständigkeit durchaus mit der Trägheit des Lobus frontalis assoziiert werden" (Carothers 1950, S. 38). Und, so fügte er hinzu, ,,es scheint nicht ohne Bedeutung zu sein, daß mindestens einer der wenigen Europäer, die in Kenia leukotomisiert wurden, seit seiner Operation viel glücklicher mit Afrikanern zusammenlebt als mit Europäern, ganz im Gegensatz zu seinen vorherigen Gepflogenheiten und zur großen Verlegenheit seiner Familie".

Daß in der Psychochirurgie ein gewaltiges Potential für eine Steuerung von inakzeptablem Verhalten liegt, dürfte denen, die sie praktizieren, kaum entgangen sein. Walter Freeman räumte denn auch ein, daß zwar ,,Trägheit und Taktlosigkeit die hervorstechenden Züge" des Sozialverhaltens nach der Lobotomie seien, daß aber insgesamt gesehen die Lobotomie den Umgang mit schwierigen Menschen erleichtere:

> ,,Tatsächlich geraten lobotomisierte Patienten selten mit dem Gesetz in Konflikt, und zwar einfach deshalb nicht, weil ihnen sowohl die Phantasie fehlt, sich irgendwelche Teufeleien auszudenken, als auch die zu ihrer Ausführung nötige Energie... Vielleicht war es die anomale Entwicklung dieser intellektuell-emotionalen (Fähigkeiten), die die Patienten ursprünglich in Schwierigkeiten brachte." (Freeman 1959)

Vermutlich ist inzwischen ausreichend darauf hingewiesen worden, daß die Pioniere der Psychochirurgie den Nutzen der Lobotomie überschätzten und sowohl die persönlichen Kosten auf seiten einzelner Patienten als auch die sozialen Konsequenzen für die gesamte Gesellschaft außer Acht ließen. Ende der fünfziger Jahre jedenfalls hatte die psychiatrische Gemeinde viel von ihrer anfänglichen Begeisterung für die Lobotomie verloren. Das war aber nur zum Teil auf die wachsende Enttäuschung über die mageren Resultate und auf das zunehmende Unbehagen über die Dürftigkeit der psychochirurgischen Theorie zurückzuführen. Entscheidender war möglicherweise der Umstand, daß in den fünfziger Jahren verschiedene alternative Behandlungsmethoden eine breite Anwendung fanden, nicht zuletzt die Elektroschocktherapie und die Verabreichung hochwirksamer psychotroper Medikamente (Tranquilizer). Fast zwei Jahrzehnte lang wurde die Psychochirurgie so von anderen Behandlungsmethoden in den Hintergrund gedrängt, dennoch verschwand sie niemals völlig aus dem medizinischen Geschehen. Im Gegenteil, um 1970 bildete sich eine neue Generation von Psychochirurgen heraus, die wie ihre Vorläufer in der Gehirnmanipulation und -chirurgie ein wichtiges Mittel der Verhaltenssteuerung sehen und sich für ihre Anwendung einsetzen.

Im großen und ganzen sind die Psychochirurgen von heute schnell und gerne bereit, die psychochirurgischen Exzesse der Vergangenheit zuzugeben. Ja, sie kritisieren sogar recht häufig die altmodische präfrontale Lobotomie und jene frühen Psychochirurgen, deren „übertriebene... Begeisterung für eine chirurgische Attacke auf den Geist" den Patienten in bezug auf ihre geistige Behinderung nur wenig Erleichterung brachte, und selbst sie „war mit einer merklichen Abstumpfung höherer Empfindungsfähigkeiten zu bezahlen" (Scoville 1972). Das Ziel dieser Kritik ist jedoch nicht die Psychochirurgie, sind nicht die Theorien über die Funktionsweise des Gehirns, die ihr zugrundeliegen. In der Interpretation vieler zeitgenössischer Psychochirurgen sind die Exzesse und Fehler der Vergangenheit einfach in einem falschen Verständnis der Gehirnmechanismen und in einem Mangel an technischem Können begründet. Nach ihrer Auffassung verfügt die Psychochirurgie heute über neue und viel feinere Instrumente und Techniken, um in das Gehirn eindringen zu können.

Nun ist es sicher richtig, daß seit den frühen Tagen der präfrontalen Lobotomie entscheidende Fortschritte in der Erforschung des Gehirns und seiner Funktionsweisen erzielt worden sind und daß die Technik der Psychochirurgie soweit fortgeschritten ist, daß heute Gehirnoperationen möglich sind, die früher niemand hätte ausführen können. Eine Betrachtung dieser Erkenntnisfortschritte und der neuen Techniken wird es uns ermöglichen, die heutige Psychochirurgie zu beurteilen und festzustellen, ob sie auf jener soliden wissenschaftlichen Grundlage ruht, die den frühen Formen der Psychochirurgie gefehlt hat.

Vom ersten Moment an, da der Zusammenhang von Hirnfunktion und Verhalten zum Gegenstand experimenteller Forschung wurde, stellte die relative Unzugänglichkeit der Regionen, die tief im Innern des Gehirns liegen, ein massives Hindernis für alle Untersuchungen dar, bei denen es um die Lokalisation von Funktionen ging. Eine der ältesten und wichtigsten Methoden zur Erforschung des funktionierenden Nervensystems bei Versuchstieren besteht in der selektiven Zerstörung einer bestimmten Hirnregion und der Beobachtung ihrer Auswirkungen auf das Verhalten der Tiere. Sicher erfährt man auf diesem Wege eine ganze Menge über die neurale Basis des Verhaltens, um jedoch einen bestimmten Teil des Gehirns zerstören zu können, muß man erst einmal an ihn herankommen, und das ist gewiß nicht einfach.

Das vom Schädeldach geschützte Gehirn entzieht sich auf natürliche Weise dem chirurgischen Zugriff. Sicher, man kann ein Loch in die Schädeldecke bohren und relativ große Teile des Schädeldaches entfernen. Ist dies geschehen, liegt die Oberfläche des Gehirns offen da und kann gezielt manipuliert oder lokal zerstört werden. Die Großhirnrinde (der oberflächlichste Teil der Großhirnhälften) enthält jedoch nur einen kleinen Teil des Gehirns; der darunter verborgene und viel größere Teil ist ein ausgedehntes höchst differenziertes und äußerst kompliziertes System aus Zellen, Fasern, Blutgefäßen und anderen Elementen. Diese verborgene Hirnregion, wenngleich von amorphem Aussehen und gallertartiger Konsistenz, besteht aus einem hochorganisierten neutralen Netz, dessen Unversehrtheit für die verschiedenen Verhaltensweisen, von denen das Überleben des einzelnen und das der Gattung gleichermaßen abhängen, entscheidend wichtig ist.

Es ist unmöglich, einen direkten operativen Zugang zu diesen Nervenregionen tief im Innern des Gehirns zu gewinnen, ohne die darüberliegenden kortikalen Bereiche zu zerstören. Lange Zeit scheiterten denn auch die Erforschung der Gehirnstrukturen unter der Großhirnrinde und psychochirurgische Eingriffe in diesen Bereichen just an diesem Hindernis. Um die Jahrhundertwende jedoch entwickelten Hirnforscher eine einfache und elegante Lösung für das Problem. Es gelang ihnen, zu einem speziellen Punkt tief im Innern des Gehirns vorzudringen, ohne die darüberliegenden Regionen in Mitleidenschaft zu ziehen. Die von ihnen verwendete Technik legte den Grundstein für die vielen Neuerungen in der menschlichen Hirnchirurgie, wenngleich sie zunächst nur als Hilfsmittel für die Hirnforschung an Versuchstieren konzipiert war.

Im Jahre 1908 erfanden Victor Horsley, ein britischer Neurochirurg, und sein Mitarbeiter R.H. Clarke ein mechanisches Gerät – ein „stereotaktisches Instrument" – mit dem es möglich war, eine Nadel, Elektrode oder andere Sonde mit ziemlicher Präzision an jeden gewünschten Ort im Gehirn zu führen. Seither sind immer neue Variationen des Horsley-Clarke-Instruments entwickelt worden, um die Einführung von Tiefensonden in die Gehirne von Menschen und Tieren zu ermöglichen. Die wesentlichen Erfordernisse der stereotaktischen Gehirnoperation sind nicht kompliziert. Wie in der Abbildung erkennbar, dient der Rahmen des stereotaktischen Geräts dazu, den Kopf des Patienten in einer Stellung zu fixieren, die es erlaubt, einen Punkt innerhalb des Gehirns dreidimensional oder anders ausgedrückt, von vorne nach hinten, von oben nach unten und von Seite zu Seite zu bestimmen. In der Praxis werden in aller Regel auffallende anatomische Merkpunkte auf der Schädeloberfläche zur Festlegung dieser drei Bezugsebenen benutzt (zumeist ist von der frontalen, horizontalen und lateralen Ebene die Rede) und Gehirnatlanten (stereotaktische Karten) angelegt, auf denen die Lage der verschiedenen Hirnstrukturen anhand ihrer stereotaktischen Koordinaten abzulesen sind. Heute gibt es stereotaktische Atlanten für viele Arten von Lebewesen, die Menschen eingeschlossen.

Mit Hilfe der dem Hirnatlas entnommenen Daten und indem er den Kopf seines narkotisierten Patienten im stereotaktischen Rahmen fixiert, kann der Chirurg durch ein kleines in die Schädeldecke gebohrtes Loch eine Sonde mechanisch präzise an jede gewünschte Stelle im Gehirn führen. Die Sonde besteht in der Regel aus feinen Drähten (Elektroden); hat sie das gewünschte Ziel erreicht, können die Elektroden zu verschiedenen Zwecken verwendet werden, so zum Beispiel zur Aufzeichnung der Gehirntätigkeit, aber auch zur Reizung oder zur Zerstörung von Gehirnsubstanz.

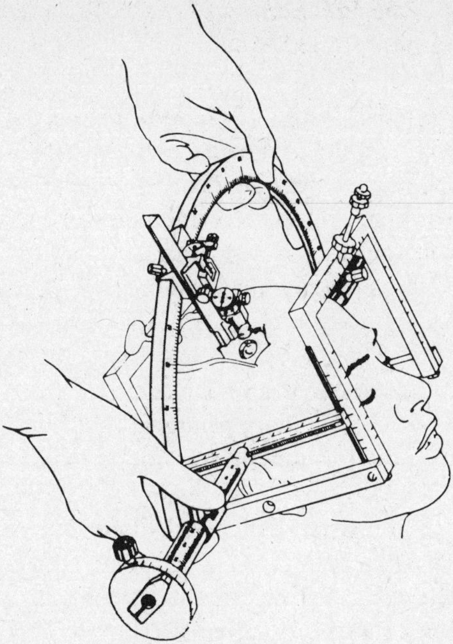

Diagramm eines „stereotaktischen Instruments", befestigt am Kopf des zu Operierenden. Haut und Muskeln sind zurückgezogen, eine „Knochenbeule" hat man entfernt, um mit Hilfe des Elektrodenhalters eine Elektrode in die Tiefe des Gehirns einführen zu können. (Aus Leksell 1971)

Im ersten Fall wird die Gehirntätigkeit in der Umgebung der Elektrodenspitze dadurch festgestellt und aufgezeichnet, daß das andere Ende der Sonde mit elektronischen Verstärkern und den entsprechenden Aufzeichnungsinstrumenten verbunden wird. Vor langer Zeit bereits wurde erkannt, daß die normale Gehirntätigkeit von fluktuierenden elektrischen Potentialen oder „Gehirnwellen" begleitet ist (vgl. das EEG oder Elektroenzephalogramm); inzwischen hat man aus der Aufzeichnung von Gehirnwellen und anderen Signalen aus verschiedenen Regionen unter unterschiedlichen Bedingungen eine Menge über die Hirnfunktion gelernt. So läßt sich eine vermutete fokale Hirnerkrankung mit Hilfe des EEGs insofern diagnostizieren, als dieses eine ungewöhnliche elektrische Aktivität innerhalb einer begrenzten Region anzeigt, wobei es allerdings oft schwierig ist, mit Sicherheit zu bestimmen, ob die anomalen Gehirnwellen von der Aufzeichnungsstelle direkt oder von einem entfernteren Punkt ausgehen, der in funktionellem Zusammenhang mit dem ersten steht.

Im Falle der Hirnreizung kann die Gehirntätigkeit vorübergehend dadurch verändert werden, daß über die Elektrodenspitze Schwachstromstöße von außen ins Gehirn geschickt werden. In vielen Tierversuchen ist nachgewiesen worden, daß die Reizung unterschiedlicher Hirnregionen oder die Reizung ein und derselben Region durch unterschiedliche Stromarten oder -stärken unterschiedliche Wirkungen hervorruft. Wiewohl bei der Interpretation der Auswirkungen lokaler Hirnreizungen große Vorsicht geboten ist, hat diese Technik wesentlich zur Erhellung der Funktionen der verschiedenen Hirnregionen beigetragen. Uns mag die Feststellung genügen, daß durch Hirnreizung hervorgerufene Wirkungen nur entfernt mit der Aktivität verwandt sind, die normalerweise durch eine bestimmte Hirnregion vermittelt ist, und daß in den meisten Fällen die Auswirkungen der Reizung einer bestimmten Hirnregion mannigfaltig und komplex sind. Mit anderen Worten, es ist selten, daß die Reizung einer einzelnen Hirnregion nur einen einzigen isolierten Effekt hat.

Wenn man, und das betrifft den dritten Fall, Starkstrom durch die Elektrode schickt, kann das Hirngewebe in der Umgebung der Elektrodenspitze zerstört werden. In Verbindung mit stereotaktischen Techniken kommt dieser Methode in der heutigen Psychochirurgie eine besondere Bedeutung zu. Es ist heute möglich, spezifische Regionen tief im Innern des menschlichen Gehirns zu zerstören, Regionen, denen die vorige Psychochirurgengeneration, die nur an leichter zugängliche Bereiche an der Gehirnoberfläche herankam, nichts anhaben konnte.

Die Verwendung stereotaktischer Methoden und die Entwicklung elektrophysiologischer Verfahren zur Aufzeichnung, Reizung und Zerstörung gehen mit weiteren Neuerungen einher. Erstens ist es inzwischen möglich, eine Elektrode oder eine vergleichbare Sonde für längere Zeit im Gehirn zu belassen. Während der stereotaktischen Operation wird der Schaft der Elektrode an der Hirnschale befestigt, die Kopfhaut über der eingepflanzten Elektrode geschlossen, und das Versuchsobjekt (oder der Patient) kann sich von dem Eingriff erholen.

Im Jahre 1920 begannen die Hirnforscher – zunächst R. Hess in seinen in der Schweiz durchgeführten Untersuchungen –, die Auswirkungen der Reizung verschiedener Nervenregionen bei vollwachen Tieren zu untersuchen, die einzig durch die Verbindungskabel zwischen den eingepflanzten Elektroden und den erforderlichen externen Apparaturen eingeengt waren. 1949 erhielt Hess gemeinsam mit Moniz den Nobelpreis für die Erforschung der Auswirkungen von Reizungen tiefer Gehirnregionen bei Katzen, und in seinem Festvortrag bei der Preisverleihung machte er deutlich, daß eine Reizung des Hypothalamus (eine entscheidend wichtige Schicht tief im Gehirn, der generell eine breite Skala von Funktionen im Hormonhaushalt des Menschen wie in bezug auf sein Verhalten zugeschrieben werden, Funktionen, von denen der Erhalt des einzelnen wie auch der Art abhängen) zu einer spektakulären und tiefgreifenden Verhaltensänderung führt, so daß eine vordem sanftmütige Katze auf jede Annäherung reagiert, als werde sie von einem sie angreifenden Hund bedrängt. (Hess 1964)

Viele Psychochirurgen glaubten, Hess habe so etwas wie ein simples phrenologisches Wut- oder Aggressions-„Organ" entdeckt, und begannen, die entsprechenden Hirnregionen bei Menschen zu zerstören. (S. z.B. Balasubramaniam/Kanaka 1976, S. 768 ff.) Genau wie Moniz (der, ganz auf „Pazifizierung" konzentriert, die Auswirkungen der präfrontalen Lobotomie in Form von Schwäche und Apathie, von denen Jacobsen und Fulton berichteten, unbeachtet ließ) ignorierten auch sie bei ihren Versuchen, neue Formen einer „sedativen Therapie" zu finden, häufig den Zusammenhang zwischen den physiologischen und psychologischen Folgen von Gehirnläsionen, der in den Versuchen von Hess sichtbar wird.

Eine weitere Neuerung, die Erwähnung finden sollte, ehe wir uns eingehender mit der heutigen Psychochirurgie befassen, war das Resultat von Entwicklungen auf dem Gebiet der modernen elektronischen Kommunikationstechnologie. Wie bereits festgestellt, implizierte die Erforschung der Auswirkungen einer Hirnreizung bei nichtnarkotisierten Tieren zumeist ein gewisses Maß an mechanischer Einschränkung, verursacht durch die erforderlichen Verbindungskabel zwischen Versuchsobjekt und Reizapparatur. In den letzten Jahren jedoch sind winzige drahtlose Telemetriesysteme entwickelt worden, mit denen Signale zwischen einer im Gehirn eingepflanzten Elektrode und einem in einiger Entfernung sich befindenden Reiz- oder Aufzeichnungsgerät übermittelt werden können.

Psychochirurgen können heute Elektroden ins Gehirn einpflanzen, ihrem Versuchsobjekt oder Patienten gestatten, sich von der Operation zu erholen, und danach die Elektrode an einen tragbaren Sender bzw. Empfänger anschließen. Auf diese Weise ist es möglich geworden, Verhalten und Gehirntätigkeit des nicht länger in seiner Bewegungsfreiheit eingeschränkten (und vielleicht ahnungslosen) Versuchsobjekts zu überwachen oder zu manipulieren.

Mit den fortgeschrittenen stereotaktischen Techniken und der mit ihnen verbundenen Möglichkeit, neue Zielgebiete im Gehirn zu überwachen und zu manipulieren, verschob sich der Brennpunkt der Psychochirurgie von der altmodischen präfrontalen Lobotomie zu neueren, selektiveren Operationen. Mehrere Konzepte sind durchprobiert worden, wiewohl die positiven Ergebnisse, die die Psychochirurgie heute für sich in Anspruch nimmt, zum großen Teil darauf beruhen, daß Gehirnregionen zerstört wurden, die man neuerdings als das ,,limbische System" des Gehirns bezeichnet. Der Terminus *Limbus* steht für Saum oder Rand und meint, wenn vom limbischen System im Gehirn die Rede ist, einen Zusammenhang von Strukturen, die gemeinsam einen Saum oder Rand um die tiefsten (und, entwicklungsgeschichtlich gesehen, phylogenetisch ältesten) Schichten des Gehirns bei Säugern bilden. Anatomisch gesprochen besteht das limbische System aus mehreren komplexen Gehirnregionen mit ziemlich abstoßenden Namen wie Hippocampus, Gyrus hippocampus und Gyrus cingulatus (alles ,,primitive" Teile der Großhirnrinde), sowie aus mehreren tieferliegenden Schichten, als da sind die Amygdala-Kerne, die septalen Kerne, die vorderen thalamischen Kerne und der Hypothalamus. Das limbische System ist zudem eng mit den vorderen Regionen der Großhirnrinde, dem Angriffsziel früherer psychochirurgischer Operationen, verbunden.

Abstrakter gesehen, nimmt das limbische System eine Mittlerposition ein zwischen den (etwa von Hess erforschten) tiefliegenden Regionen, denen sowohl in bezug auf das menschliche Verhalten wie auf den Stoffwechsel des Menschen entscheidende lebenserhaltene Funktionen zukommen, und den weiter außen gelegenen Regionen der Großhirnrinde (denen die Phrenologen die verschiedenen Fähigkeiten der menschlichen Natur zugeordnet haben und denen die gängigen Theorien der Hirnfunktion auch weiterhin ,,höhere kognitive Aufgaben" zuschreiben). Das heißt, das limbische System erscheint als eine Art Zwischenfläche, die Signale aufnimmt, umwandelt und weitergibt, die zwischen zwei äußerst verschiedenen, aber gleichermaßen wichtigen Systemen des Gehirns hin- und hergehen.

Bereits im Jahre 1937 sammelte der Hirnforscher James W. Papez Argumente und klinisches Belegmaterial, um die Auffassung zu untermauern, die verschiedenen Teile des limbischen Systems und ihre Verknüpfungen bildeten in Verbindung mit dem Hypothalamus „einen harmonischen Mechanismus, der sowohl die Funktionen einer zentralen Emotion weiterleiten wie am emotionalen Ausdruck selbst beteiligt sein kann" (Papez 1937). Der Schritt über die krude phrenologische Lokalisation hinaus ist ein wichtiger Schritt. Papez sagte in seiner höchst spekulativen Theorie nicht, das Gefühl „wohne" gleichsam als Einzelfähigkeit an einem besonderen Ort im Gehirn, er vertrat vielmehr die Auffassung, der Funktionszusammenhang, der an emotionalen Zuständen oder Äußerungen mitwirke, erfordere aufeinander bezogene Mechanismen, in deren Zusammenwirken das limbische System eine wichtige Rolle spiele. Ein langjähriger Erforscher der limbischen Struktur und ihrer Funktionen hat dies so ausgedrückt: „Möglicherweise liegen hier die Mechanismen, mit deren Hilfe das Gehirn das kalte Licht, mit dem wir sehen, in das warme Licht umwandelt, das wir fühlen." (McLean 1970) Was wir vom limbischen System wissen, läßt uns vermuten, daß seine „Zwischenflächen"-Funktion letztlich jenes Verhalten bewirkt, das zur Selbsterhaltung und zur Erhaltung der Art erforderlich ist. Beim Menschen kann die gesamte Skala der – so geheimnisvollen wie komplizierten – Funktionen, aus denen sich unser Selbstgefühl und unsere Überzeugung davon, was wahr und wichtig ist, herleiten, von der Unversehrtheit des limbischen Systems abhängen.

Was passiert mit dem Verhalten eines Organismus, wenn die Strukturen dieses Systems beschädigt oder zerstört werden? 1938 beschrieben Heinrich Klüver und Paul C. Bucy drastische Veränderungen im sozialen und emotionalen Verhalten bei Rhesusaffen nach der Zerstörung von Teilen des limbischen Systems und der den Neokortex überlagernden Schläfenlappen. Zu diesen Veränderungen gehörte unter anderem eine merkwürdige und zwanghafte „Oralität", die die Tiere ständig Eßbares und Nichteßbares in den Mund stecken ließ; ferner eine Form von „psychischer Blindheit", bei der die Tiere zwar sehen konnten (in dem Sinne, daß sie Hindernissen auszuweichen und Gegenstände innerhalb ihres Gesichtsfeldes zu ergreifen vermochten), aber unfähig waren, Dinge allein aufgrund ihrer visuellen Erscheinung zu erkennen und zu erinnern. Was indes besonders aufiel: Klüvers und Bucys Affen waren nach der Operation ausgesprochen sanftmütig und hypersexuell. Obwohl Rhesusaffen normalerweise sehr lebhaft und im Labor kaum zu bändigen sind, machte die Operation fügsame Tiere aus ihnen, die sich von den Forschern gerne umarmen ließen und ihnen aus der Hand fraßen. Ihre Sexualität hatte sich stark verändert, ihr Bestreben zu kopulieren, und zwar mit allem, was lebte ebenso wie mit toten Gegenständen, war viel größer geworden. Eine weitere Veränderung schließlich bedrohte die Tiere ernsthaft in ihrer Überlebensfähigkeit, sie waren anscheinend unfähig geworden, aus unmittelbarer und auch schmerzvoller Erfahrung zu lernen, und setzten sich deshalb immer wieder unangenehmen und gefährlichen Situationen aus. (Klüver/Bucy 1937, 1938, 1939) So zeigt ein von Klüver aufgenommener Film, wie zum Beispiel eines der operierten Tiere das brennende Ende einer Zigarette in den Mund nimmt. Als er den Verbrennungsschmerz spürt, schnappt der Affe nach der Zigarette und wirft sie auf den Boden, nur um sie sofort wiederaufzuheben und den ganzen Vorgang zu wiederholen – und dies mehrmals in rascher Folge.

Die verblüffenden Symptome des ,,Klüver-Bucy-Syndroms" erregten große Aufmerksamkeit, und zahlreiche Forscher machten sich daran, in Versuchen nachzuweisen, daß die von Klüver und Bucy vorgenommenen Operationen, aber auch begrenztere Schläfenlappenläsionen (begrenzt zum Beispiel auf einen Teil des limbischen Systems, die Amygdala-Kerne), aus wilden unkontrollierbaren Tieren sanfte und lenkbare Geschöpfe werden ließen.

Die Entdeckung, daß viele Symptome des Klüver-Bucy-Syndroms nach Läsionen auftraten, die auf die Amygdala-Kerne begrenzt waren, sollte für die stereotaktische Psychochirurgie schwerwiegende Folgen haben. Es war allerdings schon sehr bald klar, daß die Zerstörung der Amygdala-Kerne Wirkungen hervorrief, die weit über eine bloße Pazifizierung hinausreichten. So wurden zum Beispiel im Rahmen einer Untersuchung bei einer Reihe junger männlicher Rhesusaffen bilaterale Amygdalektomien (Zerstörung der Amygdala-kerne auf beiden Seiten des Gehirns) vorgenommen, die sich in sehr drastischer Weise auf das Sozialverhalten der Tiere auswirkten. (Rosvold, Mirsky u.a. 1954) Ein anderes Experiment mit ebenfalls weitreichenden Implikationen sollte die Frage nach den Auswirkungen einer Amygdalektomie auf das Verhalten von Affen beantworten, die in einem Freigehege lebten. Diese Frage war deshalb von Bedeutung, weil alle früheren Experimente unter äußerst restriktiven Laborbedingungen vorgenommen worden waren. Bilaterale Amygdalektomien wurden von Arthur Kling und verschiedenen seiner Kollegen an Affen ausgeführt, die unter halbnatürlichen Bedingungen in einem weitläufigen Gehege lebten. Nachdem sie von der Operation genesen waren, wurden die Affen innerhalb des Labors getestet; dabei wiesen sie (neben anderem) tatsächlich die charakteristische Fügsamkeit und Lenkbarkeit auf, die Klüver und Bucy beschrieben hatten; insgesamt kamen die Forscher zu dem Schluß, die Tiere seien längst nicht mehr so aggressiv und wild wie vor der Operation. Die wahren und vollen Kosten dieser Pazifizierungschirurgie wurden allerdings erst sichtbar, als die Tiere das Labor verlassen und zu ihrer Herde zurückkehren konnten.

Zu sagen, ihr Verhalten sei unangepaßt und schwer gestört gewesen, wäre eine Untertreibung. Sie schienen die herrschenden Sozialnormen und Kommunikationssignale ihrer Artgenossen einfach gar nicht mehr zu verstehen, und ihre Reaktionen auf Mitglieder der Herde waren grob unangemessen. Wenn sie im Labor „friedfertig" genannt werden konnten, so zeigten sie sich nun ständig ängstlich und verwirrt, und wenn ein anderer Affe sich ihnen harmlos und ohne Drohgebärde näherte, duckten sie sich oder versuchten zu fliehen. Aber auch auf tatsächliche Gefahr reagierten sie unangemessen. Von einem „ranghohen" Mitglied der Herde ernsthaft bedroht, verhielten sich die operierten Tiere ihrerseits herausfordernd statt defensiv und gerieten deshalb häufig in schwere Kämpfe. Alles in allem hatte die Operation ihnen die Fähigkeit genommen, mit den normalen Schwierigkeiten des sozialen Lebens in ihrer natürlichen Umgebung fertigzuwerden. Ihres wunderlichen und unberechenbaren Verhaltens wegen wurden sie schließlich gemieden, waren sozial isoliert; auf sich selbst zurückgezogen oder aus der Herde ausgestossen, verhungerten diese unglücklichen Geschöpfe oder wurden die Beute anderer Tiere. (Kling 1972)

Dieses Experiment zeigt in aller Deutlichkeit, daß durch ewige Diskussionen über den Wert des operativen Eingriffs als Mittel der ,,Zähmung" die verheerenden Begleiterscheinungen der bilateralen Amygdalektomie zumindest vernebelt werden können. Immerhin glauben einige Psychochirurgen trotz der vielen Belege dafür, daß Operationen am limbischen System zu einer schweren Deformation des emotionalen, sexuellen und sozialen Verhaltens führen und daß der komplizierte limbische Gehirnapparat für unzählige Aspekte des Geisteslebens von entscheidender Bedeutung ist, nach wie vor, es gebe ein ,,Dyskontrollsyndrom, das auf eine limbische Gehirnerkrankung zurückzuführen ist". Der Schluß, den sie aus ihrer Überzeugung ziehen: sogenannte unberechenbare, unkontrollierbare Menschen können dadurch beruhigt, ,,gezähmt" oder sogar geheilt werden, daß man gezielt den einen oder anderen Teil ihres limbischen Systems zerstört.

Die sogenannten Vorteile, der Nutzen der Psychochirurgie, von vielen angeblich kenntnisreichen Spezialisten behauptet oder bestätigt, kommen am ausführlichsten zur Sprache in dem Buch von Vernon Mark und Frank Ervin, *Violence and the Brain.* Zwei ihrer spektakulären Fälle werden unter den Pseudonymen ,,Thomas R." und ,,Julia S." vorgestellt. Beide, sowohl Thomas als auch Julia, können getrost als berühmt bezeichnet werden; er ist ganz offensichtlich das Modell für Harry Benson, die Titelfigur in Michael Crichtons Bestsellerroman (und Film) *The Terminal Man* aus dem Jahre 1972. (Genau wie Ellis, der Romanchirurg – eine gewisse dichterische Freiheit nutzend – just die Ansichten über Hirndysfunktion und verminderte Impulskontrolle äußerst, die in Marks und Ervins Buch dargelegt sind.) Julia ihrerseits brachte es zu beträchtlicher Berühmtheit, als sie 1968 in einem Artikel in der Zeitschrift *Life* über die Möglichkeiten der Psychochirurgie als Therapie bei Gewalttätigkeit groß herausgestellt wurde.*

* Es ist interessant zu sehen, daß Crichton zum Zeitpunkt des Erscheinens der Taschenbuchausgabe von *The Terminal Man* im Jahre 1973 anscheinend ein wenig anders über die psychomotorische Epilepsie, ihre angebliche Beteiligung an sozialer Gewalt und ihr Allheilmittel, die Psychochirurgie, dachte. In einem Nachwort (S. 282) schrieb er: ,,Unter dem Eindruck der heftigen Kontroverse zwischen den klinischen Nervenforschern bin ich zu der Überzeugung gelangt, daß der Zusammenhang zwischen einem organischen Gehirnschaden und gewalttätigem Verhalten längst nicht so eindeutig feststeht, wie ich dachte, als ich das Buch schrieb." Über Julia siehe *Life,* 21. Juni 1968.

Thomas' Fall wird von den Autoren von *Violence and the Brain* in einem Kapitel beschrieben, dessen Überschrift lautet: ,,Das Gehirn als Auslöser von Gewalttätigkeit":

,,Der erste Fall, an dem wir nachweisen konnten, daß Mechanismen im limbischen Gehirn aggressives Verhalten sowohl auslösen als auch stoppen, war unser Patient Thomas R. Er war vierunddreißig Jahre alt und ein glänzender Ingenieur, der mehrere bedeutende Patente besaß. Trotz seiner muskulösen Figur konnte man sich, wenn er nicht wütend war, nur schwer vorstellen, er könne gewalttätig werden, denn sein Benehmen war höflich und angenehm." (Mark/Ervin 1970, S. 92–93)

Thomas' ,,Krankengeschichte" wird vierzehn Jahre zurückverfolgt bis zu einem Punkt, da er sich als Soldat wegen eines offenen Magengeschwürs einer Operation unterziehen mußte, nach der er drei Tage lang im Koma lag. Nach seiner Entlassung aus der Armee beendete er seine Ausbildung zum Ingenieur. Er zeigte viel Talent für seinen Beruf, ,,aber sein Verhalten war zuweilen unberechenbar, ja offen psychotisch", und dies trotz einer siebenjährigen psychiatrischen Behandlung.

,,Thomas' Hauptproblem war seine unbändige Wut; sie richtete sich manchmal gegen seine Mitarbeiter und Freunde, in den meisten Fällen jedoch gegen seine Frau und seine Kinder. Er war stark paranoisch und sammelte Groll an, der schließlich in einem Wutausbruch wieder herauskam... So stürzte er sich beispielsweise in einem Gespräch mit seiner Frau auf irgendeine harmlose Bemerkung und interpretierte sie als Beleidigung. Zunächst versuchte er zu ignorieren, was seine Frau gesagt hatte, aber er konnte nicht anders, er mußte darüber nachgrübeln, und je länger er nachdachte, um so sicherer war er sich, daß seine Frau ihn nicht mehr liebte und ‚etwas mit einem Nachbarn hatte'. Schließlich warf er seiner Frau diese Verfehlung vor, die von ihr heftig bestritten wurde. Ihre Widerrede reichte aus, ihn in wahnsinnige Wut zu versetzen." (Ebd.)

Thomas war an Mark und Ervin von einem Psychiater verwiesen worden, der, so ist zu erfahren, zu dem Schluß gekommen war, daß ,,sich sein Verhalten auch durch eine langwierige psychiatrische Behandlung nicht gebessert hatte... und daß seine Automatismen und Wutanfälle, verbunden mit starrem Blick, eine ungewöhnliche Form von Schläfenlappenanfällen darstellten". (Mark/Ervin 1968, S. 32–33) Nach einer Reihe von Tests kamen Mark und Ervin zu dem gleichen Schluß. Zusätzlich stellten sie fest, Thomas habe während seines Klinikaufenthaltes ,,Phasen der Verwirrung und eine Reihe psychotischer Wahnvorstellungen und Halluzinationen" erkennen lassen. Während eines Zeitraums von sieben Monaten probierten sie ohne Erfolg ,,verschiedene medikamentöse Kombinationen aus Antikonvulsionsmitteln, Tranquilizern und psychischen Energiespendern" aus. Darüber, ob sie Thomas' Anfälle selbst miterlebten, ist nichts zu erfahren; nachdem sie jedoch zu dem Schluß gelangt waren, beide Schläfenlappen seien betroffen, beschlossen sie, seine Krankheit mit Hilfe der stereotaktischen Psychochirurgie zu behandeln.

Ein ganzes Bündel von Elektroden, deren Zielpunkt die Amygdala-Kerne waren, wurden eingepflanzt. Während der darauffolgenden Wochen offenbarten Aufzeichnungen von Thomas' Gehirntätigkeit angeblich, ,,daß es zu elektrischen Entladungen kam, wie sie für epileptische Anfälle typisch sind, und zwar sowohl im rechten wie im linken Schläfenlappen". Um den ,,optimalen Ort für zerstörende Läsionen" herauszufinden, wurden mit Hilfe der Elektroden verschiedene Punkte im und um den linken Amygdala-Kern gereizt. Die dadurch beim Patienten hervorgerufenen Empfindungen waren den Autoren zufolge höchst unterschiedlich, ja gegensätzlich. Während die Stromstöße an der einen Stelle Schmerzgefühle und Sprachschwierigkeiten hervorriefen und Thomas zu der Feststellung veranlaßten, er habe das Gefühl, ,,die Kontrolle über sich zu verlieren", erzeugte die Reizung eines anderen Punktes, wenngleich in unmittelbarer Nähe des ersten, wiederholt Gefühle, die er als angenehm beschrieb, ,,so angenehm wie eine Demerol-Injektion."

Wie zu erwarten, war Thomas von der Aussicht auf eine Amygdalektomie überhaupt nicht begeistert; schließlich hatten Mark und Ervin selbst gesagt, er sei paranoid und reagiere äußerst sensibel auf jede Art von Bedrohung. Die beiden Ärzte schildern die Situation so: ,,Die Vorstellung, der mittlere Teil seines Schläfenlappenhirns müsse zerstört werden... stürzte ihn in wilde Angst, sein Denken verwirrte sich." (An diesem Punkt fügen sie ihren Darlegungen eine Fußnote an, die die ,,außerordentliche Verantwortung" des Arztes hervorhebt, der die Rechte des Patienten wahren und eine freie und informierte Zustimmung zur Behandlung sicherstellen muß.) Wiederholte Reizungen der Amygdala ,,entspannten" Thomas so weit, daß er irgendwann in die geplante Operation einwilligte; einmal allerdings, als die Wirkung einer dieser Reizbehandlungen nachließ, „wurde er rabiat und äußerst schwierig. Die Vorstellung, jemand wolle eine Läsion an seinem Gehirn vornehmen, versetzte ihn in Wut. Er lehnte jede weitere Behandlung strikt ab, und es brauchte Wochen geduldiger Erklärungen, ehe er den Gedanken an die Operation akzeptierte..." Mark und Ervin sagten nichts darüber, was sich in den „Wochen geduldiger Erklärungen" wirklich abspielte. Vermutlich versuchten sie Thomas davon zu überzeugen, daß sein Widerstand gegen einen psychochirurgischen Eingriff nur ein weiteres Symptom seiner Krankheit sei. Jedenfalls wurde Thomas dazu gebracht, nachzugeben und schließlich einzuwilligen, daß auf beiden Gehirnseiten Läsionen vorgenommen wurden.

Das ist schon fast das Ende der Geschichte von Thomas, zumindest was die von Mark und Ervin veröffentlichten Berichte angeht. Nur drei kurze Sätze sind der Operation und ihren Folgen gewidmet, Sätze, in denen hervorgehoben wird, daß Thomas in den vier Jahren seit der Operation „keinen einzigen Wutanfall mehr hatte. Er hat allerdings weiterhin gelegentlich einen epileptischen Anfall, verbunden mit Phasen, in denen sich sein Denken verwirrt." (Mark/Ervin 1970, S. 94–97)

Mein erster Eindruck nach der Lektüre des Berichts von Mark und Ervin war, daß Thomas' Verhalten vor der Operation sich nicht anders denn als Funktionsstörung des Gehirns erklären ließ, daß er einen klaren Fall von „Dyskontrollsyndrom" darstellte, der durch einen psychochirurgischen Eingriff in das limbische System behandelt werden konnte. Bei näherer Betrachtung sah ich jedoch, daß die Autoren mehr als nur das behaupteten. Sie kamen nicht nur zu dem Schluß, Thomas' „Hauptproblem" – seine unbeherrschte Wut – sei gelöst worden (obwohl seine anderen präoperativen Symptome im wesentlichen unverändert vorhanden waren), sie erwähnten auch keinerlei postoperative Komplikationen oder eventuelle Nebenfolgen. Was sie schilderten, war zumindest ein spezifischer Heilerfolg.

Im Lichte dessen, was man über die Folgeerscheinungen der bilateralen Amygdalektomie bei Affen weiß, ist das im Falle von Thomas konstatierte Ergebnis in der Tat als bemerkenswert anzusehen. Natürlich kann man sagen, ein Mensch sei kein Affe, und man könne unmöglich aus den ungünstigen (in Wahrheit verhängnisvollen) Folgen der Amygdalektomie bei nichtmenschlichen Primaten die

Prognose eines schlimmen Resultats auch für Thomas ableiten. Dennoch kann ich nicht umhin, mich zu fragen, wie Thomas heute lebt und wie seine Zukunft aussieht. Vor seiner Operation war er ein „äußerst begabter, ideenreicher Mann", verheiratet und fähig, seine Familie mit seiner Arbeit als Ingenieur zu ernähren. Ist dem immer noch so? Eigentlich möchte man meinen, die Antworten auf diese Fragen seien für eine Beurteilung der angeblichen, durch die Doktoren Mark und Ervin bewirkten Heilung von einiger Bedeutung, doch ihre Berichte schweigen sich in diesem Punkte aus.

In früheren Untersuchungen war es nicht unüblich, daß Psychochirurgen die ohne Zweifel verheerenden Folgeerscheinungen der präfrontalen Lobotomie bagatellisierten oder ignorierten. Die heutigen Psychochirurgen sind zwar stolz auf ihre inzwischen größere technische Raffinesse, dennoch gibt es eine Reihe von Faktoren, die sich völlig gleich geblieben sind. Glücklicherweise liegen die in den Berichten von Mark und Ervin fehlenden Informationen heute vor, und es ergibt sich aus ihnen ein wenn auch unvollständiges und möglicherweise sogar einseitiges Bild von Thomas' nachoperativer Geschichte, das von dem von Mark und Ervin gezeichneten doch erheblich abweicht.

Am 3. Dezember 1973 ging beim Obergericht in Suffolk (Massachusetts) eine Klage auf Zahlung von zwei Millionen Dollar ein. Die Beklagten waren Dr. Vernon Mark und Dr. Frank Ervin, der offizielle Kläger war Leonard A. Kille aus Long Beach, Kalifornien, uns bekannt unter dem Namen „Thomas R.". In einer von seiner Mutter, die heute sein gesetzlicher Vormund ist, vorgelegten Erklärung heißt es, es sei als eine direkte Folge der fahrlässigen Behandlung durch Mark und Ervin anzusehen, daß Thomas „heute geistesgestört und unfähig ist, seine persönlichen Angelegenheiten zu regeln. Bis zum heutigen Tag ist nicht die geringste Besserung eingetreten..., Thomas ist dauergeschädigt und geschäftsunfähig..., und er ist für immer der Möglichkeit und Fähigkeit beraubt, Geld zu verdienen und zu arbeiten..."; weiter wird Mark und Ervin der Vorwurf gemacht, sie hätten es fahrlässig verabsäumt, Thomas über Art, Risiken, Komplikationen und Begleiterscheinungen der in Aussicht genommenen Behandlungsmethoden umfassend aufzuklären und seine informierte Zustimmung einzuholen.

Der Ausgang des Verfahrens ist noch offen, doch ist durch die Schritte der Familie an die Öffentlichkeit der Hintergrund sichtbar geworden, auf dem es zu diesen Anschuldigungen kommen konnte. Peter R. Breggin, Psychiater in Washington D.C. und engagierter Kritiker der Psychochirurgie, schreibt, Thomas' Mutter habe sich mit der Bitte an ihn gewandt, sich des Falles ihres Sohnes anzunehmen, der seit der Operation „nur noch dahinvegetiere". (Helen J. Geis zit. im *Boston Globe,* 10.12.1973) Das tat Breggin, und nachdem er mit Thomas selbst, seiner Familie und anderen, die die Situation kannten, gesprochen und die Klinikberichte gelesen hatte, traf er die Feststellung, Thomas sei vor der Operation nicht manifest gewalttätig gewesen, sondern sei vielmehr erst danach so geworden; heute sei er „absolut arbeitsunfähig, ein Invalide, ständig hospitalisiert und von nächtlichen Alpträumen gequält, er werde gepackt und erneut operiert..." (Breggin 1973, S. 8) Breggins Darstellung des Falles ist umfangreich und ausführlich; die Hauptpunkte, ergänzt durch Informationen, die ich mir unabhängig davon beschafft habe, fügen sich zu dem folgenden Bild zusammen:

Vor 1965 hatte Thomas mehrere Jahre lang als Ingenieur gearbeitet. Als Forschungs- und Entwicklungsspezialist bei der Polaroid Corporation war er der Vorgesetzte anderer dort Beschäftigter und verrichtete eine Tätigkeit, die ihm eine Reihe von Patenten für die „Land"-Kamera eintrug. Zwar litt er offenbar an einer bestimmten Form von Epilepsie, doch konnten seine Anfälle mit Hilfe einer medikamentösen Behandlung wirksam kontrolliert werden, und worin immer sein „heftiges Verhalten" bestanden haben mag, Art und Intensität dieses Verhaltens waren nicht so, daß es die Aufmerksamkeit seiner Arbeitgeber oder der Gesetzeshüter auf sich gezogen hätte. Breggin zitiert aus einem Krankenblatt: „Er hatte niemals irgendwelche Schwierigkeiten am Arbeitsplatz oder anderswo wegen aggressiven Verhaltens, er war nie im Gefängnis oder in einer Heilanstalt."

1965 veranlaßten „ernste Eheprobleme" Thomas, den Psychiater seiner Frau aufzusuchen, der – laut Breggin – „sich erinnert, daß Thomas deprimiert war, aber nicht so deprimiert, daß Elektroschocks oder starke Mittel gerechtfertigt gewesen wären". Diese Aussage stimmt mit den Klinikberichten überein, in denen nirgends von „Halluzinationen, Wahnideen, paranoiden Vorstellungen oder

Denkschwierigkeiten" die Rede ist. Thomas, so lautete die damalige Diagnose, litt an nichts anderem als an „Störungen der Persönlichkeitsstruktur" – das heißt, er hatte „leichte Probleme ohne psychotische Symptomatologie".

Der Psychiater seiner Frau und spätere Klinikberichte bekunden, daß Thomas' präoperative Heftigkeit sich vornehmlich gegen seine Frau richtete und darin bestand, daß er in der Hitze des Gefechts mit Gegenständen um sich warf. Es ist kaum zu bezweifeln, daß seine Frau vor ihm Angst hatte; dennoch stellen die Berichte ausdrücklich fest, daß er, wenn er etwas warf, die Dinge „in den Raum" warf und nicht gezielt nach ihr und daß bei diesen Ausbrüchen „niemals jemand verletzt wurde". Wie Mark und Ervin konstatieren, kam der Psychiater zu dem Schluß, daß Thomas' Wutanfälle möglicherweise mit seiner Epilepsie zu tun hatten, und als Kriegsveteran wurde Thomas an ein staatliches Hospital für Kriegsveteranen überwiesen, just jene Klinik, in der die Doktoren Mark, Ervin und Sweet ihn zum ersten Mal sahen und untersuchten. Während seiner vier Klinikaufenthalte zu Diagnosezwecken zwischen März und September 1966 wurde Thomas keineswegs als ernsthaft gewalttätige Person behandelt, auch wurde er niemals in seiner Freiheit beschränkt oder auf eine geschlossene Abteilung gebracht. Dennoch war er nicht glücklich über die „Diagnosemethoden", und in einem Brief an seine Mutter bezeichnete er sich als das Versuchsobjekt einer „Science-fiction"-Forschung. Bei zumindest einer Gelegenheit flüchtete er aus der Klinik, in die ihn der Druck der Familie anscheinend wieder zurückführte. Nach Aussagen seiner Mutter (so Breggin) „ging er wieder hin und willigte in die Operationsvorbereitungen ein, weil seine Frau sagte, die Ehe könne nicht weitergehen, wenn er nicht etwas für sich tue".

Der Klageschrift zufolge wurden die Elektroden am 21. Oktober 1966 stereotaktisch in Thomas' Amygdala eingepflanzt, um neun Monate dort zu bleiben. Sieben Tage später erhielt seine Mutter auf ihre Frage nach seinem Zustand folgendes Telegramm: „Ihr Sohn erholt sich gut von einem kleinen chirurgischen Eingriff. Dr. Mark wird in Kürze verschiedene Tests mit ihm machen; sein Zustand ist gut." Nach einer längeren Phase experimentell erzeugter Hirnreizungen wurden im Januar und Februar 1967 in Thomas' linkem Amygdala-Kern in gewissen Zeitabständen Läsionen mit Hochfrequenzstrom (Mikrowellen) vorgenommen. (Mark/Ervin 1970, S. 96 f.) Zwischen Februar und Mai 1967 folgten weitere Reizserien auf der rechten Seite sowie einige Läsionen in diesem Areal im Mai.

Eins der Symptome seiner angeblichen Paranoia bestand darin, daß Thomas glaubte, seine Frau sei ihm untreu; Breggin bemerkt in diesem Zusammenhang: „An keiner Stelle ist bei Mark und Ervin davon die Rede..., daß seine Frau während seines Klinikaufenthalts die Scheidung einreichte und alsbald den Mann heiratete, dessentwegen der ‚paranoische' Thomas sich Sorgen gemacht hatte." Es ist bemerkenswert, daß der einzige Wutanfall, den Mark und Ervin persönlich miterlebten, sich ereignete, als sie Thomas empfahlen, Gehirnläsionen bei sich vornehmen zu lassen; von diesem Sonderfall abgesehen, schildern – so Breggin – sämtliche Klinikberichte ihn als „sanftmütig und fügsam".

Aber das ist bei weitem nicht die ganze Geschichte. Zwar vermelden Mark und Ervin, Thomas habe nach der Operation keine Wutausbrüche mehr gehabt, doch sagen sie nicht, daß er nach seiner Entlassung aus der Klinik nicht mehr in der Lage war, mit den Schwierigkeiten des Alltags fertigzuwerden; daß er immer wieder in die Klinik zurück mußte und daß er eine diffuse Heftigkeit und Gewalttätigkeit an den Tag legte.

Fast auf den Tag genau einen Monat nach seiner Entlassung aus der Klinik in Boston wurde er in eine staatliche Klinik für Kriegsveteranen in Kalifornien eingewiesen, wohin er umgezogen war, um bei seiner Mutter zu leben. Zu diesem Zeitpunkt hieß es, „er hat Halluzinationen, Wahnvorstellungen und ist verwirrt". Tatsächlich war dies die erste psychiatrische Zwangseinweisung in seinem Leben. Er kam auf eine geschlossene Abteilung und erhielt stark sedierende Mittel. Seine Diagnose lautete: „Psychotisch, zeigt schizophrene Reaktionen, paranoider Typ." Breggin zufolge nahmen die Ärzte dieser Klinik Thomas' Behauptung, die Psychochirurgie habe seinen Verstand zerstört und das „Massachusetts General Hospital kontrolliere und steuere ihn insofern, als man dort an seinem Gehirngewebe mit Mikrowellen Läsionen hervorgerufen habe, nachdem zuvor Elektroden in sein Gehirn eingepflanzt worden seien", mit einiger Skepsis auf.

Weniger als ein Jahr später mußte Thomas bereits wieder in die Klinik. Im Aufnahmeformular ist zu lesen, „von der Polizei festgenommen – in eine Schlägerei verwickelt, sehr impulsiv". Diesmal erklärte die Veteranenklinik Thomas für total arbeitsunfähig und behindert, und während der darauffolgenden Jahre kam er immer wieder in Kliniken und wurde wieder entlassen, immer mit Halluzinationen, Wahnvorstellungen und geistig verwirrt; immer wieder wurde er als „schizophren" bezeichnet, und stets beharrte er darauf, sein Gehirn sei durch die Psychochirurgie zerstört worden. Breggins Nachforschungen über Thomas enden Mitte 1973, zu diesem Zeitpunkt zeigt seine erneute Hospitalisierung eine wachsende Tendenz zu gewalttätigem und impulsivem Verhalten. Eine Eintragung in seinem Krankenblatt schildert ihn als „sehr aggressiv, streitsüchtig und derzeit gefährlich". Körperliche Zwangsmaßnahmen und intramuskuläre Injektionen eines starken Sedativums sollten ihn beruhigen. Breggin schreibt: „Genau wie in der Vergangenheit war er auch während dieses Klinikaufenthalts nur mit Zeitungen, Beuteln, Büchern und anderen Dingen auf dem Kopf zu sehen, die ihn vor weiteren Operationen schützen sollten."

Da Breggin ein bekannter – und manche würden sagen fanatischer – Gegner der Psychochirurgie ist, könnte jemand einwenden, seine Untersuchung sei in ihrer Art mindestens ebenso einseitig und voreingenommen wie der ursprüngliche Bericht von Mark und Ervin. Aber Breggin ist nicht die einzige Quelle für die Behauptung, Thomas sei alles andere als geheilt durch die bilaterale Amygdalektomie. Da ist beispielsweise die Aussage von Dr. Ernst Rodin, einem Neurochirurgen aus Detroit, der Mark und seine Kollegen im Sommer 1972 in Boston aufsuchte. Rodin war damals selbst Miturheber eines Konzeptes, das psychochirurgische Eingriffe bei Patienten empfahl, die in der staatlichen Klinik von Michigan zwangsbehandelt wurden und angeblich an „schweren, unkontrollierbaren, aggressiven Ausbrüchen" litten. Der Zweck seines Besuches in Boston war, wie Rodin selbst sagte, „das Neueste über die Erfolge und Ergebnisse der chirurgischen Behandlung von Aggressivität bei Menschen zu erfahren".* Er hatte *Violence and the Brain* sowie einige

* Memorandum von Dr. Ernst Rodin für Dr. J.S. Gottlieb, 9. Aug. 1972. Dieses erhellende Dokument wurde der Öffentlichkeit bekannt, als es in einem Zivilprozeß dem Gericht vorgelegt wurde, ein Prozeß, den das Medizinische Komitee für Menschenrechte zugunsten des ersten Kandidaten angestrengt hatte, der im Rahmen eines von Rodin und Gottlieb geleiteten Projekts einer psychochirurgischen Opera-

andere Schriften von Mark und Ervin gelesen und war begierig, mehr über die Erfolge der Bostoner Gruppe aus erster Hand zu erfahren. Indes, Rodin war bestürzt über die vielen Unstimmigkeiten, die er zwischen den Artikeln, die er gelesen hatte, und dem, was ihm im Gespräch gesagt wurde, entdeckte. „Meine Gesprächspartner am Boston City Hospital“, schrieb er, „waren verschiedene Mitarbeiter jener Spezialabteilung, deren Forschungsinteresse aggressiven Patienten galt... Dr. Vernon Mark, der Projektleiter, gehörte dazu... Das Resultat meiner Informationsgespräche war ziemlich beunruhigend...“.* So fragte Rodin zum Beispiel Dr. Ira Sherwin, den Neurologen des Projekts, nach seinen Erfahrungen mit Fällen, die ihm aus verschiedenen Schriften, vor allem aus *Violence and the Brain,* bekannt waren, und mußte überrascht feststellen, daß zwischen dem, was Sherwin über die Patienten zu sagen wußte, und dem, was Mark berichtet hatte, Inkonsistenzen bestanden. Rodin hörte, daß bei zwei Patienten einseitige Amygdalektomien vorgenommen worden waren, die den gewünschten Erfolg der Aggressionskontrolle keineswegs gebracht hatten, und daß obendrein einer der beiden Kranken nach der Läsion auf einem Auge erblindet war. Er erfuhr außerdem, daß der Patient Thomas R. „florid paranoisch ist und niemals mehr fähig sein wird, sich in der Gesellschaft normal zu bewegen“, sowie daß „Dr. Sherwin sich keines einzigen wirklich erfolgreichen Falles bewußt war“ (Rodin 1972, S. 3–4). Aus dem Gesagten dürfte hervorgehen, daß die Amygdalektomie für Menschen (wie für Affen) katastrophale Folgen haben kann und daß ihr Nutzen im Sinne einer „Behandlung“ von Gewalttätigkeit oder Aggression keineswegs erwiesen ist. Tatsächlich beweist Thomas' Schicksal, wie wenig wir vom Gehirn und seinen komplexen Funktionen verstehen. Wir wissen, daß das Gehirn ein äußerst kompli-

tion unterzogen werden sollte. Das Projekt wurde auf Anordnung des Gerichts „in der Sache Kaimowitz gegen Department of Mental Health, Nr. 73-19434-AW“ (am 10. Juli 1973 in Wayne County, Mich.) gestoppt; vgl. auch „Comment (on) Kaimowitz v. Department of Mental Health: A Right To Be Free from Experimental Psychosurgery?“ in: *Boston University Law Review,* 54 (1974), S. 301–339.

* Das Projekt war 1969 vom Massachusetts General Hospital ans Boston City Hospital übergegangen, dessen neurochirurgische Abteilung von Dr. Mark geleitet wird. Das Boston City Hospital ist ein riesiges, stark beanspruchtes innerstädtisches Krankenhaus, das in dem vorwiegend von Armen und Schwarzen bewohnten Stadtteil Roxbury liegt und in erster Linie als Gemeindekrankenhaus dient.

ziertes und in sich fein abgestimmtes, differenziertes Organ ist, dessen zahlreiche Teile in Abhängigkeit voneinander funktionieren. Die der Amygdalektomie zugrundeliegende Idee, das Verhalten eines hochkomplizierten und noch kaum erforschten biologischen Mechanismus wie des Gehirns sei dadurch zu verbessern oder zu korrigieren, daß man es partiell zerstöre, entspricht der kruden phrenologischen Vorstellung, das komplexe Sozialverhalten lasse sich in gesonderten Gehirnorganen lokalisieren. Tatsache ist indes, daß es keine voneinander isolierten Hirnfunktionen gibt; alle erfordern sie die integrierte Tätigkeit vieler Regionen, und wenn die Komplexität einer Funktion zunimmt, dann nehmen auch Zahl und Vielfalt der beteiligten Hirnregionen zu.

Es wäre indes ein Fehler anzunehmen, das einzig Falsche an der Pazifizierung des Gehirns sei, daß die verfügbaren Methoden nicht funktionieren. Psychochirurgen vertrauen, wie alle Psychotechniker, fest auf ihr Fachgebiet und versuchen, es als Quelle für Lösungen drängender sozialer Probleme zu lancieren. Nach dem, was wir über das Gehirn und seine Funktionsweise wissen, möchte man allerdings vermuten, daß technische Barrieren dieses Ziel unerreichbar machen oder daß mindestens der Zeitpunkt, zu dem die Psychochirurgie einen Entwicklungsstand erreicht haben wird, der sie befähigt, den gewünschten Effekt tatsächlich zu erzielen, noch in sehr weiter Ferne liegt.

Auf einem Gebiet wie der Psychochirurgie, wo das Vermögen, Verhalten zu kontrollieren, zum Selbstzweck wird – nahezu völlig abgelöst von jeder rationalen wissenschaftlichen Theorie –, kann jede neue Technik, jedes neue Instrument fälschlich als „Durchbruch" interpretiert werden. Damit erhält die Frage „Funktioniert es?" Vorrang gegenüber der wichtigeren und fundamentaleren Frage der moralischen und ethischen Rechtfertigung. „Julia S.", ebenfalls Patientin von Mark und Ervin, stellt einen solchen Fall dar.

„Julia kam zu uns und wurde von uns behandelt knapp zwei Jahre nach Thomas' Entlassung aus der Klinik. Wir verfügten zu diesem Zeitpunkt über neue und bessere Techniken, um festzustellen, wo im Gehirn anomale elektrische Entladungen stattfinden. Außerdem hatten wir gelernt, mit dem ‚Stimoceiver'* umzugehen – jenem telemetrischen Gerät, das einerseits Sig-

* Hier eine Spezialsonde, die als Impulsgeber und -empfänger zugleich fungiert (d. Übers.).

nale an Astronauten im Weltraum übermittelt und andererseits deren Informationen aufnimmt... In Julias Fall ist der Zusammenhang zwischen Gehirnerkrankung und gewalttätigem Verhalten sehr leicht zu erkennen... Noch keine zwei Jahre alt, erkrankte Julia als Folge von Mumps an einer schweren Gehirnhautentzündung. Als sie zehn war, setzten epileptische Anfälle ein... Ihr Verhalten zwischen den Anfällen war von heftigen Wutausbrüchen gekennzeichnet, denen Phasen tiefer Reue folgten. Vier dieser Depressionen endeten mit ernstgemeinten Selbstmordversuchen. Sie war die Tochter eines Fachkollegen, eine angenehme Erscheinung, freundlich, hatte blondes Engelshaar und sah viel jünger aus als sie war, nämlich einundzwanzig." (Mark/Ervin 1970, S. 97 f.)

Mark und Ervin zufolge hatte Julia bei mindestens einem Dutzend verschiedener Gelegenheiten irgendwelche Personen schwer tätlich angegriffen. Im Alter von achtzehn hatte sie, wie es hieß, zwei Frauen durch Stichwunden verletzt. Obwohl ihre Epilepsie und ihre zeitweilige Aggressivität nicht notwendig miteinander gekoppelt waren, sagten Mark und Ervin, „Julias Fall zeigt deutlich, daß durch Hirndysfunktion verursachtes gewalttätiges Verhalten nur durch eine Behandlung der Dysfunktion selbst verändert werden kann".

Genau wie bei Thomas wurden auch bei Julia auf beiden Seiten Elektroden in die Amygdala-Kerne eingepflanzt, und nach einer längeren Phase der Reizung des Gehirns und der Aufzeichnung seiner Tätigkeit (mittels „Stimoceiver") wurden in gewissen Abständen mit Hilfe von Hochfrequenzstrom auf beiden Seiten Läsionen vorgenommen. Annähernd zwei Jahre später kommentieren Mark und Ervin Julias postoperativen Zustand mit folgenden beiden Sätzen:

„Es ist immer noch zu früh, die Ergebnisse der Behandlungsmethode endgültig zu beurteilen, doch hatte sie im ersten Jahr nach der Operation nur zwei leichte Wutanfälle und im zweiten Jahr gar keinen. Da sie an einer allgemeinen Gehirnerkrankung und an epileptischen Aktivitäten in mehreren Arealen leidet, überrascht es nicht, daß ihre epileptischen Anfälle nicht aufgehört haben und ihre psychotischen Schübe auf dem Stande vor der Operation weitergehen." (Ebd., S. 107 f.)

Für Mark und Ervin war Julias Aggressivität diffus und direkt auf ihre Gehirnerkrankung zurückzuführen. Sie waren offensichtlich unfähig oder nicht willens, sich vorzustellen, daß ihre Wutanfälle etwas mit ihrer Erziehung oder Umgebung zu tun haben könnten oder daß sich in ihren Ausbrüchen möglicherweise ihre Frustration und Verzweiflung darüber äußerten, daß sie ein Mensch mit einem Hirnschaden war. Meines Wissens liegt keine unabhängige Untersuchung zu Julias Fall vor, doch gab Dr. Mark in einem Interview mit einem Beauftragten von Ralph Naders *Center for Responsive Law* zu, daß Julia ihres psychotischen Verhaltens wegen weiterhin immer wieder in psychiatrischen Kliniken stationär behandelt werden müsse: „Wir behaupten nicht", so sagte er dem Frager, „daß wir über irgendeine chirurgische Möglichkeit verfügen, Psychosen zu beeinflussen." (Trotter 1975, S. 12)

Es erhebt sich allerdings die Frage, ob Julia bereits vor der Operation psychotisch war und ob die richtige Diagnose gestellt wurde. Ein ehemaliges Mitglied des Projektstabs, das beruflich mit Julia zu tun hatte, jedoch Marks und Ervins unerschütterliches Vertrauen in die Psychochirurgie nicht teilt, gibt zu verstehen, daß es durchaus Gründe gibt, die Frage mit Nein zu beantworten. Diese Person, die nicht namentlich genannt sein möchte, stand in täglichem Kontakt mit Julia und beschreibt sie als

> „ein sehr narzißtisches, anspruchsvolles, kindliches Mädchen. Wenn ihre Familie zu Besuch kam..., verwöhnten sie sie, waren superfreundliche und ‚verständnisvolle' Eltern... Falls sie zu Hause nicht gelernt hatte, daß Auftritte ihr Beachtung und Aufmerksamkeit eintrugen, dann lernte sie es in der Klinik (Massachusetts General Hospital) mit Sicherheit. Mir war klar, daß sie mit Tellern warf, ihre Gitarre zertrampelte und mit den Fäusten um sich schlug, weil dies für sie die adäquate Reaktion auf eine Umgebung war, die dieses Verhalten zu einem großen Teil produzierte... In der Regel kam es zu diesen Attacken, wenn ein anderer Patient die Aufmerksamkeit des Personals auf sich zog oder wenn einer ihrer Lieblingsbetreuer ein paar Tage frei gehabt hatte und zurückkehrte oder auch wenn der Besuch ihrer Eltern erwartet wurde."

Diese Schilderung, wenn wir sie ernst nehmen, führt uns zu der Vermutung, daß Julias unberechenbares Verhalten etwas mit ihrer Lebenssituation zu tun hatte. Außerdem, so fuhr der Beobachter fort, sei kein einziger ernsthafter Versuch gemacht worden, Julia während ihres Aufenthaltes im Massachusetts General Hospital auf andere Weise zu heilen oder zu behandeln. Ihre epileptischen Anfälle schienen genuin, sie hatten jedoch nichts mit ihren „Wutanfällen" zu tun. Ihr Vater war Arzt und schickte ihr stets die neuesten Artikel über Schläfenlappen-Epilepsie, und wenn er kam, ,,diskutierten sie über ihre ‚unglückselige Krankheit' ".

Nach Einpflanzung der Elektroden und mit Beginn der Reizungen konstatierte der Beobachter eine große Veränderung in Julias Verhalten. Sie war ,,ein schönes, intelligentes Mädchen" gewesen, das gerne Gitarre spielte. Nun ,,hörte sie mit ihrem wundervollen Gitarrespiel auf. Sie legte keinen Wert mehr auf lange intellektuelle Gespräche. Sie wurde immer depressiver, tief depressiv. Es bestand Suizidgefahr." Die Veränderung in ihrem Verhalten rief Betroffenheit bei denen hervor, die auf der Station mit ihr zu tun hatten, und viele Schwestern ,,weinten um sie... ja, sie ärgerten sich nicht einmal mehr über ihre gelegentlichen Wutanfälle".

Der Sprecher dieser Sätze verließ die Abteilung etwa um diese Zeit, stieß aber später auf den 1968 (,,zur Zeit der Krawalle") in *Life* erschienenen Artikel, der Julia mit Photographien, die vor, während und nach der Gehirnreizung aufgenommen waren, präsentierte. Bemerkenswerterweise erwähnte der Artikel ,,ihren späteren Verfall und ihr schweres emotionales Leiden mit keinem Wort..."

Verhängnisvoller als der Mangel eines wissenschaftlichen Fundaments, der die heutige Psychochirurgie kennzeichnet, und als ihre mangelhaften medizinischen Praktiken ist die Intention einiger Enthusiasten, sie als Mittel der Verhaltenskontrolle zu lancieren. Die Autoren von *Violence and the Brain* hielten mit ihrem Bestreben, zwischenmenschliche Gewalt und andere Formen der Abweichung mit Hirndysfunktionen zu assoziieren und solcher Art Verhalten durch eine Zerstörung einzelner Gehirnpartien zu unterdrücken, durchaus nicht hinter dem Berg. Verfechter der Psychochirurgie unterbreiten in den letzten Jahren zunehmend ähnliche Konzepte und Projekte. Dr. M. Hunter Brown, ein in Kalifornien praktizierender Psychochirurg , zählt zu den bekannten Größen seines Faches, die in Hirnoperationen ein Mittel erblicken, sozial deviantes Verhalten zu kontrollieren, und für seine Anwendung eintreten. Seine chirurgische Behandlungsmethode sieht mehrfache Läsionen in einem Teil des limbischen Systems vor, der den Namen Cingulum trägt und in dem er die Stelle gefunden zu haben glaubt, an der bei abweichenden Personen die Hirnfunktion gestört ist. Entsprechend vertritt er die Auffassung, ,,eine Besorgnis in bezug auf die moderne psychiatrische Chirurgie ist ungerechtfertigt und wissenschaftlich in keiner Weise zu belegen", die Psychochirurgie müsse vielmehr im Kampf „gegen die Eskalation der individuellen Gewalt weltweit" extensiv genutzt werden. Brown hat eine Reihe spezifischer Vorschläge für die psychochirurgische Verhaltenssteuerung von Häftlingen gemacht, und seine Ansichten über die Ursachen von Gewalt fanden bei so manchem Staatsvertreter und bei so mancher Gefängnisleitung lebhaften Anklang. (S. Brown 1973 u.o. J.; Calder 1972)

Die Strafgefangenen stellen jedoch nicht den einzigen abweichenden Personenkreis dar, den erfolgreich zu behandeln Psychochirurgen sich anheischig machen; und amerikanische Psychochirurgen sind nicht die einzigen Ärzte, die für Gehirnmanipulation als Mittel zur Verhinderung von Abweichung plädieren. Eine Gruppe von deutschen Psychochirurgen berichtete 1972, sie habe zwanzig sexuell deviante Personen männlichen Geschlechts am Hypothalamus operiert. Bei fünfzehn Patienten behaupteten sie, gute Resultate erzielt zu haben, „in den meisten Fällen sogar exzellente"; in nur einem einzigen Fall wurde ein dürftiges Ergebnis zugegeben, von schweren Nachteilen oder unangenehmen Begleiterscheinungen war nirgendwo die Rede. (Müller, Roeder u.a. 1973) Diese Psychochirurgen sprechen zwar davon, daß sie in drei Fällen nach der Operation „eine Unfähigkeit, erotischen Phantasien und stimulierenden Visionen freien Lauf zu lassen", beobachten konnten, merkwürdigerweise wird aber diesem Verlust der Vorstellungskraft, dieser Vernichtung der Phantasie nicht weiter nachgegangen, sie gelten (zumindest in den Augen dieser Ärzte) auch nicht als Beleg dafür, daß die Operation in Wirklichkeit gewisse verheerende Nebenwirkungen hat.

Psychochirurgie ist auch als Mittel zur wirksamen Beruhigung „hyperaktiver" Kinder angepriesen worden. Sogenannte schwierige Kinder wurden in einer Reihe von Ländern, darunter Indien, Thailand, Japan und die Vereinigten Staaten, stereotaktischen Operationen unterzogen. So berichtete beispielsweise eine Gruppe von Psychochirurgen aus dem indischen Madras im Jahre 1970 über die Ergebnisse ihrer Operationen an 115 Patienten, darunter 39 Kinder unter elf Jahren, Operationen, bei denen Teile des limbischen Systems zerstört wurden. Sie bezeichneten ihre Behandlungsmethode als „sedative Neurochirurgie" und rechtfertigten die relativ massive

Gehirnzerstörung damit, daß sie eine wirksame Beruhigung und Pazifizierung der Kinder gebracht habe. Aus ihrem Bericht geht klar hervor, daß keine wirkliche Heilung erreicht wurde, und die knappen postoperativen Berichte heben durchweg nur einen Punkt hervor, den Punkt nämlich, daß die Kinder nachher weniger schwierig waren. Ihren eigenen Worten zufolge hat die Psychochirurgie ,,sich bei der Behandlung von Patienten, denen vorher mit anderen Mitteln nicht beizukommen war, als nützlich erwiesen", wobei allerdings die Behauptung, alle ,,anderen Mittel" seien vergeblich versucht worden, sich insofern nur mit Mühe oder gar nicht interpretieren läßt, als die Betonung in diesen Berichten fast immer auf dem Verhalten des Kindes als solchem liegt. (Balasubramaniam u.a. 1970) Tatsächlich ist es so, daß viele Psychochirurgen entweder nicht willens oder nicht fähig sind zu begreifen, daß menschliches Verhalten das Produkt aus vielerlei Faktoren ist, nicht nur aus konstitutionell-biologischen. Die mögliche Rolle, die Eltern und andere wichtige ,,Manager" bei der Entstehung oder Verschlimmerung von Verhaltensschwierigkeiten spielen, wird in den meisten psychochirurgischen Berichten praktisch ignoriert.

Auch José M.R. Delgado, Erfinder des ,,Stimoceiver", den Mark und Ervin sowohl bei Thomas als auch bei Julia verwendeten, tritt als Befürworter der Gehirnmanipulation als Allheilmittel für soziale Übel auf. 1970 sagte er in einem Interview:

> Die menschliche Rasse ist an einem Wendepunkt ihrer Entwicklung angelangt. Wir sind kurz davor, unsere eigenen geistigen Funktionen selbst konstruieren zu können... weil wir die zerebralen Mechanismen kennen, die unserem Verhalten zugrundeliegen. Die Frage ist nun, welche Art von Menschen wollen wir – im Idealfall – konstruieren?" (Scarf 1970)

Für Professor Delgado – dessen Prioritäten die eines praktischen Erfinders, nicht eines Moralphilosophen sind – scheint die Antwort zu lauten, ,,wir" sollten Menschen konstruieren, die sich wie gutgemachtes elektrisches Spielzeug so verhalten, wie ,,wir" möchten, daß sie sich verhalten. Die Frage ist nur, wer sind ,,wir"? Delgados Bemerkungen veranschaulichen eine allgemeine Neigung unter Psychotechnikern und anderen Sozialwissenschaftlern, das zu praktizieren, was ich als ,,die Politik der Fürwörter" bezeichne, so die Interessen einer kleinen Gruppe auf die gesamte Gesellschaft übertragend. Was er damit tatsächlich impliziert, ist, daß diejenigen, die über die erforderlichen Mittel verfügen – Macht, Finanzressourcen und Waffengewalt –, in der Lage sein werden, das Verhalten derer, die diese Mittel nicht besitzen, zu steuern. Delgado, der Versuche mit Affen gemacht hat, bei denen Computer als Auslöser von Hirnreizungen fungierten, indem sie Signale an Tiere übermittelten, denen ein „Stimoceiver" eingepflanzt war, freut sich schon auf die Zeit, da „unerwünschte Symptome einer Hirntätigkeit – wie sie etwa zu schwer aggressiven oder unsozialen Aktivitäten gehören – vom Computer bereits erkannt werden können, ehe sie überhaupt ins Bewußtsein dringen, so daß die betreffende Person bereits in diesem Stadium pazifiziert werden kann".

Bewußte Steuerung und Kontrolle von menschlichem Verhalten vermittels elektrischer Hirnreizung, die über eingepflanzte Elektroden erfolgt, sind nicht länger Science-fiction. Der Vorschlag, elektronische Telemetriesysteme, die Gehirne und Computer miteinander verbinden, einzusetzen, um das Verhalten von Menschen zu überwachen und zu steuern, die bedingt aus der Haft entlassen sind, ist Wirklichkeit. Und Delgado hat recht, wenn er sagt, eine physische Steuerung des Geistes stoße „auf theologische Bedenken, da sie den freien Willen antastet, auf moralische Bedenken, da sie die individuelle Verantwortlichkeit einschränkt, auf ethische Bedenken, da sie die Selbstverteidigungsmechanismen blockieren kann, und auf philosophische Bedenken, da sie die persönliche Identität bedroht". Die Verwendung von Hirnreizung und Psychochirurgie mit dem Ziel, Gedanken und Verhalten von Menschen zu steuern, ist ohne Zweifel aus all den genannten Gründen abzulehnen. Noch viel wichtiger ist meines Erachtens jedoch ein politischer Einwand, den zu nennen Delgado versäumt, der Einwand nämlich, daß Vorstellung und Konzepte über die Verwendung der Gehirntechnik (und anderer Formen von Psychotechnik) als Instrument der sozialen Kontrolle auf der zweifelhaften Annahme basieren, es bestehe ein allgemeiner Konsens in unserer Gesellschaft in bezug auf die Richtigkeit der Gedanken und Verhaltensmuster, die da kontrolliert und gesteuert werden sollen.

Psychochirurgie als Technik der Verhaltenskontrolle ist relativ neuartig; diese Tatsache sollte uns jedoch nicht daran hindern, klar zu erkennen, daß sie zugleich Teil einer viel allgemeineren Initiative und Strategie ist – der psychotechnischen Behandlung und Handhabung sozial störenden Verhaltens. Trotz der sie umgebenden Aura von Science-fiction zeigt die Grundorientierung der Psychochirurgie an der Gewalt und anderen gesellschaftlichen Problemen, daß sie sich in ihrer Ideologie von allen anderen derzeitigen Formen der Verhaltenskontrolle nicht unterscheidet, sondern sich ebenso vor allem mit dem abweichenden Einzelnen beschäftigt und sich strikt weigert, jenes umfassendere Sozialsystem in Rechnung zu stellen, als dessen Teil alles individuelle Verhalten schließlich zu betrachten ist.

8 *Kriminalität: Gefangene der Psychotechnik*

Die Bostoner Frauenklinik gehört wie viele andere Einrichtungen zur medizinischen Fakultät der Universität Harvard. Die Entbindungsstation nimmt Patientinnen aus den verschiedenen sozialen und ethnischen Gruppen auf, die im Einzugsgebiet der Bundeshauptstadt leben. Wenn sich eine schwangere Frau in der Klinik zur Betreuung während der Schwangerschaft oder zur Entbindung anmeldet, erhält sie eine vierundzwanzigseitige Broschüre mit dem Titel „Wir sorgen für Sie". Ein Abschnitt in diesem Heft trägt die Überschrift „Chromosomentest"; hier heißt es:

> „In dieser Klinik wird bei allen männlichen Säuglingen eine Chromosomenanalyse gemacht. Dieser neue und vereinfachte Test erlaubt den Ärzten, eine genaue Untersuchung der Chromosomen Ihres Kindes vorzunehmen und, falls irgendwelche schwerwiegenden Anomalien vorliegen, Sie davon in Kenntnis zu setzen. Es ist zu hoffen, daß dieser Test in absehbarer Zeit... universell zur Anwendung kommen wird."

Wenn die werdende Mutter Wehen bekommt und sich in die Klinik aufnehmen läßt, wird sie aufgefordert, mit ihrer Unterschrift die Einwilligung zu geben, daß ihrem Baby, falls es ein Junge ist, nach der Geburt ein paar Tropfen Blut zu Forschungszwecken abgenommen werden. Man gibt der Mutter zu verstehen, daß sie mit ihrer Einwilligung in den Chromosomentest einem Verfahren zustimmt, das Teil der normalen Klinikroutine ist; dieser Eindruck wird durch weiteres Schriftmaterial verstärkt, das den Chromosomentest als einen Test beschreibt, „der bei allen männlichen Neugeborenen gemacht wird... im Rahmen einer umfassenden von den *National Institutes of Health* geförderten Untersuchung". An einer anderen Stelle ist von dem Test als von einem „Dienst" die Rede; die Mutter erfährt, daß sie nichts dafür zu bezahlen braucht.

In den Jahren 1965 bis 1975 wurden mehr als 16.000 männliche Säuglinge nach dieser Methode auf ihre Chromosomenmerkmale untersucht. Inzwischen ist es einer Gruppe von Fakultätsangehörigen in Harvard und anderen besorgten Bürgern gelungen, die Untersuchung zu stoppen. Dazu mußten sie allerdings einen, wie ein Reporter sich ausdrückte, ,,erbitterten Kampf" führen.

Chromosomen sind winzige Körper in den Kernen lebender Zellen. Sie enthalten ihrerseits die Gene – doppelsträngige Moleküle der Desoxyribonukleinsäure (DNS) –, die das genetische Material einer bestimmten Pflanzen- oder Tiergattung ausmachen. Der normale Chromosomenbestand beim Menschen besteht aus dreiundzwanzig Paaren oder sechsundvierzig Chromosomen. Eins dieser Paare, bekannt unter dem Namen Geschlechtschromosomen, besteht normalerweise aus zwei X-Chromosomen – man spricht von XX – bei Frauen und aus einem X- und einem Y-Chromosom – als XY bezeichnet – bei Männern. Die Geschlechtschromosomen stehen im Mittelpunkt der in der genannten Frauenklinik durchgeführten Untersuchungen.

Mitunter werden Menschen mit ungerader Chromosomenzahl geboren; man spricht in solchen Fällen von einer Aneuploidie (vom griechischen *ploid* = Einheit und *aneu* = ungleich). Chromosomenaneuploidien bei Menschen sind bisweilen mit körperlichen oder geistigen Symptomen verbunden. Das Down-Syndrom (Mongolismus) zum Beispiel ist ein solcher Fall. Jemand, der am Down-Syndrom leidet, ist gewöhnlich von kleiner Statur, hat stumpige Hände und Füße, eine charakteristische Handballenzeichnung und weitere ungewöhnliche physische Merkmale. Häufig sind diese Menschen auch geistig zurückgeblieben. Jeweils eins von sechshundert in den USA geborenen Kindern leidet am Down-Syndrom, und die Analyse der Chromosomen in ihren Zellen ergibt, daß eins der Chromosomenpaare kein Paar, sondern ein ,,Drilling" (oder eine Trisomie) ist. Es gibt auch andere Formen der Aneuploidie, darunter einige, die zu so schweren körperlichen Mängeln führen, daß das Neugeborene kurz nach der Geburt stirbt.

Auch Aneuploidien der Geschlechtschromosomen sind beobachtet worden. Ein Beispiel dafür ist die Existenz eines überzähligen X-Chromosoms bei Menschen, die bei der Geburt ihrer körperlichen Erscheinung nach (der genetische Begriff dafür heißt *phänotypisch*) männlich sind. Statt des üblichen XY-Musters oder Karyotyps bestehen ihre Geschlechtschromosomen aus XXY, eine Gegebenheit, die im typischen Falle eine langsamere und bisweilen unvollkommene Entwicklung der sekundären Geschlechtsmerkmale (Bart und Körperhaare) bedeutet, die aber auch eine mangelhafte Ausbildung der Hoden, Vergrößerung der Brüste und Zeugungsunfähigkeit zur Folge haben kann. Auch eine geringfügige geistige Retardierung kann damit verbunden sein. Alles in allem sind diese körperlichen und geistigen Besonderheiten in Verbindung mit dem XXY-Karyotyp bei jeweils einer von 500 männlichen Geburten anzutreffen, man spricht dann vom sogenannten Reifenstein-Albright-Klinefelter-Syndrom.

Man weiß aber auch von Männern, die ein überzähliges Y-Chromosom haben. Beim ersten derartigen Fall, der in der medizinischen Literatur beschrieben ist, handelt es sich um einen vierundvierzigjährigen Mann, 1,80 m groß, von ,,durchschnittlicher Intelligenz" und ohne körperliche Mängel. Sein XYY-Karyotyp wurde entdeckt, als man im Jahre 1961 den angeborenen Anomalien seiner Kinder auf die Spur zu kommen suchte.

1965 veröffentlichte die britische wissenschaftliche Zeitschrift *Nature* einen Bericht mit dem Titel ,,Aggressivität, geistige Subnormalität und der XYY-Mann". Er beschrieb die erste aus einer langen Reihe von Untersuchungen über Geschlechtschromosomen, die in Heil- und Strafanstalten angestellt wurden. Diese erste Erhebung betraf die Insassen einer Heil- und Strafanstalt der höchsten Sicherheitsstufe in Schottland. Nach ihrem Abschluß wußte man über insgesamt 315 Patienten oder Häftlinge Bescheid; neun von ihnen (= 2,9 %) wiesen Geschlechtschromosomen des XYY-Karyotyps auf. Mehr als die Hälfte der Männer dieser Gruppe waren 1,80 m und größer.* Dem Bericht wurde ein hohes Maß an Publizität zuteil und mehrere Forscherteams begannen, in ihren jeweiligen Heimatländern Insassen von Heil- und Strafanstalten auf Geschlechtschromosomenanomalien zu untersuchen. Die Ergebnisse dieser Untersuchungen variierten. Es gab Erhebungen, angestellt in verschiedenen Anstalten der Vereinigten Staaten, die keine signifikante Zahl von

* Dem Originalbericht von P.A. Jacobs u.a. in *Nature* (1965) folgte drei Jahre später ein zweiter Bericht, der von den gleichen Autoren verfaßt war (s. Jacobs u.a. 1968).

XYY-Männern unter den Patienten oder Häftlingen anzeigten, und es gab Untersuchungen, die die ursprünglichen Ergebnisse bestätigten. Schließlich gewann aber doch die Vorstellung an Boden, daß der XYY-Karyotyp mit „aggressiven und kriminellen Neigungen" einhergehe.

Die Auffassung, Männer mit einem Extra-Y-Chromosom seien für Gewalttaten und asoziales Verhalten genetisch disponiert, erhielt im Jahr 1968 erheblichen Auftrieb, als Richard Specks Anwälte vor Gericht verkündeten, sein Karyotyp sei XYY. Speck war des Massenmordes an einer Gruppe von Krankenschwestern in ihrem Chicagoer Wohnheim angeklagt, und die Information über seine genetische Anomalie wurde in den Prozeß zur Unterstützung der Verteidigungslinie eingeführt, die da hieß, der Angeklagte sei, weil geistesgestört, nicht schuldig. Die spätere Feststellung, daß Specks Karyotyp in Wirklichkeit der eines normalen XY-Mannes war, erfuhr viel weniger Publizität als die erste falsche Behauptung, er sei genetisch anomal. Indes, es hatte bereits vorher etliche andere Fälle gegeben, in denen der XYY-Karyotyp von der Verteidigung in einem Prozeß als Entlastungsmittel geltend gemacht wurde; und ein Artikel in einer wissenschaftlichen Zeitschrift für medizinische Genetik definierte im Jahr 1968 Menschen mit dem XYY-„Syndrom" als „psychopathische Individuen, die jedes normale Empfindungsvermögen vermissen lassen, offensichtlich ohne große Gefühlstiefe sind, unfähig zu sein scheinen, ihre Zukunft irgendwie rational zu planen, und im allgemeinen bereits im Kindesalter in ihrem Verhalten problematisch waren" (Court-Brown 1968, S. 341).

Ende 1968 war der behauptete ursächliche Zusammenhang zwischen XYY-„Syndrom" und angeborener Kriminalität so etwas wie eine anerkannte Tatsache. So erschien etwa im Oktober jenes Jahres im *New York Times Magazine* ein Aufsatz mit dem Titel „Das XYY und der Kriminelle", und *Psychology Today* brachte einen Bericht über „Chromosomen und kriminelle Betätigung". Im letztgenannten Artikel erging sich Ashley Montagu, ein Anthropologe, in Vermutungen darüber, daß die Anwesenheit eines, aber auch nur eines Y-Chromosoms für „das normale Quantum an Aggressivität des normalen XY-Mannes" verantwortlich sei, und daß „eine doppelte Dosis dieser Potentiale" möglicherweise Menschen von fast übernatürlicher Aggressivität hervorbringe. „Einige Menschen (schrieb er) scheinen dazu getrieben zu werden, sich so aggressiv zu verhalten... als seien sie von einem Dämon besessen. Der Dämon, so scheint es, sitzt in der besonderen Natur des doppelten Y-Chromosomenkomplements.“

Ob mit oder ohne solche Obertöne einer Dämonologie, sehr viele glaubten, das überzählige Y-Chromosom veranlasse seine Träger, sich kriminell oder unsozial zu verhalten. Bald lagen Empfehlungen auf dem Tisch, wie mit dem Problem umzugehen sei, und einige Beobachter freuten sich auf den Tag, da pränatale genetische Überprüfung und Abtreibung routinemäßig angewendet würden, „um uns von... geschlechtsdevianten Individuen wie dem XYY-Typ zu befreien“ (Glass 1971, S. 28). Bis zum Januar 1973 wurde mindestens ein Fall bekannt, in dem eine werdende Mutter sich zur Abtreibung entschloß, nachdem sie erfahren hatte, daß sie einen XYY-Fötus austrug. (S. Hook 1973) Die entsprechende Information wurde gewonnen mit Hilfe der Amniozentese, einem Verfahren, bei dem eine kleine Menge Fruchtwasser subdermal aus dem Fruchtsack entnommen wird, der den sich entwickelnden Fötus umhüllt. Zellen, die im Fruchtwasser enthalten sind, werden auf ihre chromosomische Beschaffenheit untersucht. Auf diese Weise läßt sich bereits zu Beginn der Schwangerschaft Kenntnis über das Geschlecht des Kindes und andere genetische Merkmale gewinnen.

Wir leben heute in einer Zeit, in der es technisch möglich ist, das Geschlecht und andere Chromosomenbesonderheiten von Menschen mit Hilfe relativ einfacher biochemischer Tests oder Chromosomenuntersuchungen bereits vor der Geburt zu ermitteln. In mancher Hinsicht ist dies für die Gesundheit von Menschen mit beginnenden genetischen Erkrankungen ohne Zweifel von großem Vorteil. Dennoch, die Entscheidung, diese Techniken zu entwickeln und zu erweitern, wirft ethische und soziale Fragen auf, die nicht außer Acht gelassen werden dürfen. Das gilt besonders in Fällen, in denen die genetischen Besonderheiten mit körperlichen oder geistigen Merkmalen in Zusammenhang gebracht werden, deren Ursachen oder Folgen umstritten sind. Der XYY-Karyotyp ist ein solcher Fall. In wenigstens zwei amerikanischen Staaten, in Maryland und in Massachusetts, sind männliche Jugendliche, die in Jugendstrafanstalten eingesperrt sind, weil sie straffällig wurden, auf Aneuploidien der Geschlechtschromosomen untersucht worden. In Maryland wurde ein langer Prozeß erfolgreich durchgefochten, in dem es darum ging zu verhindern, daß solche Informationen in Entscheidungen über Fortdauer der Haft oder Strafaussetzung einfließen.

Warum sind Untersuchungen, in denen es darum geht, XYY-Männer zu identifizieren, so heftig umstritten? Der XYY-Karyotyp wird als eine Art ,,schlechte Saat" angesehen, die einen Menschen disponiert, sich unsozial oder kriminell zu verhalten; ich möchte indes behaupten, daß es keinerlei Beweise dafür gibt und daß der Mythos von der ,,angeborenen Kriminalität" seine Nahrung nur aus den falschen Schlußfolgerungen einer mit Fehlern behafteten Forschung erhält. Es genügt allerdings nicht zu zeigen, daß die Leute sich irren, wenn sie glauben, ein Zusammenhang zwischen Chromosomen und Kriminalität sei wissenschaftlich erwiesen. Die Kontroverse um XYY ergibt sich nur zum Teil aus Fragen der Logik und der Methodologie. Ihre Wurzeln liegen auch in der stark unterschiedlichen Auffassung in bezug auf die Ursachen von sozialem Verhalten im allgemeinen und abweichendem Verhalten im besonderen.

Einstmals wurde Kriminalität auf dämonische Besessenheit zurückgeführt, seit dem 18. Jahrhundert jedoch trat diese Vorstellung immer mehr hinter der Auffassung zurück, kriminelles Verhalten sei physischen Besonderheiten zuzuschreiben, wie sie bestimmten Personentypen angeboren seien. Die Phrenologen zum Beispiel wollten Ausbuchtungen am Kopf mit spezifischen Charaktermerkmalen assoziiert wissen, und einige auf die Physiologie schwörende Anthropologen behaupteten, kriminelles Verhalten zeige eine Form der Entartung des biologischen Apparates an, wie sie sichtbar werde in Degenerationserscheinungen, konstitutionellen Mängeln und anthropometrischen ,,Symptomen von Minderwertigkeit". Der italienische Kriminologe Cesare Lombroso und der amerikanische Anthropologe Ernest Hook gehörten zu denen, deren Schriften ein nachdrückliches Interesse an den biologischen Determinanten von Kriminalität verrieten. So behauptete Lombroso, es gebe gewisse Gesichtsmerkmale, an denen man ,,kriminelle Typen" erkennen könne.

,,Der von Natur aus Kriminelle hat ein geringes Schädelvolumen, schwere und stark ausgeprägte Kinnbacken, hervorquellende Augen, einen abnormen und asymmetrischen Schädel... abstehende Ohren und häufig eine krumme oder flache Nase. Kriminelle sind farbenblind, häufig Linkshänder, ihre Muskelkraft ist gering... Ihre moralische Entartung entspricht ihrer physischen, ihre kriminellen Neigungen kündigen sich bereits in der Kindheit an in Masturbation, Grausamkeit, einer Neigung zum Stehlen, extremer Eitelkeit, impulsivem Charakter. Der von Natur aus Kriminelle ist faul, liederlich, feige, unfähig, Reue zu empfinden, ohne Vorausblick... seine Handschrift ist merkwürdig... seine Sprache unpräzis... Er hat die generelle Trägheit eines Typs minderer Rasse..." (Zit. n. Platt 1969, S. 21 f.)

Lombroso und seine Anhänger versuchten, ein Verfahren zu entwickeln, mit dem sich eine Disposition zu unsozialem Verhalten anhand von körperlichen Merkmalen voraussagen lassen sollte. Aus in Gefängnissen angestellten Untersuchungen schloß er unter anderem, Mörder „haben kalte, glasige, blutunterlaufene Augen, lockige, dichte Haare, kräftige Kiefer, große Ohren und schmale Lippen"; Fälscher „sind blaß und freundlich, sie haben schmale Augen und große Nasen und bekommen frühzeitig graue Haare oder eine Glatze"; und Sexualverbrecher „haben glänzende Augen, starke Kinnbacken, volle Lippen, dichtes Haar und abstehende Ohren". Lombroso zog seine Schlüsse in aller Ernsthaftigkeit aus Daten, die in durchaus wissenschaftlicher Manier gesammelt zu sein schienen, und seine Befunde zogen die Aufmerksamkeit der Kriminologen aus ganz Europa und den Vereinigten Staaten auf sich. (Der methodologische Grundfehler Lombrosos im Umgang mit der Frage der angeborenen Kriminalität, sein Versäumnis, ein repräsentatives Sample aus der Gesamtbevölkerung in gleicher Weise zu untersuchen und die entsprechenden Vergleichsdaten zu sammeln, ist die Art von Irrtum, die jeder Wissenschaftler eigentlich kennen und vermeiden sollte; wir werden indes erneut darauf stoßen, wenn ich auf das Datenmaterial zurückkomme, das angeblich einen Zusammenhang zwischen dem XYY-Karyotyp und krimineller Betätigung herstellt und beweist.)

Die Vorstellung, Kriminalität sei auf schlechte Anlagen zurückzuführen, lag in den Schriften der für die Intelligenztest- und Eugenikbewegung während der ersten Jahrzehnte dieses Jahrhunderts verantwortlichen Köpfe offen zutage, und viele prominente Wissenschaftler empfahlen Sterilisation und ähnliche eugenische Maßnahmen als Mittel zur Reduzierung von Verbrechen und sozialer Abweichung in der amerikanischen Gesellschaft. Aber auch in jüngster

Zeit ist im Sinne Lombrosos behauptet worden, zwischen delinquentem oder kriminellem Verhalten und Körperkonstitution bestehe eine Korrelation. (S. Sheldon 1949; Glueck/Glueck 1956) Zusammengenommen bilden diese Untersuchungen den Hintergrund für jene Berichte und Meldungen, die versuchen, Anomalien in den Geschlechtschromosomen und kriminelles Verhalten miteinander zu verknüpfen.

Die erste – 1965 in der Zeitschrift *Nature* publizierte – Studie über XYY-Männer behauptete, zwei Dinge nachzuweisen: eine Häufung von XYY-Männern in einer Anstalt für besonders gefährliche straffällige Geisteskranke und eine Tendenz bei solchen Menschen zu großer Körperlänge. Die erste Behauptung wurde von späteren Untersuchungen zwar nicht durchweg bestätigt, dennoch will ich es als gegeben nehmen, daß der XYY-Karyotyp unter eingesperrten Männern häufiger anzutreffen ist als in der männlichen Gesamtpopulation. Ich akzeptiere auch die von Ernest Hook in einem neueren Bericht genannten Zahlen, in dem er zu dem Schluß kommt, der XYY-Karyotyp sei bei männlichen Neugeborenen mit 0,1 Prozent vertreten, soll heißen, eine von 1.000 männlichen Lebendgeburten habe einen XYY-Karyotyp. Die Häufigkeitsrate von XYY-Männern in Heil- und Strafanstalten gibt Hook mit 2 Prozent, also mit dem Zwanzigfachen dessen an, was man dem Zufallsprinzip nach erwarten würde.

Nach Erscheinen des ersten Reports über den XYY-Karyotyp wurden eine Reihe weiterer Untersuchungen durchgeführt. Viele von ihnen, die auf dem angeblichen Zusammenhang zwischen XYY und großer Körperlänge basierten, beschränkten sich in ihrem Sample auf Häftlinge, die allein ihrer Körpergröße wegen ausgewählt worden waren. Und wiederum wurde eine Tendenz zur Häufung (das heißt ein vermehrtes Auftreten von XYY-Männern) festgestellt. Dieser Befund ist indes schwer zu interpretieren, weil nicht klar ist, ob die Korrelation zwischen XYY und Unterbringung oder zwischen XYY und Körpergröße besteht. Jedenfalls war es die angenommene Korrelation mit der Unterbringung, die den Schluß auf die Verknüpfung von XYY-Karyotyp und Kriminalität überhaupt erst ermöglichte, ein Schluß, der voraussetzt, daß der Befund einer Häufung bestimmter biologischer Besonderheiten (zum Beispiel des XYY-Karyotyps) innerhalb einer gegebenen Klasse von Strafgefangenen bereits per se einen Zusammenhang zwischen dieser Besonderheit und Kriminalität begründe. Und genau diese Voraussetzung spielte eine entscheidende Rolle für die Ansicht, der XYY-Karyotyp sei ein „kriminelles Gen" (um ein Schlagwort zu übernehmen, das jüngst die Zeitschrift *Science* in einem Leitartikel benutzte); sie ist jedoch falsch, und zwar mindestens in zweifacher Hinsicht.

Erstens lassen sich aus Verhaftungsprotokollen, Bewährungsunterlagen, Gefängnisstatistiken (sowie bei einem Besuch in fast jeder beliebigen Strafanstalt in den Vereinigten Staaten) mit Leichtigkeit drei biologische Merkmale erkennen, die unter inhaftierten Gesetzesbrechern generell eine deutliche Häufung zeigen. Diese Merkmale sind Alter, Hautfarbe und Geschlecht. Unter denen, die heute in den USA mit der Justiz in Konflikt geraten, sind Jugendliche, Farbige und Männer extrem in der Überzahl. Falls man sich nun nicht der Logik anschließen mag, daß beispielsweise farbige Haut und männliches Geschlecht biologische Merkmale seien, die einen Menschen in Gefahr bringen, kriminelle Neigungen zu entwickeln, dann liegt auf der Hand, daß sich in der Zusammensetzung der Strafgefangenenpopulation Formen von sozialer Diskriminierung widerspiegeln.

In einer Zeit, da Kriminalität zu einem Spielball im politischen Geschäft geworden ist, ist es gut, darauf zu achten, wie sie im Sinne des Strafvollzugs und der Rechtsprechung definiert ist. Es waren nämlich keineswegs immer dieselben Verhaltensweisen, die im Laufe der Geschichte als kriminell verurteilt und bestraft wurden. Menschen, so könnte man sagen, begehen Verbrechen, aber soziale Systeme schaffen Kriminelle, indem sie die Normen, Werte und Interessen definieren, deren Verletzung Kriminalität konstituiert. Jede Zeitepoche, jede Gesellschaft entwickelt ihre eigenen Kriterien zur Be- und Verurteilung menschlichen Verhaltens. In Massachusetts im 17. Jahrhundert etwa wurde mit harten Strafen belegt, wer sich gegen die Moral verging. Im 19. Jahrhundert wurden die gleichen Vergehen lange nicht so oft geahndet. Die Gesetze, die eine unbotmäßige Sprache, sexuelle Tändeleien, Fernbleiben vom Gottesdienst, Müßiggang, Pflichtvergessenheit und Glücksspiel verboten, blieben zwar in den Gesetzbüchern stehen (und auch die getadelten Verhaltensweisen gab es natürlich weiterhin), aber diejenigen, die auf die Einhaltung von Gesetzen zu achten hatten, ignorierten tendenziell solche Handlungen und konzentrierten sich statt dessen auf Vergehen an Eigentum und Personen.

Das heißt, die Vorstellung, „Kriminalität" sei eine Eigenschaft, die bestimmten Menschen oder Gruppen von Geburt anhafte, und nicht eine Qualität, die einzelnen Handlungen oder Verhaltensmustern in einem gesellschaftlichen Definitionsprozeß beigelegt wird, ist falsch. Die Kriminalität ist ein kontroverser und politisch brisanter Punkt, gerade weil sie nicht unabhängig von sozialen Normen und Werten definiert werden kann und weil in unserer Gesellschaft fundamentale Meinungsverschiedenheiten über die Angemessenheit und Entschuldbarkeit verschiedener Handlungsweisen bestehen. Das Ergebnis ist, daß Wendungen wie „Recht und Ordnung" und „Kampf gegen das Verbrechen" kaum mehr als bequeme politische Kodewörter sind, die dazu dienen, die Art, wie Vergehen definiert werden, zu verschleiern – eine Art, die dafür sorgt, daß mit bestimmten Klassen von Menschen jeweils unterschiedlich, und zwar in Abhängigkeit von Status, Klassenzugehörigkeit und Hintergrund, verfahren wird. Wie Thomas Hobbes vor mehr als dreihundert Jahren festgestellt hat, ist das wichtigste Instrument politischer Herrschaft die Macht, Namen zu geben und Definitionen durchzusetzen. In einer Gesellschaft, in der Irreführungen der Öffentlichkeit ungeahndet bleiben, während gleichzeitig mit öffentlichen Geldern nach den genetischen Wurzeln von Kriminalität geforscht wird, lohnt es sich, über diese Feststellung lange nachzudenken. Die Ursachen von sozialem oder unsozialem Verhalten lassen sich nicht mit Geburtsmerkmalen oder genetischen Anlagen erklären, und wenn verschiedene Gesellschaften und verschiedene Epochen sich nicht auf eine Definition von unsozialem Verhalten einigen können, dann ist die Suche nach kriminellen Chromosomen wissenschaftlich so unsinnig wie die als Drapetomanie bezeichnete „Krankheit" des pathologischen Wandertriebs. Daß diese Suche in dem derzeitigen politischen Klima dennoch betrieben wird, ist allerdings nicht ohne Bedeutung. Denn solange Menschen dazu gebracht werden können, falsche Definitionen von Kriminalität zu akzeptieren, können absurde Versuche, die Wurzeln sozialer Konflikte in gestörte Individuen oder stigmatisierte Gruppen zu verlegen, unangefochten fortgesetzt werden.

Mühen und Gelder auf das erfundene Fachgebiet einer „Kriminaldefektologie" zu konzentrieren, heißt – und das ist viel wichtiger

– für eine politisch opportune Ablenkung zu sorgen. Wenn eine grosse Wählerschaft glaubt, daß viele oder die meisten Vergehen von Personen mit angeborenen Mängeln und Schäden begangen werden, dann konzentriert sich die allgemeine Besorgnis nicht länger auf das herrschende Muster sozialer Regeln und Abmachungen, ein Muster, bei dem diejenigen, die ,,Kriminalität" definieren, als Herr Jedermann auftreten. Das Ablenkungsmanöver, wenn auch nicht notwendig das Resultat absichtlicher Täuschung, führt aller Wahrscheinlichkeit nach zu einem Kampf gegen das Verbrechen, der in Wirklichkeit ein Feldzug der Privilegierten gegen die Benachteiligten ist, ein Feldzug, der, mit wissenschaftlicher Objektivität getarnt, von jenen geführt wird, die einen für sie angenehmen Status quo verteidigen und erhalten wollen.

Selbst wenn es eine zahlenmäßige Häufung des XYY-Karyotyps in Heil- und Strafanstalten gibt, kann diese Tatsache nicht als Beweis für einen Kausalzusammenhang zwischen diesem Karyotyp und Kriminalität gelten. Eine solche Verknüpfung würde nämlich die zusätzliche, aber falsche Voraussetzung implizieren, daß Inhaftierung ein valider Index für Kriminalität sei; kriminelle Handlungen sind aber viel gleichmäßiger über die Gesellschaft verteilt als Strafakte. 98,5 Prozent der Straftaten, auf denen Gefängnis steht, bleiben ungeahndet. Die 1,5 Prozent straffällig Gewordenen, die einsitzen, sollten also nicht mit der Gesamtpopulation von Straftätern verwechselt werden. Als die Katzenbach-Kommission die Population der Strafgefangenen analysierte, wies das sich dabei herauskristallisierende Bild in geradezu überwältigender Weise auf Hintergrundmerkmale hin, die sozioökonomischer Natur sind. So stellte sich zum Beispiel heraus, daß die am häufigsten beobachteten Antezedenzien von Inhaftierung Armut, mangelnde schulische Bildung, Arbeitslosigkeit und instabile Familienverhältnisse sind. Das Porträt des durchschnittlichen Straftäters, so die Kommission,

> ,,läßt die Benachteiligung, die sein Leben kennzeichnet, immer deutlicher hervortreten. Am Ende seines Weges ins Gefängnis gehört er aller Wahrscheinlichkeit nach den untersten sozialen und ökonomischen Gruppen im Lande an, er hat sozusagen nichts gelernt, ist arbeitslos, unverheiratet, in einer zerrütteten Familie aufgewachsen und hat ein Vorstrafenregister." (President's Commission on Law Enforcement and Administration of Justice 1968)

Das zweite Problem einer direkten Kausalverbindung zwischen XYY-Karyotyp und Kriminalität hängt mit der Tatsache zusammen, daß implizite oder explizite Normvorstellungen von körperlicher Attraktivität die Art beeinflussen, in der Menschen behandelt werden. Die Gegebenheit einer solchen Diskriminierung ist für den XYY-Fall nicht ohne Belang, sie kann die Häufung von XYY-Karyotypen bei Strafgefangenen vermutlich plausibler erklären, als die Theorie von der angeborenen Kriminalität es tut.

Wie schon gesagt, gibt es die Behauptung, Männer mit XYY-Karyotyp seien durchschnittlich etwas größer. Des weiteren heißt es, schwere Hautaffektionen wie Akne seien bei XYY-Männern häufiger als bei solchen mit XY. (S. Hook 1973) Wenn es im Sinne der Beweisführung ist zu sagen, die Anwesenheit eines Extra-Y-Chromosoms gehe mit außergewöhnlicher Körpergröße und schlechter Haut einher, dann muß auch die Frage bedacht werden, ob diese Faktoren nicht zu einer sich selbst erfüllenden Prophezeihung hinsichtlich der psychosozialen Entwicklung von XYY-Individuen beitragen können. Hook zum Beispiel schreibt:

„Persönlichkeitsstrukturen, die sich bei Kindern in Reaktion auf eine große Körperlänge herausbilden, oder die ‚Markierung' von Menschen (die möglicherweise gefährlicher ausssehen) durch soziale Kräfte dürften die beobachtete Häufigkeit der Unterbringung schon erklären. Man kann sich leicht vorstellen, warum ein großer abweichender Mann, der Schwierigkeiten mit der Impulskontrolle hat, eher in Gewahrsam genommen wird als ein kleiner Mann mit dem gleichen Verhalten, und wahrscheinlich stehen eine Reihe von XYYs eher ihrer Größe als ihres Verhaltens wegen unter Aufsicht..." (Ebd., S. 144)

Es gibt weitere Belege dafür, daß die äußere Erscheinung per se auch in Abwesenheit von unsozialem Verhalten ausreicht, um solche „Markierungs"-Effekte hervorzurufen. Karen Dion und Ellen Berscheid stellten fest, daß selbst die Kleinen im Kindergarten für die körperliche Anziehungskraft ihrer Altersgenossen empfänglich sind. Sie baten einige graduierte Studenten, die äußere Attraktivität von Kindern anhand von Schwarz-Weiß-Fotos einzustufen, und ermittelten dann, wer unter den Kindern selbst wen am meisten mochte. Die klarsten Resultate ergaben sich bei den Knaben: diejenigen Jungen, die von den Studenten als besonders anziehend eingestuft worden waren, waren beliebter als die, die als wenig anziehend beurteilt wurden. Außerdem wurden die weniger attraktiven Jungen von ihren Altersgenossen für aggressiver gehalten als ihre anziehenden Kameraden; und als die Kinder aufgefordert wurden, diejenigen ihrer Spielkameraden zu benennen, vor denen sie sich „fürchteten", nannten sie die Jungen, die bereits mit dem Urteil „wenig anziehend" bedacht worden waren.

Natürlich könnte es so gewesen sein, daß die weniger anziehenden Jungen tatsächlich aggressiver waren und sich wirklich so verhielten, daß sie Furcht erregten. Aus dieser Vorstudie läßt sich dazu nichts Endgültiges entnehmen, weil die Forscher das Verhalten der Kinder selbst gar nicht beobachteten. Eine spätere Untersuchung desselben Labors indes liefert genuine Belege dafür, daß Menschen dazu neigen, körperlich weniger anziehenden Kindern ungeachtet ihres Tuns mehr Schuld zuzuschreiben. In dieser von Karen Dion durchgeführten Untersuchung wurden College-Studentinnen gebeten, kurze, scheinbar von einem Lehrer verfaßte Berichte über Störungen im Klassenzimmer durchzulesen. Den Berichten war jeweils ein Foto des Kindes beigefügt, das angeblich die Störung verursacht hatte. Wieder waren die Fotos zuvor gesondert von einer anderen Gruppe in eine „Attraktivitäts"-Rangfolge gebracht worden. Gleichzeitig erhielten verschiedene Versuchspersonen die gleichen Berichte, jedoch mit anderen Fotos. Die Versuchspersonen tendierten nicht nur dazu, den weniger anziehenden Kindern mehr Schuld zu unterstellen, sie neigten auch zu dem voreiligen Schluß, diese Kinder seien chronische Unruhestifter. Als ein äußerlich wenig anziehendes Mädchen als die an einer bestimmten Situation Schuldige präsentiert wurde, meinte eine Versuchsperson: „Ich glaube, dieses Mädchen ist ziemlich ungezogen und stellt ein Problem für die Lehrer dar. Vermutlich sucht sie Streit mit anderen Kindern ihres Alters... Alles in allem dürfte sie ein wirkliches Problem bedeuten." Wenn dagegen ein hübsches Mädchen in genau derselben und mit genau denselben Worten geschilderten Situation gezeigt wurde, entschuldigten die Befragten in aller Regel das Geschehen als nicht so schlimm und versuchten, es zur Ausnahme zu erklären. Eine Antwort lautete: „... sie spielt nett mit jedem, aber wie jeder Mensch hat sie auch einmal einen schlechten Tag. Man braucht ihre Missetat... nicht allzu ernst zu nehmen." (Vgl. Aronson 1972, S. 216 f.; Dion 1973)

Diese Untersuchungen zeigen, daß in sozialen Konfliktsituationen allein schon die äußere Erscheinung eines Menschen bei anderen eine gewisse Voreingenommenheit zugunsten einer härteren oder weicheren Interpretation seines Verhaltens erzeugen kann. Und wie die Vorstudie beweist, ist diese Voreingenommenheit bereits auf einer sehr frühen Altersstufe zu beobachten.

Diese und ähnliche Ergebnisse lassen an frühere Beispiele denken, bei denen an der äußeren Erscheinung eines Menschen festgemachte soziale Vorurteile gegen ihn nachweislich den Samen für eine sich selbst erfüllende Prophezeihung enthielten. Mit anderen Worten, unterschiedliche Reaktionen auf Kinder allein aufgrund ihres Aussehens können einen nachhaltigen Einfluß darauf haben, wie diese Kinder sich später verhalten. Es ist ein psychologischer Tatbestand, daß die Art, wie jemand als Kind behandelt wird, sein späteres Selbstbild beeinflußt. Ein Kind, das wegen seines Aussehens schroff angefaßt wird, fängt unter Umständen an, sich für schlecht zu halten, und beginnt, sich entsprechend zu benehmen. Ein solches Verhalten, das einem von der Einschätzung des eigenen Aussehens durch andere geprägten Selbstverständnisses entspricht, könnte durchaus die Basis jenes bereits beschriebenen „Markierungs"-Effekts sein. Die Suche nach „kriminellen Chromosomen" kann einiges dazu tun, daß verstärkt Menschen stigmatisiert werden, deren einzige Missetat zunächst in ihrem Aussehen bestand.

In seinem Bericht über die XYY-Literatur schreibt Ernest Hook:

> „Die Publizität, die die ersten Berichte aus Anstalten für deviante Personen erfuhren, ließ auch jenes unglückselige Klischee von den XYY-Trägern als den körperlich aggressivsten und gewalttätigsten Menschen entstehen... In den Heil- und Strafanstalten, in denen man XYY-Träger ausmachte, scheinen diese sich jedoch keineswegs auf die gefährlichsten, gewalttätigsten und körperlich aggressivsten Insassen zu konzentrieren. Im allgemeinen entsprechen ihre Verstöße denen der dort anwesenden XYs oder sind weniger schwer." (Hook 1973, S. 145)

Das Verhalten des XYY-Trägers, ein komplexes Produkt aus genetischen Faktoren, Umweltbedingungen und gemachten Erfahrungen, scheint darauf hinzudeuten, daß die Auswirkungen des XYY-Genotyps in ihrer Tendenz, aggressives Verhalten zu produzieren, durchaus begrenzt sind. Bleibt die Frage, ob der XYY-Genotyp seinen Träger zu *anderen* Formen von unsozialem Verhalten disponiert. Einige Zahlenspiele sollen zeigen, daß dies nicht der Fall ist.

Wenn wir die von Hook mit 0,1 Prozent angegebene Inzidenz von XYY-Trägern in der Gesamtbevölkerung übernehmen und zugleich davon ausgehen, daß die männliche Bevölkerung der Vereinigten Staaten derzeit hundert Millionen zählt, dann gibt es aller Wahrscheinlichkeit nach ungefähr 100.000 XYY-Träger in diesem Land. Nehmen wir einmal an (entsprechende Daten sind dünn gesät und überdies schwer auszuwerten), daß jeweils einer von 500 Männern sich zu dem einen oder anderen Zeitpunkt in einer Heil- oder Strafanstalt befindet und daß zwei Prozent dieser Männer XYY-Träger sind. Mit anderen Worten, unter den 200.000 Männern, die entweder eingesperrt sind oder voraussichtlich eingesperrt werden, müßten 4.000 XYY-Träger sein. Das heißt, von den 100.000 angenommenen XYY-Personen in diesem Land laufen 4 Prozent (4.000) „Gefahr", irgendwann in einer Heil- oder Strafanstalt eingesperrt zu werden. Offensichtlich gelingt es 96 Prozent aller XYY-Männer jedoch irgendwie, diesem Schicksal zu entgehen. Anders ausgedrückt, der XYY-Genotyp äußert sich in einer Form, die nur bei einem winzigen Bruchteil aller Fälle die davon Betroffenen für eine Einweisung prädisponiert. Die überwältigende Mehrheit der XYY-Träger dürfte ein Leben führen, das die Aufmerksamkeit der Gesundheitsbehörden wie der Strafjustiz keineswegs häufiger auf sich zieht als das ihrer XY-Mitbürger.

Das Fehlen von Belegen für einen Zusammenhang zwischen XYY-Karyotyp und „Kriminalität" im Sinne von Ursache und Wirkung führt mich zu dem am Anfang dieses Kapitels beschriebenen Projekt der Untersuchung männlicher Neugeborener auf ihre Chromosomenbeschaffenheit zurück. Das Projekt wurde mit finanzieller Unterstützung des Zentrums für Kriminalitäts- und Verbrechensforschung (einer Unterabteilung der *National Institutes of Mental Health*) durchgeführt. Hauptziel der Untersuchung war die Herstellung eines Zusammenhangs zwischen Geschlechtschromosomenstrukturen, menschlicher Entwicklung und Psychopathologie. Die Forscher behaupteten, eine solche Untersuchung sei gerechtfertigt wegen der „bei Männern mit Geschlechtschromosomenaneuploidien häufig auftretenden schweren Psychopathologien sexueller oder aggressiver Natur". Die Untersuchungsergebnisse, schrieben sie, sollten es im Endeffekt „ermöglichen, das tatsächliche Risiko zu bestimmen, das Patienten mit Geschlechtschromosomenanomalien im Hinblick auf die Entwicklung einer aggressiven oder sexuellen Psychopathologie zu tragen haben". Zu diesem Zweck wollten sie alle Neugeborenen an der Bostoner Frauenklinik untersuchen und alle, deren Geschlechtschromosomen Abweichungen aufwiesen, zwanzig Jahre lang beobachten.

Von den über 16.000 untersuchten männlichen Säuglingen wurde bei sechs der XYY-Karyotyp festgestellt, sie werden noch heute von dem Projektleiter, einem Kinderpsychiater, beobachtet, der die Kinder dreimal im Jahr zuhause aufsucht. Die Eltern „sind darüber informiert, daß ihre Kinder Extrachromosomenmaterial haben", und auch der Kinderarzt der Familie „ist über die Abweichung des Kindes voll im Bilde" (Walzer 1974, S. 12).

Dieses Projekt unterliegt aus vielen Gründen der Kritik; einer betrifft die unzureichend informierte Zustimmung der Eltern, ein zweiter die mit diversen Mängeln behaftete Versuchsanordnung. So wurde zum Beispiel den Eltern nicht sofort gesagt, daß sie mit ihrer Zustimmung zur Chromosomenanalyse auch ihre Einwilligung gaben, daß ihr Baby in eine langfristige Verhaltensstudie einbezogen wurde, desgleichen erfuhren sie nicht, daß diese Untersuchung von einer Regierungsstelle finanziert wurde, die sich in erster Linie mit Verbrechen und Kriminalität befaßte. Aber das ist keineswegs alles. Die Studie selbst sollte angeblich feststellen, ob XYY-Träger in der Kindheit Verhaltensprobleme entwickeln oder nicht, doch die Befunde werden nicht interpretierbar sein, weil man den Eltern gesagt hat, daß ihr Kind eine Chromosomenanomalie aufweist. Was da untersucht wurde (wenn man es überhaupt so nennen kann), war a) die Auswirkung des XYY-Karyotyps und b) die Auswirkung der elterlichen Kenntnis von dieser Tatsache auf die Entwicklung eines Kindes. Da viele Eltern von der Theorie des „schlechten Samens" gehört haben, und da die meisten versuchten, sich sachkundig zu machen, waren die wesentlichen Voraussetzungen für eine sich selbst erfüllende Prophezeihung voll gegeben. Ein Weg, die möglichen Auswirkungen des Umstands, daß die Eltern von dem Extra-Y-Chromosom ihres Kindes Kenntnis haben, zu kontrollieren, bestünde natürlich in der Hinzunahme einer Kontrollgruppe, bestehend aus männlichen Babies, die in Wirklichkeit normal sind, deren Eltern man jedoch fälschlich sagt, ihre Kinder seien XYY-Träger. Der Ausblick auf ein solches unmoralisches Verfahren mag uns die vielen schlimmen Folgen vor Augen führen, die eintreten können, wenn Eltern zu der Erwartung veranlaßt werden, ihr Kind werde Probleme haben und machen.

Ob wir Cesare Lombrosos ,,Degenerationsmerkmale" und Thomas Hobbes Bemerkungen über eine ,,angeborene Depravation" oder die derzeit modische Suche nach ,,schlechtem Samen" nehmen, inhaltlich bestehen kaum Unterschiede, die einzig wirkliche Veränderung, die der Mythos der angeborenen Kriminalität erfahren hat, liegt darin, daß man sich bei der Identifizierung und Stigmatisierung von Menschen zunehmend auf wissenschaftlich klingende Methoden und Techniken stützt. Der größte Teil der Forschung, die sich mit den Ursachen von Kriminalität befaßt und der es um Techniken und Methoden des Strafvollzugs geht, ignoriert die in der Gesellschaftsstruktur enthaltenen, Gewalt und Kriminalität produzierenden Faktoren ebenso wie die Unbilligkeiten des Justizsystems selbst, das die im öffentlichen Bewußtsein vorhandenen Klischees weiter verstärkt. So sind zum Beispiel Forschung und Entwicklung auf dem Gebiet der Kriminologie in den vergangenen Jahren hauptsächlich aus zwei Quellen finanziert worden: die eine Quelle ist das Justizministerium in Gestalt der *Law Enforcement Assistance Administration*, die andere das Ministerium für Gesundheit, Bildung und Soziales, vertreten durch das *Center for the Study of Crime and Delinquency*. Diese Behörden überschneiden und treffen sich in ihren Interessen und sind beide finanziell stark an Forschungsprogrammen engagiert, deren Ausgangsbasis die Überzeugung ist, die Ursache von Verbrechen und Gewalt sei in erster Linie das Verhalten von einzelnen Menschen, die von Natur aus unsozial oder mit Mängeln behaftet seien. Es überrascht deshalb auch nicht, daß es bei der Forschung, die sie finanzieren, zentral um die Entwicklung wirksamerer Instrumente zur Erforschung und Kontrolle von menschlichem Verhalten geht.*

* Zur Zeit Nixons legte Dr. Arnold Hutschnecker, Arzt und über persönliche Kontakte zum Weißen Haus verfügend, dem Präsidenten ein fünfseitiges Memorandum unter dem Titel ,,A Plan for Prevention of Violent Crime" vor, in dem er darauf hinwies, bisherige Untersuchungen ließen erkennen, ,,daß sich bereits bei Sechsjährigen feststellen läßt, ob ein Hang zu Gewalt und Kriminalität gegeben ist". Hutschnecker schlug vor, alle sechs- bis achtjährigen Kinder, vor allem Kin-

Die Suche nach kriminellen Chromosomen ist nur eine von vielen ähnlichen Aktivitäten, die von diesen Behörden bezahlt werden. Und an dieser Suche nach ,,unsozialen Genotypen" und ,,kriminellen Gehirnen" bei kleinen Kindern können wir wieder einmal sehen, daß angesichts einer fehlenden und zugleich dringend erforderlichen Sozialpolitik auch intellektuelle Redlichkeit keine Gewähr dafür bietet, daß solche Vorstellungen nicht wiederbelebt werden, wenn erneute soziale Konflikte neue Forderungen nach repressiven Maßnahmen produzieren. Dies gilt insbesondere für jene ,,totalen Institutionen", in denen Verhaltenskontrolle Bestandteil des Alltags ist.

Das Gefängnis, so schrieb ein Anstaltsleiter aus Massachusetts im Jahre 1868, ,,ist ein Moralhospital, seine Insassen sind die moralisch Kranken. Das Gefängnis hat die Aufgabe zu heilen" (zit. n. R.V. Denenberg, *New York Times*, 17.2.1974). Seit dem Mittelalter, als Einkerkerung erstmals als Mittel zur Bestrafung von Gesetzesübertretungen diente, bis tief ins 19. Jahrhundert hinein waren seine erklärten Ziele Vergeltung, Freiheitsbeschränkung und Abschreckung. Seit ungefähr 150 Jahren jedoch liegt sowohl dem Bau wie der Führung von Gefängnissen in den Vereinigten Staaten und andernorts ein ,,Behandlungsmodell" zugrunde, demzufolge ihr Zweck nicht die Bestrafung, sondern die Rehabilitation ist; aus dem Straffälligen soll ein besserer oder sich besser verhaltender Mensch werden.

Moderne Strafinstitutionen werden nach scheinbar wohltätig klingenden Prinzipien wie ,,Besserung", ,,Rehabilitation" und ,,Behandlung" geführt. Dennoch waren und sind sie Orte der gleichen oder einer noch größeren Unterdrückung, als die offen strafenden Anstalten es waren, die sie ersetzen sollen. Um zu verstehen, warum dies so ist, ist es notwendig, zunächst einige Vorurteile zu untersuchen, die der Behandlungsphilosophie der modernen Kriminalstrafkunde zugrundeliegen. Sodann soll die Betrachtung einiger repräsentativer ,,Behandlungsmodalitäten" zeigen, wie die moder-

der aus den Slums, zu untersuchen; die Kinder, die kriminelle Tendenzen aufwiesen, sollten einer sofortigen ,,Korrektiv-Behandlung" unterworfen werden, ,,Pawlowsche Methoden, wie ich sie in der Sowjetunion erfolgreich angewandt habe", eingeschlossen. Hutschneckers Auffassung ist insofern typisch, als er zwar von den sozialen Ursachen des Verbrechens spricht, sich aber auf den Charakter des einzelnen Delinquenten konzentriert, in dem er offensichtlich die wirkliche Quelle des Problems sieht.

ne Technik der Verhaltenssteuerung, entwickelt unter dem Motto der Rehabilitation, dazu benutzt wird, Gefängnisdisziplin zu erzwingen, den institutionellen Fortbestand der entsprechenden Anstalten zu sichern und die Macht des Verwaltungspersonals zu stärken. Danach dürfte klar sein, warum die Behandlungsprogramme der Gefängnisse keine Heilung, Besserung oder Rehabilitation bewirken.

Das Recht im allgemeinen – und das Strafrecht im besonderen – gelten der Regulierung von sozialem Verhalten. Das Strafrecht für sich genommen hat zwei verschiedene Funktionen. Indem es so präzise wie möglich die abweichenden oder unangepaßten Verhaltensweisen definiert, die es regulieren will, hat es die Funktion, Kriminalität zu erzeugen. Das heißt, Ausmaß und Varietät von Verbrechen und Strafe in einer Gesellschaft hängen ganz wesentlich davon ab, wieviele und welche Verhaltensmuster als kriminell definiert sind. In seiner zweiten Funktion definiert und verfügt das Strafrecht Behandlungen für Personen, die Straftaten begangen haben, indem sie ein Verhalten zeigten, das in den Geltungsbereich des Gesetzes fällt.

Angesichts der Existenz von Gesetzen, durch die bestimmte Formen geistiger, sozialer, ökonomischer, sexueller oder weltanschaulicher Nonkonformität als Vergehen definiert sind, umfassen die administrativen Aufgaben, vor die die Justizgewalt gestellt ist, vornehmlich zwei Punkte: die Feststellung von Schuld an Handlungen, denen strafbares Verhalten zugrundeliegt, und die Zumessung angemessener Strafen. Nach der traditionellen Auffassung muß der Straftäter, der eines Vergehens für schuldig befunden worden ist, angemessen bestraft werden; zu diesem Zweck bedienen die Richter sich einer breiten Skala von Strafen, deren Schweregrad von extrem mild (zum Beispiel Verwarnung oder moralischer Verweis) bis zu extrem hart (Todesstrafe) reicht. Bei Gefängnisstrafen kann die Zahl der sich anbietenden Möglichkeiten im Einzelfall groß oder klein sein, allgemeine Regel ist jedoch, daß sich in ihrer Dauer die Schwere des speziellen Vergehens, der „Grad" der Vorsätzlichkeit und die Gegebenheit oder Nichtgegebenheit mildernder Umstände ausdrücken sollen.

Im Unterschied dazu ist die Behandlungsphilosophie das Resultat einer allgemeineren Entwicklung auf dem Gebiet des Strafrechts, nämlich der Abkehr von der Feststellung individueller Schuld und der Auferlegung entsprechender Strafen. Den Kern der Behandlungsphilosophie bildet die uns aus früheren Kapiteln bereits vertraute Auffassung, es seien ihre angeborenen Defekte, die einzelne Menschen zu bestimmten Arten von Verbrechen veranlaßten. Daraus folgt allerdings zwingend, daß man jemandem, der durch unsoziale Impulse, ausgelöst von einer tiefsitzenden biologischen Störung oder einer Verhaltensgestörtheit, zu irgendwelchen Handlungen getrieben wird, eine persönliche Verantwortung dafür nicht mehr anlasten kann. Statt eines Versuchs der Schuldfeststellung bedarf es deshalb – zum „Wohl des Übeltäters selbst" ebenso wie zum „Schutz der Gesellschaft" – der richtigen Diagnose mit einer wirksamen Behandlung der entsprechenden Defekte. Das heißt, die wirkliche Aufgabe des Strafrechtssystems wird hier nicht mehr in der richtigen Straffindung, sondern in der richtigen Behandlungsfindung gesehen.

Die Abkehr des Behandlungsmodells von der traditionellen Rechtsphilosophie ist folgenschwer. So ist zum Beispiel die Gefängnisstrafe keine an den für die Tat geltenden Rechtskriterien ausgerichtete zeitlich fixierte Strafe mehr, ihre Dauer hängt vielmehr von dem „glücklichen Ergebnis" der „Rehabilitation" ab. Daraus ergibt sich die Praxis einer Verhängung zeitlich nicht festgelegter Strafen, die es dem „gut motivierten" Strafgefangenen gestattet, eifrig an seiner Rehabilitation mitzuarbeiten, um früher zu einer bedingten Haftentlassung zu kommen. Ein solches System, so wird behauptet, biete der Gesellschaft zusätzlichen Schutz: der verstockte oder „unverbesserliche" Gefängnisinsasse, der sich weigert an seiner Rehabilitation mitzuwirken, bleibt auf unbestimmte Zeit im Gefängnis.

Die Behandlungsphilosophie hat auf Anhieb bei den unterschiedlichsten Gruppen Anklang gefunden. Liberalen Reformern erscheint sie als der Ausdruck echten menschlichen Interesses für die Zwangslage von Häftlingen, die sich in einem demütigenden, despotischen Strafsystem verfangen haben, während sie für scharfe Gefängnisdirektoren eine administrativ effiziente, produktive und sozial akzeptable Alternative zu den alten Konzeptionen darstellt.

Viele Staaten praktizieren heute eine Form der zeitlich nicht fixierten Bestrafung; der Straftäter erhält eine Mindest- und eine Höchststrafe. Der richterliche Arm des Gesetzes überträgt die Gewalt über den Verurteilten der Institution, in die er eingewiesen wird. Danach hängt das Schicksal des Häftlings von den Umständen innerhalb der Anstalt und von den Entscheidungen einer Kommission für bedingte Haftentlassungen ab, die von Zeit zu Zeit seine Gefängnisakte auf Beweise für ein ,,Fortschreiten seiner Rehabilitation" prüft und je nach ihren Erkenntnissen seinen Verbleib im oder seine Entlassung aus dem Gefängnis verfügt.

Gefängnishaft, wie immer sie aussehen mag, ist eine Form von Verhaltenssteuerung. Das Gefängnismilieu – die Architektur, die räumliche Organisation und die Aktivitäten im Gefängnis – ist das Steuerungsinstrument. Der Akt des Einsperrens, bei dem jemand gegen seinen Willen von der Gesellschaft im ganzen isoliert wird, ist nur der erste Schritt in jenem Prozeß der Verhaltensmodifikation, die die Inhaftierung bewirken soll.

In meiner Darlegung, aber auch genereller, bezeichnen die Begriffe der Verhaltenssteuerung und der Verhaltensmodifikation die gezielte Steuerung oder Veränderung von Verhalten, d.h. die Prozesse und Verfahren, vermittels deren die Anstalt und ihr Personal, die als Bevollmächtigte des Rechtsvollzugs fungieren, das Verhalten von Inhaftierten zu regulieren oder zu modifizieren suchen. Mit anderen Worten, eine klar definierte Klasse (die Bevollmächtigten des Rechtsvollzugs) bestimmt über eine andere klar definierte Klasse (die Patienten oder Inhaftierten). Während dies als viel zu selbstverständlich erscheinen mag, um noch der Erwähnung zu bedürfen, müssen die Machtunterschiede, die das Gefängnissystem kennzeichnen, zur Vermeidung von Fehleinschätzungen sehr wohl benannt werden. Eine Form der Verwirrung, die häufig auf das Konto von Verhaltenspsychologen geht, resultiert aus der Behauptung, Verhaltenssteuerungssysteme seien im wesentlichen reziprok. Angewandt auf das Gefängnis heißt das, das Verhalten der Strafgefangenen steuere und bestimme das Verhalten ihrer Wärter und umgekehrt. Was die Gefangenen tun, so wird argumentiert, bestimme die Reaktionen der Anstalt. Der Häftling zum Beispiel, der zu fliehen versuche, schaffe eine Situation, auf die die Wärter reagierten, indem sie ihn verfolgten: damit aber sei der Sträfling an der Steuerung des Gesamtgeschehens nachhaltig beteiligt. Auf der Basis dieser Auffassung gelangt B.F. Skinner in *Beyond Freedom and Dignity* (1971, S. 169) zu der Feststellung: ,,In einem sehr realen Sinne bestimmen demnach die Sklaven über die Sklaventreiber." Wir möchten an dieser Stelle nicht mehr sagen, als daß zwar ein Körnchen Wahrheit in dem Gedanken von der reziproken Steuerung steckt, zugleich aber auch eine viel umfassendere Realität, die aus Opportunitätsgründen ignoriert wird.

Ein anderer verwirrender Aspekt der von bestimmten Verhaltenspsychologen über Verhaltensmodifikation und Verhaltenssteuerung geführten Diskussionen besteht darin, daß sie die Begriffe nicht zur Bezeichnung der Verhaltensveränderung als solcher, sondern allein zur Kennzeichnung jener Formen von Steuerung verwenden, die auf speziellen psychologischen Theorien und Methoden basieren. Ich meine, daß dieses Bestreben, Begriffe, die im öffentlichen Diskurs eine klar umrissene Bedeutung haben, neu zu definieren, eine Übung in akademischer Arroganz ist. Die restriktiven Definitionen von Verhaltensmodifikation, die einige Psychologen anbieten, erzeugen häufig genau die Verwirrung, die sie beseitigen sollen, wie am folgenden Beispiel zu sehen ist:

„Ehe wir die rechtlichen und ethischen Probleme der Verhaltensmodifikation bei Anstaltsinsassen (das heißt bei Strafgefangenen und bei Patienten psychiatrischer Kliniken) erörtern, können zwei Quellen der Verwirrung beseitigt werden. Die erste ergibt sich aus der Tatsache, daß Verhaltensmodifikation nicht immer von bestimmten anderen Formen der Verhaltenssteuerung unterschieden wird, vor allem von der Psychochirurgie und der Chemotherapie. Auch wenn diese Methoden der Verhaltenssteuerung Verhalten tatsächlich verändern können, sind sie doch keine Techniken, die sich aus der Lerntheorie herleiten, man sollte deshalb auch nicht von Verhaltensmodifikation sprechen." (Bottrell 1974)

Der Leser mag entscheiden, ob er es hinnehmen will, daß der Psychologe einen Common-sense-Begriff aus seinem ursprünglichen Geltungsbereich herausnimmt und ihn sich aneignet. Ich bin der Auffassung, daß dies einen Versuch darstellt, sich auf Kosten der Volkssprache zu bereichern, dem man allein schon aus diesem Grunde entgegentreten muß. Wenn ich die Begriffe *Verhaltensmodifikation* und *Verhaltenssteuerung* benutze, dann in dem Sinne, in dem die meisten Menschen sie verwenden. Wo es erforderlich ist, können sie näher bestimmt werden, so daß klar wird, ob es sich im einzelnen Fall um eine „psychologische" (Manipulation durch Lohn, Strafe und ähnliche äußere Stimuli), eine „pharmakologische“ (Verabreichung von Arzneimitteln), eine „neurologische“ (Anwendung von Psychochirurgie, elektrischer Hirnreizung usw.) oder um eine Verhaltensmodifikation mit Hilfe anderer Mittel handelt.

Wenn ich auf diesem Gebrauch insistiere, so um deutlich zu machen, daß die für ein Verständnis von Verhaltensmodifikationsprogrammen (in Gefängnissen und anderswo) entscheidenden Faktoren in allen diesen Programmen die gleichen sind, ungeachtet ihrer unterschiedlichen Herkunft und Verfahrensweisen; Psychochirurgie ist eine Form der Verhaltensmodifikation, operante Konditionierung eine andere. Erstere bedingt eine Manipulation des Gehirns, letztere den Einsatz äußerer Reize; der Psychochirurg zerstört Gehirnsubstanz, der Verhaltenspsychologe nutzt den Verstärkereffekt. Die Gemeinsamkeiten von Psychochirurgie und operanter Konditionierung, wie sie im Bereich von Gefängnissen und anderen Überwachungsanstalten Anwendung finden, sind wichtiger als die Unterschiede zwischen ihnen. Die Hauptgründe dafür liegen darin, daß sie – zusammen mit weiteren „Behandlungsmodalitäten“ – den gleichen institutionellen Rahmen haben und der gleichen Intention dienen.

In der Strafanstalt des 19. Jahrhunderts wurde von den in Einzelzellen eingesperrten Straftätern nicht viel mehr erwartet, als daß sie in Einsamkeit büßten. Die Philosophie, die Anlage und Führung der Gefängnisse von 1820 an bestimmte, basierte auf der Idee, die moralische Rehabilitation lasse sich am besten durch Bestrafung in Form eines strengen Systems der physischen und sozialen Isolierung erreichen. Der Häftling müsse dazu gezwungen werden, über seine Sünden nachzudenken, und könne sich dabei entschließen, keine neuen zu begehen.

Von all den vielfältigen Qualen, die eine Inhaftierung bedeuten kann, wird keine von den Sträflingen mehr gefürchtet als die beklemmende totale Isolierung in Form der Einzelhaft. Als Tocqueville während seines Aufenthalts in den Vereinigten Staaten die Gefängnisse dieses Landes bereiste und mit Strafgefangenen sprechen konnte, war er von ihrem Widerwillen gegen Isolation und von ihrer Furcht, sie würden dadurch wahnsinnig werden, tief beeindruckt. Und Dickens schrieb im Jahre 1867, nachdem er die Eastern-State-Strafanstalt in Philadelphia besucht hatte, in seinen Reiseaufzeichnungen:

„Das Strafsystem hierzulande besteht in strenger, unerbittlicher und hoffnungsloser *Einzelhaft*. Ich halte es in seiner Wirkung für grausam und falsch. Seinem Selbstverständnis nach, das will ich gerne glauben, ist es freundlich, human und auf Erziehung bedacht; doch ich bin überzeugt, daß diejenigen, die dieses System der Gefängnisdisziplin ersonnen haben, und die wohlmeinenden Herren, die es tätig ausführen, nicht wirklich wissen, was sie tun... Ich halte das langsame, tagtägliche Eindringen in die letzten Winkel des Gehirns für weit schlimmer als jede körperliche Folter, nicht zuletzt weil die schrecklichen Wirkungen für das Auge kaum wahrnehmbar sind... und kaum ein Schrei der Qual ein menschliches Ohr erreicht; ich verurteile dieses System, denn es bedeutet eine geheime Bestrafung, der die schlafende Menschheit, weil nichts sie wachrüttelt, keinen Einhalt gebietet." (Dickens 1867, S. 283)

Die Erkenntnis vom Fehlschlag dieser Konzeption dämmerte den Gefängnisverwaltungen zwar nur langsam, aber schließlich wurde doch offenbar, daß Einzelhaft nicht nur keine Rehabilitation bewirkte, sondern in Wirklichkeit eine erschütternd große Zahl von Häftlingen in den Wahnsinn trieb. In dem Versuch, Geistesgestörtheit abzuwenden, wurde die „Heimarbeit" ins Gefängnissystem eingeführt, die Häftlinge wurden ermuntert, sich in ihren Zellen mit der Herstellung von Schuhen, mit Weben, Schneidern und ähnlichen Arbeiten zu beschäftigen. Doch der Plan ging nicht auf, und sein Scheitern führte zu Neuerungen in Form von „Fabrikgefängnissen" à la Auburn und Sing Sing im Staate New York. Hier verbrachten die Sträflinge die Nacht in winzigen Einzelzellen (dreieinhalb auf sieben Fuß) wie Bienen in einem Korb; bei Sonnenaufgang wurden sie in dicht geschlossenen Reihen unter Schweigen zu den Fabriken geführt, in denen sie schweigsam bis zum Frühstück arbeiteten; dann marschierten sie schweigend in die riesige Kantine, wo sie stumm aßen, um anschließend ebenso schweigsam an ihre Arbeit zurückzukehren, und so fort, Tag für Tag, Jahr für Jahr. Viele Kenner des Fabrikgefängnissystems von New York waren über den absoluten Despotismus, der dort herrschte, betroffen; von den Anstaltsleitern jedoch wurde es begeistert begrüßt, sahen sie doch in seinem Akzent auf unablässigem Fleiß ein Mittel, die Verurteilten zur Unterordnung zu zwingen.

Es überrascht kaum, daß das Industriegefängnis mit seiner Möglichkeit des finanziellen Profits (wenn auch nur selten für den Häftling) und dem Anspruch der Rehabilitation durch Zwangsarbeit zum Modell für die Mehrzahl aller amerikanischen Gefängnisse wurde. Als die „neue Strafvollzugslehre" mit der Gründung der *American Prison Association* im Jahre 1870 formell institutionalisiert wurde, galt für die große Masse amerikanischer Strafgefangener das Prinzip der „Rehabilitation durch Arbeit und Fleiß". Wie der Direktor einer New Yorker Besserungsanstalt schrieb: „Sollen Kriminelle auf das Leben in der Gesellschaft vorbereitet werden, müssen sie steng angefaßt werden und sich in rascher und peinlich genauer Selbstanpassung an gleichförmige Anforderungen üben." (Zebulon Brockway zit. n. Lamott 1975, S. 45) Indes, industrielle Ausbeutung ist heute nicht mehr das Lieblingsinstrument, um die gewünschte „Selbstanpassung" herbeizuführen. Heute nimmt man dazu Instrumente aus der modernen Technologie der Verhaltenssteuerung und entwickelt sie im Kontext einer „progressiven Strafreform" weiter. Die Frage ist nur, ob die Einführung dieser neuen Terminologie und Technologie das Gefängnissystem und bzw. oder das Leben der einzelnen Strafgefangenen wesentlich verändert hat.

Der Staat Kalifornien gibt hierfür einigen Aufschluß. Seit im Jahre 1917 die Bestimmung der zeitlich unbestimmten Haftstrafe ins Strafgesetzbuch aufgenommen wurde, ist Kalifornien auf dem Gebiet der Strafreform führend. Nirgendwo sind die Spannen zwischen Mindest- und Höchststrafen größer (auf Raub zum Beispiel steht eine Strafe zwischen fünf Jahren und lebenslänglich, während leichter Einbruch mit einem bis fünfzehn Jahren Gefängnis bestraft werden kann), und in keinem anderen Staat sind die praktizierten Behandlungsmodalitäten vielfältiger als hier. Und dennoch, das zeigen die Unterlagen, konnten die Reformen ihr Versprechen nicht einlösen. Dies geht nicht zuletzt aus der Tatsache hervor, daß sich die Rückfallquote – die Tendenz, nach einer bedingten Haftentlassung erneut im Gefängnis zu landen – in Kalifornien über viele Jahre hinweg praktisch nicht verändert hat: etwa 40 Prozent der Entlassenen werden letztlich wieder eingesperrt. (Mitford 1972) Mehr noch, zwischen den Rückfallquoten derer, die im Gefängnis psychiatrisch behandelt wurden, und derer, bei denen dies nicht der Fall war, scheint kein Unterschied zu bestehen. Das ist ein äußerst mageres Ergebnis für ein Gefängnissystem, das nach Auffassung sehr vieler Beobachter besser als die meisten anderen Strafvollzugssysteme ist, weil bei ihm das Hauptgewicht auf Behandlung liegt.

Wenn nun aber Statistiken beweisen, daß Behandlung als wesentliches Prinzip des Strafvollzugs wenig nützt, so zeigen andere Unterlagen, daß es sogar schaden kann. Aus einer einschlägigen Datensammlung geht hervor, daß die Dauer der Haftstrafen seit der Orientierung am Rehabilitationsmodell ständig zugenommen hat. Von 1959 bis 1969 zum Beispiel stieg die mittlere Haftdauer von Erstverurteilten bei schweren Straftaten von vierundzwanzig auf sechsunddreißig Monate und wurde damit zur längsten einschlägigen „Ersthaftstrafzeit" in den Vereinigten Staaten. (American Friends Service Commitee 1971, S. 91)

Statistiken wie diese offenbaren allerdings nicht die ganze Wahrheit. Ursache für das Scheitern des Rehabilitationsmodells ist die absolute und exzessive Macht, die Gefängnisleitungen und Haftentlassungskommissionen über das Leben des Häftlings in allen seinen Einzelaspekten ausüben. Den Augen der Öffentlichkeit entzogen und ohne, wie andere staatliche Einrichtungen, irgendwelchen Kontrollinstanzen aufgrund eines Gleichgewichts der Kräfte rechenschaftspflichtig zu sein, ist das moderne Gefängnis „gesetzlos". (Greenberg/Stender 1972) Es mag paradox erscheinen zu sagen, ausgerechnet die Institution, die dazu da ist, Gesetz und Recht Geltung zu verschaffen, sei selber gesetzlos; es ist jedoch Tatsache, daß Gefängnisbeamte insofern keine Gesetzesnorm kennen, als sie über das Verhalten von Strafgefangenen Macht ausüben (einschließlich der Macht, zu bestrafen und zu behandeln), ohne dabei im Regelfall der Rechtskontrolle zu unterliegen und entsprechenden Prozeßverfahren unterworfen zu sein. De facto gibt es nahezu nichts, was Gefängnisbeamte im Namen einer „Behandlung" nicht tun können und nicht auch tatsächlich tun.

Die unkontrollierte und unumschränkte Handlungsfreiheit von Gefängnisleitungen, gekoppelt mit der Behandlungsphilosophie der modernen Strafrechtler, erzeugt jene Widersprüche, die, will man sie begreifen, aus der Perspektive des Sträflings betrachtet werden müssen. Nahezu alles, was einem Gefängnisinsassen angetan wird, um ihn zur Konformität mit der gesetzlosen Disziplin des Gefängnislebens zu zwingen, läßt sich als eine Form von Behandlung ausgeben, die zum Wohle des Häftlings praktiziert wird. Der Widerspruch liegt darin, daß in den Funktionsbereich des Gefängnisses Aufgaben fallen wie die Strafaussetzung. Denn in Gefängnissen, die nach den Prinzipien der Behandlungsphilosophie geführt werden, gehen die Häftlinge davon aus, daß sie, um für eine Entlassung überhaupt in Betracht zu kommen, an einem Behandlungsprogramm teilnehmen *müssen*. Wie die Autoren von *Struggle for Justice* deutlich machen, zeigen Parolen wie ,,Mach an einem Programm mit, und du kommst raus'', die im Gefängnis häufig zu hören sind, daß Programmbeteiligung eine Art betrügerisches Spiel darstellt, bei dem die Strafgefangenen ihren Part spielen, um den Entlassungsprozeß mit zu beeinflussen. Tatsächlich gibt es viele Behandlungsprogramme in Gefängnissen, die vom Häftling kaum mehr verlangen als eine Geste der Bereitwilligkeit, das Spiel mitzuspielen. In vielen Fällen jedoch kann der Sträfling das Behandlungsspiel nur gewinnen, indem er seine Selbstachtung verliert; so muß der Strafgefangene, um aus seiner Anhörung vor der Kommission für bedingte Haftentlassung als Gewinner hervorzugehen, eine Akte haben, die bezeugt, daß er ,,sich gut geführt'' hat, eine Akte, die die Sachverständigen versöhnlich stimmt und zeigt, daß er ,,bei dem Programm gut mitzog''.

Es gibt viele Häftlinge, die das Spiel nicht spielen mögen und nicht gewinnen können. George Jackson war einer von ihnen. Als er 1971 in San Quentin starb, hatte er viele Jahre in kalifornischen Gefängnissen zugebracht, um eine zeitlich nicht festgelegte Strafe für einen bewaffneten Raubüberfall zu verbüßen, bei dem er siebzig Dollar erbeutet hatte. In einem Brief an seine Anwältin, Fay Stender, schrieb er,

> ,,Niemand betritt den Raum, in dem die Kommission tagt, mit erhobenem Kopf. Man tut das einfach nicht... Wenn jemand aus diesen Gefängnissen entlassen wird, Fay, dann bedeutet das, daß er in den Raum gekrochen ist. Und es bedeutet, daß er auf die Scheiße, die er seit der letzten Kommissionssitzung immer wieder ins Gesicht bekam, mit Gleichmut reagiert hat... Der Junge, der es schafft, entlassen zu werden, hat im Laufe seines Aufenthalts hier irgendwie sein Gesicht verloren... Er läuft aus einer miesen Situation davon, um seinen Körper zu retten – und tut es auf Kosten seines Gesichts...'' (Greenberg/Stender 1972, S. 807)

Der Strafgefangene, der nicht ,,mitzieht'' oder jedes Programm rundweg ablehnt, befindet sich deutlich im Nachteil: die Gefängnisleitung kann eine solche negative Haltung zum Beweis dafür nehmen, daß der Gefangene noch nicht rehabilitiert ist. Dies wiederum kann dazu führen, daß er in eine andere Haftkategorie kommt (indem zum Beispiel an die Stelle einer niedrigen oder mittleren die höchste Sicherheitsstufe tritt oder diese gegen „das Loch" – die Einzelhaft vertauscht werden müssen, die in einigen Gefängnissen euphemistisch das „Anpassungszentrum" heißt). Mehr noch, der Häftling, der sich der Behandlung widersetzt, der darauf insistiert, daß er weder geistig krank noch verhaltensgestört, noch biologisch geschädigt ist, kann eine unbestimmte Freiheitsstrafe als seine Strafzumessung begreifen. Jessica Mitford (1972, S. 12) beschreibt einen solchen Fall:

„Ein in San Quentin inhaftierter Indianer verbüßte wegen Einbruchs eine unbestimmte Freiheitsstrafe von einem bis fünfzehn Jahren: als Erstverurteilter wäre er normalerweise nach ungefähr einem Jahr bedingt aus der Haft entlassen worden. Die Kommission weigerte sich acht Jahre lang, einen Entlassungstermin festzusetzen, weil er an keiner Gruppentherapie teilnehmen wollte. Im neunten Jahr floh er aus dem Gefängnis."

Nach dem alten traditionellen und sicherlich wenig überzeugenden Modell festgelegter Freiheitsstrafen sollte die Bestrafung (das heißt die Haftdauer) dem Vergehen entsprechen. Bei dem neuen, scheinbar nicht auf Bestrafung angelegten Modell der nicht festgelegten Freiheitsstrafen hängt die Haftdauer häufig von der Bereitwilligkeit des Häftlings ab, sich einer Behandlung zu unterwerfen. Mehr noch, die Behandlung gilt in dem Maße als erfolgreich, in dem das Verhalten des Strafgefangenen sich in der vorgesehenen Weise zu verändern scheint. Wen wundert es da noch, daß die meisten Gefängnisprogramme nicht nur Fleiß und Sauberkeit, sondern auch Fügsamkeit und Unterwürfigkeit der Obrigkeit gegenüber zu befördern suchen. Haftverschärfung und -verlängerung sind nicht die einzigen Strafen, die die Gefängnisleitung verfügen kann. Wie Greenberg und Stender festgestellt haben, ist die unumschränkte Vollmacht des Gefängnisses, Strafen zu verhängen, nahezu ohne Grenzen:

„Es kann Häftlinge weit entfernt von ihren Familien unterbringen und macht von dieser Möglichkeit durchaus Gebrauch, es kann die Zahl der Besucher begrenzen und einschränken, es kann zensieren, was die Häftlinge lesen und schreiben, darüber entscheiden, mit wem sie innerhalb des Gefängnisses zusammen sind, welche Medikamente oder andere medizinische Fürsorge sie erhalten oder nicht erhalten, welche Ausbildung ihnen zuteil wird oder nicht zuteil wird, ob sie völlig eingeschlossen werden, und das über Wochen, Monate, gelegentlich sogar Jahre, oder ob sie eine begrenzte persönliche Freiheit genießen. Die persönliche Habe der Häftlinge kann verbummelt oder vernichtet werden, hereinkommende und hinausgehende Briefe können liegen bleiben, und im Extremfall können Sträflinge ohne Nahrung gelassen, brutal behandelt und sogar getötet werden." (Greenberg/Stender 1972, S. 803)

Alle diese Dinge, das sei betont, können vorkommen und sind vorgekommen in Gefängnissen, die offiziell den Prinzipien der Behandlungsphilosophie anhängen. Häufig geschehen sie im Verlauf jenes Prozesses, in dem der Sträfling dazu veranlaßt werden soll, „ein Programm aufzunehmen"; einige sind auch Teil der Routine des Behandlungsprogramms selbst.

Die Programme umfassen eine beängstigende Skala von Maßnahmen, von der Gruppentherapie bis zur Psychochirurgie; viele stammen aus dem Waffenarsenal der modernen Verhaltenssteuerung. Da die Behandlungsmethoden so unterschiedlich und vielfältig sind, will ich versuchen, ihre Erörterung dadurch zu strukturieren, daß ich sie in einer Reihenfolge abhandle, die durch ihre Intensität oder Nachhaltigkeit bestimmt ist. Ich beurteile diese Intensität der Behandlung anhand verschiedener Kriterien, darunter die Dauer ihrer Auswirkungen, das Ausmaß der dabei angewendeten körperlichen Kraft oder Gewalt und der Grad, in dem es widerstrebenden Häftlingen möglich ist, eine Mitwirkung an der Behandlung vorzutäuschen oder ihren intendierten Wirkungen auf andere Weise auszuweichen.

Die Psychochirurgie zählt zweifellos zu den massiven Behandlungsmethoden. Die Amygdalektomie und andere Formen der Psychochirurgie sind im Namen der „Gewaltkontrolle" propagiert und praktiziert worden, und es kann nicht überraschen, daß die jüngsten Gefängnisunruhen einige Experten zu dem Ratschlag bewogen haben, „aggressive und destruktive Häftlinge" genauestens zu untersuchen und der Diagnose entsprechend zu behandeln. So drängte zum Beispiel Dr. M. Hunter Brown, Psychochirurg in Kalifornien, seine Kollegen auf dem Zweiten Internationalen Kongreß für Psychochirurgie, „Pilotprogramme für eine erfolgreiche psychochirurgische Rehabilitation des häufig jungen und intelligenten, aber zur

Kontrolle gewalttätiger Impulse unfähigen Häftlingspatienten zu initiieren" (Valenstein 1973, S. 255). Auch Steuerzahlern und Gefängnisbeamten versuchte er sein psychochirurgisches Pazifizierungskonzept nahezubringen, und zwar mit dem wirtschaftlichen Argument: ,,Jeder junge Gewaltverbrecher, der 20 Jahre und länger im Gefängnis sitzt, kostet den Steuerzahler ungefähr 100.000 Dollar. Für etwa 6.000 Dollar kann die Gesellschaft ihm eine medizinische Behandlung angedeihen lassen, die einen verantwortungsbewußten, wohlangepaßten Bürger aus ihm macht." (Calder 1972, S. 3)

Im September 1971 (zur Zeit der Massaker von Attika und San Quentin) schrieb der Leiter des *California Department of Corrections,* Raymond K. Procunier, einen Brief an den zuständigen Kontrollausschuß, den *California Council of Criminal Justice*, der mit der Feststellung begann, das Problem der Behandlung des ,,aggressiven, destruktiven Strafgefangenen" habe sich in jüngster Zeit merklich zugespitzt, eine befriedigende Behandlungsmethode sei jedoch bislang nicht entwickelt worden. Es folgte das Konzept eines ,,umfassenden neurochirurgischen Untersuchungs- und Behandlungsprogramms für den gewalttätigen Gefängnisinsassen" in Form von Elektrodenimplantation, Hirnreizung und Zerstörung von Hirnsubstanz, Verfahren, wie Dr. Mark und Dr. Ervin sie praktizierten.

Der Briefschreiber schlug vor, die Häftlinge in einem Gefängnis zu behandeln, das euphemistisch *California Medical Facility* heißen und in Vacaville liegen sollte, dem Sitz eines geplanten riesigen psychiatrischen Diagnosezentrums, des *Maximum Psychiatric Diagnostic Unit* – MPDU – (in der Knastsprache ,,Maxi-Maxi"). Der Plan, das MPDU in Vacaville zu errichten, war in einem Bericht des *California Board of Corrections* über ,,Gewalt in kalifornischen Gefängnissen" enthalten, der im Jahre 1971 Gouverneur Ronald Reagan zugegangen war. Bald danach, nämlich im Februar 1972, eröffnet, nimmt diese Einrichtung bis zu vierundachtzig Sträflinge auf, die aus den sogenannten ,,Anpassungszentren" (das heißt aus der ,,Isolierzelle" oder ,,dem Loch", wie es im Gefängnisjargon heißt) kommen. Nach offiziellen Verlautbarungen soll das MPDU den gewalttätigsten unter den annähernd 700 Insassen der kalifornischen Besserungsanstalten, die zu zwei Dritteln von Schwarzen und Chicanos bevölkert werden, Diagnose und Behandlung bieten.

Angesichts der zunehmenden Verfügbarkeit von stereotaktischer Psychochirurgie, Hirnreizung und anderen Formen der „Neurotechnik" einerseits und der wachsenden Unruhe in den Gefängnissen andererseits war die Aussicht auf Verhaltenskontrolle mittels Gehirnmanipulation für die kalifornischen Strafbehörden im Jahre 1971 offensichtlich sehr verlockend. (Es ist davon die Rede, das kalifornische Strafsystem habe bereits vor 1971 von der Psychochirurgie Gebrauch gemacht, mir sind jedoch weder Fakten bekannt, die diese Behauptungen beweisen, noch solche, die sie entkräften würden.) Indes, das vorgeschlagene Konzept stieß auf erheblichen Widerstand, als der Brief, in dem es entwickelt war, in die Hände einer Gruppe ehemaliger Häftlinge geriet, die damit umgehend an die Öffentlichkeit gingen. Am 30. Dezember 1971 berief das *Department of Corrections* – die Opposition gegen das Psychochirurgieprojekt wurde immer lauter – eine Pressekonferenz ein, auf der es ankündigte, man habe das Projekt „aus verwaltungstechnischen Gründen vorläufig zurückgestellt". Der Leiter der Forschungsabteilung dieser Behörde ließ den Reportern gegenüber verlauten, bei der Entscheidung, es fallenzulassen, spielten auch finanzielle Erwägungen eine Rolle, aber so fügte er hinzu: „Wir werden zwar höchstwahrscheinlich das Projekt nicht weiterverfolgen, hätten wir aber unbegrenzte Mittel zur Verfügung, so würden wir alle Möglichkeiten erforschen, um allen denjenigen zu helfen, die nach solcher Hilfe verlangen." (S. Gann u.a. 1972; Mitford 1973, S. 26)

Das Psychochirurgieprojekt wurde in diesem Falle dank des Protests der Öffentlichkeit fallengelassen oder doch zumindest erst einmal beiseite gelegt. Dennoch setzen das MPDU und andere „Maxi-Maxi"-Gefängnisse Untersuchung und Behandlung von Häftlingen fort, nun eben auf der Basis anderer Programme; und neue Vorschläge, wie das menschliche Gehirn manipuliert werden könne, werden auch weiterhin zuhauf unterbreitet.* Einer der technisch raffinierteren ist nichts anderes als die direkte Fortführung eines im Indochinakrieg für das Schlachtfeld entwickelten Konzepts. Seine

* In einer dreistündigen NBC-Sendung über „Gewalt in Amerika", die im Januar 1977 ausgestrahlt wurde, sprach Dr. M. Hunter Brown über Psychochirurgie und befürwortete ihre Anwendung bei Insassen von Vacaville. Eine Operation wurde gezeigt und ihr Nutzen für die Behandlung von Gewalt hervorgehoben. Ganz ohne Zweifel steht die Psychochirurgie in Gefängnissen nach wie vor zur Debatte.

Methode basiert auf technischen Verfahren zur ,,Fernüberwachung des Pulsschlags", wie sie im Dschungelkrieg entwickelt und eingesetzt wurden. Um ,,befreundete" Einheiten vor versehentlichen Angriffen aus dem eigenen Lager zu schützen, trug gelegentlich einer der Soldaten, die an die Front geschickt wurden, ein Funk-Fernmeßgerät in Form einer Armbanduhr bei sich. Die Sendesignale wurden weit entfernt von drei verschiedenen Empfangsstationen aufgefangen, und mit Hilfe der trigonometrischen Netzlegung konnte die Position des Senders beständig überwacht werden. Um ,,den vollen Überblick zu behalten", solle man, so wurde vorgeschlagen, bedingt Haftentlassenen zur Auflage machen, solche Instrumente zu tragen, um ihre Bewegungen telemetrisch beständig überwachen zu können. Ralph Schwitzgebel (1967, S. 364) zum Beispiel schreibt:

,,Ein bedingt Entlassener würde vermutlich weniger leicht erneut straffällig werden, wenn die Basisstation aufzeichnen würde, wo er sich jeweils befindet. Schlösse dieses System auch eine zweiseitige Tonverbindung ein, dann könnte eine therapeutische Beziehung hergestellt werden, bei der der bedingt Entlassene dem Therapiekonzept gemäß gelobt, ermahnt oder sonstwie angesprochen werden könnte."

Falls der bedingt Entlassene mutwillig an dem Gerät herumspiele, um sich der Überwachung zu entziehen, könne er, schrieb Schwitzgebel, durch eine ,,Sicherheitsvorrichtung" daran gehindert werden.

Vom System der ,,zweiseitigen Tonverbindung" dieser Machart bis zu einem Überwachungs- und Kontrollsystem, das einen bedingt Entlassenen, einen Computer und einen Satz Elektroden im Gehirn des Betreffenden verkoppelt, ist es nicht allzu weit. Und so sind auch zwei Kriminologieprofessoren unter denen, die genau dieses System vorgeschlagen und empfohlen haben. Fernüberwachung und Hirnreizung, so behaupten sie, seien ,,als Kontrollmethode möglich und machbar". Den hypothetischen Fall eines bedingt Entlassenen konstruierend, dem Elektroden eingepflanzt sind, die seine Gehirntätigkeit und andere physiologische Meßdaten aufzeichnen und ihn nur ganz geringen Einschränkungen technischer Natur unterwerfen, sehen sie den Tag kommen, da er

„mit dem Vorstrafenregister eines Einbrechers in einem Geschäftsviertel ausgemacht wird (de facto wird er in einem Laden geortet, von dem man weiß, daß er des Nachts geschlossen ist). Seine physiologischen Daten zeigen ein gesteigertes Atemtempo, eine Anspannung der Muskulatur und einen erhöhten Adrenalinausstoß an. Man würde sicherlich richtig liegen, wenn man sagte, er habe nichts Gutes im Sinn. Der Computer würde in diesem Fall, in Abwägung aller Verdachtsmomente, zu einer Entscheidung gelangen und die Polizei oder den Bewährungshelfer benachrichtigen, damit sie an den Ort des Geschehens eilen könnten; wäre der Betreffende mit einem Radiotelemeter versehen, könnte dieser (seinem Gehirn) ein elektrisches Signal übermitteln, das ihn hinderte, sein Vorhaben weiterzuverfolgen, indem es ihn seinen Plan einfach vergessen oder aufgeben ließe." (Ingraham/Smith 1972, S. 42)

Um den „Nutzen" eines solchen Überwachungssystems sicherzustellen und um „möglichen ethischen und rechtlichen Einwänden zuvorzukommen", bestehen die Urheber dieses Konzepts darauf, daß die Zustimmung des Häftlings eingeholt werden müsse und daß er „die freie Entscheidung haben (müsse)... ins Gefängnis zurückzukehren", wenn ihm die Überwachung und das Kontrollsystem als zu „belastend" erschienen. Außerdem weisen sie ihre Leser noch einmal darauf hin, daß ein solches System, das ja schließlich als Rehabilitationshilfe gedacht sei, weitestgehende Befugnisse in den Händen der entsprechenden Amtspersonen erforderlich mache; „ein Gesetz sollte verabschiedet werden, das denjenigen, die diese Apparaturen bedienen, das absolute Vorrecht einräumt, alle bei ihnen eingehenden Informationen für sich zu behalten... des weiteren sollten alle Daten für ‚gerichtlich nicht verwertbar' erklärt werden." Mit anderen Worten, die Strafjustiz selbst sollte außergesetzlich sein, sie sollte ein gesetzloses Organ sein, das jede beliebige Kontrollmaßnahme verfügen und anwenden konnte, ohne selbst der Rechtskontrolle zu unterliegen.

Wohl erkennend, daß immer noch gewisse moralische Bedenken gegen ihre therapeutischen Ziele in den Geistern irgendwelcher Leute herumspuken könnten, zitieren sie B.F. Skinner, um endgültig sichtbar zu machen, daß das wissenschaftliche Zeitalter angebrochen ist, sowie den Satz von Victor Hugo: „Nichts ist so mächtig wie eine Idee, deren Zeit gekommen ist."

„Das Gleiche gilt für eine Technologie, deren Zeit wir soeben erleben. Die Länder, die in ihrer sozialen Existenz Schritt zu halten versuchen mit ihrer rasch voranschreitenden Technik, werden in der Welt von morgen überleben und bestehen; diejenigen, die zurückblicken und an alten, längst überholten Werten festhalten, werden ihren Niedergang... erleben. Die Völker, die menschliches Verhalten so kontrollieren und steuern können, daß sie das Problem der Kriminalität beherrschen, werden einen riesigen Vorteil vor jenen haben, die dies nicht können. Ob wir wollen oder nicht, technische Neuerungen und Veränderungen verlangen Veränderungen auch im politischen und sozialen Leben und in den Werten..."

Die Autoren dieser Sätze kommen zu dem Schluß, ihr Konzept sei „ein vernünftiges Konzept" für den Umgang mit „primitiven humanoiden Zügen wie der intraspezifischen Aggression – einem widerwärtigen Zug... Was wäre besser, als bei den Menschen anzufangen, die am dringendsten einer Veränderung zum Besseren bedürfen?" (Ingraham/Smith 1972, S. 52)

Vielleicht brauchen Strafgefangene sich bislang aber noch gar nicht vor einer Verhaltensmodifikation mittels Psychochirurgie, Elektrodenimplantation, Fernreizung und anderer ausgeklügelter elektrophysiologischer Techniken zu fürchten. Der Grund dafür liegt allerdings weniger darin, daß die Technik nicht funktionierte (die praktischen Möglichkeiten technischer Verbesserungen sind riesig), sondern viel eher darin, daß diese Methoden der Verhaltenskontrolle und -steuerung in der heutigen amerikanischen Gesellschaft, die Gefängnisse eingeschlossen, weder erforderlich noch besonders erwünscht sind. Die Auffassung, direkte Gehirnmanipulation als Methode der Verhaltenssteuerung von Gefängnisinsassen sei weder moralisch noch rechtlich vertretbar, spiegelt sich nicht zuletzt in einer neueren Gerichtsentscheidung wider, die ihre Anwendung verbietet. Andere Spezialisten, die keine Neurochirurgen sind, gehen davon aus, daß andere Modifikationsmethoden sowohl effizienter als auch akzeptabler sind.

Die Verfechter der Gehirnmanipulation bei Häftlingen haben einen rechtlichen Rückschlag erlitten; der Fall „John Doe", der ihn auslöste, betraf einen geisteskranken Patienten des Jonia State Hospital in Michigan. Doe war als „sexueller Psychopath" im Alter von achtzehn Jahren in die Klinik eingewiesen und aufgefordert worden, an einem staatlich finanzierten Versuch teilzunehmen, dessen Ziel es war, den Erfolg eines psychochirurgischen Eingriffs ins limbische System zwecks „Gewaltkontrolle" mit dem Ergebnis einer Behandlung mit Cyproteronazetat, einem Antiandrogen, zu vergleichen, das eine „chemische Kastration“ hervorrufen sollte, die durch Impotenz, Verlust des Geschlechtstriebes und durch Fügsamkeit gekennzeichnet war. Aufgrund von Informationen, die ihm der Leiter gab, und auf das Versprechen hin, daß ein zufriedenstellendes Ergebnis seine Aussicht auf Entlassung erhöhe, gab Doe seine Zustimmung zu einer psychochirurgischen Behandlung; auch seine Eltern willigten ein. Der nächste Schritt bestand in der Einpflanzung der erforderlichen Elektroden, doch an diesem Punkt hörte Staatsanwalt Gabe Kaimowitz von dem Projekt und strengte einen Prozeß dagegen an.

Das war ein ungewöhnlicher Schritt. In den meisten Prozessen im Bereich der geistigen Gesundheitsfürsorge war es bisher darum gegangen, „ein Recht auf Behandlung“ im Namen von Patienten durchzusetzen, die eingesperrt waren, aber nicht behandelt wurden; Kaimowitz hingegen wollte die psychochirurgische Behandlung von Doe und anderen, die sich in einer ähnlichen Situation befanden, verhindern. Als daraufhin das Gericht einen Anwalt bestellte, der Does Interessen vertrat, und diesem der Nachweis gelang, daß der Gesetzesparagraph für straffällige Psychopathen im Strafrecht von Michigan, nach dem Doe eingewiesen worden war, als verfassungswidrig angesehen werden mußte, erhielt Doe seine Freiheit und entschloß sich, nun nicht mehr an dem Projekt teilzunehmen.

Damit, daß Doe in Freiheit gesetzt wurde und der Staat sich durch den Druck der Öffentlichkeit genötigt sah, dem Projekt seine Unterstützung zu entziehen, gab sich das Gericht jedoch nicht zufrieden, es machte vielmehr geltend, der Fall werfe weitere Fragen auf, weil Kaimowitz nicht nur Doe, sondern die Geisteskranken von Michigan in ihrer Gesamtheit vertrete, das heißt eine Personengruppe, die in Zukunft möglicherweise ähnlichen Projekten ausgesetzt sei. Nach der Anhörung einer Vielzahl von Hirn- und Verhaltensforschern stellte das Gericht fest, daß (1) Patienten, die gegen ihren Willen in staatlichen Einrichtungen festgehalten würden, rechtlich gar nicht in der Lage seien, eine rechtsgültige, freiwillige, informierte Zustimmung zu psychochirurgischen Operationen zu geben, die in irreversibler Weise Gehirnsubstanz zerstörten; (2) das Grundrecht der freien Rede und Meinungsäußerung das Recht voraussetze, Ideen zu produzieren, ein Recht, das durch einen Einsatz der Psychochirurgie zunichte gemacht oder verletzt werden könne und (3) das verfassungsmäßig garantierte Recht auf Privatheit durch unbefugtes Eindringen in das Gehirn eines Patienten gebrochen werden könne. Das Gericht lehnte es ausdrücklich ab, über Kaimowitz' Behauptung, unter den gegebenen Umständen laufe der psychochirurgische Eingriff auf eine „grausame und außergewöhnlich harte Bestrafung" hinaus, zu befinden. Diese Entscheidung wird mit ziemlicher Sicherheit weitere Prozesse nach sich ziehen, die, ebenso wie sie selbst, dazu beitragen können, daß die rechtlichen und ethischen Aspekte der Empfehlungen, Gehirnmanipulation als Mittel der Verhaltenskontrolle von Strafgefangenen zu verwenden, sichtbar und in angemessener Weise diskutiert werden.

Allerdings ließe sich auch argumentieren, daß selbst ein absolutes Verbot der Psychochirurgie (ein Schritt, den ich für unnötig, unklug und belanglos hielte) die Strafbehörden kaum tangieren würde. Der Grund dafür läßt sich aus den Überlegungen des Psychologen James V. McConnell (1970, S. 14) entnehmen:

„...Ich glaube, wir können heute sensorische Deprivation mit Drogen, Hypnose und raffinierter Manipulation mittels Lohn und Strafe so miteinander kombinieren, daß wir eine totale Kontrolle über das Verhalten eines Menschen auszuüben vermögen. Damit sollte es aber auch möglich sein, ein einfaches und wirksames Modell der positiven Gehirnwäsche zu entwickeln, das es uns erlaubt, tiefgreifende Veränderungen in Verhalten und Charakter eines Menschen vorzunehmen..."

Der Terminus *Gehirnwäsche*, der eine Übersetzung aus dem Chinesischen ist, beschwört das Bild von amerikanischen Kriegsgefangenen herauf, die während des Korea-Krieges von denen, die sie gefangen genommen hatten, einer rigorosen „Gedankenreform" und „Verhaltensänderung" unterzogen wurden. Bedenkt man ihren häßlichen und düsteren Beiklang, so mag es überraschen, daß ein amerikanischer Psychologe die Gehirnwäsche als Mittel der Modifikation von Verhalten und Vorstellungen der in zivilen Gefängnissen einsitzenden Häftlinge propagiert. Und doch ist die Idee der Zwangsindoktrinierung denjenigen, die Gefängnisse und andere Anstalten in diesem Lande leiten, durchaus nicht fremd. Tatsächlich lauschte, bereits acht Jahre bevor McConnell seine Überlegungen kundtat, eine von den *National Institutes of Mental Health* für die Bundesstrafbehörde organisierte Konferenz zum Problem der

Macht, das Verhalten von Menschen zu verändern, dem Vortrag eines anderen Psychologen, der die Gehirnwäsche mit Einschränkungen bejahte.

Ein Ziel jener Konferenz bestand darin, Gefängnisdirektoren und -beamte mit den neuesten Entwicklungen auf dem Gebiet der Verhaltenssteuerung und ihrer praktischen Anwendung im Umgang mit Strafgefangenen vertraut zu machen; unter den als Rednern geladenen Sozialwissenschaftlern war auch Dr. Edgar H. Schein, Professor für Organisationspsychologie an der Managerschule des MIT*. Sein Referat basierte auf seinen Studien über das ,,Kollaborationsverhalten von Gefangenen (zumeist amerikanische Armeeangehörige), die während des Koreakrieges in nordkoreanischen und chinesischen Gefängnislagern gewesen waren, sowie über Verhaltensänderungen bei Zivilhäftlingen (ebenfalls zumeist Amerikaner), die aus Rotchina ausgewiesen wurden, nachdem sie dort bis zu fünf Jahren eingesperrt gewesen waren". ,,Ich möchte", so sagte er den Gefängnisbeamten, ,,daß Sie Gehirnwäsche nicht unter politischen, moralischen und ethischen Aspekten betrachten, sondern unter dem Aspekt einer gezielten Verhaltensveränderung durch eine Gruppe von Leuten, die die äußere Umwelt der Gefangenenpopulation relativ umfassend kontrolliert" (Schein 1962, S. 92).

,,Um eine Verhaltens- und/oder Einstellungsänderung zu bewirken", so Scheins Hauptargument, ,,müssen die Stützen der alten Verhaltensmuster und Auffassungen erschüttert, unterminiert oder fortgenommen werden."

,,Soll jemand zu einem Verhalten veranlaßt werden, das seinen Normen nicht entspricht, so gilt es zunächst, die Gruppe aufzulösen, die diese Normen stützt, danach müssen seine emotionellen Stützpfeiler unterminiert und er in eine neue und undurchsichtige Situation gebracht werden, deren Normen unklar sind; und schließlich muß man Druck auf ihn ausüben." (Ebd. S. 94)

Indem Schein auf die Umstände verwies, unter denen die Kriegsgefangenen zu leben hatten, nämlich Isolation, körperliche Härten (Kälte, Hunger und mangelnde Hygiene), soziale Desorganisation, keine Post und weitere Unannehmlichkeiten, die sie zur Kollaboration veranlassen sollten, gab er den Gefängnisbeamten zu verstehen,

* Massachusetts Institute of Technology, Cambridge, Mass.

daß diese Methoden sich gar nicht so sehr von denen unterschieden, die in amerikanischen Gefängnissen zur Verhaltenssteuerung angewendet werden.

„Ich darf Sie daran erinnern, daß ich diese Parallelen nicht ziehe, um unsere eigenen Methoden zu kritisieren; was ich bezwecke, ist vielmehr das genaue Gegenteil. Ich versuche zu zeigen, daß die chinesischen Methoden gar nicht so geheimnisvoll, gar nicht so viel anders und gar nicht so schrecklich sind, wenn wir uns erst die Schrecklichkeit der kommunistischen Ideologie wegdenken und nur die Art und Weise betrachten, in der Einfluß genommen wird." (Ebd., S. 97)

Gehirnwäsche, so könnte man sagen, ist eine zumindest weniger massive Behandlung als Gehirnzerstörung. Ihr Ziel ist es, eine Verhaltensänderung herbeizuführen, aber nicht, indem die Unversehrtheit des Gehirns angetastet wird, sondern dadurch, daß der Betreffende in seinen sozialen und äußeren Voraussetzungen willkürlich und unerbittlich bis zur schweren Entbehrung eingeschränkt wird. Gehirnwäsche beginnt mit der Zufügung von Schmerz und Unbehagen, es folgt der Entzug von Dingen wie Nahrung und Post, und schließlich wird ein Programm aufgestellt, das die Wiedererstattung eben dieser Dinge als Belohnung für korrektes Verhalten festlegt. Zu sagen, Schein habe den Gefängnisbeamten angeraten, die Methoden der Gehirnwäsche zur Bewältigung der Probleme in ihren Anstalten zu nutzen, wäre eine Übertreibung. Er forderte sie aber immerhin auf, ihre eigenen Schlüsse aus seinen Betrachtungen zu ziehen; und in seinem Schlußwort erinnerte der Tagungspräsident, im Alltag Leiter der Bundesstrafbehörde, seine Kollegen daran, daß in den Bundesgefängnissen an die 24.000 Häftlinge säßen – „eine enorme Gelegenheit, einige der Experimente, von denen die verschiedenen Diskussionsteilnehmer gesprochen haben, weiterzuführen". Er versicherte seinen Untergebenen, daß es der Zentralbehörde in Washington „sehr darum zu tun ist, daß Sie folgendes machen: Unternehmen Sie einiges von sich aus – sehen Sie zu, auch in einem kleinen Experiment, was Sie mit den Moslems machen können und was Sie mit einigen unter den Psychopathen machen können" (ebd., S. 99).

Scheins Ratschlag an die Konferenz bezüglich der Methoden der Gehirnwäsche und den ermunternden Worten des Präsidenten folgte – wen wundert's – in etlichen Bundesgefängnissen die formelle

Initiierung neuer Verhaltensmodifikationsprogramme. Nach Auskunft des Leiters der Bundesstrafbehörde wurde das erste Programm 1965 an der Staatlichen Erziehungsanstalt für Knaben in Washington, D.C., entwickelt. Es wurde bekannt als das *CASE*-Projekt („Contingencies Applicable to Special Education") und befaßte sich mit den Möglichkeiten der Sonderpädagogik. Das Projekt, bei einer Anhörung über Verhaltensmodifikationsprogramme dem Kongreß vorgestellt, wurde beschrieben als „ein Versuch, jugendliche Straftäter zu motivieren..., an Erziehungs- und Bildungsprogrammen teilzunehmen. Durch ein System von Belohnungen (in Form von Ersatzgeld) wurden die Straffälligen angespornt, in den Lehrprogrammen möglichst gut abzuschneiden. Mit dem Ersatzgeld konnten sie eine Vielzahl von Dingen wie Eßwaren und Kleidung kaufen oder an speziellen Freizeitprogrammen, wie zum Beispiel Billard und Tischtennis, teilnehmen." (US-Kongreß, Repräsentantenhaus und Rechtsausschuß 1974, S. 66)

Für Verhaltenspsychologen steht fest (und möglicherweise ist es tatsächlich so), daß das wirksamste Verfahren, ein Versuchsobjekt – gleichgültig, ob es sich um eine Ratte in einer Skinnerbox oder um einen Gefängnisinsassen handelt – dazu zu bringen, einem vorgegebenen Handlungsablauf zu folgen, in der systematischen Belohnung des gewünschten Verhaltens besteht. Um aber die Ratte in der Skinnerbox zu veranlassen, die Freßtaste zu drücken, muß man sie zuvor hungrig machen. Die übliche Labormethode besteht darin, das Tier so lange hungern zu lassen oder seine Nahrungsaufnahme so zu verringern, daß es 20 Prozent seines normalen Körpergewichts verliert. Die Aushungerungsmethode wird nicht als Bestrafung, sondern als „Deprivation" bezeichnet.

Programme zur Verhaltensveränderung von Straftätern, die sich auf das Belohnungsprinzip stützen, mögen besser erscheinen als die altmodischen Methoden von Bestrafung, Vergeltung und Rache. In seiner Aussage vor dem Kongreß schloß sich der Leiter der Bundesstrafbehörde jener engen technischen Definition an, die Verhaltensmodifikation bestimmt als:

„die systematische Anwendung der psychologischen Prinzipien der Lerntheorie auf ein Verfahren, mit dessen Hilfe Menschen zu einer Veränderung ihres Verhaltens bewogen werden sollen. In ihren Methoden kann sie sich, um einen Wandel des Verhaltens aktiv zu befördern, entweder auf positive Belohnungen oder aber auf unliebsame Techniken im Sinne mehr oder minder harter Bestrafungen stützen. Die Bundesstrafbehörde hat in ihrer Geschichte stets für das erste Konzept, das der positiven Belohnungen, optiert und das zweite abgelehnt.“ (Ebd., S. 67)

Wie aber kann ein Programm der positiven Sanktionierung in einem Gefängnis konkret aussehen? Nehmen wir START („Special Treatment and Rehabilitation Training“), ein Programm für Häftlinge des Bundes, das 1972 am Medizinischen Zentrum von Springfield, Missouri, in Angriff genommen wurde. Angeblich war es intendiert als „ein Versuch, eine wirksamere Methode des Umgangs mit jenen wenigen, jedoch äußerst aggressiven und gewalttätigen Sträflingen zu entwickeln, wie sie in jeder Strafanstalt zu finden sind“. Der typische Häftling dieser Art wurde wie folgt beschrieben:

„Er ist gewalttätig und arglistig darauf bedacht, seine körperliche Macht zu demonstrieren, indem er die schwächeren, passiveren unter seinen Mithäftlingen drangsaliert. Schuldgefühle kennt er nicht, da er sein eigenes schlecht angepaßtes Verhalten mühelos rationalisieren kann, indem er Widriges stets auf andere projiziert. In der Regel verschleiert er seine Heimtücke geschickt durch einen gewissen Wortreichtum, das heißt, er verhält sich trickreich und manipulativ. Er ist egoistisch bis zum Exzeß und hält sich für unverwundbar. Er gefährdet die Rehabilitation des weniger raffinierten Delinquenten, indem er ihm unablässig einredet, das Verbrechen lohne sich.“ (Zit. in Steinman 1973, S. 590)

Kurz, START war konzipiert als Gefängnis-im-Gefängnis; sozusagen als letzte Chance für Häftlinge, die nicht willens oder nicht fähig waren, „ihre Zeit abzusitzen“, ohne Scherereien zu machen. Wie der stellvertretende Leiter der Abteilung für geistige Gesundheit bei der Bundesstrafbehörde schrieb: „Wir brauchen eine Alternative zur bloßen Isolierung eines Häftlings über Jahre hinweg, ganz gleich, wie destruktiv der Junge ist. Es ist unsere menschliche Pflicht!“

Ob menschliche Pflicht oder nicht, der Strafgefangene wurde nach Springfield zwangsverlegt und hatte mit dem Programm auf Stufe I zu beginnen. Da die zentrale Idee des START-Programms die Belohnung von erwünschtem Verhalten war, bestand die einzige Möglichkeit, dieser ersten Stufe mitsamt ihrer Isolation und Demütigung zu entkommen, darin, ordentlich, sauber, gehorsam, unkritisch und generell fügsam zu sein. Der Sträfling, der diese Auflagen erfüllte, durfte nach Stufe II aufrücken usw.; das gesamte Programm erstreckte sich über mindestens acht Monate.

Die Sträflinge, die START zugewiesen wurden, waren nach Angaben der Bundesstrafbehörde „aufgrund ihres aggressiven, destruktiven Verhaltens bereits isoliert". Bei einigen handelte es sich um Häftlinge, für die das Leben im Gefängnis die totale Unterdrückung bedeutete und die davon ausgingen, Programme wie START würden ersonnen, um ihre Individualität zu zerstören. Angesichts einer solchen Sichtweise war damit zu rechnen, daß zumindest einige unter denen, die dem Programm zwangsweise zugewiesen wurden, die angemessene Reaktion im Widerstand und nicht in der Willfähigkeit sehen würden. Wir zitieren wieder die Verwaltung: „Diejenigen, die sich dem Programm verweigerten... blieben zwölf Monate auf Stufe I und wurden (dann) aus START wieder herausgenommen und in die Anstalt zurückgeschickt, aus der sie ursprünglich gekommen waren." (Levinson 1974, S. 8)

Am 21. Februar 1973 beauftragte das für die *American Civil Liberties Union* tätige *National Prison Project* in Reaktion auf mehrere Hilfeersuchen von Gefangenen seinen Mitarbeiter und Anwalt Arpiar G. Saunders, Jr., das START-Projekt in Augenschein zu nehmen. In einem Brief an den Leiter der Anstalt, Dr. Pasquale J. Ciccone, schrieb Saunders am 26.2.1973:

> „Bei meinem jüngsten Besuch im *Medical Center* erfuhr ich zu meinem Entsetzen, daß zwei der fünfzehn gegen ihren Willen am START-Programm Beteiligten... an Armen und Beinen mit Lederriemen und Metallbändern und -ketten an ihre eisernen Bettstellen gefesselt worden waren. Außerdem hörte ich, daß sie in den fünf Tagen dieses Geschehens mehrmals gezwungen wurden zu essen, wobei ihre beiden Hände weiterhin ans Bett angekettet blieben, und daß sie das Wachpersonal nur mit Mühe dazu bewegen konnten, ihnen beim Lösen der Ketten zu helfen, damit sie ihre körperliche Notdurft verrichten konnten..." (in: Saunders 1974).

Saunders sprach ferner von vier anderen Gefangenen, die man „angeblich wegen ihrer unkooperativen Haltung einer grausamen und willkürlichen Behandlung unterworfen" hatte, indem man sie zwang, Isolationsbedingungen zu ertragen, die sie vieler der ihnen gesetzlich zustehenden Rechte beraubten.(Ebd.)

1973 traten sieben Strafgefangene, die sich gegen ihren Willen am START-Projekt beteiligen sollten, in einen langen Hungerstreik und strengten, vom *National Prison Project* unterstützt, eine Popularklage gegen die Bundesstrafbehörde an. Das Gericht benannte drei Psychologen, die das Programm auf seine Übereinstimmung mit anerkannten Prinzipien der Verhaltensmodifikation überprüfen sollten, und zwei dieser Experten kamen zu dem Schluß, verfahrenstechnisch sei alles in Ordnung. Der dritte Gutachter meinte, START lasse zwar eine angemessene Kenntnis der Grundprinzipien der Verhaltensmodifikation erkennen, doch bewiesen die Einwendungen der Strafgefangenen und ihr gerichtliches Vorgehen die Nichteinhaltung des Prinzips der informierten Zustimmung.

Ohne die Beurteilung des START-Programms als methodisch fehlerfrei in Zweifel ziehen zu wollen und durchaus bereit zuzustimmen, daß der Vorwurf einer mangelhaften Erfüllung wissenschaftlicher Kriterien unzutreffend ist, stelle ich fest, daß die Bundesstrafbehörde im Februar 1974 verkündete, das Programm werde aus finanziellen Gründen nicht weitergeführt, wiewohl der Widerstand der Strafgefangenen und ihrer Fürsprecher sicherlich die plausiblere Erklärung gewesen wäre. Ein Fachberater des Programms, Albert F. Scheckenbach, über sein Hinscheiden betrübt, schob die Schuld daran ganz offen dem destruktiven Störenfried in Gestalt des *National Prison Projects* zu:

„Es gab Verstärker außerhalb des Programms, die viel massiver waren als alles, was das Personal hätte tun und anbieten können. Statt zu konstruktiverem Verhalten zu ermuntern, riefen sie, wie man hört, zur Nichtbeteiligung auf... Mit dem Versprechen der Rechtshilfe... verfügten sie über einen Verstärker zugunsten einer Nichtbeteiligung, der viel intensiver war als die im Programm enthaltenen Verstärker zugunsten einer Beteiligung." (Zit. in Levinson 1974, S. 12 f.)

Der Leiter der Bundesstrafbehörde äußerte sich in seiner Anhörung vor dem Kongreß im Jahre 1974 zu diesem Thema folgendermaßen: „Zweifellos sind bei der Entwicklung des START-Programms Fehler gemacht worden..., trotzdem bleibt ‚Verhaltensmodifikation' durch positive Belohnungen integraler Bestandteil vieler unserer Rehabilitationsprogramme, und die Strafbehörde wird an dieser Methode, wo immer sie angemessen ist, festhalten." (US-Kongreß, Repräsentantenhaus und Rechtsausschuß 1974, S. 68)

Dieselben Anhörungen machten deutlich, was Strafgefangene in einem neuen, noch im Bau befindlichen Bundeszentrum für Rehabilitationsforschung in Butner, North Carolina, erwartet. In seiner Aussage vor dem Ausschuß versicherte Dr. Martin G. Groder, designierter Leiter dieser Einrichtung, daß

„die (für Butner) in Aussicht genommenen oder als günstig erachteten Verfahren keinerlei Techniken der modernen Folter im Sinne der sogenannten Konditionierung wider Willen, speziell durch Mißbrauch von Medikamenten, Elektroschocks oder Psychochirurgie, beinhalten. In Wirklichkeit sind alle unsere Programme ihrem Grundsatz nach humanistische, auf Förderung angelegte Unternehmungen, die mit ihren Erfolgen oder Ergebnissen stehen und fallen, wobei man ganz gewiß sagen kann, daß sie zumindest keinen Schaden anrichten.“ (Ebd., S. 73)

Groder teilte dem Ausschuß mit, daß „drei Programme vorläufig beschlossen sind und in die detaillierte Planung gehen“. Keins der Programme wurde in seinen Einzelheiten beschrieben, doch sei eins von ihnen, so war von Groder zu erfahren, „das sogenannte ‚Asklepieion‘-Modell, das ich selbst an der Strafanstalt von Marion, Illinois, entwickelt habe“.

‚Asklepieion‘ ist die Konkretisierung von Scheins Rezeptur der Gehirnwäsche, basierend auf einer „Behandlungsphilosophie“, der zufolge die meisten, wenn nicht alle Straftäter „Verlierer“ sind („Menschen, die die Realitäten ihrer jeweiligen Situation systematisch mißachten“), aus denen „Gewinner“ werden müssen („frei von zwangshaften Verhaltensmustern, genießt der Gewinner in sozial verantwortlicher Weise“). Angefangen, so berichtet Groder, habe alles damit, daß er 1968 allwöchentlich Gruppentherapie für Häftlinge angeboten habe und enttäuscht und frustriert habe feststellen müssen, daß die Strafgefangenen nur so taten, als beteiligten sie sich. Groder beschloß daraufhin, das Synanon-Spiel mit ihnen zu machen, ein ursprünglich für Drogenabhängige entwickeltes Verfahren, bei dem das einzelne Gruppenmitglied dadurch zur Aufgabe seiner Abwehr gebracht werden soll, daß es systematisch lächerlich gemacht und sowohl durch den Gruppenleiter wie durch andere Gruppenmitglieder beschimpft wird.

Nachdem er eine Gruppe von acht Häftlingen zusammengestellt hatte, die sich zur Teilnahme bereit erklärten, verwandte Groder die erste Sitzung darauf, all die Verschlagenheit, Lügerei und Dummheit, die er im Laufe von sechs Monaten an ihnen beobachtet hatte, schonungslos aufzudecken. Nach ein paar Wochen („Ich kann Ihnen sagen, daß meine Arbeit mir in dieser Zeit großen Spaß gemacht hat. Ich hatte keinerlei Frustrationsprobleme...") fingen die Häftlinge an, einzeln zu ihm zu kommen, um sich zu beschweren, „da erklärte ich ihnen, sie könnten deshalb nichts gegen mich ausrichten, weil sie unehrlich seien... lahme, kleinmütige Flaschen, ohne irgendwelche Prinzipien". Ungefähr die Hälfte der Teilnehmer entschloß sich, wieder aus der Therapie auszusteigen, und als neue Gruppen gebildet wurden, versuchten „Mißvergnügte" mehrmals, das Programm „kaputt zu machen" („ich mußte lernen, sie davon abzuhalten"). „Für diejenigen jedoch, die sich dazu entschlossen, mit dieser Art von Situation umgehen zu lernen, war es die konstruktivste Sache, die ihnen jemals im Leben passiert war." (Elliot 1973)

Eine ganz andere Antwort geben einige der „lahmen, kleinmütigen Flaschen", die es vorzogen, die Gruppe zu verlassen. Im Juli 1972 schmuggelten sie aus der Strafanstalt von Marion einen Bericht heraus, der an den Wirtschafts- und Sozialausschuß der Vereinten Nationen gerichtet war und die Beschuldigung erhob, „Asklepieion" sei „ein Versuchsprogramm..., um sozusagen am Mann festzustellen, ob und wie sehr sich eine Waffe wie die Gehirnwäsche für eine spätere Verwendung durch das amerikanische Justizministerium eigne". Dem Bericht zufolge wird der „Gewinner" damit belohnt, daß er in einer angenehmeren Umgebung leben darf, in der er über Stereoanlage, Schreibmaschine, Bücher und andere Annehmlichkeiten verfügt; zugleich wird von ihm erwartet, daß er Neuinhaftierte zur Partizipation an der Gruppe bestimmt, „und wie ein guter Jagdhund wird er an seiner Fähigkeit gemessen, die verwundbaren Stellen der ihm vorgeworfenen Opfer zu erschnüffeln". Der Bericht stellt fest, das Programm perpetuiere sich selbst und koste wenig, weil die Strafgefangenen ihrerseits als Wärter und Informanten fungierten. (Zit. in Mitford 1973, S. 18 und 24)

Es sei hier betont, daß Groder in seiner Aussage vor dem Kongreß viele der in dem Bericht genannten Dinge als unzutreffend bezeichnete und daß er in einem Brief vom 24. Januar 1974 an den früheren Senator von North Carolina, Sam Ervin, schrieb, die „Horrorgeschichten werden durch eine kleine Zahl selbstsüchtiger, politisch motivierter Personen in Umlauf gesetzt, die das Strafvollzugssystem in diesem Lande zerschlagen möchten". (US-Kongreß, Senat und Rechtsausschuß 1974) Senator Ervin seinerseits hatte zu einem früheren Zeitpunkt seine Besorgnis darüber geäußert, daß die verfassungsmäßigen Rechte von Strafgefangenen auf Privatheit und Freiheit des Denkens durch gewisse vom Bund finanzierte Programme, darunter auch diejenigen, die sich der „operanten Konditionierung" (auf der Basis von Belohnung und Bestrafung) bedienten, ausgehöhlt würden. Er drängte den Kongreß, alle derartigen Programme einer strengen Kontrolle zu unterwerfen. (S. *Congressional Record*, 8. Mai 1973)

Die Form der Verhaltenssteuerung, die als Aversionstherapie bekannt ist und von Groder als „moderne Folter" bezeichnet wird, mag in bezug auf ihre Auswirkungen auf den ersten Blick als weniger folgenschwer erscheinen als die Psychochirurgie oder langwierige „Therapie"-Programme. Technisch gesprochen ist die Aversionstherapie ein Nebenprodukt der Pawlowschen und Skinnerschen Konditionierung. Ihr Ziel besteht darin, zwischen Verhalten und Schmerz eine Verbindung herzustellen. Die Aversionstherapie ist veranschaulicht in dem Film „Uhrwerk Orange", in dem der Held Alexander, nachdem er zunächst anderen Menschen in brutaler Weise Gewalt angetan hat, dazu gezwungen wird, sich Filme anzusehen, die Gewalttätigkeit zeigen, wobei er entweder unter dem Einfluß einer ekelerregenden Droge steht oder schmerzhaften Schocks ausgesetzt ist, sobald er die Gewalt auf der Leinwand mit Vergnügen betrachtet.

Ein Programm dieses Typs wurde im August 1973 im Staatsgefängnis von Somers, Connecticut, entwickelt. Auf der Basis freiwilliger Teilnahme sollten zunächst sexuell deviante Personen oder Pädophile behandelt werden. Die aversive Behandlung beinhaltet die sekundenschnelle Projektion bestimmter erotisch stimulierender Bilder auf eine Leinwand (in diesem Falle auch von Bildern nackter Kinder). Die Präsentation dieser Kinderbilder ist gekoppelt mit „einem schmerzhaften Elektroschock in die Leistengegend". Auch die Hypnose diente als Mittel, um eine „Phobie gegen Kinder als Sexualobjekte zu erzeugen ". (Saunders 1974, S. 30)

Erwachsene, die sich von Kindern sexuell angezogen fühlen, sind Gegenstand einer nahezu einmütigen Furcht und Abscheu in unserer

Gesellschaft („Kinderschänder"). Es ist jedoch zu bedenken, daß sexuelle Neigungen nicht notwendig zu gewalttätigem Verhalten führen und keineswegs immer ausgelebt werden. Nicht jeder, der jemals ein sexuelles Interesse an Kindern verspürte, ist eine Gefahr für die Gesellschaft. Von allgemeinerer Bedeutung ist vielmehr die Tatsache, daß die herrschende Verachtung für Menschen, die in dieser oder anderer Weise abweichen, mit einer ebenso großen Gleichgültigkeit dafür einhergeht, wie sie behandelt werden. Ganz abgesehen davon, daß dieses Aversionstherapieprojekt in einem Gefängnis durchgeführt wird (das heißt mit dem ganzen Zwang, den die „freiwillige" Teilnahme daran aller Wahrscheinlichkeit nach impliziert), erweckt die Behandlung Pädophiler mit diesen Methoden, so darf man zumindest vermuten, den Wunsch, mit anderen Formen sexueller oder sozialer Abweichung ähnlich zu verfahren. Ohne Rechtsgrundlage – und mit Blick auf die Vergangenheit – haben wir einfach keinen Grund anzunehmen, die Gefängnisleitungen würden bei der Anwendung von Techniken der Verhaltenskontrolle auf andere Kategorien von Sträflingen Zurückhaltung üben, wenn ihr Gebrauch im Falle auch nur einer einzigen Gruppe die soziale Billigung findet. Wenn man es einmal zuläßt, daß der Keil von Methoden und Techniken der Verhaltenssteuerung in den Strafvollzug eindringt, um die extremsten Klassen devianter Personen abzuspalten, dann spricht eine Menge dafür, daß man auch den nächsten Schritt tun und den Keil weiter hineintreiben wird.

Techniken der aversiven Konditionierung sind auch in anderem Zusammenhang verwendet worden. Anektin ist die Handelsbezeichnung für die Droge Succinylcholin, ein neuromuskuläres Blockierungsmittel, das eng mit dem südamerikanischen, uns unter dem Namen Curare geläufigen Pfeilgift verwandt ist. Seine hauptsächliche medizinische Verwendung findet es als Muskelrelaxans bei chirurgischen Eingriffen, orthopädischen Manipulationen und anderen Verfahren, bei denen eine Verminderung der Muskelspannkraft angezeigt ist; in ausreichenden Dosen verabreicht, produziert es eine Lähmung der Muskeln, die die Atmung steuern. Ein Bericht der Initiatoren eines Anektin-Behandlungsprogramms, das an der *California Medical Facility* in Vacaville im Jahre 1968 entwickelt wurde, beschreibt seine Wirkung:

„Unsere Technik besteht schlicht darin, daß wir 20-40 mg Succinylcholin intravenös spritzen, wobei wir Sauerstoff und ein Tubagerohr bereithalten, und dem Patienten sagen, daß, solange er unter Einfluß des Mittels steht, sein Verhalten für andere wie für ihn selbst gefährlich ist, daß es gut wäre, er würde dieses Verhalten aufgeben, und daß, falls er sich späterhin in einer für andere und für ihn selbst gefährlichen Weise verhalte, er erneut mit den gleichen Aversionsmethoden behandelt werde... Verbunden mit Vorhaltungen über die Gefährlichkeit seines Verhaltens, wird die Beschreibung der speziellen Handlung, die an der schrecklichen Erfahrung des Patienten mit dem Anektin schuld ist, während der eineinhalb bis zwei Minuten seiner Paralyse beständig wiederholt." (Mattocks/Law zit. in Mitford 1973, S. 21)

Wie die meisten Berichte über Experimente, die der Verhaltensmodifikation von Sträflingen gelten, sagt auch dieser relativ wenig über diejenigen, die für eine solche Behandlung ausgewählt wurden, außer daß „fast alle als zornige junge Männer bezeichnet werden könnten". Da das Programm selbst geheim durchgeführt und anscheinend auch vorher keiner externen Instanz zur Begutachtung vorgelegt wurde, läßt sich unmöglich sagen, wie viele Häftlinge in Vacaville in die Anektin-Behandlung einbezogen waren, warum sie dafür ausgewählt wurden und welche Auswirkungen auf ihr Verhalten damit verbunden waren. Der Bericht stellt fest, daß 64 Häftlinge an dem Programm beteiligt waren; und der Chefpsychiater von Vacaville, Dr. Arthur Nugent, erklärte später vor der Presse, sie seien wegen einer breiten Vielfalt von Verstößen „behandelt" worden, darunter „wiederholte Schlägereien, verbale Drohungen, sexuelle Devianz, Diebstahl, Nichtansprechen auf das Gruppentherapieprogramm".

Die Behandlung mit Anektin verursacht Furcht und das entsetzliche Gefühl, zu ersticken oder zu ertrinken. Wie Nugent sagte: der Betroffene empfindet tiefe Angst, „als befinde er sich am Rande des Todes... Selbst die brutalsten Häftlinge geraten in Furcht und hassen das Mittel. Ich kann ihnen das nicht verübeln. Nicht um alles in der Welt möchte ich auch nur eine einzige derartige Behandlung über mich ergehen lassen müssen." Nichtsdestotrotz zeigte sich Nugent bestürzt über die ablehnende Haltung, mit der die Öffentlichkeit die Nachricht von der Existenz des Projekts aufnahm, und insistierte auf seiner Weiterführung: „Ich verstehe gar nicht, warum alle sich so darüber aufregen."

Für Nugent ergibt sich anscheinend kein Widerspruch daraus, daß Strafgefangene einer Behandlung unterzogen werden, die auszuhalten man von keinem „normalen" Menschen erwarten kann. So wie es für Sklavenhalter in erster Linie wichtig war, Sklaven nicht als Menschen zu betrachten, um ihre Unterjochung rechtfertigen zu können, ist es für Gefängnisspezialisten erforderlich zu glauben, Häftlinge seien von Natur aus minderwertig, damit sie das mit ihnen anstellen können, was sie „nicht um alles in der Welt" am eigenen Leibe erfahren möchten.

Letztlich ist es die der „Behandlungsphilosophie" zugrundeliegende Haltung der sozialen Verachtung (nicht die Verhaltenskontrolltechnik selbst), die es möglich macht, daß Quälerei sich als Therapie präsentieren kann. Nugent und seine Kollegen in Vacaville können – wie alle Gefängnisbeamten – das, was sie Strafgefangenen antun, nur rechtfertigen, indem sie alle Häftlinge vorab zu kranken, geschädigten oder infantilen Geschöpfen erklären. Im Bericht des Anektin-Projekts heißt es: „Die Verwendung der Sauerstoffmaske bei der Behandlung hatte die Funktion, beim Behandelten tiefe Symbolstrukturen anzusprechen, wie sie etwa den Gefühlen eines kleinen Kindes demgegenüber zugrundeliegen, was es als omnipotente, gütige Vaterfigur erfährt, die die Macht über Leben und Tod in Händen hält."

Als Willie Holder, Leiter der Vereinigung der Strafgefangenen und mit einer neunzehnjährigen Haftdauer im Staatsgefängnis von Oklahoma, in den kalifornischen Strafanstalten Soledad und Folsom ein sogenannter „Graduierter", jüngst gefragt wurde, ob Strafgefangene sich während ihrer Inhaftierung zum Besseren oder zum Schlechteren veränderten, antwortete er, „in 95 Prozent aller Fälle habe ich eine Veränderung zum Schlechteren erlebt... Bei den restlichen 5 Prozent, die sich zum Besseren veränderten, hatte das Gefängnis nichts damit zu tun" (zit. in Lamott 1975, S. 45 f.).

Gefängnisse wurden geschaffen als Orte der Bestrafung. Und sie sind auch heute Orte der Bestrafung, bestimmt durch Strafgesetze (oder Willkürentscheidungen), getragen von Organen, deren Aufgabe der Strafvollzug ist, und dazu da, die Bestrafungssituation zu verstärken. Jemanden bestrafen heißt, ihm Schmerz, Verlust, Gefangenschaft – vielleicht sogar den Tod – aufzuerlegen, und nach allem, was wir über menschliches Verhalten wissen, werden die Menschen durch solche Härten keineswegs besser.

Solange Gefängnisse existieren, werden und müssen sie Orte der Bestrafung bleiben. Der amerikanische Strafvollzug ist ein eklatanter Mißerfolg. Und ein Konstitutivum dieses Mißerfolgs ist seine erwiesene Fähigkeit, sich hinter schönen Reden über Reformen zu verstecken, ,,Behandlungs"-Methoden an sich zu reißen und sie in Strafen zu verwandeln.

Was ist zu tun? Als erstes möchte ich darauf insistieren, daß Gefängnisse keinen andern Zweck haben als die Bestrafung und daß die Bestrafung dem Vergehen angemessen sein muß. Die unmittelbare Konsequenz daraus wäre der Verzicht auf die falsche Tünche eines gütigen Despotismus in Gestalt der ,,Behandlungsphilosophie" und eine Zurückweisung der Vorstellung, Gefängnisse seien dazu da, den Straftäter zu seinem Wiedereintritt in die Gesellschaft zu befähigen.

Als zweites möchte ich vorschlagen, den Rechtsgrundsatz dahingehend zu erweitern, daß er die Praxis angemessener prozeßrechtlicher Verfahren auch in der Sphäre totaler Institutionen vorschreibt. Das heißt, ich bin für eine strikte und nachhaltige Einschränkung der Machtvollkommenheit von Gefängnisleitungen und Strafaussetzungskommissionen.

Drittens bin ich für die Abschaffung des Prinzips der Freilassung gegen Kaution und der bedingten Haftentlassung zugunsten einer Entlassung ohne weitere Auflagen und der Restitution der bürgerlichen und gesetzlichen Rechte.

Viertens bin ich für die Abschaffung zeitlich nicht festgelegter Haftstrafen zugunsten eines einheitlichen Strafkodexes und einer drastischen Senkung des Strafmaßes für die meisten Vergehen. (Die zeitlich nicht festgelegte Bestrafung wurde von den kalifornischen Strafbehörden bereits 1976 als Fehlschlag bezeichnet und in diesem Staat abgeschafft.)

Schließlich unterstütze ich die Bereitstellung verschiedener Hilfsdienste in den Bereichen Erziehung und Ausbildung, Freizeit, Medizin, Psychiatrie, Beruf, allerdings in Form eines Angebots, dessen Wahrnehmung auf der Basis der Freiwilligkeit erfolgt; die Entscheidung eines Strafgefangenen, eines oder mehrere Angebote wahrzunehmen, darf keinen Einfluß auf die Länge seiner Haftzeit haben. Gleichzeitig bin ich für die Abschaffung aller Urlaubsprogramme, deren Hauptkriterium die ,,gute Führung" ist, zugunsten formell festgelegter regelmäßiger Besuche des Ehepartners und der Familie im Gefängnis.

Dies alles sind kleine Schritte zu einer sinnvollen Strafreform, und dennoch weiß ich, daß ihre Verwirklichung in absehbarer Zukunft nicht sehr wahrscheinlich ist. Ein Grund dafür – vielleicht der Hauptgrund – liegt darin, daß die Schaffung eines gerechten Strafrechtssystems in einer ungerechten Gesellschaft ein Widerspruch in sich ist. Die Ungerechtigkeit innerhalb gesetzloser Gefängnisse ist der Reflex eines viel allgemeineren Systems von Ungerechtigkeiten bei der Verkündung und Praktizierung von Gesetzen. Gefängnisse mögen bleiben, wie sie sind, oder sich ändern; solange diejenigen, die die Gesetze machen und durchsetzen, sich mehr für die Ordnung auf den Straßen als für die Verbrechen in der Bel Etage interessieren, werden die, die einen blauen Anton tragen und nicht weißhäutig sind, einen unverhältnismäßig hohen Anteil der Gefängnisinsassen stellen.

Strafphilosophien und ,,Behandlungsmodalitäten" werden aufkommen und wieder verschwinden, aber die Gefängnisse werden weiterhin die Widersprüche einer Gesellschaft reflektieren, deren Teil sie sind. Das heißt, amerikanische Gefängnisse bleiben vermutlich solange das, was sie immer gewesen sind, bis wir eine Gesellschaft haben, in der die Vorteile von Gesetz und Recht zusammen mit anderen sozialen und ökonomischen Annehmlichkeiten gerechter verteilt sind. In einer solchen Gesellschaft würden Organe, denen der Rechtsvollzug obliegt, mehr Zeit aufwenden, um das Unwesen von CIA-Lakaien aufzudecken, und weniger Zeit, um Getto-Junkies auszuheben; sie würden mit Profitgeiern härter umgehen als mit Leuten, die ein paar Gläser Bier zuviel getrunken haben; sie würden die Unternehmer einsperren, die unsichere Autos herstellen, und nicht nur diejenigen, die diese Autos stehlen; und sie würden nicht länger zögern, die zu bestrafen, die Amerikas Luft und Wasser vergiften, während sie doch über alle, die sich weigerten, Frauen und Kinder in Indochina zu töten, bereitwillig Strafen verhängten.

Nachwort

Ich wollte in diesem Buch zeigen, daß die Bedeutung der menschlichen Natur und die Macht der Verhaltenskontrolle nicht zu verstehen sind, wenn man sie als zwei verschiedene, im wesentlichen voneinander unabhängige Aspekte menschlichen Daseins betrachtet. Ich habe behauptet, daß eine solchermaßen beschränkte und viel zu vereinfachte Sichtweise ihre gemeinsame Einbettung in einen größeren begrifflichen, materiellen und sozialen Zusammenhang fast zwangsläufig übersehen muß. Ihre wechselseitigen Verknüpfungen sind höchst kompliziert; um jedoch einen kohärenten theoretischen Rahmen für eine breite Vielfalt von Vorstellungen und Praktiken zu haben, die häufig eher als völlig unvereinbar angesehen werden, war ich gezwungen, das Gewicht auf die Existenz einiger weniger Grundbegriffe zu legen, die als ihre eigenen Transformationen in verschiedenen historischen und sozialen Kontexten immer wieder auftauchen. Die Beweisführung zwang mich obendrein zu einer gewissen Polemik, und ich entschuldige mich dafür nicht. Theorien der menschlichen Natur und Programme der Verhaltenskontrolle sind von sich aus polemisch, weil sie gesellschaftliche Konstrukte sind. Kein noch so gewitztes Plädoyer zugunsten der vermeintlichen moralischen und ethischen Neutralität der ,,Verhaltenswissenschaft" sollte die Tatsache verschleiern dürfen, daß die begrifflichen und materiellen Produkte der Wissenschaft nicht wertfrei sind. Im Gegenteil, lange Zeit wurden sie (und sie werden es noch heute) als soziale Waffen benutzt.

Ohne jeden Anspruch darauf, umfassend zu sein, will mein Überblick über die Theorien der menschlichen Natur und die Praktiken der Verhaltenskontrolle nur das Wechselspiel zwischen Bedeutung und Macht sichtbar machen, das notwendig viele Bereiche des heutigen sozialen Lebens durchdringt und bestimmt. Zu den Dingen, die jeder von uns in seinem Leben tun muß, gehört, so weit wie möglich die Gründe herauszufinden, warum wir glauben bzw. denken, was wir glauben bzw. denken sollen. Es steht keineswegs fest, wie man diese Frage am besten anpackt, in jedem Falle jedoch ist es der weitgehend private und nur spärlich erforschte Bereich des Gefühls oder ,,Affektes", auf den wir uns letztlich zurückziehen, um die entsprechenden Entscheidungen zu treffen. Das heißt, in der letzten Analyse ist es offensichtlich unser wertgeladenes, gesellschaftlich eingebundenes Selbst, in dem jeder von uns seine individuellen Vorstellungen von der Bedeutung der menschlichen Natur formen muß.

Die Geschichte der Psychotechnik, von der Erschaffung des Menschen bis hin zum Völkermord, ist eine Geschichte der abergläubischen Vorstellungen und Grausamkeiten, der Bedeutungen und Definitionen, die erfunden, gefördert und verbreitet wurden, weil sie sich eigneten, noch jene Arten von Machtausübung zu entschuldigen, die anders schlichtweg unentschuldbar gewesen wären. Als ich jedoch mein Buch noch einmal überlas, wuchs in mir die Überzeugung, daß man von keinem Leser verlangen kann, einer so langen und unerquicklichen Darstellung zu folgen, nur um an ein melancholisches Ende zu gelangen. Ich habe die ganze Zeit behauptet, die Lösbarkeit unserer Probleme hänge davon ab, wie sie definiert seien. Seit Beginn der Geschichte bis heute fand und findet der Versuch der Menschen, die Welt und was darinnen ist zu verstehen, inmitten heftiger Konflikte zwischen konkurrierenden sozialen Kräften statt. Ein Großteil der Gewalt verstärkte die Meinungsverschiedenheiten über die Angemessenheit der Versuche, die Bedeutung der menschlichen Natur zu definieren und die Macht der Verhaltenskontrolle auszuüben. Was menschliche Individuen und Gruppen dazu bringt, einander zu fürchten und zu vernichten, sind häufig falsche und fanatische Vorstellungen davon, was es heißt, ein spezifisch menschliches Wesen zu sein. Doch die Zukunft ist unbestimmt, sie muß nicht notwendig der Vergangenheit gleichen. Unsere derzeitige Situation – die Möglichkeit einer nuklearen Vernichtung eingeschlossen – ist selbst ein schlagendes Beispiel für Umstände, die es niemals vorher gab und die in früheren Zeiten nicht einmal gedacht werden konnten. Sollten wir uns also nicht gestatten, nach neuen Wegen zu suchen, unser Dasein sinnvoller, sorgenfreier und friedlicher zu gestalten?

Viele gesellschaftlich organisierte Versuche, die Unmenge drängender globaler Probleme wirksamer zu lösen, finden in einer Atmosphäre des Pessimismus statt.

Organisationen und „Experten" versuchen, Lösungen zu finden für soziale Tatsachen wie das „Energieproblem", die „Umweltverschmutzung", den „Hunger", „internationale Währungsfragen", „Kernenergie", „Rüstungskontrolle" usw. Einige Beobachter kamen zu dem Schluß, diese Probleme seien bislang nicht gelöst worden, weil sie im Grunde gar nicht zu lösen seien. Ich glaube, sie erscheinen unlösbar, weil sie nicht richtig definiert sind. Was ich damit meine, möchte ich mit Hilfe einer Übung in menschlicher Phantasie verdeutlichen. Stellen Sie sich vor, Sie flögen, kaum daß Sie dieses Buch zur Seite gelegt haben, mit der Schnelligkeit eines Gedankens an einen Punkt, von dem aus Sie die Welt als Ganze sehen könnten. Was würden Sie sehen? Die dort waren, berichten, daß unser Planet, aus dem näheren Weltraum betrachtet, als eine glitzernde Kugel erscheint, offensichtlich lebendig, ein vielfältiges sphärisches Lebenssystem, das ein konstantes und konstant sich veränderndes Wechselspiel von Form und Bewegung zeigt. Die umherwirbelnden Wolkenmassen verbinden und trennen sich. Die Erscheinungsform von Land- und Wassermassen wandelt sich unablässig mit der Zeit, mit den Gezeiten und mit den Jahreszeiten. Im Laufe der Zeit haben sich die Kontinente gebildet und sind auseinandergebrochen, die Seen flossen zusammen zu großen Ozeanen. Aber die ganze Zeit hindurch, über alle Veränderungen hinweg blieb die Erde eine in sich geschlossene, zusammenhängende und fein abgestimmte Einheit.

Von einer solchen Phantasiereise zurückzukehren und die Erde als eine geopolitische Entität zu betrachten, heißt vor einem kolossalen Widerspruch stehen. Vergleichen Sie, wenn Sie wollen, die Erde, wie der Raumfahrer sie sieht, mit der Welt, die wir gewöhnlich vor uns haben. Während die Biosphäre ein in sich zusammenhängendes einheitliches System ist, ist die Welt der menschlichen Dinge wenig mehr als eine Ansammlung zerstückelter und unabhängig voneinander organisierter politischer Gebilde, deren Umfang, Gestalt und Grenzen selten das feine ökologische Gleichgewicht der Natur widerspiegeln. Ich spreche von dem zerstückelten Zustand der geopolitischen Welt, um deutlich zu machen, daß das Bild, das ich in diesem Buch von der Psychotechnik gezeichnet habe, Teil eines viel allgemeineren Systems der Zerstückelung und Zersplitterung ist. Tatsächlich gibt es Fragmentierung nicht nur zwischen den Nationen, sondern auch innerhalb von Gesellschaften, ja von Individuen. Es ist behauptet worden, man müsse die Dinge zerlegen und in handliche Stücke zerteilen, um gut mit ihnen umgehen zu können; aber diese vermeintliche Weisheit ist kläglich gescheitert und hat ganz gewiß keine Lösung für auch nur eines unserer Probleme gebracht, vielmehr besteht die höchst reale Gefahr, daß der Fragmentierungsprozeß es sehr schwer, wenn nicht unmöglich macht, die Welt und das Leben in der Welt unter der richtigen Perspektive zu sehen und zu verstehen.

Was wir alsbald begreifen müssen, ist, daß ein zerstückeltes Leben ein Leben ist, in dem uns die Kraft fehlt, unsere Probleme zu lösen, ein Leben ohne Sinn. Alle menschlichen Gedanken, Gefühle und Handlungen entstehen in einem besonderen sozialen Kontext, aus dem sie ihre Kraft und ihren Sinn erhalten. Die vielleicht größte Herausforderung, der wir uns heute gegenüberstehen, ist die Aufgabe, unsere Gesellschaftsordnungen in Übereinstimmung mit der Ordnung der Biosphäre zu bringen, in der wir leben, um den globalen Charakter der Probleme erfassen zu können, vor die wir gestellt sind. Wenn wir dies aber tun müssen – und unser Überleben als Art zwingt uns dazu –, dann müssen wir anfangen, die weltweite Tendenz zur sozialen Fragmentierung der Menschen anzuhalten und umzukehren, und müssen lernen, in einem Gesamtzusammenhang menschlicher Verbundenheit zu denken, zu fühlen und zu handeln. Wenn wir unseren individuellen und kollektiven Platz in der Biosphäre besser beurteilen und würdigen können, dann haben wir es vielleicht nicht mehr nötig, Methoden zur Regulierung von menschlichem Verhalten zu entwickeln, vielleicht brauchen wir auch weniger Theorien über die menschliche Natur, um das Unentschuldbare zu entschuldigen. Vielleicht werden wir in der sorgenfreieren, friedlicheren und menschlicheren Welt, an deren Verwirklichung wir dann arbeiten werden, auch die Bedeutung der menschlichen Natur und die Macht der Verhaltenskontrolle besser verstehen.

Literaturverzeichnis

American Friends Service Committee, *Struggle for Justice: A Report on Crime and Punishment in America,* New York 1971
Aronson, Eliot, *The Social Animal,* San Francisco 1972
Augustinus, Aurelius, *Vom Gottesstaat,* Bd. II, München 1977

Balasubramaniam, U., T.S. Kanaka, *Hypothalamotomy in the Management of Aggressive Behavior,* in: T.P. Marley (Hg.), Current Controversies in Neurosurgery, S. 768–777, Philadelphia 1976
Balasubramaniam, U., T.S. Kanaka, B. Ramamurthy, *Surgical Treatment of Hyperkinetic and Behavior Disorders,* in: International Surgery, 54, S. 18–23, 1970
Binding, Karl/Alfred Hoche, *Die Freigabe der Vernichtung lebensunwerten Lebens. Ihr Maß und ihre Form,* Leipzig 1920
Binet, Alfred, *Les Idées sur les enfants modernes,* Paris 1913
Bottrell, Jil Diane, *Behavior Modification Programs: Analogies from Prisons to Mental Institution,* Vortrag auf einem Symposium der Amerikanischen Psychologischen Gesellschaft in New Orleans am 2.9.1974
Breggin, Peter, *The Return of Lobotomy and Psychosurgery,* in: Congressional Record, 24. Feb. 1972
–, *An Independent Follow-up of a Person Operated upon for Violence and Epilepsy by Drs. Vernon Mark, Frank Ervin and William Sweet of the Neuro-Research Foundation of Boston,* in: Radical Therapist Collective (Hg.), Rough Time, Nov./Dez. 1973
Brigham, Carl C., *A Study of American Intelligence,* Princeton 1923
Bronowski, Jacob, *The Ascent of Man,* Boston 1973
Brown, M. Hunter, *Multiple Limbic Targets for Schizophrenia and Aggression,* Vortrag vor der Amerikanischen Psychiatrischen Gesellschaft am 10. Mai 1973
–, *The Captive Patient, a Forgotten Man,* hektogr.

Cairnes, John Eliot, *Essays on Political Economy,* London 1873
Calder, Ian, *Noted Surgeon Claims... Brain Surgery Could Transform the Most Violent Murderer into a Normal Citizien,* in: National Enquirer, 9. Juli 1972

Carothers, J.C., *Frontal Lobe Function in the African,* in: British Journal of Mental Science, 1950
Cartwright, Samuel A., *Report on the Diseases and Physical Peculiarities of the Negro Race,* in: New Orleans Medical and Surgical Journal, S. 691–715, Mai 1851
Chase, Allen, *The Legacy of Malthus: The Social Costs of the New Scientific Racism,* New York 1977
Court-Brown, W.M., *Males with an XYY-Sex-Chromosome Complement,* in: Journal of Medical Genetics, 5, 1968
Crichton, Michael, *The Terminal Man,* New York 1973
Cubberly, Ellwood P., *Public School Administration,* Boston 1916

Darwin, Charles, *Die Abstammung des Menschen,* Bd. II, Stuttgart 1875
–, *Die Entstehung der Arten,* Stuttgart 1963
Davis, John D., *Phrenology: Fad and Science,* New Haven 1955
Dexter, Ransom, *The Facial Angles,* in: Popular Science Monthly, S. 587–592, Nov. 1874
Dickens, Charles, *Pictures from Italy and American Notes,* London 1867
Dion, Karen K., *Physical Attractiveness and Evaluation of Children's Transgressions,* in: Journal of Personality and Social Psychology, 24, Nr. 2, S. 207–213, 1973
Dumont, Matthew P., *The Politics of Drugs,* in: Social Policy, Juli/Aug. 1972

Ehrenreich, Barbara, Dierdre English, *Complaints and Disorders: The Sexual Politics of the Sickness,* Old Westbury, N.Y. 1973
Eiseley, Loren, *Darwin's Century,* Garden City, N.Y. 1961
Elliot, Jim, *The Asklepieion Method,* in: Group Leader's Workshop, 18, S. 3–34, 1973
Eysenck, H.J., *Know Your Own IQ,* Baltimore 1962

Flood, Everett, *Notes on the Castration of Idiot Children,* in: American Journal of Psychology, 10, 1898
Freeman, Walter, *Psychosurgery,* in: Silvano Arieti (Hg.), American Handbook of Psychiatry, 2, S. 1521–1540, New York 1959
–, *Frontal Lobotomy in Early Schizophrenia: Long Follow-up in 415 Cases,* in: British Journal of Psychiatry, 119, 1971

Gall, Franz Josef, Spurzheim, Johann Gaspar, *Anatomie et physiologie du système nerveaux en générale et du cerveau en particulier,* 1, Paris 1810
Galton, Francis, *Inquiries into the Human Faculty and Its Development,* London 1907
Gann, Peter u.a., *Psychosurgery and California Prisons,* in: Synapse (Studentenzeitung der University of California in San Francisco) vom 7. April 1972

Garrett, Henry E., *Great Experiments in Psychology,* Verbess. Aufl., New York 1941
–, *General Psychology,* New York 1955
–, *Breeding Down,* Richmond, Va., o.J.
Glass, Bentley, *Science: Endless Horizons or Golden Age?,* in: Science, 171, 1971
Glueck, S., E. Glueck, *Physique and Delinquency,* New York 1956
Goddard, Henry H., *How Shall We Educate Mental Defectives?,* in: The Training School Bulletin, 9, 1912
–, *The Binet Tests in Relation to Immigration,* in: Journal of Psycho-Asthenics, 18, 1913
–, *Mental Tests and the Immigrant,* in: Journal of Delinquency, 2, 1917
–, *Human Efficiency and Levels of Intelligence,* Princeton 1920
Goffman, Erving, *Stigma. Über Techniken der Bewältigung beschädigter Identität,* Frankfurt 1967
Goldstein, M., *Brain Research and Violent Behavior,* in: Archives of Neurology, 30, 1974
Gould, Stephen Jay, *Morton's Ranking of Races by Cranial Capacity,* in: Science, 200, 1978
Greenberg, David F., Fay Stender, *The Prison as a Lawless Agency,* in: Buffalo Law Review, 21, S. 799–838, 1972
Gross, Mortimer D., William Wilson, *Minimal Brain Dysfunction,* New York 1974
Guerrant, J., *Personality in Epilepsy,* Springfield, Ill., 1962

Haller, M.H., *Eugenics,* New Brunswick, N.Y., 1963
Hammond, J.L., B. Hammond, *The Town Labourer 1760–1832,* London 1932
Herrnstein, Richard J., *IQ,* in: Atlantic Monthly, Sept. 1971
–, *IQ in the Meritocracy,* Boston 1973
Hess, W.R., *The Central Control of the Activity of the Internal Organs,* in: Nobel Lectures: Physiology or Medicine, 1942–1962, New York 1964
Hippokrates, *Selected Works,* London 1923
Hobbes, Thomas, *Leviathan,* Neuwied und Berlin 1966
Hofstadter, Richard, *Social Darwinism in American Thought,* Boston 1955
Hook, Ernest, *Behavioral Implications of the Human XYY Genotype,* in: Science, 179, S. 138–151, 1973

Ingraham, Barton, L., Gerald W. Smith, *The Use of Electronics in the Observation and Control of Human Behavior,* in: Issues in Criminology, 7, 1972
Irvine, William, *Apes, Angels and Victorians,* New York 1963

Jacobs, P.A., u.a., *Aggressive Behavior, Mental Subnormalty and the XYY Male,* in: Nature, 208, S. 1351–1352, 1965

–, *Chromosome Studies on Men in a Maximum Security Hospital,* in: Annals of Human Genetics, 31, S. 339–358, 1968

Jacobsen, C.F., J.B. Wolfe, T.A. Jackson, *An Experimental Analysis of the Functions of the Frontal Association Areas in Primates,* in: Journal of Nervous and Mental Diseases, 82, 1935

Jaffe, Jerome H., *Drug Addiction and Drug Abuse,* in: Lewis S. Goodman, Alfred Gilman (Hg.), The Pharmacological Basis of Therapeutics, New York 1970

Jeffries, John J., *Natural History of the Human Races,* 1869

Jensen, Arthur, *Genetics and Education,* New York 1972

Kamin, Leon J., *The Science and Politics of IQ,* in: Social Research, 41, 1974

–, *Heredity, Intelligence, Politics and Psychology,* in: N.J. Block, G. Dworkin (Hg.), The IQ Controversy, New York 1976

Karier, Clarence J., *Testing for Order and Control in the Corporate Liberal State,* in: Educational Theory, 22, Nr. 2, 1972

Kling, Arthur, *Effects of Amygdalectomy on Serial-Affective Behavior in Non-Human Primates,* in: B.E. Eleftheriou (Hg.), The Neurobiology of the Amygdala, S. 511–536, New York 1972

Klüver, Heinrich, Paul C. Bucy, *‚Psychic Blindness' and Other Symptoms Following Bilateral Temporal Lobectomy in Rhesus Monkeys,* in: American Journal of Physiology, 119, S. 352–353, 1937

–, *An Analysis of Certain Effects of Bilateral Temporal Lobectomy in the Rhesus Monkey with Special Reference to ‚Psychic Blindness',* in: Journal of Psychology, 5, S. 33–54, 1938

–, *Preliminary Analysis of Functions of the Temporal Lobes in Monkeys,* in: Archives of Neurology and Psychiatry, 42, S. 979–1000, 1939

Koppel, S. Pinson, *Modern Germany: Its History and Civilization,* New York 1966

Lamott, Kenneth, *Is Prison Obsolete?,* in: Horizon, 17, Nr. 3, 1975

Lankford, John, *Congress and the Foundations of the Twentieth Century, River Falls, 1964*

Laughlin, Harry H., Eugenical Sterilization in the United States, Chicago 1922

Leksell, Lars, *Stereotaxis and Radio Surgery, An Operative System,* Springfield, Ill., 1971

Lenz, F., *Die Stellung des Nationalsozialismus zur Rassenhygiene,* in: Archiv für Rassen- und Gesellschaftssoziologie, 25, 1931

Levinson, Robert B., *Behavior Modification Programs in the Federal Bureau of Prisons,* Vortrag auf der Jahrestagung der Amerikanischen Psychologischen Gesellschaft in New Orleans am 2. Sept. 1974

Lilge, Friedrich, *The Abuse of Learning,* New York 1948

Lippmann, Walter, *The Government of Posterity,* Atlantic Monthly, 156, July 1936
Löhr, Hanns, *Über die Stellung und Bedeutung der Heilkunde im nationalsozialistischen Staate,* Berlin 1935
Lorenz, Konrad, *Durch Domestikation verursachte Störungen arteigenen Verhaltens,* in: Zeitschrift für angewandte Psychologie und Charakterkunde, 59, 1940
–, *Das sogenannte Böse,* Wien 1964
Luther, Martin, *Tischreden,* Berlin o. J.

Mark, Vernon H., Frank R. Ervin, *Is There a Need to Evaluate the Individuals Producing Human Violence,* in: Psychiatric Opinion, Aug. 1968
–, *Violence and the Brain,* New York 1970
Mark, V.H., W.H. Sweet, F.R. Ervin, *Brief an die Herausgeber,* in: Journal of the American Medical Association, 201, S. 895, 1967
McConnell, James V., *Criminals Can Be Brainwashed Now,* in: Psychology Today, April 1970
McCoy, Alfred W., *The Politics of Heroin in Southeast Asia,* New York 1973
McLean, Paul D., *Emotion and Scientific Bias,* in: G. Quarton (Hg.): The Neurosciences: Second Study Program, S. 339–344, New York 1970
Mitford, Jessica, *Prisons: The Menace of Liberal Reform,* in: New York Review, S. 12–15, 9. März 1972
–, *The Torture Cure,* in: Harpers, August 1973
Moniz, Egas, *How I Came to Perform Prefrontal Leucotomy,* Lissabon 1948
Mullen, E.H., *Mental Examination of Immigrants: Administration and Line Inspections at Ellis Island,* in: S. Feldstein (Hg.): The Ordeal of Assimilation, Garden City, New York, 1974
Muller, D., F. Roeder, H. Orthner, *Further Results of Stereotaxis in Sexual Deviations,* in: Neurochirurgica, 16, S. 113–126, 1973

Papez, James W., *A Proposed Mechanism of Emotion,* in: Archives of Neurology and Psychiatry, 38, S. 725–743, 1937
Platon, *Der Staat,* Stuttgart 1958
Platt, Anthony M., *The Child Savers,* Chicago 1969
Ploetz, Alfred, *Grundlinien der Rassenhygiene. Die Tüchtigkeit unserer Rasse und der Schutz der Schwachen. Ein Versuch über Rassenhygiene und ihr Verhältnis zu den humanen Idealen, besonders zum Sozialismus,* Berlin 1885
Podolsky, D., *The Epileptic Murderer,* in: Medico-Legal Journal, 30, 1962
Pollack, Norman, *The Populist Response to Industrial America,* New York 1962
President's Commission on Law Enforcement and Administration of Justice: *The Challenge of Crime in a Free Society,* New York 1968

Pro Libero Arbitrio, in: Documents of the Christian Church, Oxford 1949

Race Betterment Foundation: *Proceedings of the First National Conference on Race Betterment,* Battle Creek, Mich., 8.–12. Jan. 1914

Renshaw, Domeena C., *The Hyperactive Child,* Chicago 1974

Reports of United States Immigration Service Commission, 37, *Steerage Conditions,* 1911

Rodin, Ernst, *Memorandum für Dr. J.S. Gottlieb,* 9. Aug. 1972

–, *Psychomotor Epilepsy and Aggressive Behavior,* in: Archives of General Psychiatry, 28, 1973

Rosvold, H. Enger, Allan F. Mirsky, Karl Pribram, *Influence of Amygdalectomy on Social Behavior in Monkeys,* in: Journal of Comparative and Physiological Psychology, 47, S. 173–178, 1954

Rüdin, Ernst, *Aufgaben und Ziele der Deutschen Gesellschaft für Rassenhygiene,* in: Archiv für Rassen- und Gesellschaftsbiologie, 28, S. 228, 1934

Ryan, William F., *Blaming the Victim,* New York 1971

Saunders, Arpiar G., *Behavior Therapy in Prisons: Walden II or Clockwork Orange?,* Vortrag auf der 8. Jahrestagung der Association for Advancement of Behavior Therapy, Chicago 1.–3. Nov. 1974

Scarf, Maggie, *Brain Researcher José Delgado,* in: New York Times Magazine, 15. Okt. 1970

Schallmayer, Wilhelm, *Vererbung und Auslese im Lebenslauf der Völker. Eine staatswissenschaftliche Studie aufgrund der Neueren Biologie,* Jena 1903

Schein, Edgar H., *Man against Man: Brainwashing,* in: Corrective Psychiatry and Journal of Social Change, 8, 1962

Schwitzgebel, Ralph, *Electronic Innovation in the Behavioral Sciences: A Call to Responsibility,* in: American Psychologist, 22, 1967

Scoville, William B., *Surgical Locations for Psychiatric Surgery,* Ansprache vor dem Dritten Internationalen Psychochirurgie-Kongreß in Cambridge, England 14.–18.8.1972

Sewall, Thomas, *An Examination of Phrenology,* 1847

Sheldon, W.H., *Varieties of Delinquent Youth,* New York 1949

Shields, Stephanie A., *Functionalism, Darwinism and the Psychology of Woman,* in: American Psychologist, 30, 1975

Shockley, William, *Dysgenics – A Social Problem Reality Evaded by Illusion of Infinite Plasticity of Human Intelligence?,* in: Phi Delta Kappan, 1. März 1972

Skinner, D.F., *Walden Two,* New York 1948; dt.: *Futurum Zwei,* Hamburg 1970

–, *Science and Human Behavior,* New York 1953; dt.: *Wissenschaft und menschliches Verhalten*, München 1973

–, *Beyond Freedom and Dignity,* New York 1971; dt.: *Jenseits von Freiheit und Würde*, Reinbek 1973

Slotkin, J.S., *Radical Classifications of the 17th and 18th Centuries,* in: Transactions of the Wisconsin Academy of Science, 36, 1944
Spencer, Herbert, *Social Statics,* New York 1888
–, *First Principles,* in: John Passmore: The Perfectability of Man, New York 1970
Sroufe, L.A., M.A. Steward, *Treating Problem Children with Stimulant Drugs,* in: New England Journal of Medicine, 289, Nr. 8, 1973
Steinfels, Margaret O'Brien: *Involuntary Sterilization: The Latest Case,* in: Psychology Today, Feb. 1978
Steinman, Clay, *The Case of the Frightened Convict,* in: The Nation, 3. Dez. 1973
Strauss, E., *Vorwort* zu Galileo Galilei: Dialog über die beiden hauptsächlichen Weltsysteme, Leipzig 1891

Terman, Lewis M., *The Measurement of Intelligence,* Boston 1916
–, *Feeble-Minded Children in the Public Schools of California,* in: School and Society, 5, 1917
–, *The Conservation of Talent,* in: School and Society, 19, 1924
Terman, L.M., M. Merrill: *Stanford-Binet Intelligence Scale,* Boston 1960
Thiele, Adolph, *Soziale Hygiene für Jedermann,* Teil 1, Dresden 1931
Thorndike, Edward L., *How May We Improve the Selection, Training and Lifework of Leaders?,* Vortrag auf dem 5. Kongreß für Erziehungsfragen am Teachers College, New York 1939
Trotter, Sharland, *Violent Brains,* hektogr., Center for Responsive Law, Washington, D.C., 1975

Ulrich, R.,T. Stachnik, J. Marbry, *Control of Human Behavior,* Glenview, Ill., 1966
US-Kongreß, Repräsentantenhaus und Ausschuß für Einwanderungs- und Einbürgerungsfragen, *Hearings,* 5.1.1924
–, *Hearings,* 20.2.1923
–, *Europe as an Emigrant-Exporting Continent and the United States as an Immigrant Receiving Nation: Hearings,* 8. März 1924
US-Kongreß, Senat und Rechtsausschuß, *Individual Rights and the Federal Role in Behavior Modification,* S. 229–232, 1974
–, *Behavior Modification Programs in the Federal Bureau of Prisons: Hearings,* 27. Feb. 1974

Valenstein, Eliot, *Brain Control,* New York 1973

Waldinger, Robert J., *The High Priests of Nature: Medicine in Germany, 1883–1933,* B.A.-Arbeit, Harvard University 1973
Walker, A., *Woman Physiologically Considered,* New York 1850
Wallace, Alfred Russell, *Geological Climates and the Origin of Species,* in: Quarterly Review, 126, S. 359–394, 1869

Walzer, Stanley, *Chromosome Abnormality and Behavioral Variations,* hektogr., (Antrag für ein Forschungsstipendium 2 RO1 – MH 17960 – 06), 1.1.1974

Ward, Robert De C., *Our New Immigration Policy,* in: Foreign Affairs, 3, 1924

Weinstein, James, *The Corporate Ideal in the Liberal State,* Boston 1968

Wender, Paul H., *Minimal Brain Dysfunction in Children,* New York 1971

Wertham, Frederic, *A Sign for Cain,* New York 1969

White, Andrew D., *A History of the Warfare of Science with Theology* New York 1955

White, Charles, *An Account of the Regular Gradation in Man, and in Different Animals and Vegetables,* London 1799

Williams, William Appleman, *The Roots of the Modern American Empire,* New York 1969

Wilson, Edward O., *Sociology: The New Synthesis,* Cambrigde, Mass. 1975

Woodworth, Robert S., *Racial Differences in Mental Traits,* in: Science, S. 171–186, 31.2.1910

Yerkes, Robert M. (Hg.), *Psychological Examining in the United States Army,* Washington, D.C. 1921

Yerkes, Robert M., Josephine C. Foster, *A Point Scale for Measuring Mental Ability,* Baltimore 1923

Personenregister

Sachregister